oekom

Klimaneutral
Verlag
ClimatePartner.com/53585-1805-1001

Selbstverpflichtung zum nachhaltigen Publizieren

Nicht nur publizistisch, sondern auch als Unternehmen setzt sich der oekom verlag konsequent für Nachhaltigkeit ein. Bei Ausstattung und Produktion der Publikationen orientieren wir uns an höchsten ökologischen Kriterien.
Inhalt und Umschlag dieses Buches wurden auf 100 % Recyclingpapier, zertifiziert mit dem FSC-Siegel und dem Blauen Engel (RAL-UZ 14), gedruckt. Alle durch diese Publikation verursachten CO_2-Emissionen werden durch Investitionen in ein Gold-Standard-Projekt kompensiert. Die Mehrkosten hierfür trägt der Verlag.
Mehr Informationen finden Sie unter:
http://www.oekom.de/allgemeine-verlagsinformationen/nachhaltiger-verlag.html

UF6

www.blauer-engel.de/uz195

Dieses Druckerzeugnis wurde mit dem Blauen Engel ausgezeichnet.

RECYCLED
Papier aus Recyclingmaterial
FSC® C013894
www.fsc.org

Bibliografische Information der Deutschen Nationalbibliothek:
Die Deutsche Nationalbibliothek verzeichnet diese Publikation in der Deutschen Nationalbibliografie; detaillierte bibliografische Daten sind im Internet über http://dnb.d-nb.de abrufbar.

2. Auflage, 2018

Gesellschaft für ökologische Kommunikation mbH,
Waltherstraße 29, 80337 München

Umschlaggestaltung: www.buero-jorge-schmidt.de
Umschlagabbildung: © NotionPic, shutterstock
Korrektorat: Maike Specht
Innenlayout, Satz: Ines Swoboda, oekom verlag

Druck: DBM Druckhaus Berlin-Mitte GmbH

ISBN 978-3-86581-808-9

Frank Herrmann

FAIRreisen

Das Handbuch für alle, die umweltbewusst unterwegs sein wollen

Im Buch finden Sie zahlreiche Kästen mit den unterschiedlichsten Informationen rund um faires und grünes Reisen:

Weiterführende und vertiefende Informationen zu einem bestimmten Thema

Interviews mit Expertinnen und Experten aus dem Tourismusbereich

Checklisten für die gelungene Reise

Häufige Fragen und entsprechende Antworten (FAQs)

Unterwegs mit dem Autor

Das Inhaltsverzeichnis hilft Ihnen, die Kästen zu finden: Achten Sie einfach auf die kursiv-grauen Verweise!

INHALT

Vorwort

Tourismus hat sich vom exklusiven Reisen einiger Privilegierter zu einem Massenphänomen entwickelt und ist in den wohlhabenden Industrieländern zu einem normalen Konsumgut geworden. Tourismus ist heute einer der weltweit größten Wirtschaftszweige und für viele ländliche Regionen und Entwicklungsländer zu einem kaum verzichtbaren Bestandteil ihrer Ökonomie geworden.

Diese Entwicklung wird in Frank Herrmanns vorliegendem Buch mit schlüssigen Zahlen belegt. In erster Linie geht es ihm aber darum aufzuzeigen, dass der internationale Tourismus – neben seinen positiven Aspekten, über die andernorts schon viel geschrieben wurde – auch Schattenseiten hat. Dies belegt er mit einer Fülle von Quellen und pointierten, gut recherchierten Fallbeispielen, die von verbauten Küsten und klimaschädigenden Fernreisen bis hin zur Ausbeutung der eigenen Mitarbeitenden und der Menschen in den touristischen Zielgebieten reichen.

Das Buch belässt es aber nicht bei der Kritik, sondern diskutiert darüber hinaus unter dem Leitbild des Nachhaltigen Tourismus Lösungsansätze und liefert den Leserinnen und Lesern eine Fülle praktischer Tipps und Good-Practice-Beispiele für eine faire und umweltfreundliche Urlaubs- oder Geschäftsreise. Viele Ratschläge lassen sich leicht umsetzen und da wo es wichtig ist, abzuwägen oder genau hin zu schauen, – etwa bei touristischen Ökolabels oder bei der Kompensation von Treibhausgasen – hilft das Buch kompetent weiter.

Ich selbst habe in dem vorliegenden Buch neue Denkanstöße und viel interessantes Material gefunden – und das obwohl ich mich seit über zwei Jahrzehnten als Wissenschaftler und Berater mit nachhaltigem Tourismus beschäftige. Von daher wünsche ich dem Buch, dass es eine weite Verbreitung findet, kontroverse Diskussionen entfacht und zu Verhaltensänderungen anregt.

Prof. Dr. Wolfgang Strasdas
Zentrum für Nachhaltigen Tourismus (ZENAT)
Hochschule für nachhaltige Entwicklung Eberswalde

Einleitung

Ob Marco Polo, Humboldt oder Goethe – die Reisenden früherer Jahrhunderte waren umweltschonend und klimafreundlich unterwegs. Kein Wunder: Nachhaltig zu reisen war nicht wirklich schwierig. Aluminiumdosen, Plastikflaschen, Klimaanlagen, Kühlschränke, Schweröl oder Verbrennungsmotoren gab es noch nicht. Man reiste auf Segelschiffen, Pferden und in Kutschen, viel auch zu Fuß, getrunken wurde aus Holzbechern – und all inclusive waren damals nur Sonne, Wind und Moskitos. Die geringen Abfallmengen, die Globetrotter verursachten, waren meist organischer Natur. Sie fielen nicht weiter ins Gewicht.

Das ist heute anders – auch weil Urlauber und Geschäftsreisende in ganz anderen Größenordnungen unterwegs sind: Reisten im Jahr 1970 rund 150 Millionen Menschen ins Ausland, ist diese Zahl mehr als 45 Jahre später auf das Achtfache gestiegen – rund 1,2 Milliarden. Denn nicht nur Europäer oder Amerikaner reisen. Auch immer mehr Russen, Inder, Brasilianer und Chinesen tun es uns gleich. Treffen die Prognosen der Welttourismusorganisation UNWTO zu, werden im Jahr 2030 rund 1,8 Milliarden Menschen im Ausland unterwegs sein. Plus weitere Milliarden von Menschen, die innerhalb ihrer Landesgrenzen reisen.

Der Tourismus boomt weltweit – ungeachtet von Krieg, Terror und Flüchtlingskrisen. Reisen ist ein Massenphänomen geworden, Reisen ist Konsum, für die einen das wohlverdiente Bonbon, für andere Alltag. Und die Branche sorgt für Umsatz: Tourismus hat sich zu einer der größten Industrien der Erde entwickelt. Sie setzt jährlich nach Angaben des World Travel and Tourism Councils (WTTC) weltweit rund zwei Billionen Euro um und erwirtschaftet rund zehn Prozent des globalen Bruttoinlandsprodukts. Damit leistet die Reisebranche in vielen Ländern einen bedeutenden Wirtschaftsbeitrag und schafft etwa 284 Millionen direkte und indirekte Arbeitsplätze – wenngleich überwiegend im Niedriglohnsektor.

Doch mit dem Erfolg wird auch die Kehrseite der wachsenden Touristenströme immer deutlicher sichtbar. Mehr reisen bedeutet, dass Ökosysteme stärker belastet, mehr Ressourcen verbraucht, mehr Klimagase in die Luft geblasen, mehr Abfälle erzeugt, mehr Strom und Wasser verbraucht werden. Die Zunahme an Reisen geht besonders in Entwicklungsländern meist einher mit mies bezahlten Jobs, Landschaftszerstörung, Flächenverbrauch, Abnahme der biologischen Vielfalt, Kinderarbeit und Sextourismus.

Einige der Folgen: In Sri Lanka vertreiben Militärs die Fischer für riesige Hotelanlagen von ihrem Land. Golfplätze und Poolanlagen nehmen Einheimischen in Honduras oder auf Bali das Wasser weg. Vor den Malediven ragt eine Insel aus Plastikmüll aus dem Meer. In Botswana dürfen reiche Jäger Großwild erlegen, die einheimischen Buschleute hingegen nur unter Auflagen auf die Pirsch gehen. Auf dem Mount Everest stapeln sich Müll und Bergsteiger gleichermaßen. Elefanten werden in Myanmar gefangen und nach Thailand gebracht, damit Touristen auf ihnen reiten können. In Barcelona protestieren Einheimische gegen die steigenden Touristenmassen in der Stadt. Immer mehr Kreuzfahrtschiffe sorgen für dicke Luft in Häfen und auf den Weltmeeren, und immer mehr Schneekanonen stemmen sich in Skigebieten verzweifelt gegen die Erderwärmung, die von immer mehr Flugreisen noch beschleunigt wird.

Es ist bitter: Viele ärmere Länder haben angesichts der wachsenden Zahl an Reisenden ihre ganze Hoffnung in die Monokultur Tourismus gesetzt. Bleiben die Besucher aufgrund von Naturkatastrophen, Krieg oder Terroranschlägen weg, fehlen oftmals die Alternativen. Auch weil korrupte Politiker und Militärs Baugenehmigungen für Hotelanlagen und Ferienwohnungen verschachern, Wasservorräte in die touristische Infrastruktur umleiten, den Lebensraum lokaler Minderheiten einschränken. Immer öfter ist der Tourismus an der Verletzung von Menschenrechten beteiligt. Doch mit Tourismus ist viel Geld zu verdienen. Mächtige Touristik- und Baukonzerne wollen und müssen weiter wachsen. Eine Spirale, die nur schwer zu durchbrechen ist. Die keiner der Profiteure wirklich stoppen will.

Wie viel Tourismus verträgt die Erde? Die Grenzen der Belastbarkeit sind vielerorts erreicht, wenn nicht bereits überschritten. Das ist vielen Beteiligten bewusst. Sie fordern ein Umdenken aller Akteure – nicht nur von Touristen, sondern auch von Reiseveranstaltern, Transportunternehmen, Politikern in den Heimatländern der Touristen und Politikern in den Gastländern. Auch Verbände, Nichtregierungsorganisationen, Reisejournalisten, Reisebuchverlage bis hin zu den Textilunternehmen, die uns mit wetterfester Kleidung und Daunenschlafsäcken versorgen, müssen ihren Beitrag zu einem ökologisch tragfähigen, sozial verantwortungsvollen Tourismus leisten. Für diese Kehrtwende sind jedoch neue Rahmenbedingungen auf globaler und lokaler Ebene notwendig.

Soll der Tourismus seiner Verantwortung gerecht werden und auch künftige Generationen ernähren, dann wird er sich vom Tourismus, wie wir ihn heute kennen, deutlich unterscheiden müssen. Der Tourismus der Zukunft ist ökologisch, sozial verträglich, klimafreundlich und politisch korrekt. Er orientiert sich – so die Agenda 2030 für Nachhaltige Entwicklung der Vereinten Nationen – an den fünf P's: people, planet, prosperity, peace, partnership, also den Menschen, der Erde, wirtschaftlichem und sozialem Nutzen, an Frieden und Partnerschaft. Das kann mittel- bis langfristig mit Einschränkungen verbunden sein. Muss es aber nicht. Das zeigen nachhaltige Angebote, die heute schon Reisende begeistern: etwa die mit einem fairen Tourismussiegel ausgezeichnete Backpacker-Lodge in Südafrika. Der lokale Reiseveranstalter in Indien, dessen Einnahmen direkt an die beteiligten Einheimischen fließen. Oder das ländliche Tourismusprojekt in Kambodscha, das nicht nur den Regenwald schützt, sondern auch die dort lebenden Familien in alle Entscheidungsprozesse rund um den Tourismus einbezieht. Doch wir müssen gar nicht so weit reisen. Manches Schöne liegt vor der Haustür: Gehen Sie doch im deutschen Wattenmeer auf die Suche nach den *small five*, fünf dort vorkommenden Kleintierarten. Finden Sie mithilfe des *Eco Guide to mountain resorts* Ihr umweltfreundliches Skigebiet in den Alpen. Oder übernachten Sie in einem deutschen Klima-Hotel, das höchsten Öko-Standards genügt.

Doch wie finde ich umweltfreundliche Hotels, Fluggesellschaften, Kreuzfahrtschiffe? Wie kompensiere ich die Klimagase, die meine Reise verursacht? Welche Tourismussiegel sind seriös, welche nur Augenwischerei? Wie komme ich klimafreundlich in die Alpen? Wie gestalte ich meine Geschäftsreisen nachhaltig? Werden auf meiner Urlaubsreise Menschenrechte verletzt? Wo kann ich sinnvoll als Freiwilliger arbeiten, wo Tiere artgerecht beobachten? Wie vermeide ich Müll im Urlaubsland? Wo bekomme ich ökologisch und fair produzierte Trekkingklamotten? Diese und viele weitere Fragen beantwortet das vorliegende Buch – damit Sie einen umweltverträglichen Tourismus auch leben können. Gespräche mit Tourismusexperten und Erlebnisse des Autors ermöglichen zudem spannende Einblicke hinter die Kulissen des weltweiten Tourismus.

Was diesen Ratgeber einmalig und praktisch macht: über einen Shortlink/QR-Code erhalten Sie Zugang zu hunderten fairen und grünen Länderreisetipps (s. S. 320). Die Liste enthält jede Menge nachhaltige Hotels, Guesthouses und Resorts; Reiseveranstalter, die ihre Angestellten fair entlohnen; Restaurants, die vegetarisch und vegan kochen – oder etwa Initiativen, die einen Teil der Einnahmen in soziale Projekte stecken.

Noch steckt der grüne, faire und klimafreundliche Tourismus in den Kinderschuhen. Noch sind Nachfrage wie auch Angebot ausbaufähig. Noch schauen wir beim Buchen unserer Reise vor allem auf den Preis, sehen die meisten Reiseveranstalter zunächst den Profit. Doch immer mehr Menschen interessieren sich für das Thema ökologisch und sozial verträgliches Reisen. Es gibt weltweite Initiativen, es gibt immer mehr Gütesiegel, und auch das Problembewusstsein wächst. Dass ein sozial gerechter und umweltfreundlicher Tourismus ein Thema der Stunde ist, zeigt ein weiterer Fakt: Die Vereinten Nationen haben 2017 zum »Internationalen Jahr des nachhaltigen Tourismus für Entwicklung« erklärt.

Kapitel 1

Globaler Tourismus auf Rekordjagd

Menschen reisen seit jeher. Es ist die Mischung aus Abenteuerlust, Freude am Entdecken und an Neuem, die uns in die Ferne treibt. In früheren Jahrhunderten war Reisen beschwerlich, gefährlich und teuer. Das hat sich in den vergangenen Jahrzehnten grundlegend geändert. Die Welt ist kleiner geworden. Bequeme und günstige Transportmittel bringen uns schnell in jeden noch so entfernten Winkel des Planeten.

Doch noch etwas anderes hat sich geändert: War das Reisen als Selbstzweck einst einer kleinen, betuchten Oberschicht vorbehalten, können sich heutzutage deutlich mehr Menschen einen Urlaub leisten. Heute verreist man, weil man es sich leisten kann und weil man verreisen möchte. Reisen ist Konsum und Statussymbol zugleich. Nach Angaben der Welttourismusorganisationen (UNWTO, s. S. 216) finden mehr als die Hälfte aller internationalen Reisen aus reinem Vergnügen statt.

Und es werden ständig mehr. Von Jahr zu Jahr reisen mehr Menschen rund um den Globus. Große, weltweit agierende Reisekonzerne organisieren nicht nur unsere Trips, sondern auch die Reisen von Chinesen, Russen, Indern, Brasilianern und Südafrikanern. Touristen aus Schwellen- und immer öfter auch Entwicklungsländern tun das, was Menschen in Industrienationen schon seit Jahrzehnten in zunehmend großen Scharen tun: Sie relaxen am Pool und Strand, probieren lokale Spezialitäten, besteigen Berge, treiben Sport, besichtigen Kulturdenkmäler und Museen, shoppen in Städten oder liegen einfach nur in der Hängematte.

Krise hin, Krieg her – der Reisemarkt wächst

Flüchtlingsdrama am östlichen Mittelmeer und auf dem Balkan; Bürgerkriege und Gewalt im Nahen Osten und der Ukraine; Terroranschläge in Frankreich, Belgien, Tunesien, Ägypten, Indonesien, Kenia, der Elfenbeinküste, Mali, Nigeria und der Türkei; Erdbeben in Nepal; Ebola- und Zika-Epedemien; Absturz einer Germanwings-Maschine: Angesichts dieser Schlagzeilen könnte einem schon die Lust am Reisen vergehen. Nicht so den Deutschen. Sie reisten auch 2015 in rekordverdächtigen Zahlen, denn Alternativen zu den Problemgebieten bietet die Welt ja genügend. Die Branche bejubelte bereits Mitte 2015 die gestiegenen Buchungszahlen. Steigende Reallöhne, niedrige Arbeitslosenzahlen, Konsumlaune und günstige Treibstoffpreise begünstigten die positive Entwicklung.

Jeder Deutsche reiste 2015 laut Bundesverband der Deutschen Tourismuswirtschaft (BTW) privat durchschnittlich 20,6 Tage – insgesamt mehr als 1,67 Milliarden Tage und 1,8 Prozent mehr als im Vorjahr. So viel waren die Deutschen bislang noch nie unterwegs gewesen. 69,1 Millionen Reisen über fünf Tage bilanzierte die Reiseanalyse der Forschungs-

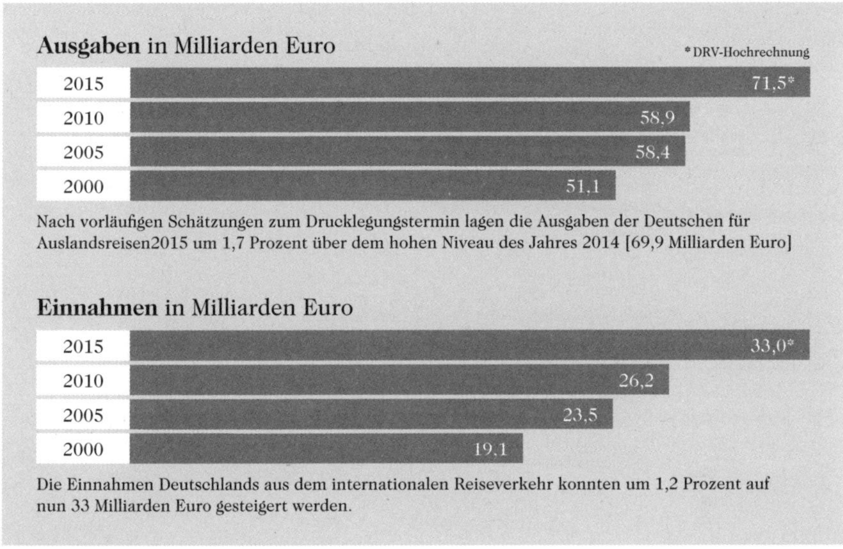

Abbildung 1.1
Einnahmen / Ausgaben Deutschlands im internationalen Reiseverkehr, Quelle: Deutscher ReiseVerband

gemeinschaft Urlaub und Reisen (FUR) 2015. Die Ausgaben der Urlaubsreisenden beliefen sich laut DRV 2015 auf 71,5 Milliarden Euro. Hinzu kamen weitere 19,8 Milliarden Euro, die für Kurzreisen von zwei bis vier Tagen ausgegeben wurden. Für 2016 gibt es unterschiedliche Prognosen: Die BAT-Stiftung für Zukunftsfragen stellte in ihrer 32. Tourismusanalyse eine aufgrund von Kriegen, Terroranschlägen und Flüchtlingskrise sinkende Reiseintensität fest – vor allem bei der Altersgruppe 55^+. Reisebüros klagten in den ersten Monaten des Jahres 2016 über Buchungsrückgänge. Die Mehrzahl der Branchenkenner glaubt hingegen, dass dem Tourismus auch 2016 ein gutes Jahr bevorsteht – vorausgesetzt, es gibt aureichend sichere Ausweichziele. Denn Reisen hänge von der persönlichen wirtschaftlichen Lage ab, so Prof. Martin Lohmann vom Institut für Tourismus- und Bäderforschung – und die schätzen die meisten Deutschen weiterhin positiv ein.

Die Deutschen reisen am liebsten im eigenen Land. Zu den beliebtesten Reiseländern zählen danach weiterhin Spanien und Italien. Die Türkei wird ihren vierten Platz im Jahr 2016 aufgrund der instabilen innenpolitischen Lage voraussichtlich verlieren. Zu deutlicheren Veränderungen kam es laut Reiseanalyse 2015 hingegen bei den Reisearten: Während Städtereisen im Zeitraum 2005 bis 2015 um 49 Prozent,

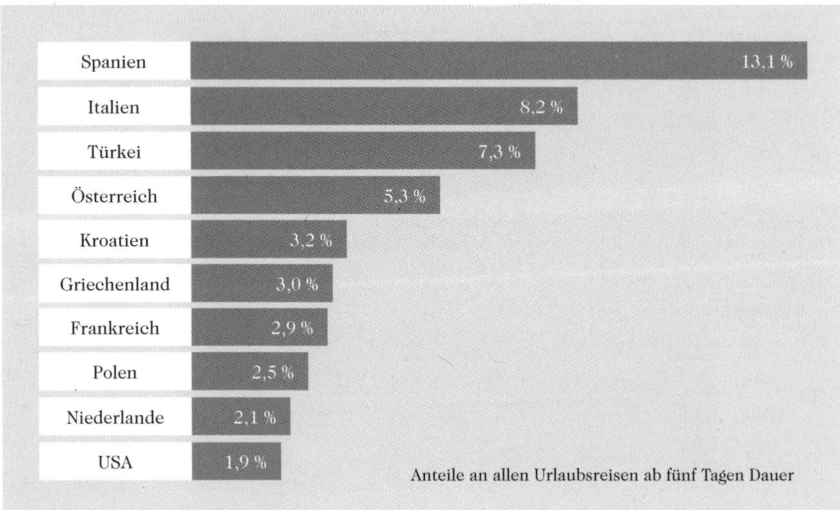

Abbildung 1.2
Die 10 beliebtesten Auslands-Urlaubsreiseziele der Deutschen, Quelle: Deutscher ReiseVerband (Der deutsche Reisemarkt, Zahlen und Fakten 2015)

Kreuzfahrten auf See um 27 Prozent und Winterurlaub in der Sonne um 24 Prozent zulegen konnten, nahm das Interesse an Fitnessurlaub im gleichen Zeitraum um 34 Prozent, an Gesundheitsurlaub um 30 Prozent und an Winterurlaub im Schnee um sechs Prozent ab. Auf mehr als fünfeinhalb Millionen konnten 2015 hingegen nach DRV-Angaben Fernreisen zulegen – ein Anstieg im Vergleich zum Vorjahr im hohen einstelligen Prozentbereich.

Verändert hat sich auch die Länge der Reisen. Aus den »schönsten Wochen des Jahres« werden immer mehr die »schönsten Tage«. Denn die Deutschen reisen mehr, dafür aber auch kürzer: Laut Tourismusanalyse 2016 der Stiftung für Zukunftsfragen betrug die durchschnittliche Reisedauer 2015 nur noch 12,6 Tage. 1980 waren es 18,2, im Jahr 2000 14,8 Tage. Weniger als zehn Prozent aller Reisen dauern länger als drei Wochen.

Globales Wachstum

Auch international glänzt der Tourismus mit großer Wachstumsdynamik. Nach Angaben der UNWTO reisten 2015 weltweit rund 1,2 Milliarden Menschen – das sind vier Prozent mehr als im Vorjahr. 1950 waren es gerade einmal 25 Millionen Menschen. Hinzu kommt die fünf- bis sechsfache Menge an Inlandsreisen. Und für 2016 rechnet die Branche

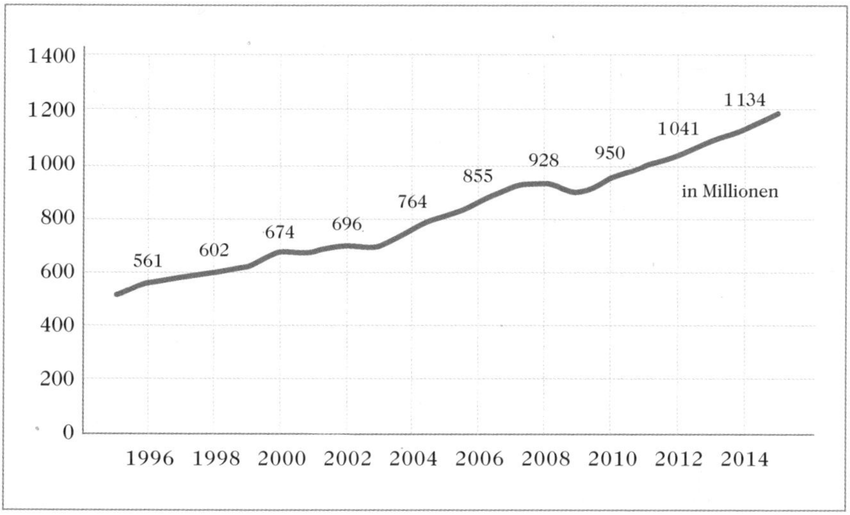

Abbildung 1.3
Internationale Touristenankünfte weltweit, Quelle: World Tourism Organization (UNWTO)

mit einem weiteren Wachstum des internationalen Tourismus von mindestens vier weiteren Prozentpunkten.

Dass der Tourismus boomt, zeigen auch regionale Rekorde: Die Baleareninsel Mallorca hatte im August 2015 mit 1,75 Millionen Besuchern einen neuen Allzeit-Rekord aufgestellt. Ende 2015 rechnete man mit einem Umsatz von mehr als 10 Milliarden Euro – ein Plus von 14 Prozent zum Vorjahr. Zusammen mit dem Festland konnte der spanische Tourismus 2015 mehr als 50 Milliarden Euro erwirtschaften. Die Besucherzahlen stiegen um etwa 5 Prozent zum Vorjahr auf rund 68 Millionen – Bestmarke! Den mit über 19 Millionen Touristen besten Sommer seit 20 Jahren meldete Österreich Ende 2015. Und in Deutschland stieg die Zahl der Übernachtungen das sechste Jahr in Folge und erreichte dem Statistischem Bundesamt zufolge die Bestmarke von 436,4 Millionen.

Jobmotor Tourismus

Der Tourismus ist eine ökonomische Erfolgsgeschichte: Die Reisebranche zählt zu den weltweit wichtigsten Wirtschaftssektoren. Laut UNWTO erwirtschaftet der Tourismus 9,8 Prozent des globalen Bruttosozialprodukts und umfasst 30 Prozent aller weltweiten Dienstleistungen. Vor allem in Entwicklungsländern haben viele Menschen – vor allem viele Frauen – in den arbeitsplatzintensiven Dienstleistungsbranchen Hotellerie oder Gastronomie – erstmals überhaupt einen bezahlten Job oder eine Weiterbildung gefunden. 2015 schuf der Tourismus laut World Travel & Tourism Council (WTTC) weltweit 2,5 Millionen neue Jobs, was zu einem Anstieg der direkten Arbeitsplätze auf 108 Millionen führte. Rechnet man die indirekt durch den Tourismus entstandenen Arbeitsplätze hinzu (z. B. Jobs in Zulieferbetrieben) beschäftigte der Tourismus weltweit sogar jeden elften Arbeitnehmer: rund 284 Millionen Menschen.

Land	Prozent	Land	Prozent
Malediven	32,2	Ägypten	5,2
Bahamas	27,0	Spanien	5,0
Kroatien	13,6	Welt	3,6
Deutschland	6,7	USA	3,6
Thailand	5,8	China	3,0
Indien	5,5	Schweiz	3,0
Österreich	5,3	Türkei	2,2

Tabelle 1.1
Anteil der direkten Arbeitsplätze im Tourismus am Gesamtarbeitsmarkt ausgewählter Länder in Prozent (2014)
Quelle: World Travel & Tourism Council (WTTC)

Auch Landwirtschaft und Baubranche profitieren in vielen Ländern vom wachsenden Tourismus. Er trägt auch vielerorts dazu bei, Kunst und Kultur des Gastlands zu erhalten und in Wert zu setzen. Wenngleich die unmittelbaren Anrainer von Naturschutzflächen nicht automatisch vom Tourismus profitieren, so hat er doch vielerorts durch den regelmäßigen Besuch in- und ausländischer Touristen Natur- und Tierschutz begünstigt. Auch der Beitrag des Tourismus zur Völkerverständigung darf nicht unterschätzt werden. Er bringt Menschen und Kulturen zusammen, die sich ohne das Reisen wohl kaum begegnet wären.

Wundermittel im Kampf gegen Armut?

Angesichts der positiven Zahlen sind Großorganisationen wie die Weltbank oder die UNWTO überzeugt, dass der Tourismus ein wichtiges Mittel ist, um die Armut auf unserem Planeten zu beseitigen. Sie fördern gezielt touristische Großprojekte in ärmeren Ländern, um dort Arbeitsplätze zu schaffen und die Wirtschaft anzukurbeln. Auf den ersten Blick erfolgreich: Laut Weltbank ist die Zahl der Touristen in Entwicklungsländern kontinuierlich angestiegen. In vielen kleinen Inselstaaten und in Ländern wie Laos, Tansania oder Marokko gehört der Tourismus inzwischen zu den wichtigsten Devisenbringern. Aber auch in Schwellenländern wie Südafrika, Thailand, Brasilien oder Mexiko spielt der Tourismus eine bedeutende Rolle.

Tourismus und Migration – auf den Pass kommt es an

Wer einen deutschen Reisepass besitzt, hat es leicht auf dieser Erde. Dank des dünnen Büchleins kann er laut Visa Restrictions Index 2016 (visaindex.com) visumfrei in 177 Länder reisen. Keine andere Nation genießt so viel Reisefreiheit wie die Deutschen. Davon können Syrer, Afghanen oder Iraker nur träumen – viele von ihnen schaffen es nicht einmal bis in die Türkei. Mit ihren Pässen könne sie lediglich zwei bis drei Dutzend Länder visafrei bereisen. Europäische Länder sind nicht darunter. Wer vor Krieg, Unterdrückung und Armut flieht, riskiert sein Leben und muss dafür auch noch horrende Geldsummen auf den Tisch legen. Während Mitteleuropäer mit zweistelligen Eurobeträgen in den Süden fliegen, müssen Flüchtlinge vierstellige Beträge für riskante Bootstouren im Mittelmeer aufbringen. Schlepper nehmen ihnen einem FAZ-Artikel vom Februar 2016 zufolge für die weniger als fünf Kilometer auf dem offenen Meer vom türkischen Bodrum zur griechischen Insel Kos in maroden Schlauchbooten rund 1000 Euro pro Person ab. Europäer kostet die Überfahrt 20 Euro. Diese Fähre dürfen Migranten allerdings nicht benutzen.

Wir sind uns nur selten bewusst, wie gut es uns geht – und wie schwer es anderen gemacht wird, sich frei über Grenzen zu bewegen.

Den Beitrag, den der deutsche Tourismus zur regionalen Entwicklung und lokalen Wertschöpfung in Entwicklungs- und Schwellenländern leistet, soll die Studie *Entwicklungsfaktor Tourismus* belegen. Der Bundesverband der Deutschen Tourismuswirtschaft (BTW) hat sie Ende 2015 veröffentlicht. Ihr zufolge trugen die 11,2 Millionen deutschen Touristen, die 2012 in Entwicklungs- und Schwellenländer reisten, dort mit direkten Ausgaben von 6,9 Milliarden Euro zum Bruttoinlandsprodukt bei. Hinzu kommen indirekte (zum Beispiel Baubranche und Landwirtschaft) und induzierte Effekte. Letztere beispielsweise dann, wenn die im Tourismus Beschäftigten ihre Löhne ausgeben und dadurch in den Branchen, in die dieses Geld fließt, so auch wieder Einkommen geschaffen wird. Berücksichtigt man diese zusätzlichen Einkommenseffekte, steigt der Pro-Kopf-Beitrag deutscher Touristen zum Bruttoinlandsprodukt in Entwicklungs- und Schwellenländern von durchschnittlich 620 Euro direkter Ausgaben gar auf 1700 Euro. Auch haben die Reisen und die damit verbundenen Ausgaben laut Studie 738000 direkte

Arbeitsplätze im Tourismussektor der bereisten Entwicklungs- und Schwellenländer geschaffen.

Klingt zunächst einmal gut. Doch bei näherer Betrachtung ergibt sich ein anderes Bild. Mehr hierzu im Kapitel 2, das auf die Schattenseiten des Massentourismus eingeht (s. S. 25 ff.).

Kapitel 2

Tourismus – es ist nicht alles Gold, was glänzt

2.1 Einführung

Der Tourismus schafft Arbeitsplätze, der Tourismus verringert die Armut, der Tourismus erwirtschaftet Devisen, der Tourismus unterstützt regionale Entwicklung und lokale Wertschöpfung: Das predigen Welttourismusorganisation, Weltbank, der IWF und die Regierungen vieler Länder seit Jahrzehnten. Es gibt unzählige Studien, Analysen und Untersuchungen zu den positiven wirtschaftlichen Auswirkungen des Tourismus – und sie haben eines gemein: Sie bilden kein ausgewogenes Bild der Realität ab. Die meisten fokussieren lediglich auf ökonomische Daten, beten Touristenzahlen herunter und rechnen mit dauerhaft gleichmäßigem Wachstum.

So wie auch die am Ende des ersten Kapitels (s. S. 23) beschriebene Studie des Bundesverbands der Deutschen Tourismuswirtschaft (BTW), an der Tourism Watch (s. S. 227) kein gutes Haar lässt. Die Ergebnisse in Bezug auf die sozioökonomischen Folgen des Tourismus seien erschreckend niedrig und die Nichtbeachtung von realen ökologischen Kosten eines der größten Defizite der Studie. Fazit der tourismuskritischen Organisation: »Alle Detailergebnisse der Studie zusammengefasst, bleibt der Eindruck, dass die vorschnelle Gleichsetzung von Tourismus und Entwicklung auf Grundlage der statistischen Analysen eher infrage gestellt als bekräftigt wird.«

Internationale Tourismusverbände rechnen gerne mit Touristenzahlen, die alles andere als genau sind. Denn wie viele Reisende wo und wann ankommen, wird weltweit nicht einheitlich festgestellt. Nicht in jedem Land gibt es zuverlässige Datenerfassungen. »In einigen Ländern kann es zu Mehrfacherfassungen von Touristen kommen, wenn diese auf Rundreisen in verschiedenen Unterkünften einchecken und es keinen Datenabgleich gibt«, sagt Marcus Bauer, Tourismusexperte an der Hochschule für Technik und Wirtschaft des Saarlandes. »Darunter leidet natürlich die Aussagekraft der Tourismusstatistik.« Das werde problematisch, wenn die verzerrten Zahlen als Grundlage für Potenzialanalysen und ganze Entwicklungspläne herangezogen werden.

Einseitig gefärbte Tourismusstudien blenden gerne die Kosten der Schäden aus, die der Tourismus vielerorts hervorruft. Aber erst wenn den neu gewonnenen Arbeitsplätzen die verloren gegangenen gegenübergestellt werden, wenn auch Umweltschäden durch Bauaktivitäten und laufenden Betrieb erfasst und wenn beispielsweise Kosten für Vorleistungen bezüglich der touristischen Infrastruktur der jeweiligen Länder und Steuererleichterungen für Investoren berücksichtigt werden, kann man von einer differenzierten Sichtweise der Dinge sprechen.

Aber wie bewertet man qualitative Veränderungen, die bei quantitativen Untersuchungen komplett unter den Tisch fallen? Wie beziffert man den Verlust an Selbstbestimmung, den ein Fischer erleidet, der für ein Tourismusprojekt von seinem Land vertrieben wurde und nun bei diesem als schlecht bezahlter Gärtner arbeitet? Wie berechnet man den Verlust an Lebensqualität von Dorfbewohnern, denen man zwar eine neue Wasserleitung gebaut hat, deren Wasser aber vorzugsweise den Touristen im benachbarten Hotelkomplex zur Verfügung steht? Wie erfasst man die Schäden an Ökosystemen, verursacht durch einen fehlgeleiteten, mangelhaft kontrollierten und überbordenden Tourismus, deren Kosten von der Allgemeinheit geschultert werden müssen? Wie Landschaftsschäden durch Zersiedelung und das Umgehen von Bauvorschriften? Wie die Tatsache, dass zwar Hotels als Folge eines Booms gebaut werden, diese aber nicht notwendigerweise rentabel wirtschaften? Wie positiv ist der Bau von immer mehr All-inclusive-Anlagen zu bewerten, die Investoren, Veranstalter und Touristen glücklich machen, aber für touristische Einrichtungen in der Umgebung oftmals das Aus bedeuten? Sind Zuwachsraten bei Arbeitsplätzen aussagekräftig genug, wenn sich herausstellt, dass es sich meist um befristete Arbeitsverhältnisse mit geringer Qualifizierung im Niedriglohnsektor handelt wie etwa Kellner, Küchenhilfen, Zimmermädchen und Animateure? Wie bewertet man schlecht bezahlte Jobs im Tourismus, bei denen der Arbeitgeber das Trinkgeld als festen Bestandteil des Lohns betrachtet? Und welchen Preis müsste man den Klimagasen geben, die vom Tourismus in immer größeren Mengen erzeugt werden und zu den negativen Folgen des Klimawandels beitragen? Auf all diese Fragen geben heutige Studien, falls überhaupt, nur punktuell Antworten.

Tourismus, das zweischneidige Schwert

Das Sprichwort »Tourismus ist wie Feuer. Du kannst damit dein Essen kochen oder dein Haus abbrennen« bringt es auf den Punkt: Allerdings ist nicht der Tourismus als Prinzip das Problem, sondern das, was wir aus ihm gemacht haben – oder eben nicht machen. »Es ist ein Paradox, dass wir reisen, um die Schönheit und Vielfalt anderer Orte, Menschen und Kulturen kennenzulernen, aber unsere Präsenz dort oft nicht wiedergutzumachende Folgen auf die Ökobalance hat«, sagte Professor Visentin von der Universität Lugano 2015 auf der Expo in Mailand. Oder wie es der Schriftsteller Hans Magnus Enzensberger formulierte: »Der Tourist zerstört, was er sucht, indem er es findet.«

Die Schattenseiten explodierender Touristenzahlen und von unkontrolliertem Wachstum im Tourismus werden weltweit immer deutlicher sichtbar: wachsende Emissionen durch Auto-, Schiffs- und Flugverkehr, Verschwendung von Wasser, Zerstörung von Naturräumen durch Bebauung, Landvertreibung, Müllberge, Sextourismus, Verlust kultureller Identität, finanzielle Abhängigkeiten, Kinderarbeit, Niedriglöhne, Misshandlung von Tieren, Gigantomanie.

Viele der Probleme von gestern sind immer noch die Probleme von heute – sie haben sich aufgrund der fortschreitenden Globalisierung aber weiter akzentuiert und zum Teil potenziert. Ohne die alten Probleme in den Griff gekriegt zu haben, sind neue hinzugekommen, die zwar bekannt sind, aber von der Öffentlichkeit bislang – wenn überhaupt – nur am Rande wahrgenommen wurden. Etwa die Umweltschäden durch Kreuzfahrtschiffe (s. S. 61). Oder Probleme, die erst seit wenigen Jahren mit dem Tourismus in Verbindung gebracht werden, wie beispielsweise das Thema Menschenrechtsverletzungen (s. S. 107), terroristische Anschläge oder die Flüchtlingskrise. Diese Probleme – ob alt oder neu – werden von den Touristikunternehmen zwar zunehmend mehr oder weniger engagiert angegangen. Doch an erster Stelle stehen für die Firmen weiterhin Profitmaximierung, Marktanteile, Wachstum und Shareholder-Value. Diese Postulate werden nur selten infrage gestellt.

Machtkonzentration

Es ist ein weltweiter Trend: Die Unternehmen werden immer größer, die Machtkonzentration nimmt zu. Ihre Marktmacht nutzen die Konzerne, um die Preise ihrer Lieferanten bis an die Schmerzgrenze zu drücken. Diese wiederum sehen sich gezwungen, die niedrigen Preise weiterzugeben. Das geht zulasten von Arbeitern am Ende der Wertschöpfungskette, und es erschwert die Einhaltung von Umweltstandards. Wer groß und stark ist, hat es leichter, bei Verhandlungen seine Preise und Konditionen durchzusetzen. Diese einfache Erkenntnis hat sich nicht nur die Europäische Union bei ihren bilateralen Handelsabkommen mit Entwicklungsländern, sondern auch der Lebensmitteleinzelhandel längst zu eigen gemacht. Der wird in Deutschland von nur noch fünf Supermarktketten

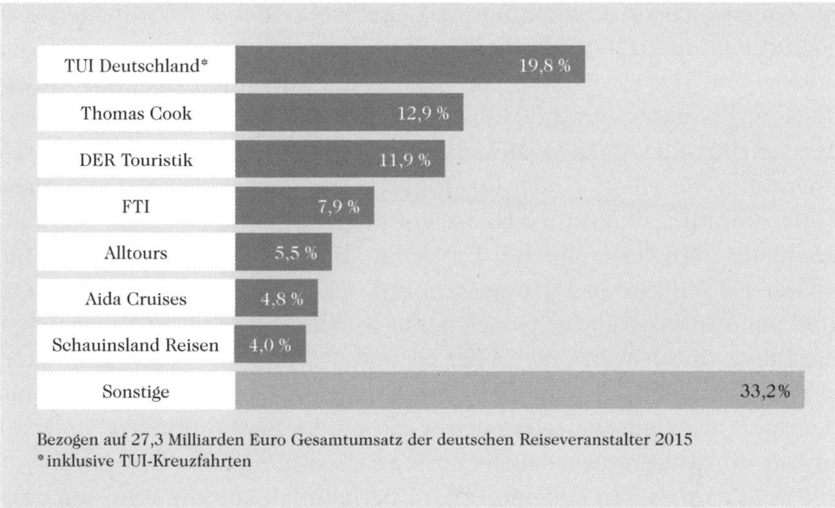

Abbildung 2.1
Marktanteile deutscher Reiseveranstalter, Quelle: Deutscher ReiseVerband

beherrscht (Aldi, Lidl, Rewe, Edeka, Metro). Sie haben nach Angaben der entwicklungspolitischen Organisation Oxfam einen Marktanteil von 90 Prozent. Und sie mischen zunehmend im Tourismus mit. So bieten Discounter wie Lidl und Aldi, aber auch der Einzelhändler Tchibo seit mehreren Jahren Reisen an. Die DER Touristik, eine REWE-Tochter, ist nach eigenen Angaben nach der TUI die Nummer drei der deutschen Reiseveranstalter.

Von einer Marktkonzentration wie beim Lebensmitteleinzelhandel ist der deutsche Tourismusmarkt zwar noch ein gutes Stück entfernt. Doch um Marktanteile auszubauen, schlucken auch hier die Großen immer öfter die Kleinen. So hat sich die DER Touristik (s. S. 228) 2015 das Veranstaltergeschäft des größten Schweizer Reisekonzerns Kuoni einverleibt. Oder es kommt zu Fusionen wie 2014, als die TUI Group mit der Übernahme der britischen Tochter TUI Travel PLC zum globalen Marktführer im Tourismusgeschäft aufstieg. Bereits 2010 hatte Thomas Cook, zweitgrößter deutscher Reiseveranstalter, den Türkeispezialisten Öger Tours übernommen, bis dahin die Nummer sieben auf der Liste der deutschen Veranstalter. Im Frühjahr 2016 gaben Marriott International und Starwood Hotels & Resorts (u. a. Sheraton, Westin) die Fusion beider Hotelketten bekannt. Mit diesem Zusammenschluss entsteht die größte Hotelgesellschaft der Welt – mit 5 500 Hotels und 1,1 Millionen Zimmern. Bei den Online-Reiseportalen ist inzwischen ein wahrer Kaufrausch zu verzeichnen: 2015 schluckte das 1995 von Microsoft gegründete amerikanische Online-Reisebüro Expedia (unter anderem hotels.com, Travelocity, trivago) den US-Konkurrenten Orbitz Worldwide (u. a. Ebookers) für 1,3 Milliarden US-Dollar und den Wohnungsvermittler Homeaway (fewo-direkt.de) für 3,9 Milliarden US-Dollar. 2016 übernahm die einstige Expedia-Tochter Tripadvisor den europäischen Ferienwohnungsvermittler Housetrip für eine nicht genannte Summe. Ebenfalls 2016 verkaufte TUI Ihr Online-Buchungsportal Hotelbeds für knapp 1,2 Milliarden Euro an den britischen Finanzinvestor Cinven. Und auch Internetgigant Google steht in den Startlöchern: Noch seien die Erlöse durch Werbung größer als potenzielle Provisionseinnahmen, schrieb der Spiegel Anfang 2016. Doch es sei nur eine Frage der Zeit, bis der Suchmaschinenbetreiber selbst mit einem Buchungsportal antrete. In den USA laufen diesbezüglich erste Experimente.

Bis es zu weiteren Fusionen oder Übernahmen kommt, ist es nur eine Frage der Zeit. Ob die beteiligten Unternehmen von den Zusammenschlüssen profitieren, weiß man erst hinterher. Doch Fusionen gehen oftmals einher mit Personalabbau und tief greifenden Umstrukturierungen. Gelegentlich werden die Gewinne solcher Maßnahmen auch an die Kunden weitergereicht, die dann von noch günstigeren Reisepreisen profitieren. Die Zeche zahlen die schwächsten Glieder der Kette, meist einfaches Dienstpersonal. Oder die lokale Wirtschaft und die Umwelt, wenn Politiker beim Bau von All-inclusive-Ferienanlagen in Schwellenländern oder Ländern des Südens beide Augen zudrücken – und Baugenehmigungen erteilen, aber Umweltverträglichkeitsprüfungen »vergessen«.

Wer profitiert vom Tourismus?

Der weltweite Tourismus ist ein bestens organisiertes System. Es hat nicht primär das Wohl der Touristen oder der Einheimischen im Blick. Sondern Gewinnmaximierung. Das meiste Geld verbleibt bei Reiseveranstaltern, Fluglinien und Reedereien aus den Industrieländern. Oder es fließt aus ärmeren Ländern in Form von Devisen beispielsweise für importierte Lebensmittel oder Baubedarf wieder an die Industriestaaten zurück. Vor allem beim Pauschaltourismus bleibt vom Geld der Urlauber wenig in der Region, bemängelt Professor Dirk Reiser, der Nachhaltiges Tourismusmanagement an der Cologne Business School lehrt. »Der Profit darf nicht nur in die eine Richtung gehen«, so der Tourismusexperte in der Frankfurter Allgemeinen Zeitung.

Doch das tut er überwiegend: Nach Untersuchungen der UN-Konferenz für Handel und Entwicklung (UNCTAD) fließen durchschnittlich

50 Prozent der Einnahmen, die Entwicklungsländer durch Tourismus erzielen, wieder ins Ausland ab – überwiegend in diejenigen Länder, aus denen die Reisenden kommen und in denen die von ihnen genutzten Touristikkonzerne sitzen. Diese Rückflussrate (auch Nettodeviseneffekt; im Engl. *leakage)* definiert die Umweltorganisation Naturfreunde Internationale–respect (s. S. 226) als den Anteil der touristischen Einnahmen, welcher durch transnational agierende Fluglinien, Hotelketten, Reiseveranstalter oder Kreuzfahrtgesellschaften sowie durch Lebensmittel- und Warenimporte ins Ausland abfließen und damit den Volkswirtschaften der Zielländer nicht zugutekommt. Im Tourismus geht die Weltbank von einer Rückflussrate von bis zu 55 Prozent aus, die britische New Economics Foundation (NEF) kommt in Fallbeispielen auf deutlich höhere Werte. Als Rückflussraten für Thailand, Kuba und Gambia nimmt sie 70 bis 75 Prozent an, für ein Extrembeispiel – All-inclusive-Reisen nach Kenia – gar 85 Prozent. Auf Sickerraten von 42 bis 60 Prozent kommen selbst die kleinen und mittelgroßen deutschen Reiseveranstalter, die das TourCert-Siegel (s. S. 210) verwenden. In einer anonymisierten Aufstellung von mehr als 20 verschiedenen großen Reiseunternehmen durch TourCert (Stand: November 2015) schwankten die Rückflussraten zwischen 38 und 73 Prozent.

Begrenzte Wohlstandseffekte

Das ist alles in allem zu wenig Geld, das zudem meist ungerecht verteilt ist. Der globale Tourismus hat bisher kein Land aus der Armut befreit. Dies ist auch nicht seine primäre Aufgabe. In ihrem Buch *Tourism Development – Growth, Myths and Inequalities* schreiben die Autoren, »dass es unglücklicherweise nicht das allererste Ziel internationaler Tourismusunternehmen (Hotelketten, Immobilienmakler und Reiseveranstalter) ist, Armut zu reduzieren, sondern ein akzeptables Niveau finanziellen Nutzens beim kleinstmöglichen Risiko zu erreichen«.

Die Auswirkungen des Massentourismus auf den Wohlstand einer unterentwickelten Nation sind begrenzt – wenngleich lokale Kleinunternehmer mit einfachen Herbergen, Souvenirständen, Garküchen oder als fliegende Händler für Strandbedarf oder Ramsch vom Tourismus profitieren. Doch der so oft propagierte *trickle down effect* – der Sickereffekt von oben nach unten – bleibt aus. In zahlreichen Ländern mit einem hohen Tourismusanteil wie etwa Ägypten, Mexiko oder der Türkei ist Ähnliches zu beobachten: Diese Länder nehmen unter den Entwicklungs- und Schwellenländern zwar Spitzenpositionen ein, was Touristenzahlen und Einnahmen aus dem Tourismus betrifft. Doch haben es ihre Regierungen bislang nur ansatzweise geschafft, den Reichtum gleichmäßiger zu verteilen.

Der Tourismus in großem Stil hat weltweit zwar jede Menge Jobs geschaffen, doch auch hier gibt es krasse Gegensätze. »Einheimische verrichten vor allem einfache Dienstleistungen wie das Putzen, während Ausländer das Management besetzen«, fasst Tourismusprofessor Dirk Reiser die Situation vor allem in Entwicklungs- und Schwellenländern zusammen. Niedrige Löhne und Ausbeutung im Tourismus sind keine Ausnahme, auch nicht in entwickelten Ländern. Nicht immer ermöglichen lokale Veranstalter und Hoteliers es lokalen Angestellten, sich weiterzubilden und in besser bezahlte Positionen aufzusteigen (mehr zu den Arbeitsbedingungen im Tourismus auf S. 98).

Abhängigkeiten

»Unter dem Druck von Schuldensanierung und Strukturanpassungen haben sich viele Entwicklungsländer verpflichtet, ihre Wirtschaft immer weiter dem globalen Markt zu öffnen«, heißt es in der Untersuchung *Tourismus in Entwicklungs- und Schwellenländern* des Studienkreises für Entwicklung und Tourismus (s. S. 227). In der Hoffnung auf schnelle Devisen und unter Auflagen der Weltbank und des Internationalen Währungsfonds haben viele Länder einseitig auf die Karte Tourismus gesetzt. Regionale und bilaterale Abkommen haben in vielen ärmeren Ländern ausländischen Investoren Tür und Tor geöffnet, die Einkommens- und Selbstbestimmungsmöglichkeiten lokaler Anbieter hingegen beschnitten. So sind in einigen Ländern Abhängigkeiten vom Tourismus entstanden.

Land	Prozent	Land	Prozent
Malediven	41,5	Türkei	4,7
Bahamas	19,4	Deutschland	3,8
Ägypten	12,8	Welt	3,1
Kroatien	12,5	USA	2,6
Thailand	8,6	China	2,6
Spanien	4,8	Indien	2,2
Österreich	4,8	Schweiz	2,1

Tabelle 2.1
Anteil der direkten Tourismuseinnahmen am Bruttoinlandsprodukt in Prozent (2014), Quelle: World Travel &Tourism Council (WTTC)

Nach Angaben der Internationalen Arbeitsorganisation (ILO) erreicht der Anteil des Tourismus am Bruttoinlandsprodukt in Entwicklungsländern bis zu 40 Prozent, während es in entwickelten Staaten drei bis zehn

Prozent sind. Bereits im Jahr 2000 konstatierte der Journalist Norbert Suchanek in seinem Buch *Ausgebucht – Zivilisationsfluch Tourismus*: »Heutzutage sind nicht die Reisekonzerne abhängig von einem Reiseland, sondern umgekehrt.« Besonders abhängig vom Tourismus sind Inselgruppen wie die Malediven. Hier waren die direkten Tourismuseinnahmen nach Angaben des World Travel & Tourism Council (WTTC) 2014 für 41,5 Prozent des Bruttoinlandsprodukts verantwortlich, bei den Seychellen für 21,3 Prozent. Zum Vergleich: In Deutschland waren es 2014 laut WTTC 3,8 Prozent, weltweit 3,1 Prozent. Für ein Drittel aller Entwicklungsländer ist der Tourismus die wichtigste Einnahmequelle.

Das bringt zwar dringend benötigte Devisen, um die oftmals horrenden Auslandsschulden zu begleichen. Doch bleiben die Touristen beispielsweise aufgrund von Terrorattacken oder Naturkatastrophen aus, kollabiert die »Monokultur« recht schnell. Besonders Entwicklungsländer, die einseitig auf Tourismus setzen, spielen daher aufgrund ihrer oftmals hohen äußeren Anfälligkeit ein riskantes Spiel. Die Urlauber stört es wenig: Sie reisen einfach ins Nachbarland oder wechseln mal eben den Kontinent.

Terror, Tourismus, Tragödie

Beispiele gibt es zuhauf – gerade in vom Tourismus stark abhängigen Ländern wie Tunesien, Ägypten, der Türkei oder Kenia. In dem ostafrikanischen Land, das in den vergangenen Jahren Ziel mehrerer terroristischer Anschläge war, versucht die Regierung den eingebrochenen Tourismusmarkt mit millionenschweren Finanzspritzen wiederzubeleben. Von 30 Charter-Airlines, die das afrikanische Land in den vergangenen Jahren anflogen, sind Anfang 2016 gerade einmal drei übrig geblieben. Verringerte Landegebühren in Mombasa und Malindi für Charterflieger im Zeitraum Januar 2016 bis Juni 2018 sollen ebenso für einen Aufschwung sorgen wie ein »Kopfgeld« von 30 US-Dollar für jeden internationalen Passagier, der in Kenia im gleichen Zeitraum landet oder verringerte Eintrittsgebühren für Nationalparks.

In Tunesien blieben die Urlauber nach Terroranschlägen von heute auf morgen weg. Die spanische Hotelkette RIU, an der auch die TUI zu 49 Prozent beteiligt ist, zog sich im September 2015 aus Tunesien zurück. Zuvor hatte ein Attentat im Juni 2015 auf das RIU-Hotel Imperial Marhaba in Sousse, bei dem 38 Menschen starben, zu einem Einbruch der Touristenzahlen geführt. Ebenso wie bereits im März 2015 nach einem Anschlag mit 21 toten Urlaubern im Bardo-Museum in Tunis. 2015 schlossen außer den neun RIU-Anlagen mehr als 70 weitere Hotels ihre

Pforten. Tunesische Behörden befürchten den Verlust von rund 50 000 Arbeitsplätzen – das ist jeder achte Job in der Branche. Ein heftiger Schlag für ein Land, in dem der Tourismus rund zehn Prozent des Bruttoinlandsprodukts erwirtschaftet.

Den Rückgang russischer Urlauber bekam auch die Türkei zu spüren. Die Auslastung der Hotelbetten ging nach einer Reisewarnung des russischen Außenministeriums spürbar zurück. Viereinhalb Millionen Russen – die zweitgrößte Touristengruppe nach Deutschland – verbrachten 2014 ihre Ferien in der Türkei. Inzwischen erhalten einige Airlines Kopfgelder von der türkischen Regierung, wenn sie Touristen in die Türkei bringen. Solange aber die politische Lage des Landes weiter instabil ist und weitere Terroranschläge drohen, wird diese Maßnahme den Rückgang der Besucherzahlen nicht aufhalten können. Denn auch deutsche Urlauber, Reiseveranstalter, Reedereien und Fluglinien haben nach diversen Anschlägen – wie zum Beispiel im Januar 2016 in Istanbul – begonnen, der Türkei den Rücken zu kehren.

Am Beispiel der Türkei zeigt sich, dass zukünftig für Touristen das Thema Sicherheit neben Sonne und Strand zu einem immer wichtigeren Kriterium bei der Wahl des Urlaubsorts wird. Das ist gut nachvollziehbar, solange es Anschläge auf Touristen gibt. Nur wenige Reisende setzen sich gerne einem unkalkulierbaren Risiko aus. Kommt es zu weiteren Anschlägen auf Touristen, kann dies zu einem veränderten Reiseverhalten führen. Das macht die Planung der Reiseveranstalter nicht gerade leichter. Auch ihr Geschäft wird riskanter und kurzfristiger. So wie im Sommer 2015, als Flüchtlinge aus Syrien, Afghanistan, Irak und einigen afrikanischen Ländern viele griechische und italienische Inseln geradezu überrannten. Zahlreiche Reisen wurden storniert, viele Kreuzfahrtschiffe blieben und bleiben diesen Gegenden fern. Den Preis für Terror und Flüchtlingskrise zahlen einzelne Destinationen, während vermeintlich sichere Länder – wie zum Beispiel Spanien oder Bulgarien – profitieren.

Auch Naturkatastrophen oder Epidemien haben direkte Auswirkungen auf den Tourismus: So brachte etwa der gewaltige Tsunami, der Ende 2004 mindestens 231 000 Tote forderte, den Tourismus in den betroffenen Regionen vorübergehend ganz zum Erliegen. Und Ereignisse wie das Erdbeben in Haiti 2010 mit Auswirkungen auf den Tourismus in der benachbarten Dominikanischen Republik, die Reaktorkatastrophe in Fukushima 2011, die Ebola-Epidemie in Westafrika 2014, das schwere Erdbeben in Nepal im April 2015 oder der Zika-Virus bringen den Einheimischen nicht nur persönliches Leid. Bleiben die Touristen weg, verlieren zahlreiche Menschen auch ihre einzige Einkommensquelle.

Vertrauen als neue Währung

Ist ein Land zum »touristischen Niemandsland« geworden, so die Süddeutsche Zeitung, ist seine Regierung aufgefordert wieder Vertrauen zu schaffen, um erneut als attraktives Reiseziel Beachtung zu finden. Das gelingt in der Regel nur, wenn die Ursachen beseitigt werden. Glücklicherweise für die betroffenen Länder haben wir alle ein schlechtes Gedächtnis. Oder wir sind Meister im Verdrängen. Denn genauso schnell, wie der Touristenstrom versiegt, erholt er sich oftmals auch wieder. Eine Reisesaison später – vorausgesetzt, die Sicherheit der Touristen ist gewährleistet und die Infrastruktur wiederhergestellt – kommen die Touristen wieder, oftmals angelockt von Schnäppchenpreisen. Die bekommt man in Krisenregionen ohnehin des Öfteren. Um überhaupt noch Touristen anzuziehen, bleibt manchmal nur ein Mittel: Staatliche Subventionen und Preise senken. Mit diesen Mitteln versuchen beispielsweise Ägypten, Kenia oder die Türkei wieder Touristen in ihre Länder zu holen. Doch nur mit Geld lassen sich Terror und Angst nicht besiegen. Und richtig entspannend ist ein Urlaub hinter hohem Stacheldraht und umgeben von bewaffnetem Wachpersonal auch nicht.

Das Reisen von heute hat seine Unschuld verloren. Spätestens seit den Anschlägen auf das World Trade Center in New York am 9. September 2001 ist nichts mehr so, wie es davor war. Wer heute reist, muss – je nach Reiseziel – oftmals schon vor Reisebeginn jede Menge persönlicher Daten preisgeben, konsultiert vor allem bei Trips in Schwellen- oder Entwicklungsländer sicherheitshalber die Reisewarnungen des Auswärtigen Amts und quält sich durch immer langwierigere Sicherheitskontrollen an Flughäfen. Die Zeiten haben sich geändert. Doch anpassungsfähig war der Tourist – und mit ihm der Tourismus – schon immer.

Wegen Überfüllung geschlossen – wie viel Tourismus verkraftet die Welt?

»Voller möchte man sich das nicht vorstellen« – das war nur eine Reaktion deutscher Mallorca-Urlauber im Sommer 2015, als alleine im August 1,75 Millionen Touristen die Baleareninsel stürmten – doppelt so viele, wie auf der Insel Einheimische leben. Ob Venedig, Barcelona (s. S. 191), Mallorca, Teneriffa, die Seychellen oder die Inkastadt Machu Picchu in Peru: Viele Reiseziele sind – vor allem in der Hauptsaison – an ihren Kapazitätsgrenzen angelangt.

Denn neben Millionen von Europäern, Nordamerikanern, Kanadiern und Australiern reisen inzwischen auch Millionen von Chinesen, Brasilianern und Indern munter um die Welt. Das ist sicherlich für die Völkerverständigung positiv und, rein wirtschaftlich betrachtet, ein großer Erfolg – vor allem für Fluglinien, Reiseveranstalter und die Reisedestinationen. Doch die Touristenmassen machen den Einheimischen das Leben vielerorts zur Hölle. Sie verbrauchen immense Mengen an Wasser, mehr Nahrung als die Einheimischen, sie hinterlassen Unmengen an Abfall und trampeln Kulturgüter in den Boden. Jede Stadt, jeder Strand, jeder Nationalpark hat eine ökologische Aufnahmegrenze. Wird sie überschritten, dann erodiert die Sehenswürdigkeit, und niemand hat mehr so richtig Spaß, sie zu besichtigen. Sie verbraucht sich, ohne Luft zur Erneuerung zu haben. Tourismusmanager hielten die Berechnung einer solchen Kapazitätsgrenze bislang für überflüssig, viele Entscheidungsträger ignorierten sie einfach.

Kein Wunder: Welche Regierung begrenzt schon freiwillig Touristenströme, wenn sie auf die Devisen aus dem Reisegeschäft angewiesen ist? Mit Beschränkungen und Vorschriften möchte man niemanden vergraulen. Und so lautet die Gleichung fast überall: Je mehr Touristen, desto besser. Doch die vielerorts unreguliert eintreffenden Touristenmassen bereiten immer mehr Reisezielen Kopfschmerzen. Verständlich.

Selbst die Welttourismusorganisation UNWTO sieht das Dirigieren der weltweiten Touristenmassen als eine der größten Notwendigkeiten, aber auch Herausforderungen der Branche überhaupt. Will eine bekannte Destination dauerhaft attraktiv bleiben, muss sie die Touristenströme und die damit einhergehenden ökologischen, sozialen und kulturellen Auswirkungen in den Griff bekommen. An einigen Orten sind daher Begrenzungen der Besucherzahlen im Gespräch. Praktiziert wird dies bereits auf beliebten Wanderwegen wie dem Inkatrail nach Machu Picchu in Peru oder den zu Ecuador gehörenden Galapagosinseln. Im Mai 2016 schlossen Behörden die thailändische Insel Koh Tachai, Teil des Similan Island National Park. Der Grund: Zu viele Touristen.

Venedig ertrinkt im wahrsten Sinn des Wortes in Touristen. Alleine 650 Kreuzfahrtschiffe laufen Jahr für Jahr in die Lagunenstadt ein. Hinzu kommen Millionen Touristen auf dem Landweg. In der Bevölkerung regt sich Widerstand. Tourismus hat viele Venezianer wohlhabend gemacht. Aber es gibt auch viele, die vom Tourismuskuchen wenig oder gar nichts abbekommen und nur unter den negativen Folgen leiden. Ob eine Art Eintrittskarte für den Markusplatz, die Tagestouristen zukünftig kaufen sollen, das Problem lösen wird, ist eher unwahrscheinlich.

Über zu viele Kreuzfahrttouristen klagt selbst die Stadt Regensburg. 1 400 Schiffsanläufe auf der Donau und drei Millionen Tagesgäste machen nicht allen Regensburgern Freude. Die Folge des Booms: eine mit Schiffen dauerhaft zugeparkte Donauseite, Motorlärm, Abgase, Müllcontainer am historischen Uferweg – und seit der Auszeichnung mit dem Welterbe-Prädikat explodierende Immobilienpreise von über 60 Prozent, mehr als in jeder anderen deutschen Stadt.

Sogar im dünn besiedelten Island zeigen sich die Schattenseiten unkontrolliert wachsender Touristenzahlen. Auf der Atlantikinsel ist man eigentlich froh über den Tourismusboom – half er doch dem Land aus der schweren Finanzkrise der vergangenen Jahre heraus. Inzwischen ist der Tourismus noch vor der Fischerei, dem bisher wichtigsten Wirtschaftszweig, zum bedeutendsten Devisenbringer Islands geworden. 1,5 Millionen Besucher erwarten die Isländer 2016. Das ist das Fünffache der Einwohnerzahl und sprengt besonders in den Sommermonaten die Kapazitäten. Es beeinträchtigt zudem die sensible Flora am Polarkreis. Einmal niedergetrampelt, braucht sie Jahre, um sich zu erholen. Auch deswegen denkt die Regierung über die Einführung einer Abgabe für Besucher nach.

Selbst auf Mallorca, der Deutschen beliebtester Ferieninsel, könnten möglicherweise die Touristenzahlen zumindest in den Sommermonaten – wie auch auf allen anderen Baleareninseln – begrenzt werden. Das seit Juni 2015 in Palma regierende linke Parteienbündnis beschloss eine ab 1. Juli 2016 geltende Touristenabgabe von – je nach Art der Unterkunft und der Reisezeit – 0,25 bis zwei Euro pro Tag und Tourist (obwohl die Einführung einer Ökosteuer im Jahr 2002 floppte). Denn 80 Prozent der 14 Millionen Touristen, die die Balearen jährlich besuchen, kommen im Sommer nach Mallorca, Ibiza, Menorca und Formentera. Alle seien sich darüber im Klaren, dass vor allem während der Sommermonate die Aufnahmekapazität der Balearen »total erschöpft« sei, sagte Biel Barceló, Vizeministerpräsident der Autonomen Gemeinschaft in Palma de Mallorca, gegenüber Spiegel online.

Konkreter wurde man auf der Mittelmeerinsel Malta. Sie führte Anfang Juni 2016 eine Umweltgabe von 0,50 Euro pro Person und Nacht (max. 5 Euro) ein.

Und auch im Genussland Südtirol hinterlässt der Tourismus sichtbare Spuren. In einer Rede im Rahmen der Toblacher Gespräche 2015 zählte der Südtiroler Politiker und Historiker Hans Heiss daher die sieben (touristischen) Hauptsünden der Region auf: Grundverbrauch, Landschaftszerstörung, architektonische Genmanipulation, Energiefresserei, erhöhte Bodenpreise, heimliche Überschuldung und falsche Mobilität. Als Therapie empfiehlt Heiss unter anderem, einen Klima-Tourismus

Wachstum ohne Ende – Ressourcenverschwender Tourismus

Die Botschaft ist eindeutig: »Die Ressourcennutzung des Tourismus übersteigt gegenwärtig die natürlichen planetaren Grenzen der Erde«, schrieben die Tourismusexperten Stefan Gössling und Paul Peeters 2015 im Tourism Watch-Newsletter 80. Ob Wasser, Land, Energie oder Nahrung: Wenn wir reisen, verbrauchen wir meist mehr Ressourcen als zu Hause. Selbst wenn diese in Zukunft deutlich effizienter genutzt werden, würde eine solche positive Entwicklung von der noch rascher steigenden Zahl an Reisen und der zunehmenden Reiseentfernung konterkariert, so Gössling und Peeters. Sie haben die Ressourcennutzung des Tourismus in einer Szenarien-Studie untersucht und die Ergebnisse 2015 im *Journal of Sustainable Tourism* veröffentlicht. Da immer mehr Menschen reisen und zudem der durchschnittliche Ressourcenverbrauch pro Reise zunimmt, werden sich laut Gössling und Peeters die Auswirkungen des Tourismus bezüglich CO_2-Emissionen, Wasserverbrauch, Landnutzung und Nahrungsmittelbedarf je nach Wachstumsszenario innerhalb von 25 bis 45 Jahren verdoppeln. Selbst im günstigsten Fall (Abschwächung der Wirtschaft) stiege der Wasserverbrauch des Tourismus zwischen 2010 und 2050 um 92 Prozent an. Im gleichen Zeitraum würde 189 Prozent mehr Landfläche verbraucht. Da wir im Urlaub mehr essen als zu Hause, wird sich Gössling und Peeters zufolge der globale Nahrungsmittelverbrauch im Tourismus von 39,4 Megatonnen 2010 auf 82 Megatonnen im Jahr 2050 in etwa verdoppeln. Für Fernreisen mit Flug- und Kreuzfahrt-Elementen würden unter Umständen mehr als 3 000 Kilogramm Treibstoff pro Tourist verbraucht. Die Wissenschaftler mahnen an, dass der globale Tourismus nicht nur immer weniger nachhaltig ist, sondern gleichzeitig auch immer anfälliger für Störungen.

zu entwickeln, den Ganzjahrestourismus zu fördern und die Grenzen des Wachstums zu fixieren. Jährlich 30 Millionen Übernachtungen seien genug, so Heiss.

Wahrscheinlich werden wir uns in den kommenden Jahrzehnten an immer mehr Orten der Erde an Mengenbeschränkungen für Touristen gewöhnen, ja gewöhnen müssen, will man Sehenswürdigkeiten auch für die nachfolgenden Generationen erhalten. Sich dieser Realität zu stellen und sie den Touristen zu kommunizieren wird Aufgabe der jeweiligen Regierungen und der Tourismusindustrie sein. Sie ist unausweichlich.

Widerstand seitens der Branche, aber auch seitens der Besucher ist zu erwarten. Wie berechnet man die optimale Zahl für einen sozial- und umweltverträglichen Tourismus? Wer berechnet sie? Und was genau begrenzt man? In Venedig beispielsweise griffe eine Begrenzung der Hotelbetten zu kurz – die meisten Besucher kommen nur tagsüber oder übernachten auf einem Kreuzfahrtschiff. Hinzu kommt, dass Vergleichswerte und Erfahrungen fehlen.

Wer fürchtet, dass dann automatisch die Preise steigen und Tourismus eine elitäre Angelegenheit wird, sei getröstet. Zum einen ist Tourismus vielerorts bereits eine elitäre Angelegenheit. Zum anderen kann man die Preisentwicklung kontrollieren und die Besucher entweder nach dem Prinzip *first come, first serve* bedienen. Oder beispielsweise einmal im Jahr eine Verlosung starten. Dann hätten reiche wie ärmere Touristen die gleichen Chancen, einen Ort mit beschränkten Besucherzahlen kennenzulernen.

Kostenfaktor Natur – Tourismus und biologische Vielfalt

Die Nachricht macht Mut – und Sorge zugleich: »Seit dem Weltgipfel für nachhaltige Entwicklung von Rio de Janeiro 1992 hat sich die Erkenntnis durchgesetzt, dass biologische Vielfalt lebensnotwendig für die Menschheit ist. Derzeit schwindet diese Vielfalt weltweit so schnell wie nie zuvor und gefährdet die Lebensgrundlagen aller Menschen sowie die wirtschaftlichen und kulturellen Entwicklungschancen heutiger und zukünftiger Generationen«, heißt es im *Factsheet Biologische Vielfalt* der Deutschen Gesellschaft für Internationale Zusammenarbeit (GIZ).

Obwohl weitestgehend Konsens darüber besteht, dass Biodiversität eine der wichtigsten natürlichen Ressourcen des Menschen ist, tun wir alles, um diese zu verringern – mit atemberaubender Geschwindigkeit. »Die Menschheit rottet Tier- und Pflanzenarten heute schneller aus als jemals zuvor in ihrer Geschichte«, warnten jüngst mexikanische Wissenschaftler der Universidad Nacional Autónoma de México in einem Artikel der wissenschaftlichen Zeitschrift Spektrum. Seit 1980 falle das Artensterben um bis zu 300-mal höher aus als während des Dinosauriermassensterbens. Ursächlich für das hohe Aussterberisiko einer Art sind laut Weltnaturschutzunion IUCN der Verlust oder die Verarmung des Lebensraums, illegaler Handel, Verdrängung durch eingeschleppte oder einwandernde Arten und exzessives Sammeln von Pflanzen für medizinische Zwecke.

Auch der Tourismus ist in den Brennpunkt geraten. Denn wie kein anderer Wirtschaftszweig ist er auf intakte, ursprüngliche Natur und Umwelt angewiesen, sagt die Diplombiologin Heike Dickhut im Buch *Nachhaltiger Tourismus* (s. S. 316). Doch, so Dickhut, trägt »der Tourismus in nicht unerheblichem Maße zur Naturzerstörung und zum Verlust von Biodiversität bei«. Gleichzeitig beeinträchtigen andere Wirtschaftszweige wie Bergbau oder Landwirtschaft den Tourismus. Er ist – wie auch beim Klimawandel – Opfer und Verursacher gleichermaßen.

Besonders der Küstentourismus trägt zur Reduzierung der biologischen Vielfalt bei. Betroffen sind unter anderem Dünen, Seemarschen, Korallenriffe, Mangrovenwälder und Lagunen. Schlecht geplante Entwicklung von Hotelanlagen in Küstengebieten könne zur Zerstörung von Lebensräumen und Verschmutzung führen und damit negative Auswirkungen auf lokale Gemeinden und die Biodiversität haben, schreibt die Umweltorganisation World Wide Fund for Nature (WWF) im *Living Blue Planet Report 2015*.

Der Tourismus ist Teil des Problems – er ist aber auch Teil der Lösung. Ein verantwortungsvoller Tourismus schädigt die Natur nicht, sondern nutzt und bewahrt sie gleichermaßen. Die biologische Vielfalt kann auf vielfache Weise geschützt werden: beispielsweise mithilfe von Zertifizierungen (s. S. 205), die in ihren Kriterien etwa vorschreiben, welche Pflanzen in Grünanlagen von Hotels und Parks gesetzt werden dürfen, oder die Tiershows beziehungsweise den Kauf von Souvenirs aus gefährdeten Tier- und Pflanzenarten untersagen. Weitere Beispiele sind laut Dickhut die Walbeobachtung (s. S. 151) oder der Besuch von Berggorillas (s. S. 158). Damit solche Konzepte aufgehen, muss die lokale Bevölkerung – unterstützt von lokalen Politikern und Reiseveranstaltern – miteinbezogen werden und vom Schutz der Natur profitieren. Nur wenn die Einheimischen dauerhaft mehr Geld mit dem Erhalt ihrer natürlichen Ressourcen verdienen, werden sie bereit sein, auf die Zerstörung ihrer Naturschätze zu verzichten.

2.2 Klima und Umwelt

CO_2-Emissionen

Der Begriff »CO_2-Emissionen« steht in diesem Kapitel stellvertretend für den weniger bekannten, aber exakteren Ausdruck »CO_2-Äquivalente«. Denn neben den Kohlendioxidemissionen entstehen weitere Treibhausgase (CH_4, N_2O, HFKW, FKW, SF_6 und NF_3), die bei Berechnungen ebenfalls berücksichtigt werden müssen. Um eine einheitliche Bemessungsgrundlage zu schaffen, wird dabei das globale Erwärmungspotenzial der anderen Gase in Relation zur Klimawirksamkeit von CO_2 gestellt. Festgelegt wurde dieses »Global Warming Potential« vom Intergovernmental Panel on Climate Change (IPCC). Das wissenschaftliche Gremium wurde von der Weltorganisation für Meteorologie (WMO) und dem Umweltprogramm der Vereinten Nationen (UNEP) ins Leben gerufen.

Einleitung

»Die Aussagen des 5. IPCC-Sachstandsberichts sind eindeutig: Der Klimawandel findet statt, und der Einfluss des Menschen ist unstrittig.« Mit diesen Worten beginnt das Mitte 2014 veröffentlichte Sondergutachten *Klimaschutz als Weltbürgerbewegung*. Geschrieben hat es der Wissenschaftliche Beirat der Bundesregierung Globale Umweltveränderung (WBGU). Während die durchschnittliche Konzentration des klimawirksamen Kohlendioxids (CO_2) in den vergangenen 800 000 Jahren zwischen 180 bis 280 ppm (parts per million = Teile einer Million) lag, ist sie in wenigen Jahrzehnten auf rund 400 ppm angestiegen. Als Hauptverursacher für den schnellen und steilen Anstieg sehen immer mehr Wissenschaftler den Menschen.

Auch wer reist, erzeugt klimaschädliche Gase. Wer über verantwortungsvollen Tourismus redet, kommt daher an der Klimadiskussion nicht vorbei. Schätzungen der Welttourismusorganisation (UNWTO, siehe Seite 216) zufolge verursacht der Tourismus durch Personentransport,

Beherbergung und weitere Aktivitäten rund fünf Prozent der globalen CO_2-Emissionen. Neben Hotels, Kreuzfahrtschiffen, motorisiertem Freizeitvergnügen und dem PKW-Verkehr erzeugen vor allem Flugreisen klimaschädliche Emissionen (s. S. 47 ff.). Sie lagen 2015 nach Angaben der Deutschen Emissionshandelsstelle (DEHSt) weltweit bei 770 Millionen Tonnen CO_2. Zum Vergleich: Deutschland produzierte 2015 nach Schätzungen des Umweltbundesamtes rund 900 Millionen Tonnen CO_2.

Wie berechnet man seine CO_2-Emissionen?

Gute Klimarechner finden sich beim Umweltbundesamt (uba.klima-aktiv.de), beim World Wide Fund for Nature (WWF, wwf.de), der KlimaManufaktur (die-klimamanufaktur.de) und bei KlimAktiv (klimaktiv.de).

Der internationale Tourismus boomt, und die Zeichen stehen auf noch mehr Flüge, noch mehr Kreuzfahrten und noch mehr Konsum. Letzterer steigt tendenziell mit dem Einkommen: »Man wohnt in größeren Wohnungen, reist häufiger, leistet sich ein größeres Auto und konsumiert mehr«, heißt es in der Broschüre *Klimaneutral leben – Verbraucher starten durch beim Klimaschutz* des Umweltbundesamts. Doch die Einsparungen durch technologische Verbesserungen machen das Mehr an Touristen nicht wett. Unter dem Strich steigen die durch das Reisen bedingten CO_2-Emissionen. Verursacht werden sie überwiegend von einem sehr kleinen Teil der Menschheit. Er besteht aus der Ober- und Mittelschicht der entwickelten Länder, der dünnen Oberschicht der ärmeren Länder und den schnell wachsenden Mittelschichten der Schwellenländer. Neben Deutschen, Briten, US-Amerikanern und Australiern sind auch immer mehr Chinesen, Russen, Inder und Brasilianer außerhalb ihrer Staatsgrenzen unterwegs. Nach Angaben der Welttourismusorganisation UNWTO reisen jährlich inzwischen rund 1,2 Milliarden Menschen. Das klingt nach viel, aber es könnten noch viel mehr werden. Ein Großteil der Menschheit hat noch nie ein Flugzeug von innen gesehen. Die meisten sind schlichtweg zu arm, um sich eine Hotelübernachtung, ein Flugticket oder selbst einen Reisepass leisten zu können.

Doch gerade diese Menschen leiden am meisten unter der Erderwärmung: »Die ärmsten Länder sind am wenigsten verantwortlich, aber am stärksten betroffen«, sagt Stefan Baumeister, Managing Director der

Kompensationsagentur myclimate (s. S. 92). »Was für Staaten gilt, gilt gleichermaßen auch für Gemeinden, Bevölkerungsgruppen und Haushalte: je ärmer, desto verwundbarer«, schreiben Sabine Minninger und Christina Kamp von Tourism Watch. Bewohner ärmerer Länder erzeugen im Schnitt deutlich weniger CO_2-Emissionen als die Bewohner reicher Länder. Aber sie sind als Erste von den klimatischen Veränderungen betroffen, die ihre Ernten vertrocknen oder sie von zu starkem Regen fortspülen lassen, die ihre baufälligen Häuser und Hütten unter Schlammlawinen begraben und ihre ungeteerten Straßen durch Erdrutsche zerstören. Mit Honduras, Haiti, Myanmar, den Philippinen oder Bangladesch finden sich denn auch fast nur Länder mit niedrigen Einkommen unter den zehn ersten Plätzen im Klimarisikoindex 2016 von German Watch.

Paradox ist die Situation im Tourismus: Er ist Mitverursacher und zugleich Opfer des Klimawandels. »Wir töten, was wir lieben«, schrieb Norbert Suchanek bereits im Jahr 2000 in seinem Buch *Ausgebucht – Zivilisationsfluch Tourismus*. Wer also in den Urlaub fliegt oder an einer Kreuzfahrt teilnimmt, leistet seinen kleinen Beitrag dazu, dass Gletscher (s. S. 177) und Korallenriffe (s. S. 44) verschwinden, häufigere und stärkere tropische Wirbelstürme auftreten und der Meeresspiegel durch das Abschmelzen von Polareis steigt.

Letzteres bedroht vor allem nur wenige Meter über dem Meeresspiegel liegende Inselgruppen, oftmals beliebte Urlaubsziele – sie werden wohl untergehen. Nach Expertenmeinung werden beispielsweise die Malediven bei gleichbleibender Klimaerwärmung bis 2100 unbewohnbar sein. Auf dieses Schicksal hatte der ehemalige maledivische Präsident Mohamed Nasheed bereits im Jahr 2009 mit der Einladung zu einer medienwirksamen Unterwassersitzung aufmerksam gemacht. Da »seine« Inseln kaum zu retten seien, hatte er vorgeschlagen, Einnahmen aus dem Tourismus für den Kauf von Ausweichland in Sri Lanka, Indien und Australien zu verwenden.

Auf der Antilleninsel Grenada würden 60 Prozent der Strände – ein wichtiges touristisches Potenzial – verschwinden, stiege der Meeresspiegel um einen halben Meter an, mahnte der frühere Premierminister Baldwin Spencer. Neuseeland hatte im August 2014 Sigeo Alesana mit Frau und Kindern aus dem Inselstaat Tuvalu im Pazifik Asyl gewährt. Der Grund: Klimawandel. Damit hat ein Staat zum ersten Mal den Klimawandel als Asylgrund akzeptiert. Sigeo darf in Neuseeland bleiben, denn seine Heimatinsel droht im Meer zu versinken. Im August 2015 warf ein heftiger Tropensturm die kleine Karibikinsel Dominica, deren

Korallenriffe Tauchtouristen anlocken, in ihrer Entwicklung um Jahre zurück: 35 Menschen starben, Hunderte Häuser, Brücken und Straßen wurden zerstört.

Ein Riff stirbt

Am größten Korallenriff der Erde, dem Great Barrier Reef in Australien, fast dreimal so groß wie Bayern und Lebensraum für etwa 14 000 Arten, sind seit Mitte der 1980er-Jahre etwa die Hälfte der Korallen verschwunden, sagte Ozeanforscher Ove Hoegh-Guldberg 2015 in einem Interview der Zeit. Hauptgründe sind zunehmende Wirbelstürme, Umweltverschmutzung – und steigende Meerestemperaturen, die im ersten Quartal 2016 so hoch wie noch nie seit Beginn der Aufzeichnungen im Jahr 1900 waren. Weltweit sind etwa 500 Millionen Menschen auf Korallenriffe angewiesen: für den Fischfang, für den Tourismus – und vor allem, weil die Riffe die Küsten schützen, so der Meeresexperte. Allein das Great Barrier Reef bringe Australien umgerechnet mehr als 3,4 Milliarden Euro Einnahmen pro Jahr und über 60 000 Arbeitsplätze. Laut Greenpeace haben alle Korallenriffe der Erde zusammen einen Wert von 8,4 Billionen Euro.

Natürlich möchte niemand durch seine Ferienreise »Inseln versenken«, doch der Klimawandel generiert allmählich zusätzliche Touristenattraktionen. So locken etwa Länder wie Grönland, in denen immer schneller schmelzende Gletscher den Klimawandel hautnah erleben lassen, immer mehr Touristen an – 2015 bereits rund 75 000. Der Klimawandel sorge für Neugier bei Abenteuerurlaubern – sie wollten aus erster Hand Zeuge des Klimawandels werden, so Malik Milfeldt vom Tourismusverband Visit Greenland in einem Themenspecial der ARD-Tagesschau zum Weltklimagipfel in Paris. Motto: Das Eis sehen, bevor es zu spät ist.

Es ist absurd: Jahrzehntelang haben sich nur wenige Touristen für Grönland interessiert, aber nun fliegen die Menschen, die maßgeblich für die Erderwärmung verantwortlich sind, zu den Orten, wo Klimawandel passiert – und verstärken ihn dadurch. Wenn wir aber alle erst zur vom Untergang bedrohten Pazifikinsel Tuvalu oder den Gletschern Grönlands fliegen müssten, um die Folgen der Erderwärmung mit eigenen Augen zu sehen, wäre die Erde verloren. Auch die periodisch stattfindenden Klimakonferenzen passen in dieses Schema. Zehntausende jetten dann um die Erde, um diese zu retten.

Sollen die internationalen Klimaziele erreicht werden, muss sich einiges tun – und zwar bald: Das ist internationaler Konsens und seit der Klimakonferenz in Paris im Dezember 2015 auch beschlossene Sache. Doch in der Praxis glänzen Politik, Unternehmen, Verbände und Bürger mit Ohnmacht, Trägheit, Ignoranz: Der europäische Emissionshandel dümpelt ergebnislos vor sich hin, die Bundesregierung hat sich zum Bau zahlreicher defizitärer Regionalflughäfen verleiten lassen, hoch subventionierte Airlines beschweren sich über Wettbewerbsnachteile, Kreuzfahrtschiffe fahren weiter mit schädlichem Schweröl – und Reiseunternehmen wälzen die Verantwortung bei der Kompensation von CO_2-Emissionen auf den Verbraucher ab. Der wiederum ist Umfragen zufolge mehrheitlich nicht gewillt, künftig weniger zu verreisen, auf Flugreisen zu verzichten oder einen Aufpreis für eine nachhaltige Urlaubsreise zu zahlen. »Die Menschen sind im Alltag bereit, in eine moderne klimaschonende Heizungsanlage zu investieren oder weniger Auto zu fahren, aber wenn es um Urlaub geht, kann der Klimaschutz zu Hause bleiben«, sagt Martina von Münchhausen, Tourismusexpertin der Umweltorganisation WWF in einem Interview auf travel-tribune.de.

Daran wird auch der Weltklimavertrag von Paris nicht sehr viel ändern (s. S. 46). Er ist zwar eine diplomatische Meisterleistung und ein Meilenstein der internationalen Klimakooperation, tritt aber erst 2020 in Kraft und lässt Entwicklungs- wie auch Industrieländern genügend Schlupflöcher. So hatte die Staatengemeinschaft 2005 im Kyoto-Protokoll (s. S. 46) zwar erstmalig völkerrechtlich verbindliche Zielwerte für den Ausstoß von Treibhausgasen in den Industrieländern festgelegt und sie Ende 2015 im Weltklimavertrag von Paris konkretisiert. Doch weder internationale Schiffs- noch die Flugverkehrsemissionen wurden dabei berücksichtigt. »Aus Tourismussicht ist das Abkommen eher bescheiden«, kritisiert von Münchhausen. Die Transportlobby habe ganze Arbeit geleistet, so die Tourismusexpertin.

Doch Luftfahrtunternehmen, Reedereien und Touristikkonzerne werden sich nicht mehr sehr lange einer signifikanten Beteiligung zur Reduzierung von Klimagasen entziehen können. Das machte die im November 2015 veröffentlichte Studie *Emission Reduction Targets for International Aviation and Shipping* des Europaparlaments deutlich: Darin werden von Airlines und Reedereien ambitionierte Ziele gefordert, um das international verbindliche Ziel einer Erderwärmung von deutlich unter zwei Grad Celsius zu erreichen. Danach dürfte die Luftfahrt im

Jahr 2030 nur maximal 39 Prozent der Emissionen des Referenzjahres 2005 emittieren und im Jahr 2050 41 Prozent weniger (für die Schifffahrt wird in denselben Zeiträumen ein Rückgang von 13 beziehungsweise 63 Prozent gefordert). Diese Werte müssten noch deutlich enger gefasst werden, wenn weitere über den CO_2-Ausstoß hinausgehende Wirkungen wie etwa Kondensstreifen oder Ozon berücksichtigt würden (s. mehr hierzu auf S. 89).

Klimaabkommen – von Kyoto bis Paris

1997 einigte sich die internationale Staatengemeinschaft in Japan mit dem Protokoll von Kyoto erstmals auf eine absolute und rechtlich bindende Begrenzung des Ausstoßes von Treibhausgasen. Fast auf den Tag genau 18 Jahre und viele Klimagipfel später unterzeichneten die Delegierten der Klimakonferenz von Paris im Dezember 2015 den Nachfolgevertrag. Im Klimavertrag von Paris einigte man sich unter anderem auf die Begrenzung der globalen Erwärmung deutlich unter zwei Grad Celsius und hielt am Ziel fest, weniger finanzstarke Staaten ab dem Jahr 2020 (bis zunächst 2025) mit 100 Milliarden Dollar jährlich im Kampf gegen den Klimawandel zu unterstützen. Obwohl das Abkommen völkerrechtlich bindend ist, drohen keine Sanktionen bei Missachtung der Vertragspunkte.

Ernsthafter Klimaschutz kostet Geld, und das macht unweigerlich auch das Reisen teurer. »Wer viel verschmutzt, muss mehr zahlen«, schreibt Alexander Mahler vom Forum Ökologisch-Soziale Marktwirtschaft (FÖS) im movum.info-Special zu Mobilität. Denn »Tourismusemissionen sind Luxusemissionen«, sagt Christina Kamp von Tourism Watch (s. S. 227). Eines Tages wird es also wohl vorbei sein mit Billigfliegern, günstigen Kreuzfahrten und der Pauschalreise zum Schnäppchenpreis. Und das ist gut so. Wir sind es zukünftigen Generationen genauso schuldig wie denjenigen Mitbewohnern, die zuallererst unter dem Klimawandel leiden. Für den amtierenden Generalsekretär der Vereinten Nationen Ban Ki-moon ist klar: »Business as usual ist keine Option mehr.«

Fliegen – die Achillesferse des Tourismus

Fliegen ist untrennbar mit dem modernen Ferntourismus verbunden. Selbst wer nur ans Mittelmeer möchte, nimmt oftmals das Flugzeug. Schwellenländer wie China, Russland oder Brasilien wären wohl ohne das Flugzeug nicht auf dem touristischen Entwicklungsstand, auf dem sie heute sind. Doch müssen wir wirklich zum Hallenskifahren in den Wüstenstaat Dubai, zum Wochend-Shopping nach New York, zur Rave-Nacht nach Reykjavik, zum Heliskiing nach Kanada oder zur Kreuzfahrt in die Karibik fliegen?

Denn alle noch so gut gemeinten Klimaschutzmaßnahmen in den Zielländern – sei es Solarstrom auf Hoteldächern, Wiederaufforstungen oder das Elektroauto als Mietwagen – werden durch die An- und Abreise im Flugzeug mehr als zunichtegemacht. Der Flug erzeugt ein Mehrfaches an Klimagasen, als wir vor Ort während unseres Aufenthaltes einsparen

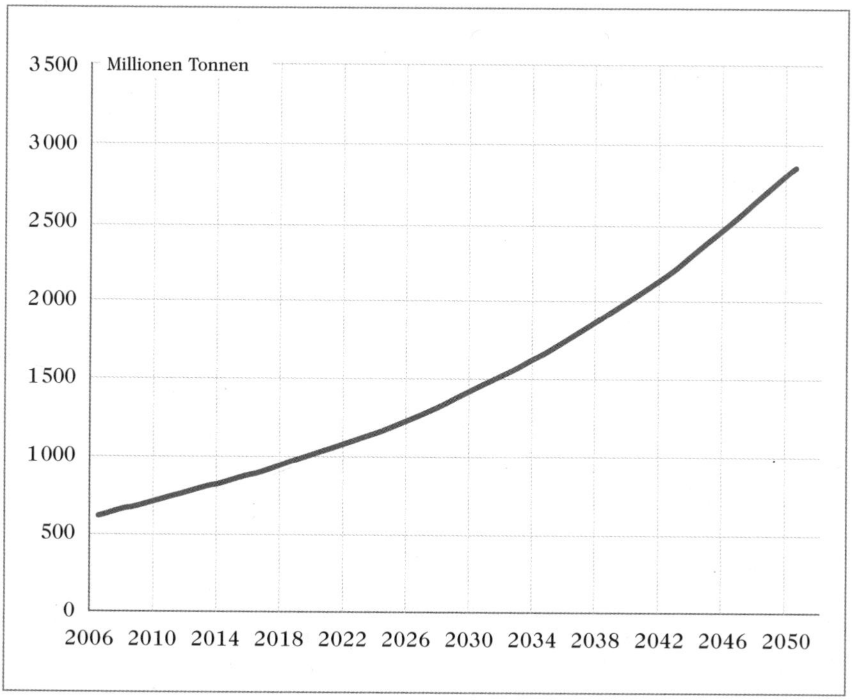

Abbildung 2.2
Emissionen des zivilen Luftverkehrs (in Millionen Tonnen bei einem jährlichen Zuwachs von 3,5 Prozent), Quelle: Deutsche Emissionshandelsstelle (DEHSt) im Umweltbundesamt, April 2015

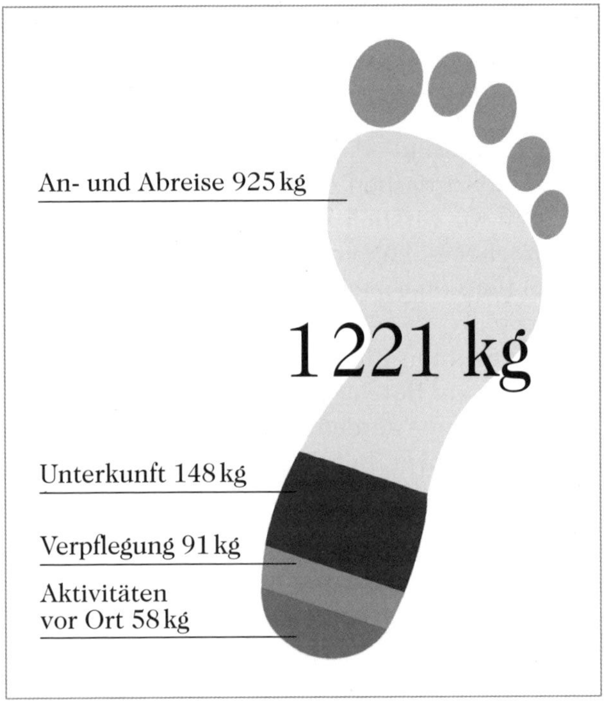

Abbildung 2.3 Der touristische Klima-Fußabdruck: 14-tägige Reise nach Mallorca, 1221 kg CO_2 pro Person, Quelle: World Wide Fund for Nature

können. Berechnet hat das bereits 2009 die Umweltorganisation World Wide Fund for Nature (WWF) in ihrem Bericht *Der touristische Klima-Fußabdruck*. Danach entfallen beispielsweise bereits bei einer 14-tägigen Reise nach Mallorca mit 13 Hotelübernachtungen im 4-Sterne-Hotel etwas mehr als drei Viertel (925 Kilogramm) der durch die Reise erzeugten Treibhausgase auf die An- und Abreise mit dem Flugzeug. Das übrige Viertel (297 Kilogramm) verteilt sich auf Unterkunft (148 Kilo), Verpflegung (91 Kilo) und Aktivitäten vor Ort (58 Kilo).

Je länger der Flug, desto höher sein Anteil an den Emissionen einer Urlaubsreise. Dem atmosfair-Klimarechner zufolge erzeugt ein Hin- und Rückflug von Frankfurt a. M. nach Sydney (über Dubai) fast 11 Tonnen CO_2. Das entspricht in etwa den jährlichen Pro-Kopf-Emissionen eines Deutschen und den Pro-Kopf-Emissionen von fast fünf Indern. Die Menge CO_2 dieses einen Fluges entspricht mehr als 60 000 Kilometern in einem Mittelklasse-PKW und überschreitet die 2,3 Tonnen, die vom Wissenschaftlichen Beirat der Bundesregierung Globale Umweltveränderung (WBGU) als weltweit klimaverträgliches Pro-Kopf-Jahresbudget anerkannt sind, um fast das Fünffache.

Fliegen ist die große Schwachstelle des Tourismus, seine Achillesferse. Ein Großteil der weltweiten Reiseziele wäre ohne das Flugzeug unerreichbar, viele Entwicklungsländer sind auf Flugtouristen aus reicheren Ländern angewiesen. Gleichzeitig tragen die Flugtouristen einen Teil zur Zerstörung klimasensibler Reisegebiete bei. Wie es aussieht, stehen wir erst am Anfang einer Entwicklung. Immer mehr Menschen nutzen das Flugzeug, um Verwandte zu besuchen, in den Urlaub zu fliegen oder weltweit Geschäftstermine wahrzunehmen. Angaben der Internationalen Luftverkehrs-Vereinigung IATA zufolge reisten 2015 welweit 3,5 Milliarden Passagiere mit dem Flugzeug. 2017 sollen es bereits vier Milliarden sein, und für 2034 prognostiziert die IATA weltweit 7,3 Milliarden Flugpassagiere. Dem Luftverkehrsbericht 2014 des Deutschen Zentrums für Luft- und Raumfahrt (DLR) zufolge stieg das weltweite Passagieraufkommen im Luftverkehr zwischen 2009 und 2014 um ein Drittel – von rund 2,5 Milliarden auf fast 3,3 Milliarden Personen pro Jahr. Vor allem China und Indien verzeichnen neben dem Nahen Osten, dem asiatisch-pazifischen Raum und Lateinamerika die größten Zuwachsraten.

Das sieht nach rosigen Zeiten für die Luftfahrtindustrie aus. Ende 2015 hatte allein Airbus mehr als 6 700 Flugzeugbestellungen. Bereits jetzt sind Tag für Tag weltweit mehr als 20 000 Passagierflugzeuge im Einsatz. Nach Angaben von Airbus wird sich ihre Anzahl bis 2035 fast verdoppeln – mit einem entsprechenden Zuwachs bei den Passagierzahlen und dem Kerosinbedarf. Hinzu kommen Zehntausende Business- und Privatjets. Fliegen ist Big Business, angefangen von der rohstoffintensiven Flugzeugproduktion über die Fluglinien bis hin zu den Reiseveranstaltern. Der EU zufolge erwirtschaftete die Luftverkehrsbranche 2014 rund 110 Milliarden Euro und beschäftigte knapp zwei Millionen Menschen.

Auch in Deutschland wächst der Flugverkehr. Der Flughafenverband ADV vermeldete für 2015 eine Steigerung der Passagierzahlen auf deutschen Flughäfen um 3,9 Prozent im Vergleich zum Vorjahr auf 216 Millionen. Vor allem der EU-Auslandsverkehr und der Interkontinentalverkehr konnten zulegen. Für Urlaubsreisen ab fünf Tagen Dauer nutzt laut Deutschem Reiseverband (DRV) rund ein Drittel aller Bundesbürger das Flugzeug. Die Urlaubsreisen der Deutschen werden kürzer, dafür reist man häufiger. Auch für Kurztrips von zwei bis vier Tagen wird gerne der Flieger gebucht. Noch extremer sieht es bei globaler Betrachtung aus: Laut UNWTO nutzten 2014 mehr als die Hälfte (54 Prozent) aller Reisenden für Trips ins Ausland das Flugzeug.

Fliegen ist immer billiger geworden

Ein Grund für das Wachstum: Fliegen ist billig. Zu billig. Für zweistellige Eurobeträge lässt sich ganz Europa mit dem Flugzeug kennenlernen. Die europäischen Durchschnittspreise sind laut Luftfahrtverband IATA 2015 um fast zwölf Prozent im Vergleich zum Vorjahr gefallen. Ein harter Konkurrenzkampf und günstige Spritpreise machen es möglich: Rund 20 Low-Cost-Carrier buhlen alleine in Deutschland um die Gunst der Kunden und unterbieten sich dabei mit Niedrigpreisen. Die Anzahl der Billigflugstrecken erreichte dabei im Sommer 2015 nach Angaben des Low Cost Monitor (LCM) des Deutschen Zentrums für Luft- und Raumfahrt (DLR) mit 754 Strecken in und ab Deutschland einen historischen Höchststand.

Billigpreise beim Fliegen sind in Deutschland unter anderem auch deswegen möglich, weil der Flugverkehr – neben dem besonders bei Low Cost Carriern verbreiteten Lohndumping bei Bordpersonal und Piloten, der Kostenersparnis durch das Nutzen von Provinzflughäfen und dem konsequenten Ignorieren von Fluggastrechten – seit Jahrzehnten staatlich subventioniert wird. Dies kehrt die Luftfahrtbranche nur allzu gern unter den Teppich. Stattdessen beschwert man sich immer wieder über die Luftverkehrsabgabe (s. S. 51) und die angeblich wettbewerbsverzerrenden Unterstützungen, die ausländische Airlines wie beispielsweise die arabischen Fluganbieter Emirates, Ethidad und Qatar Airways von ihren Regierungen erhalten.

Zum einen entfällt in Deutschland bei Auslandsflügen, die etwa 90 Prozent aller Flüge ab deutschen Flughäfen ausmachen, die Mehrwertsteuer. Die Ersparnis summiert sich laut Umweltbundesamt auf rund 3,5 Milliarden Euro jährlich – und sie wirkt anderen Verkehrsträgern gegenüber wettbewerbsverzerrend. Fliegt man von Berlin nach Paris, entfällt die Mehrwertsteuer, doch nimmt man den Zug für die gleiche Strecke, wird sie in vollem Umfang fällig.

Zum anderen brauchen die Airlines keine Mineralölsteuern auf den Flugzeugtreibstoff Kerosin zu zahlen. Die jährliche Ersparnis der Fluglinien für die »subventionierte Umweltsauerei« – so die Wochenzeitung Die Zeit – weitere sieben Milliarden Euro. Das macht insgesamt laut Umweltbundesamt jährlich mehr als zehn Milliarden Euro. Einer Umfrage des Verkehrsclubs Deutschland (VCD) und des Forums Ökologisch-Soziale Marktwirtschaft (FÖS) aus dem Jahr 2014 zufolge finden es mehr als drei Viertel (78 Prozent) der Befragten nicht richtig, dass Fluggesellschaften keine Mineralölsteuer zahlen müssen. 70 Prozent fordern von der Bundesregierung, sich stärker für den Subventionsabbau einzusetzen. Mit der am 1. Januar 2011 eingeführten Luftverkehrsabgabe für gewerbliche Passagierflüge (auch Luftverkehr- oder Ticketsteuer genannt) hat die Bundesregierung einen ersten Schritt unternommen, die Privilegien der Fluglinien zu beschneiden. Mit der Steuer, die ab 2016 je nach Entfernung 7,38 Euro, 23,05 Euro oder 41,49 Euro beträgt, nimmt der Staat jährlich rund eine Milliarde Euro ein. Ganz gerecht ist die Abgabe allerdings nicht: Wer Business- oder 1. Klasse fliegt und aufgrund des größeren Platzverbrauchs pro Kopf mehr Klimagase produziert, zahlt genauso viel wie die Passagiere der deutlich enger bestuhlten Economy-Klasse.

Ein boomender Markt mit glänzenden Wachstumsperspektiven, satte Gewinne und ständige Niedrigpreise: Was auf den ersten Blick gut für die Verbraucher, Airlines, Reiseveranstalter und Flugzeugbauer sein mag, bedeutet eine große Herausforderung für künftige Generationen. Denn das Fliegen ist unter anderem auch so günstig, weil Umweltkosten komplett ausgeblendet werden und weiter kräftig subventioniert wird. Dazu haben auch internationale Klimaabkommen beigetragen. So wurden auch im 2015 in Paris vereinbarten Weltklimavertrag die internationalen Flugverkehrsemissionen nicht berücksichtigt. Ebenso wenig sind bislang Entschädigungszahlungen für die wachsende und krank machende Belastung der Anwohner durch Fluglärm berechnet worden.

Rechentricks und Spiel auf Zeit

Ob mit dem Low-Cost-Carrier oder mit dem Luxus-Privatjet (s. S. 60): Wer fliegt, erzeugt klimaschädliche CO_2-Emissionen. Und zwar deutlich mehr als mit jedem anderen Transportmittel: Fallen auf einer Reise mit der Deutschen Bahn im Fernverkehr laut Umweltbundesamt rund 41 Gramm pro Personenkilometer an (bei einer angenommenen Auslastung von 50 Prozent), so sind es beim PKW bereits 142 Gramm (angenommene Auslastung 1,5 Personen/PKW). Am schlechtesten schneidet das Flugzeug ab: Hier entstehen 211 Gramm pro Personenkilometer (angenommene Auslastung 76 Prozent). Die hohen Emissionswerte und der starke Anstieg im Flugverkehr haben neben anderen Faktoren wie beispielsweise der Zunahme des Schwerlastverkehrs dazu geführt, dass der Verkehrssektor der einzige Bereich in Deutschland ist, dem es laut Statistik des Bundesumweltamts nicht gelungen ist, seine Emissionen gegenüber 1990 zu verringern.

»Fliegen ist das neue Öko« heißt es in einem Werbespot des Bundesverbands der Deutschen Luftverkehrswirtschaft (BDL) aus dem Jahr 2016. Darin verweist der BDL auf den niedrigen Spritverbrauch von modernen Flugzeugen. Der habe sich bei der deutschen Flugzeugflotte seit

1990 halbiert, heißt es im Airbus-Lobbymagazin OBEN vom April 2016. Doch um die Kunden von den horrenden Treibstoffmengen abzulenken, die Flugzeuge verbrauchen, trickst die Branche gerne. Sie rechnet den Kerosinverbrauch auf Personenkilometer um – also die Menge Sprit, die ein Flugpassagier auf 100 Flugkilometern verbraucht. Schöne Zahlen sind das Ergebnis, wie etwa die 3,84 Liter pro 100 Personenkilometer, die Lufthansa als Durchschnittswert für ihre Flotte im Jahr 2014 berechnet hat. Das suggeriert dem Verbraucher einen niedrigen Verbrauch, vergleichen die Airlines diese Werte doch gerne mit dem Verbrauch eines PKW. Doch selbst zweistrahlige Maschinen blasen laut Clemens Bollinger, Flugexperte und Geschäftsführer des Luftfahrt-Presse-Clubs, pro Flugstunde rund 5000 Liter Kerosin in die Luft. Das moderne Großraumflugzeug Airbus A380 jagt pro Flugstunde rund 12000 Liter Kerosin durch die Turbinen. Damit kommen auf dem achtstündigen Flug Frankfurt–New York fast 100000 Liter Kerosin zusammen – genug, um mit 100 Sechs-Liter-Autos jeweils mehr als 16000 Kilometer zurückzulegen. Greenwashing nennen Umweltorganisationen wie der Bund für Naturschutz somit auch zu Recht die Rechenspiele der Luftfahrtindustrie.

Obendrein liegt die Lufthansa mit ihren 3,84 Litern pro 100 Personenkilometer – zumindest auf der Transatlantikstrecke – weit abgeschlagen hinter zahlreichen bekannten Airlines. Dies ergab das im November 2015 vom International Council on Clean Transportation veröffentlichte *Transatlantic Airline Fuel Efficiency Ranking 2014*: Während die Siegerairline Norwegian mit einem Liter Kerosin 40 Personenkilometer zurücklegte, brachte es die Lufthansa auf dem 18. von 20 Plätzen gerade einmal auf 28 Personenkilometer. Je mehr Sitzfläche zur Verfügung steht, desto schlechter in der Regel die Treibstoffbilanz bei den Personenkilometern. Komfort trifft auf Klima. Wer Lufthansa bucht, fliegt auch in der Economy-Klasse komfortabler als mit Norwegian. Zudem drücken die Business Class und die erste Klasse die Treibstoffeffizienz enorm.

Obwohl die großen internationalen Verbände der Flugbranche, Flugzeugbauer und die Fluglinien den Klimawandel offiziell akzeptiert haben, rechnen sie beim CO_2-Ausstoß mit niedrigeren Zahlen als offizielle UN-Stellen, Regierungen oder Klimaschutzorganisationen. Sie lehnen auch den Radiative Forcing Index (s. S. 89) ab. Dabei handelt es sich um einen vom UN-Klimarat (IPCC) errechneten Wert. Mit diesem müssen die Flugzeugemissionen multipliziert werden, da sie in großen Höhen schädlicher sind als am Boden. Auch die klimawirksamen Kondensstreifen und Zirruswolken fallen bei den Luftfahrtverbänden als wissenschaftlich nicht ausreichend belegt unter den Tisch.

	Pkw	Reisebus *	Bahn, Fernverkehr	Flugzeug	Linienbus	Bahn, Nahverkehr	Straßen-, Stadt- u. U-Bahn
Treibhausgase** g/Pkm	142	32	41	****211	76	67	71
Kohlenmonoxid g/Pkm	0,66	0,05	0,03	0,15	0,07	0,05	0,05
flüchtige Kohlenwasserstoffe g/Pkm	0,14	0,02	0,00	0,04	0,03	0,01	0,00
Stickoxide g/Pkm	0,31	0,21	0,06	0,55	0,41	0,21	0,07
Feinstaub g/Pkm	0,005	0,004	0,000	0,005	0,003	0,002	0,000
Verbrauch Benzinäquivalent l/100 Pkm	6,1	1,4	1,9	4,9	3,3	3,0	3,3
zugrunde gelegte Auslastung in %	1,5 Pers./Pkw	60	50	77	21	28	19

Tabelle 2.2
Vergleich der Emissionen einzelner Verkehrsmittel im Personenverkehr 2014 (g/Pkm = Gramm pro Personenkilometer; l/100 Pkm = Liter pro 100 Personenkilometer), Emissionen aus Bereitstellung und Umwandlung der Energieträger in Strom, Benzin, Diesel und Kerosin sind berücksichtigt, Quelle: Umweltbundesamt, 2016

* Die Kategorie »Reisebus« umfasst Busse im Gelegenheitsverkehr (z. B. für Klassen- oder Kaffeefahrten) und Fernlinienbusse.
** CO_2, CH_4 und N_2O angegeben in CO_2-Äquivalenten
*** Die ausgewiesenen Emissionsfaktoren für die Bahn basieren auf Angaben zum durchschnittlichen Strom-Mix in Deutschland.
**** unter Berücksichtigung aller klimawirksamen Effekte des Flugverkehrs

Schwer fällt es der Welttourismusorganisation (UNWTO), sich zu positionieren: Als UN-Behörde ist sie einerseits klimapolitischen Zielen der Vereinten Nationen verpflichtet. Andererseits vertritt sie als Sprachrohr nationaler Tourismusbehörden wirtschaftliche Interessen. Sie stellt das Wachstums-Paradigma bislang nicht infrage. Statt konkrete Vorschläge zu messbaren Reduktionszielen vorzulegen, versteckt sie sich bezüglich des Klimawandels hinter den schwammig formulierten Zielen der Erklärung von Davos aus dem Jahr 2007. Auf der Klimakonferenz hatte die Branche zwar zum ersten Mal anerkannt, dass der Tourismus mitverantwortlich für die Klimaerwärmung ist und einen Beitrag zur Reduzierung der Klimagase leisten muss, aber auf konkrete Zahlen oder zeitliche Rahmenvorgaben verzichtet.

In der Luftfahrtbranche spielt man ohnehin gerne auf Zeit: Obwohl die International Civil Aviation Organization (ICAO) bereits 1997 im Rahmen des Kyoto-Protokolls (s. S. 46) von der Staatengemeinschaft beauftragt wurde, die CO_2-Emissionen der Luftfahrt zu begrenzen, ist bislang nichts Bahnbrechendes passiert. Die Maßnahmen erschöpfen sich in einer jährlich zweiprozentigen Spritersparnis zwischen 2010 und 2020 und zwei weiteren Prozent bis 2050. Doch die Branche hinkt den Vorgaben der ICAO mit zuletzt 1,1 Prozent pro Jahr hinterher. Ab 2020 sollen dann die CO_2-Emissionen auf dem Level von 2020 bleiben. Dieses Ziel – das ist der Luftfahrtbranche bewusst – ist nicht mit internen Sparzielen alleine zu erreichen. Daher ist die seit 2012 operierende High-Level Group on International Aviation and Climate Change (HGCC) der ICAO unter anderem damit beschäftigt, Vorschläge für die Umsetzung von marktbasierten Instrumenten zur globalen Emissionsminderung (GMBM) zu entwickeln.

Klima, Kompensation und Kommerz

Wer die CO_2-Emissionen seines Lufthansaflugs über den Klimarechner des Unternehmens (lufthansa.com/de/de/CO_2-neutrales-Fliegen) kompensiert, kommt billig davon. Für den Flug von Düsseldorf nach Palma de Mallorca und zurück errechnet der Lufthansa-Kooperationspartner myclimate (s. S. 92) 309 Kilogramm CO_2, für deren Kompensation gerade mal sechs Euro fällig werden. Auf der Webseite von myclimate (myclimate.org) zeigt der dortige Rechner 560 Kilo CO_2 an, die 16 Euro kosten. Peter Schneckenleitner, Sprecher bei Lufthansa, erklärt die Differenz damit, dass die Berechnungen seines Unternehmens »den CO_2-Ausstoß der Lufthansa-Flotte wiedergeben«. Dafür, so Schneckenleitner, »wurden von der Lufthansa über 58 000 einzelne Flugereignisse ausgewertet«. Einen RFI-Faktor nutze man zur Berechnung nicht. Den RFI-Multiplikator (s. S. 89) nutzt aber myclimate und setzt den Faktor 2 an. Möglichen Beschwerden von Nutzern der ungleichen Berechnungsmethoden sieht man bei myclimate gelassen entgegen. Der Zweck heilige die Mittel. »Durch die Zusammenarbeit mit der Lufthansa können wir viel mehr Leute erreichen«, räumt Kathrin Dellantonio ein, Kommunikationsbeauftragte von myclimate. »Der daraus entstehende Nutzen überwiegt eventuelle Kritik an den unterschiedlichen Berechnungsmethoden.« Ausführliches zum Thema Kompensation auf den Seiten 83 bis 94.

In der Zwischenzeit verweist die Branche auf bereits Erreichtes wie den weltweit sinkenden Spritverbrauch der Flugzeugflotte, technische Neuerungen wie aerodynamische Bauweisen oder die Optimierung von Flugrouten. Oder man fordert die europäischen Behörden zu einer besseren Nutzung des Luftraums (Single European Sky) auf – ein berechtigtes Anliegen. Doch diese Maßnahmen alleine reichen nicht. Mit Treibstoffeffizienz konnte der CO_2-Ausstoß des Flugverkehrs in den vergangenen Jahren nicht entscheidend gesenkt werden. »2013 wurden im innerdeutschen Flugverkehr 21 Prozent weniger Kerosin pro Personenkilometer benötigt als knapp 10 Jahre zuvor. Für Flüge ins Ausland konnte der Kerosinverbrauch im selben Zeitraum nur um neun Prozent gesenkt werden«, heißt es im 2015 von mehreren Umweltorganisationen veröffentlichten *NGO-Luftverkehrskonzept*. Die 1,1 Prozent, die Airlines nach Angaben der NGO Carbon Market Watch weltweit durchschnittlich an Sprit einsparen, werden durch den starken Anstieg der Passagierzahlen von jährlich mehr als 5 Prozent aufgefressen. Auch die umstrittenen Agrotreibstoffe (s. S. 58) können das Problem nicht lösen.

Neue Konzepte braucht das Land

Wie es auch anders gehen könnte, das haben acht deutsche Nichtregierungsorganisationen erarbeitet, darunter der Bund für Umwelt und Naturschutz, Brot für die Welt – Evangelischer Entwicklungsdienst und der Verkehrsclub Deutschland. Sie haben im August 2015 gemeinsam das NGO-Luftverkehrskonzept *Schritte zu einem zukunftsfähigen und umweltverträglichen Luftverkehr in Deutschland* vorgestellt. Kernforderungen sind unter anderem die ökologisch und wirtschaftlich sinnvolle Verlagerung von bis zu einem Drittel der innerdeutschen Flüge auf die Schiene, der Abbau von Subventionen, das Schließen defizitärer nationaler Flughäfen (nur die sechs größten deutschen Flughäfen erwirtschaften Gewinne, alle anderen 29 schreiben rote Zahlen) und das Einführen einer verbindlichen Klimaabgabe von zehn Euro auf jede Tonne CO_2 im Luftverkehr ab dem Jahr 2020, die sich bis 2030 schrittweise auf 80 Euro erhöht. Was Klimaabgaben angehe, sei der Luftverkehr ohnehin *undertaxed*, so die acht NGOs. Das bestätigen auch IWF und Weltbank.

Eine verbindliche Klimaabgabe würde milliardenschwere Einnahmen generieren und echte Anreize schaffen, die CO_2-Emissionen im Flugverkehr zu senken. Das ist dem europäischen Emissionshandel (ETS) bislang nicht gelungen. Er hatte Anfang 2012 den Flugverkehr in den Zertifikatehandel einbezogen. Seitdem dürfen europäische Fluggesellschaften zwar nur noch die über Zertifikate zugeteilte CO_2-Menge in die Umwelt ausstoßen. Doch die kostenlose Zuteilung von 85 Prozent der Zertifikate hat den Markt mit billigen Papieren überschwemmt. Damit wurde der Preis nach Angaben der Bundesregierung von 29 Euro zu Beginn des Emissionshandels im Jahr 2005 auf 6 Euro je Tonne CO_2 im Juni 2016 gesenkt – zu wenig, um den Fluggesellschaften einen Anreiz zu bieten, ihre Emissionen zu verringern.

So werden nach den Berechnungen der Kompensationsagentur atmosfair (s. S. 92) für die 4 Tonnen CO_2, die bei einem Flug von Frankfurt nach New York und zurück entstehen, nur 0,4 Tonnen über den ETS kompensiert. 1,1 Tonnen werden über die kostenlosen Zertifikate abgedeckt, und 2,5 Tonnen Non-CO_2-Emissionen werden gar nicht erst erfasst. Fazit von atmosfair bezüglich des Emissionshandels: Die Aufnahme des Flugverkehrs in den EU-Emissionshandel greife zu kurz. Die neue EU-Richtlinie regle einerseits nicht alle Treibhausgase, sondern nur die CO_2-Emissionen. Doch die machen derzeit nur etwa ein Drittel bis die Hälfte der gesamten Treibhausbelastung durch Flugverkehr aus – der Rest kommt über Wolkenbildung und Aufbau von Ozon in großen Flughöhen. Andererseits könnten die Fluggesellschaften etwa die Hälfte ihrer notwendigen CO_2-Minderungsleistung durch Projekte in Entwicklungsländern erbringen, die den hohen Standards von atmosfair genügen.

Ursprünglich sollte der Emissionshandel auch für ausländische Airlines gelten, die auf europäischen Flughäfen starten und landen. Doch die EU beugte sich dem Protest ausländischer Fluggesellschaften, allen voran Chinesen und US-Amerikaner. Sie weigerten sich, europäische CO_2-Zertifikate zu kaufen, und drohten gar mit der Stornierung von Airbus-Aufträgen. Momentan gilt der Emissionshandel daher nur für innereuropäische Flüge, sehr zum Missfallen der Branche: Der Bundesverband der Deutschen Tourismuswirtschaft fordert in einem Positionspapier neben der Abschaffung der Luftverkehrssteuer (s. o.), die angeblich »Passagierverluste in Millionenhöhe« verursacht haben soll, die »vollständige Aussetzung des Emissionshandels im Luftverkehr, bis eine globale und somit wettbewerbsneutrale Lösung gefunden sei«. Das Argument: Mit einseitigen, auf europäische Ziele beschränkten Kostenbelastungen benachteilige man europäische Urlaubsziele wie Spanien, Portugal oder Griechenland und subventioniere indirekt Urlaub in den außereuropäischen Konkurrenzzielen wie Tunesien, Marokko oder der Türkei.

Die EU ist inzwischen auf den Kurs der Internationalen Zivilluftfahrtorganisation (ICAO) eingeschwenkt. Die Organisation, der mehr als

Intelligent fliegen – der atmosfair Airline-Index (AAI)

Die Menge CO_2 eines Flugs variiert je nach Fluggesellschaft. So kann ein Hin- und Rückflug von München nach New York pro Passagier 1,6 Tonnen oder 2,6 Tonnen CO_2 bedeuten – je nachdem, wie viel Sprit das Flugzeug verbraucht, wie eng die Bestuhlung ist oder wie hoch die Auslastung mit Passagieren und Fracht ist. Eine Tonne mehr, das entspricht dem CO_2 von siebeneinhalb Monaten Autofahren.

Bei der Suche nach der klimaeffizientesten Airline hilft der jährlich veröffentlichte Airline Index von atmosfair (atmosfair.de/atmosfair_airline_index). Der AAI vergleicht die Treibhausgasemissionen der größten Fluggesellschaften weltweit. Sie werden in einem Ranking von 0 bis 100 nach ihrer CO_2-Effizienz bewertet – aufgeteilt in Kurz-, Mittel- und Langstrecke. Insgesamt bildet der AAI mit mehr als 31 Millionen Flügen rund um den Globus fast den gesamten weltweiten Luftverkehr ab. Somit haben sowohl Urlaubs- als auch Geschäftsreisende die Möglichkeit, klimabewusst zu fliegen. Besser als Optimieren ist allerdings Vermeiden.

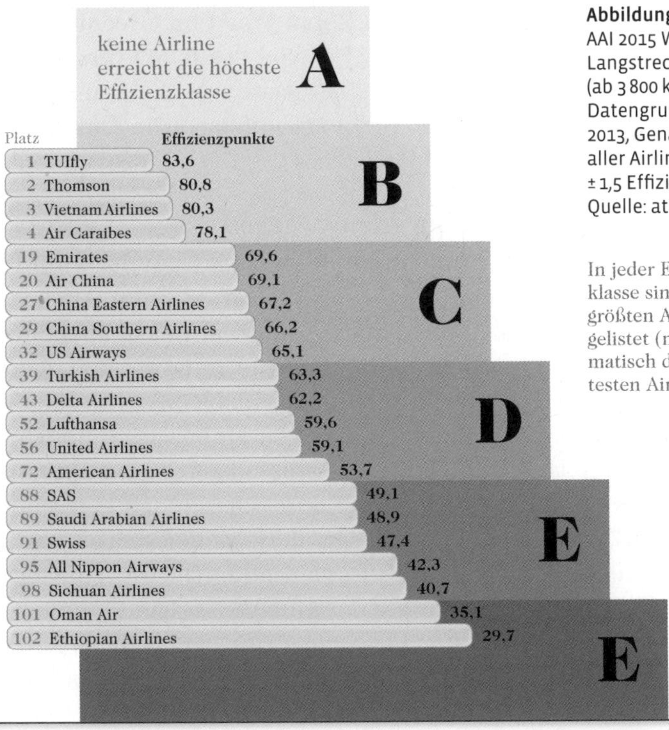

Abbildung 2.4 AAI 2015 Wertung Langstrecke (ab 3 800 km), Datengrundlage 2013, Genauigkeit aller Airlines ± 1,5 Effizienzpunkte, Quelle: atmosfair

In jeder Effizienzklasse sind die 5 größten Airlines gelistet (nicht automatisch die effizientesten Airlines).

190 Staaten angehören, will bis 2016 die Arbeiten an einem globalen marktbasierten Instrument zur Emissionsminderung abschließen. Sollte dieser Global Market-Based Mechanism (GMBM) von der EU als nicht ausreichend bewertet werden, tritt ab 2017 erneut das bislang gültige Emissions Trading Scheme (ETS) in Kraft. Darüber hinaus plant die ICAO ein Einfrieren der Emissionen (Carbon Neutral Growth, CNG) ab dem Jahr 2020 – und damit auf einem Niveau, das sich gegenüber 2015 voraussichtlich verdoppeln wird. Über das Niveau von 2020 hinausgehende CO_2-Emissionen sollen durch CO_2-senkende Projekte in anderen Sektoren und Ländern kompensiert und durch Biokraftstoffe (siehe unten) ausgeglichen werden. Die im NGO-Luftverkehrskonzept vereinten Organisationen bezweifeln die Wirksamkeit des geplanten Offsettingsystems jedoch. Es ermögliche weiteres Wachstum über kritische Grenzen hinweg und wirke als »licence to growth«.

Anfang 2016 hat die ICAO nach mehrjährigen Verhandlungen Grenzwerte für neue Flugzeuge angekündigt. Die Emissions-Obergrenzen sind dabei abhängig vom Flugzeugtyp. Sie treten – je nach Entwicklungsstand – erst 2020, 2023 oder sogar 2028 in Kraft. Die Branche verschiebe wirksame Verbesserungen »auf den Sankt-Nimmerleins-Tag«, kritisiert Monika Lege, Verkehrsreferentin bei Robin Wood im Greenpeace-Magazin, die Ankündigungen der ICAO. Das von der ICAO versprochene »kohlenstoffneutrale Wachstum« ab 2020 passe mit den von ihr selbst prognostizierten Wachstumsraten nicht zusammen. »Die Zunahme des Flugverkehrs torpediert alle Reduktionen.«

Agrotreibstoffe – die Utopie vom grünen Fliegen

Züge können mit grünem Strom fahren, Busse und Lastwagen mit Flüssiggas und Autos vielleicht eines Tages sogar mit Wasserstoff. Auch wenn die Solar Impulse, ein bemanntes Flugzeug, das nur mit Sonnenenergie fliegt, es 2015 beinahe geschafft hätte, die Erde zu umrunden, werden Flüge mit Solarenergie noch lange Zukunftsmusik bleiben. Um Hunderte Menschen und Tonnen von Fracht in der Luft zu bewegen, braucht es weiterhin flüssigen Treibstoff. Trotz aller technischen und operativen Maßnahmen werden die flugbedingten Emissionen in den kommenden Jahren aufgrund zunehmender Passagierzahlen weiter steigen. Das hat sogar die Internationale Zivilluftfahrtorganisation (ICAO) konstatiert. Sie setzt daher – wie auch die EU und der Luftfahrtverband IATA zunehmend auf alternative Treibstoffe, die weniger CO_2 erzeugen als Kerosin. Und nicht nur für die Luftfahrtbranche steht fest: Fliegen muss grüner werden.

Leichter gesagt als getan, denn Agrotreibstoffe der ersten Generation wie Mais, Zuckerrohr, Raps oder Soja sind stark umstritten – bei ihnen handelt es sich in erster Linie um Nahrungsmittel. »Wir dürfen nicht die Jahresproduktion von Biomasse, die einen Menschen ein Jahr lang ernährt, in wenigen Flugminuten verbrennen«, warnt Monika Lege. Eine erneute Tank-Teller-Diskussion will die Luftfahrtbranche nach heftigen Protesten von Nichtregierungsorganisationen vermeiden. Auch Biotreibstoffe, die Palmöl enthalten, wie 2011 auf einem Lufthansa-Versuchsflug, sind negativ besetzt. Für Palmöl werden Regenwälder gerodet sowie Menschen und Tiere vertrieben.

Daher setzt die Branche verstärkt auf Biotreibstoffe der dritten Generation: aus Algen, organischen Abfällen oder dem genügsamen Jatropha-Strauch (die auch unter dem Namen »Purgiernuss« bekannte Pflanze wachse auch auf sehr trockenen Böden und stehe so nicht in direkter Konkurrenz zur Nahrungsmittelerzeugung, argumentieren die Luftfahrtverbände IATA und ATAG). Doch der Flächenbedarf für den Anbau ist nach Angaben des Instituts für Integrativen Tourismus und Entwicklung (respect) mit rund einer Million Quadratkilometern – das entspricht der Fläche von Deutschland, Frankreich, den Niederlanden und Belgien zusammen – enorm und zu groß, um den weltweiten Energiebedarf des Flugverkehrs auf dem Stand von 2005 zu decken. Im Dossier *Grüner fliegen* von Brot für die Welt – Evangelischer Entwicklungsdienst aus dem Jahr 2014 heißt es daher: »Zum momentanen Zeitpunkt ist die Verfügbarkeit dieser Treibstoffgeneration aus wirtschaftlichen und technischen Gründen nicht absehbar.«

Doch die Suche nach Ersatzstoffen für das klimaschädliche Kerosin hat Fahrt aufgenommen. Zahlreiche Airlines und Unternehmen forschen und experimentieren munter vor sich hin: So flog bereits 2009 ein Finnair-Airbus, von Speiseöl angetrieben, zum Klimagipfel nach New York. Die Lufthansa probierte 2011 ein Gemisch aus Jatropha, Palm- und Leindotteröl sowie Altfetten aus und testete 2014 einen Biosprit aus Farnesan. Dieser entsteht aus vergärtem Zucker. In einer 26-wöchigen Testphase erprobte die KLM 2013 auf der Flugstrecke Amsterdam–New York ein 50-prozentiges Agro-Kerosin-Gemisch. Auf dem ersten Transpazifik-Flug mit Biosprit von Seattle nach Tokio setzte die japanische Fluglinie ANA eine Kerosinmischung ein, die zu 15 Prozent aus gebrauchtem Bratfett, Altölen und tierischen Fetten bestand. United Airlines mischt sein Flugbenzin auf einigen Strecken mit Bioabfällen. Das Transportunternehmen Fed-Ex, das jedes Jahr mehr als vier Milliarden Liter Treibstoff verbrennt, plant, künftig zwölf Millionen Liter aus Holzabfällen gewonnenem Treibstoff einzusetzen. Andere Airlines versuchen es mit den ölhaltigen Samen der Camelina, Extrakten der Macauba-Palme oder Zuckerrohr-Derivaten.

Doch nicht jeder Biosprit erfüllt auch seine primäre Absicht: die Reduktion von Treibhausgasen. Messungen des Deutschen Zentrums für Luft- und Raumfahrt (DLR) ergaben, dass bei Testflügen der Lufthansa mit Biosprit im Vergleich zum üblichen Kerosin zwar Kohlendioxid, aber kein Stickoxid oder Kohlenmonoxid eingespart wurden. Zudem ist der hohe technische Aufwand für die Herstellung enorm; die Kosten liegen zwei- bis dreimal über dem Preis für herkömmliches Flugbenzin. So ist die Produktion von Biokerosin aus Algen noch sehr energieintensiv, die Sammlung von Altfetten sehr aufwendig.

Das falsche Signal – Luxusreisen im Privatjet

Eine Kreuzfahrt machen inzwischen gefühlt alle, aber eine Weltreise im Privatjet kann sich eben doch nicht jeder leisten. »Kreuzflug« nennt daher auch das Hamburger Unternehmen Hapag Lloyd (HL) sein Reiseangebot in einer umgebauten Boeing 737-700 – Luxus pur und Flugkilometer ohne Ende. Wie viele es genau etwa bei der 18-tägigen Südamerikaflugreise sind – Kostenpunkt rund 60 000 Euro –, das weiß auch die Pressestelle von HL-Kreuzfahrten nicht – oder möchte es nicht sagen. Während Hapag Lloyd bei Kreuzfahrten 25 Prozent der CO_2-Kompensation der Reise übernimmt, wenn die Passagiere kompensieren, ist dies bei den emissionsstarken Flugkreuzreisen nicht der Fall. Die Flugreise sei eine externe Dienstleistung des Partnerunternehmens Private Air. Daher könne man keine Angaben zu Flugkilometern oder Kompensationsmöglichkeiten machen, heißt es bei HL. Oder kürzer: Geld verdienen ja, Verantwortung für Emissionen übernehmen nein! Berechnet man die Emissionen der Reiseroute im atmosfair-Klimarechner, kommt man auf rund 8,5 Tonnen CO_2, in etwa die durchschnittlichen Jahresemissionen eines Europäers. Tatsächlich liegen die Emissionen jedoch bei etwa 28 Tonnen CO_2. Denn an der Kreuzflugreise nehmen maximal 44 Personen teil, während das Flugzeug – eine Boeing 737-700 – sonst laut Herstellerangaben bis zu 149 Passagiere befördern kann. Über atmosfair wären für die 28 Tonnen CO_2 644 Euro als Kompensation fällig – in etwa 1 Prozent des Reisepreises. Hapag Lloyd ist nicht der einzige Anbieter von Kreuzflügen. Consul Weltreisen, Windrose und die TUI offerieren ähnliche Reisen.

Bis die erforderlichen Mengen wettbewerbsfähig produziert sind und ein Verteilernetz aufgebaut ist, werden noch Jahre vergehen, konstatiert das Helmholtz-Zentrum für Umweltforschung. So weit brauche es gar nicht erst zu kommen, meinen die acht Organisationen, die Mitte 2015 das Luftverkehrskonzept *Schritte zu einem zukunftsfähigen und umweltverträglichen Luftverkehr in Deutschland* vorgestellt hatten: Sie lehnen die vorgesehene Nutzung von Biomasse in großem Umfang aus ökologischen, sozialen und menschenrechtlichen Gründen ab.

Denn der Bedarf an Agrartreibstoffen wäre enorm. Um die Luftfahrtflotte auch nur auf den von der EU vorgeschlagenen Anteil von 40 Prozent Biosprit bis 2050 zu bekommen, sind gewaltige Anbauflächen und eine Intensivierung der Landschaft notwendig – selbst wenn es zu Effizienzsteigerungen beim Einsatz vom Treibstoff und zum vermehrten Einsatz von alternativen Kraftstoffen wie Holz, Abfällen oder Algen kommen sollte. Doch bereits jetzt sind Konflikte um die knappe Ressource Land an der Tagesordnung. Die große Herausforderung besteht laut Brot für die Welt – Evangelischer Entwicklungsdienst darin »zusätzliche Ertragspotenziale zu nutzen, ohne die Produktivität der natürlichen ökologischen Systeme zu gefährden und ohne den bereits sehr hohen Nutzungsdruck auf weltweit bestehende Agrarflächen noch weiter zu erhöhen«.

Vielleicht hat am Ende doch das Elektroflugzeug die Nase vorn: So gelang dem von Airbus gebauten zweisitzigen Elektromodell E-Fan Mitte 2015 eine Ärmelkanal-Überquerung. Airbus und Siemens investieren zudem ab 2016 einen dreistelligen Millionenbetrag in ihre E-Flugzeug-Aktivitäten. Die Herausforderung bei der Entwicklung von E-Triebwerken sei gewaltig – in etwa vergleichbar mit einem Flug zum Mond, hieß es bei beiden Unternehmen.

Kreuzschifffahrt – Branchenliebling mit Imageproblemen

Anfang Juni 2015 fand am Ostseekai von Kiel ein pompöses Ereignis vor rund 25 000 Zuschauern und 1 000 Ehrengästen statt: Ex-Schwimmstar Franziska van Almsick schwebte als Taufpatin in einem 15 Meter langen Kleid am jüngsten Spross der TUI-Cruises-Familie empor. Die Taufe von »Mein Schiff 4«, einem gigantischen Kreuzfahrtschiff mit fast 300 Meter Länge, 15 Decks und Platz für mehr als 2 500 Passagiere, wurde als großes Glamourspektakel und Medienereignis zelebriert – gratis Open-Air-Konzert und bombastisches Feuerwerk inklusive.

Die Geburtstagsshow war nur das Sahnehäubchen der Aktivitäten einer gigantischen Bespaßungsindustrie auf hoher See. Die Kreuzfahrtbranche boomt und gilt dank zweistelliger Zuwachsraten als Vorzeigekind des Tourismus. Im Jahr 2015 waren nach Angaben des internationalen Branchenverbands Cruise Lines International Association (CLIA) weltweit 471 Kreuzfahrtschiffe im Einsatz – überwiegend in der Karibik und in Europa. Auch auf großen Flüssen wie Rhein, Donau oder Wolga verkehren immer mehr Kreuzfahrtschiffe.

Und es werden ständig mehr. Ob AIDA, TUI oder MSC: Alle lassen Jahr für Jahr neue Schiffe vom Stapel laufen. Werften weltweit sind mit dem Bau neuer Schiffe ausgelastet. Mehr als 25 Milliarden US-Dollar lässt sich die Branche die 55 neuen Schiffe – davon 33 für das Meer – im Zeitraum 2015 bis 2020 kosten. Aktuell sind fast 500 000 Betten auf Kreuzfahrtschiffen verfügbar – etwa dreimal so viele Hotelbetten, wie Berlin hat. Auch die Hafenstädte, ebenfalls Profiteure des Kreuzfahrtbooms, legen nach: In Hamburg wurde Mitte 2015 das dritte Kreuzfahrtterminal eröffnet, ein weiteres ist in Planung. In Warnemünde soll das alte Werftbecken zu einem neuen Kreuzfahrthafen ausgebaut werden. Die weltgrößte Reederei Carnival erhielt Mitte 2015 die Erlaubnis, in Barcelona das mit 11 500 Quadratmetern bislang größte Terminal für Kreuzfahrtschiffe zu bauen. Und auf Mallorca soll das geplante »Terminal 6« ab Mitte 2018 bis zu 7 000 Passagiere gleichzeitig abfertigen können.

Zumindest in Europa galten Kreuzfahrten noch bis vor wenigen Jahren als exotisches Vergnügen, das sich nur wohlhabende Mitbürger leisten konnten. Inzwischen explodiert die Branche. Immer größere Schiffe (CLIA-Slogan: »Size doesn't matter«), die – wie beispielsweise die im Mai 2016 in Dienst gestellte Harmony of the Seas – rund 5 500 Passagiere und fast 2 400 Crewmitglieder beherbergen können, laufen vom Stapel. Neben diesen Riesen wirkt die *Titanic* wie ein kleiner Ausflugsdampfer.

Die wahre Attraktion sind inzwischen weniger die besuchten Länder als die Schiffe selbst. Die Reedereien und Reiseveranstalter locken mit immer extravaganteren Attraktionen wie Fallschirmsprungsimulator, Schlittschuhbahn, 4-D- und IMAX-Kinos, Roboterbar, Autoscooter, Schneeraum, Riesenteleskopen, einer begehbaren Glaskuppel 90 Meter über dem Meer, einer 140 Meter langen Raftingstrecke oder dem größten Hochseilgarten der Welt. Aus einigen Schiffen sind inzwischen schwimmende Museen – pardon – »schwimmende Kunstlocations« geworden, wie etwa das Luxusschiff MS *Europa 2*. Mit an Bord sind fast 900 Originale zeitgenössischer Künstler. Auf den derzeit 15 Schiffen der Costa-

Invasion im Inselparadies

Mitte der 1990er-Jahre arbeitete ich als Reiseleiter für einen deutschen Veranstalter. Die letzten Reisetage einer Costa-Rica-Panama-Reise verbrachten wir auf den San-Blas-Inseln, einem zersplitterten Archipel mit rund 400 feinsandigen Inseln voller Palmen auf der Karibikseite Panamas. Ein kleines Paradies, selbstverwaltet von den dort lebenden Kuna-Indianern und weitestgehend verschont vom internationalen Massentourismus. Strom: Fehlanzeige. Internet: unbekannt. Handys: nicht notwendig. Wir schliefen und aßen in einfachen Bambushütten mit Sandboden. Vom hölzernen Stelzen-Plumpsklo auf dem offenen Meer aus konnten wir bunte Zierfische beobachten. Auf der kleinen Insel, die man in einer Viertelstunde bequem zu Fuß umrunden konnte, gab es wenig mehr zu tun, als in der Hängematte zu relaxen oder den Blick übers weite Meer schweifen zu lassen. Alternativ konnte man eine Dschungelwanderung am Festland machen oder mit dem Boot die meist unbewohnten Nachbarinseln erkunden. Heile Welt – zumindest für drei oder vier Tage.

Einmal passierte jedoch Merkwürdiges: Bis spät in die Nacht kamen von überall her Kunas in ihren kleinen Segelbooten auf »unsere Insel« und begannen, Holzstände zu errichten. Warum, klärte sich am nächsten Morgen: Direkt vor der Insel ankerte ein monströses Kreuzfahrtschiff, als wäre ein Ufo aus einer fernen Galaxie gelandet. Die Kuna hatten sich in Schale geworfen, legten ihr Kunsthandwerk aus, vornehmlich Molas, kunstvoll bestickte Blusen. Kurz darauf begann die Invasion der Kreuzfahrttouristen. In Beibooten angelandet, ergossen sich ohne Unterlass Gruppen von 40 bis 50 Touristen über die Insel, angeführt von einem Crewmitglied mit Megafon. Aussteigen, im Eiltempo an den Ständen der Kuna vorbei, schnell etwas kaufen, Platz machen für die nächste Gruppe und zurück zum Boot. Angesichts der Masse an Touristen, die die Anzahl der Einheimischen um ein Mehrfaches übertraf, flüchteten wir in einem kleinen Einbaum von der Insel. Während wir am Kreuzfahrtschiff vorbeifuhren, sahen wir, wie die an Bord gebliebenen Touristen Geldmünzen ins Wasser warfen, hinter denen die Einheimischen, die das Schiff in kleinen Booten umzingelt hatten, unter lautem Gejohle hinterhertauchten …

Flotte sind nach Angaben der Reederei über 4 500 Originalkunstwerke und über 60 000 Auflagenobjekte installiert. Royal Caribbean International wirbt mit Gemälden, Skulpturen und Installationen im Wert von 120 Millionen US-Dollar an Bord der 23 Schiffe – nach eigenen Angaben

»eine der größten privaten Kunstsammlungen der Welt«. Dies alles zusätzlich zu der ohnehin schon prächtigen Ausstattung mit Cafés, Shops, Discos, Pools, Fitness- und Wellnessbereichen und der Hauptattraktion für viele Kunden: Essen, Essen, Essen.

Auch beim All-inclusive-Entertainment lässt man sich nicht lumpen. Ob die Altrocker Udo Lindenberg oder Peter Maffay, Fußballgröße Uwe Seeler, die Kammerphilharmonie St. Petersburg, der Cirque du Soleil oder Starkoch Jamie Oliver: Sie sind alle bereits auf einem Kreuzfahrtschiff aufgetreten. Die Branche ist auf dem Weg zur Eventindustrie. Was an Land Erfolg hat, wird jetzt aufs Schiff verfrachtet. Das Publikum ist verwöhnt und wird immer anspruchsvoller.

Immer beliebter werden Themenkreuzfahrten: Musikantenstadl auf See, Heavy Metal Cruise, Casino-Schiff, Kreuzfahrten für Kinder, Fußballfans, Pferdenarren, Homosexuelle, Flintenschützen oder Gewürzliebhaber: Es gibt nichts, was es nicht gibt. Aber auch Modenschauen, Beauty-Workshops oder Gourmet-Kochkurse gehören inzwischen zum festen Programm einiger Schiffe.

Die Preise sind gesunken und inzwischen auch für den Otto Normalverbraucher erschwinglich. Sonderangebote für unter 100 Euro pro Tag alles inklusive sind keine Seltenheit mehr. Billiganbieter wie MSC locken mit 24-Stunden-Büfett und 30 Biersorten an Bord. Auf der englischsprachigen Webseite des Branchenverbands CLIA heißt es: »Cruise rates can be as low as $ 40 per day«. Kein schlechter Deal für Transport, Unterkunft, Verpflegung, Sport- und Unterhaltungsprogramm. Das gefällt vielen Kunden: Die Quote der Wiederholungstäter ist laut CLIA mit 62 Prozent sehr hoch.

Glänzende Zahlen verschleiern die Realität

Die Zahlen der Branche sprechen für sich: 2015 machten 1,81 Millionen Deutsche eine Kreuzfahrt, ein Plus von 2,3 Prozent im Vergleich zum Vorjahr. Weltweit waren 2015 bereits etwas mehr 22 Millionen Kreuzfahrttouristen unterwegs, fast die Hälfte von ihnen US-Amerikaner. Für 2016 rechnet der Branchenverband CLIA mit 24 Millionen Kreuzfahrtpassagieren weltweit.

Liefen 1990 nur drei Kreuzfahrtschiffe mit insgesamt 1 100 Passagieren den Hafen Rostock-Warnemünde an, waren es 2015 bereits 175 Schiffe mit 354 000 Passagieren. In Hamburg verdreifachte sich die Zahl der Ankünfte von Kreuzfahrtschiffen in wenigen Jahren auf 156 im Jahr 2015 mit 525 000 Passagieren. Venedig hat inzwischen jährlich rund 650 Schiffsanläufe zu bewältigen. Selbst die entlegensten Winkel der Erde sind nicht vor Kreuzfahrttouristen sicher: Knapp 37 000 Passagiere waren im Winter 2014/15 an Bord eines Kreuzfahrtschiffs in der Antarktis unterwegs.

Kreuzfahrten sind ein riesiger wirtschaftlicher Erfolg, zumindest für Werften, maritime Zulieferbetriebe, Häfen, Reedereien und angeschlossene Reiseveranstalter. Die Branche glänzte 2014 nach Angaben des Kreuzfahrtschiffsverbands CLIA mit Umsätzen von umgerechnet etwa 110 Milliarden Euro, fast 940 000 Vollzeitstellen und Gehaltszahlungen von mehr als 35 Milliarden Euro weltweit. Mehr als 50 Milliarden Euro gaben Passagiere und Crew für rund 118 Millionen Landgänge sowie die Reedereien für Güter und Serviceleistungen im gleichen Zeitraum aus. Das Wachstum für das vergangene Jahrzehnt lag mit 77 Prozent weit über dem Schnitt der Tourismusindustrie. Die gute Stimmung konnte auch die Havarie der *Costa Concordia* im Januar 2012 mit 32 Todesopfern nur vorübergehend trüben. Das Schiff der italienischen Reederei Costa Crociere kollidierte vor der kleinen italienischen Mittelmeerinsel Giglio mit einem Felsen und schlug leck.

Vom Traum zum Albtraum

Aber die üppigen Gewinne der Schiffsbauer, Reedereien und Veranstalter gehen einher mit Luft- und Wasserverschmutzung, Klimazerstörung, Niedriglöhnen und harten Arbeitsbedingungen unter Deck (s. S. 103). Der volkswirtschaftliche Gesamtnutzen von Kreuzfahrten ist umstritten. Für den Profit einiger weniger zahlen viele andere. »Es reicht nicht, allein einzelne vorbildliche Initiativen auf lokaler Ebene zu fördern, wenn gleichzeitig etwa der Kreuzfahrt-Tourismus Impulse für lokale Entwicklung geradezu sabotiert«, sagt Antje Monshausen, Tourismusreferentin bei Brot für die Welt.

Der Trend geht in armen Entwicklungsländern wie Haiti oder Honduras hin zur Nutzung von Liegeplätzen auf Privatinseln oder schwer erreichbaren Badebuchten. So bekommen Händler und Restaurantbesitzer keine Chance mehr, bei Landgängen vom Tourismus zu profitieren. Auch Großstädte profitieren nur eingeschränkt von den Kreuzfahrtriesen. Denn übernachtet und gegessen wird auf dem Schiff. Schäden durch Umweltverschmutzung und – wie etwa in Venedig an Gebäuden – trägt die Allgemeinheit (s. S. 78).

Dieses Bild will nicht zu einer Branche passen, die ihren Kunden auf retuschierten Bildern ohne Rußwölkchen intakte Natur, Traumstrände, sauberes Wasser und aufregende Hafenstädte verspricht. Doch sie verbraucht dieses Kapital, als gäbe es kein Morgen. Geht es weiter wie bisher, könnte der Boom der Kreuzfahrtindustrie – beim bislang wenig verantwortlichen Umgang mit Mensch und Umwelt – auch ihr Untergang sein.

Was den Ausstoß von Schadstoffen angeht, wird an Land und auf See mit höchst unterschiedlichen Maßstäben gerechnet: Während die EU neue Vorschriften für den Verbrauch von Staubsaugern festlegt, Glühbirnen durch Energiesparlampen ersetzen lässt und der Autoindustrie – mehr oder weniger – strenge Abgasnormen auferlegt, pusten Kreuzfahrtschiffe – ebenso wie alle anderen Schiffe – große Mengen Schwefeloxide, Stickoxide, Ruß, Feinstaub und Schwermetalle weitestgehend filterlos in die Umwelt. Kreuzfahrtschiffe sind immer noch Dreckschleudern (s. Interview S. 67) – allen kosmetischen Maßnahmen, Nachhaltigkeitsberichten und Hochglanzbroschüren der Reedereien zum Trotz. Um ein wenig von ihren Umweltproblemen abzulenken, verweisen die Unternehmen gerne auf die weltweit mehr als 65 000 Frachtschiffe, die Hauptverursacher der Luftverschmutzung seien. Der Schiffsverkehr ist nach EU-Angaben für rund drei Prozent der weltweiten CO_2-Emissionen verantwortlich.

Aber selbst dem eigenen Lager beginnt es zu dämmern: »Kritiker sehen hauptsächlich die Kreuzfahrtindustrie in besonderer Verantwortung für den Schutz der Umwelt, da diese jährlich viele Millionen Menschen in intakte Naturlandschaften und fragile Ökosysteme bringt«, heißt es in einer Meldung auf der Seite des Instituts für nachhaltigen Tourismus (inatour.de). Geführt wird die Forschungseinrichtung von Dr. Harald Zeiss, Leiter des Nachhaltigkeitsmanagements der TUI Deutschland.

Kreuzfahrtschiffe verbrauchen auf hoher See pro Tag durchschnittlich 150 Tonnen giftiges Schweröl. Das Abfallprodukt der Petrochemie (offizielle Bezeichnung: »Marines Rückstandsöl«), das 3 500-mal mehr Schwefel enthält, als für PKW erlaubt ist, darf noch von Kreuzfahrtschiffen im Mittelmeer verbrannt werden (s. Interview S. 67). Die Anrainerstaaten konnten sich bislang nicht auf verschärfte Grenzwerte einigen.

Anders sieht es in ausgewiesenen Umweltzonen (Emission Control Areas, s. Interview S. 67) aus: Dort ist der Einsatz von Schweröl verboten. Schiffe nutzen in den ECAs und in Häfen den schwefelärmeren Schiffsdiesel. Der Schwefelanteil in den Treibstoffabgasen darf hier seit 2015 nur noch maximal 0,1 Prozent betragen. Aber auch der übersteigt den Grenzwert für LKW immer noch um das Hundertfache. Dennoch sind die ECAs ein Erfolg und helfen gemäß einer Studie im Auftrag des NABU 2016, die Luftqualität spürbar zu verbessern. Ein Problem bleiben laut NABU allerdings die fehlenden Kontrollen auf hoher See.

»Die bauen lieber eine bordeigene Bierbrauerei«

Daniel Rieger, Referent Verkehrspolitik in der Bundesgeschäftsstelle des Naturschutzbunds Deutschland (NABU, nabu.de), über den umweltbelastenden Einsatz von Schweröl in der Schifffahrt.

Herr Rieger, Kreuzfahrtschiffe nutzen auf hoher See immer noch Schweröl als Antriebsstoff. Was ist daran so umweltschädlich?
Schweröl ist ein hochgiftiges Abfallprodukt der Petrochemie, das eigentlich als Sondermüll entsorgt werden müsste. Schweröl hat einen hohen Schwefelgehalt. Erlaubt sind international in der Schifffahrt auf hoher See 3,5 Prozent – das ist damit mehr als 3 500-mal so dreckig wie Pkw-Diesel.

Wie kommt es, dass es in der Autoindustrie hohe Standards für Luftreinhaltung gibt, in der Schifffahrt hingegen nicht?
Die Schifffahrt ist nicht so im Blickfeld der Menschen. Sie ist eine Welt für sich, in der scheinbar andere Gesetze gelten. Zudem ist die International Maritime Organization (IMO), die den Schiffsverkehr weltweit regelt, eine sehr schwerfällige Behörde mit langen Entscheidungswegen. Hier spielt man gerne auf Zeit. Bestes Beispiel war der jahrelange Streit um die korrekte Definition von Dieselruß, obwohl die wissenschaftlich bereits seit den 1980er-Jahren vorliegt.

Bis in die späten 1960er-Jahre gab es gar kein Schweröl. Warum heute?
Bis zu diesem Zeitpunkt fuhren Schiffe mit dem wesentlich saubereren Marinediesel, der nur einen Schwefelanteil von 0,1 Prozent hat. Die Maschinen waren gar nicht auf das zähe Schweröl ausgelegt. Um den Abfallstoff Schweröl nicht teuer entsorgen zu müssen, boten ihn die Raffinerien den Reedereien später günstig an. Diese nahmen gerne an, denn Schweröl ist etwa 30 bis 50 Prozent billiger als Schiffsdiesel – auch dank staatlicher Subventionen. Es lohnte sich, die Maschinen umzurüsten und das teerartige Schweröl auf 40 bis 50 Grad zu erhitzen, um es überhaupt pumpen zu können.

Wann dürfen Kreuzfahrtschiffe mit Schweröl fahren, wann müssen sie Schiffsdiesel verwenden?
Schweröl darf nur auf hoher See verbrannt werden. Sobald die Schiffe in Häfen einlaufen, müssen sie auf Dieselbetrieb umstellen. Gleiches gilt, wenn sie in eine Emission Control Area (ECA) einfahren wollen. Das sind von der IMO definierte Gebiete, in denen strengere Grenzwerte für den Schadstoff-

ausstoß von Schiffen gelten. Dort darf der Schwefelanteil im Treibstoff ab 2015 nur maximal 0,1 Prozent betragen. In Europa zählen hierzu beispielsweise die Nord- und Ostsee sowie der Ärmelkanal.

Kreuzfahrtschiffe, die im Hafen liegen, können nicht abgeschaltet werden. Sie verbrennen nonstop Schiffsdiesel für Beleuchtung, Klimaanlagen, Restaurants und Unterhaltung. Wie hoch ist die Belastung für die Umwelt?
Der NABU hat das zusammen mit anderen Organisationen in Europa gemessen: Vergleichsweise saubere Luft enthält demnach 1 000 bis 2 000 Feinst-partikel pro Kubikzentimeter. An einer viel befahrenen Straße in Berlin-Mitte haben wir rund 15 000 Feinstpartikel gemessen. In der Umgebung eines im Hafen liegenden Kreuzfahrtschiffs waren es jedoch zeitweilig mehr als 500 000 Partikel. Wenn dann gerade in der Hauptsaison dauernd neue Schiffe anlegen, wird daraus eine Dauerbelastung.

Die Filtertechnologie für Kreuzfahrtschiffe ist vorhanden. Sie macht weniger als 0,5 Prozent der Anschaffungskosten eines neuen Schiffes von bis zu einer Milliarde Euro aus. Was hindert die Branche, die neueste Technik zur Schadstoffminderung zu nutzen?
Es gibt konträr zur Autoindustrie oder Kraftwerken (noch) keine gesetzlichen Vorschriften für den Einbau solcher Umwelttechnik. Und auch wenn die Maßnahmen nur wenige Millionen Euro kosten, bauen viele Reedereien stattdessen lieber eine bordeigene Bierbrauerei oder eine Eisstockbahn ein. Wenn die Schiffe dann doch mit Entschwefelungsanlagen ausgestattet werden, dann nicht aus Altruismus, sondern allein mit dem Ziel, auch in den Emission Control Areas weiterhin mit Schweröl fahren zu dürfen. Dem Kunden verkauft man sich aber gerne als verantwortungsbewusstes Unternehmen.

Treibstoffkosten sind ein wichtiger Kostenfaktor in der Kalkulation der Reedereien. Wie haben sich die stark gesunkenen Treibstoffpreise ausgewirkt?
2013 haben wir eine Berechnung zu den Treibstoffkosten angestellt: Die Mehrkosten für höherwertigen Kraftstoff gegenüber Schweröl hätten sich demnach auf rund 50 bis 100 Euro pro Passagier und Woche belaufen. Mittlerweile aber sind die Rohölpreise noch einmal deutlich gefallen, Schiffsdiesel kostet derzeit etwa so viel wie Schweröl vor einem Jahr. Die Reedereien könnten also ohne Einkommensverluste mit Diesel fahren. Stattdessen wird weiter Schweröl genutzt und so auch noch ein Mitnahmeeffekt erzielt.

Was hat der NABU mit seiner Kampagne »MIR stinkt's – Kreuzfahrtbranche sauberer machen« erreicht?
Der Haupterfolg der Kampagne war, dass heutzutage keiner mehr in der Branche abstreitet, dass die Kreuzfahrtindustrie ein übles Schadstoffproblem hat. Auch die Reeder sagen, wir müssen etwas machen. Entsprechende Technologien sind verfügbar, und Schiffe können auch nachgerüstet werden. Die Autoindustrie und die Kraftwerke haben es vorgemacht. Wie ambitioniert die Reedereien aber in Wirklichkeit vorgehen, unterscheidet sich sehr, wie man dem Kreuzfahrt-Ranking des NABU (s. S. 71) entnehmen kann.

Das Kreuzfahrt-Ranking des NABU ist eine Rangliste der umweltfreundlichsten Kreuzfahrtschiffe in Europa. Hat sich das Umweltbewusstsein der Reedereien entscheidend geändert?
Im Ranking 2013 wäre man schon Branchenprimus gewesen, wenn man nur eine der verfügbaren Abgastechnologien verwendet hätte. Das hat sich 2014 geändert. Die neuen Schiffe des Spitzenreiters AIDA-Schiffe verfügen sogar über Entschwefelungsanlage, Rußpartikelfilter und Stickoxid-Katalysator. In Zukunft werden einige Schiffe sogar zeitweise mit dem ebenfalls emissionsarmen Flüssigerdgas angetrieben.

Wird jetzt alles gut?
Nein, für den NABU sind die Kreuzfahrtschiffe noch immer nicht grün, denn sie fahren weiterhin mit Schweröl. Und die Bereitschaft, alte Schiffe nachzurüsten, ist nach wie vor verschwindend gering. Für uns ist wichtig, dass alle Schiffe zumindest über Rußpartikelfilter und Stickoxid-Katalysator verfügen. Viele der neuen Schiffe werden aber immer noch komplett ohne Abgastechnologie gebaut.

Wie reagieren Passagiere auf die Enthüllungen des NABU bezüglich der Umweltverschmutzung von Kreuzfahrtschiffen?
Da wird viel verdrängt. Die Facebook-Seite von AIDA hat mehr als 850 000 Fans, auf unserer Kampagnenseite sind es keine 500. Äußern wir uns kritisch, reagieren einige User mit sehr gereizten Kommentaren. Alles sei erlogen, die Bilder seien manipuliert. Da fragt man sich, welche Wahrnehmung dahintersteckt. Wenn Bilder retuschiert sind, dann in den Katalogen der Kreuzfahrtbranche. Da sieht man nie ein Wölkchen aus den Schornsteinen kommen. Wir bekommen aber auch Kommentare von Passagieren, die Bilder posten und sagen: »Das haben wir nicht gewusst« und »das mache ich nie wieder«. Sie sind aber ganz klar eine Minderheit.

Etwa 40 Prozent ihrer Zeit liegen Kreuzfahrtschiffe in Häfen, zum Ein- und Auschecken der Passagiere oder weil diese einen Landgang unternehmen. In diesem Zeitraum laufen die Schiffe im Dieselbetrieb weiter und verbrauchen dabei die Energie einer Kleinstadt. Die landnahen Emissionen haben für die dort lebenden Menschen unter Umständen gesundheitliche Folgen. Eine wissenschaftliche Studie aus dem Jahr 2015 hat laut NABU die massiven Gesundheitsschäden belegt, die von Schiffsabgasen für die menschliche Gesundheit ausgehen. Bereits 2012 kam eine Studie der Weltgesundheitsorganisation (WHO) zu dem Schluss, dass jährlich mehr als 50 000 Menschen an Schiffsabgasen sterben, vor allem an krebserzeugenden Rußpartikeln.

Gründe genug für den Naturschutzbund Deutschland (NABU), den Präsidenten der deutschen Marktführer AIDA Cruises und TUI Cruises 2011 den Negativ-Umweltpreis *Dinosaurier des Jahres* stellvertretend für die ganze Branche zu verleihen. Eine schallende Ohrfeige für die Reedereien – und der Beginn eines allmählichen Umdenkens in der Branche. Weitermachen wie bisher ging nicht mehr – die Öffentlichkeit und inzwischen sogar die Politik haben verstärkt ein Auge auf die Machenschaften der imagesensiblen Kreuzfahrtindustrie geworfen. Als Reaktion wurden hastig Nachhaltigkeitsabteilungen gegründet. AIDA holte sich medienwirksam Monika Griefahn ins Boot. Mit der ehemaligen grünen Umweltministerin von Niedersachsen und Mitgründerin von Greenpeace Deutschland sollte signalisiert werden: Wir nehmen Umweltschutz ernst.

Fünf Jahre später hat sich einiges bewegt, wenngleich die Kreuzfahrtbranche noch weit davon entfernt ist, als »grün« zu gelten. Von einem generellen Verbot von Schweröl, wie es etwa der NABU fordert, ist man noch seemeilenweit entfernt. Davon, dass das Maximum des heute technisch Machbaren ausgeschöpft werde, wie die Unternehmen behaupten, hält Dietmar Oeliger, Leiter der Verkehrspolitik beim NABU-Bundesverband, ohnehin wenig. »Das sind einzelne graue Schafe unter lauter schwarzen Schafen«, sagte er 2015 in einem Artikel des VCD-Magazins fairkehr. Denn nur einige Neubauten werden mit moderner Abgastechnologie wie etwa Rußpartikelfiltern, Entschwefelungsanlagen (Scrubber) und Stickoxid-Katalysatoren (SCR-Katalysator) ausgestattet. Die wenigsten Reedereien lassen auch die älteren Schiffe nachrüsten, wie es etwa AIDA Cruises vorhat.

Wie wird Ihre Kreuzfahrt klima- und umweltfreundlicher?

Verkehrs- und Umweltexperten raten von Kreuzfahrten ab. Wer dennoch aufs Wasser möchte, sollte die Treibhausgase seiner Kreuzfahrt kompensieren. Wie viel CO_2 die eigene Kreuzfahrt erzeugt, kann man bei atmosfair (atmosfair.de/kompensieren) und myclimate (germany.myclimate.org/de/cruise_calculators/new) im Internet berechnen und dann kompensieren (mehr zum Thema, s. S. 83 ff.). Fordern Sie die Reedereien auf, mindestens mit der Hälfte zur Kompensation der Kreuzfahrten beizutragen.

Bei der Suche nach einem »grüneren« Kreuzfahrtschiff helfen diese beiden Umweltrankings: Der NABU (nabu.de) erstellt jährlich mit seinem Kreuzfahrtranking eine Rangliste der umweltfreundlichsten Kreuzfahrtschiffe in

Rang	Reederei (Schiffsname/-klasse)	Jungfern-fahrt	Passa-giere	Kosten in Mio. €	NABU-Wertung
1	Aida (k.A.)	2019	6600	k.A.	****
	Aida (k.A.)	2020	6600	k.A.	****
	Costa (k.A.)	2019–2022	6600	k.A.	****
	Costa (k.A.)	2019–2022	6600	k.A.	****
5	Aida (Prima)	2016	3250	455	***
	Aida (Mia)	2016	3250	455	***
7	TUI Cruises (Mein Schiff 4)	2015	2500	415	**
	TUI Cruises (Mein Schiff 5)	2016	2500	565	**
	TUI Cruises (Mein Schiff 6)	2017	2500	565	**
	TUI Cruises (Mein Schiff 7)	2018	2500	565	**
	TUI Cruises (Mein Schiff 8)	2019	2500	565	**
12	MSC (Seaside)	2017	5700	930	*
	MSC (Seaside Class)	2017	5300	880	*
	MSC (Seaside Class)	2018	5300	880	*

**** ohne Schweröl, mit SCR-Katalysator+Partikelfilter+Landstromanschluss- oder Flüssiggas
*** mit Schweröl+Scrubber+SCR-Katalysator+Partikelfilter+Landstromanschluss
** mit Schweröl+Scrubber+SCR-Katalysator+Landstromanschluss
* mit Schweröl+Scrubber

Abbildung 2.5
Kreuzfahrt-Ranking 2015, Rang 1–14, Quelle: Naturschutzbund Deutschland (NABU)

Europa. In die Bewertung fließen der verwendete Kraftstoff sowie die eingesetzte Abgastechnik ein. Lob bekommen AIDA und Costa Cruises, Kritik übt der NABU an der »fortdauernden Verweigerungshaltung wesentlicher Marktgrößen wie Royal Caribbean und MSC«.

Eher auf den nordamerikanischen Markt zugeschnitten ist die Cruise Report Card von Friends of the Earth (foe.org/cruise-report-card). Unter dem Motto »Don't let your vacation ruin the destination« präsentiert die Umweltorganisation den ökologischen Fußabdruck von 16 großen Reedereien und mehr als 165 Kreuzfahrtschiffen.

Doch sogar beim selbsternannten Umweltprimus, der neue Schiffe ab 2019 zu 100 Prozent mit Flüssigerdgas (LNG) betreiben möchte, kommt der Umbau nur schleppend voran. Von den 10 Schiffen, die laut AIDA für rund 100 Millionen Euro mit moderner Abgastechnologie ausgestattet werden sollten, hatten bis Mitte 2016 nur 4 die Werft teilweise nachgerüstet verlassen. Bei TUI Cruises hält man sich beim Thema Flüssiggas vorerst noch zurück und setzt noch auf Schweröl und die Nachbehandlung der Abgase mit Entschwefelungsanlage und Stickoxid-Katalysator. Die neuartige Kombination soll nach Unternehmensangaben die Schwefelemissionen um bis zu 99 Prozent, die Stickoxide um bis zu 75 Prozent und den Partikelausstoß um bis zu 60 Prozent senken. »Damit sind die *Mein Schiff 3* und *Mein Schiff 4* die derzeit umweltfreundlichsten Schiffe ihrer Klasse auf dem Markt«, sagt Godja Sönnichsen, Pressesprecherin von TUI Cruises.

Wie es bereits jetzt im Dauerbetrieb noch umweltfreundlicher geht, macht die rein elektrisch betriebene norwegische Fähre MS *Fjordlys* vor: Sie nahm Ende 2014 ihren Betrieb über den Sognefjord auf. Der saubere Strom kommt aus Wasserkraftwerken nordwestlich von Oslo. Das spart jährlich eine Million Liter Dieselkraftstoff, 2700 Tonnen CO_2 und 37 Tonnen Stickoxide ein.

Auch an Land passiert etwas. In Hamburg werden die Schiffe AIDAprima und AIDAsol während ihres Hafenaufenthalts statt mit schiffseigenem Diesel über ein mit Flüssigerdgas (LNG) betriebenes schwimmendes Blockheizkraftwerk mit Strom versorgt. Das verringert nach Angaben der Reederei in diesem Zeitraum die CO_2-Emission um 20 Prozent, die von Stickoxiden um 80 Prozent. Schwefeloxide und Ruß entstünden nicht, so AIDA Cruises. Doch um auslaufen zu können, müssen die Dieselmotoren der Schiffe Stunden vor der geplanten Abfahrt anlaufen. Wie lange vorher, darüber schweigt sich AIDA aus. Der Effekt der LNG Hybrid-Barge ist also begrenzt. 2019/20 in Dienst gestellte Boote sollen sogar zu 100 Prozent mit LNG betrieben werden. Der ein wenig irreführende Name des AIDA-Konzepts: »Green Cruising«.

Heiß diskutiert wird auch das Thema Landstrom. In Schweden, Finnland, den Niederlanden oder Belgien wird diese Art der Energieversorgung bereits angeboten. In Norwegen spart die Fährreederei Color Line seit 2013 mit ihrer Landstromanlage jährlich 3 000 Tonnen CO_2 und 50 Tonnen Stickoxide ein. Auch für Kreuzfahrtschiffe sind einige wenige Landstromanlagen in Betrieb, beispielsweise an der amerikanischen und kanadischen Westküste. Im Juni 2016 wurde in Hamburg am Terminal Altona die erste stationäre Landstromanlage für Kreuzfahrtschiffe in Betrieb genommen.

Klingt vielversprechend, macht aber nur Sinn, wenn Ökostrom verwendet wird. Denn der in Norddeutschland noch weitverbreitete »dreckige« Kohlestrom erzeugt höhere CO_2-Emissionen als die Dieselmotoren der Schiffe. Erst ab 2020 soll der durch Offshore-Windparks vor der Küste Schleswig-Holsteins erzeugte Strom ausreichen, um Kohle- und Kernkraftwerke zu ersetzen. Das hat man bei AIDA verstanden. Auf der Webseite der Reederei steht zu lesen: »Unter Umweltgesichtspunkten ist es entscheidend, dass der Strom an Land sauberer erzeugt wird, als mit den sehr modernen Anlagen an Bord der AIDA Kreuzfahrt-Schiffe, sprich, durch Ökostrom.« Bislang sind allerdings nur wenige Kreuzfahrtschiffe für die Nutzung von Landstrom ausgerüstet, darunter die AIDAsol. Die Branche scheut nach anfänglicher Euphorie vor den hohen Umrüstkosten zurück. Die bewegen sich im Millionenbereich. Hinzu kommt der Verlust kostbaren Platzes an Bord für den Einbau der neuen Technik. Weitere Hindernisse, die gegen eine baldige Landstromversorgung von Kreuzfahrtschiffen sprechen, sind beispielsweise die fehlende internationale Standardisierung der Anschlüsse, die Bereitstellung entsprechender Mengen Strom in den Häfen, ohne die Versorgung der Allgemeinheit vor Ort zu gefährden, und die vergleichsweise geringe Einsparung an Emissionen.

Auch beim NABU sieht man Landstromanschlüsse skeptisch und favorisiert die Reduktion der Abgasbelastung an der Quelle. Dann seien die Schiffe nicht nur während der Liegezeit sauber, sondern auch dann, wenn sie den Hafen verlassen, so der NABU.

Dreifach klimaschädigend

Kreuzfahrtschiffe verschmutzen nicht nur die Luft. Sie erzeugen auch klimaschädliche CO_2-Emissionen. Im Vergleich verschiedener Verkehrsträger schneidet die Kreuzfahrt zusammen mit der Flugbranche am schlechtesten ab. Einer Übersicht des Verkehrsclubs Deutschland (VCD) zufolge entstehen bei Kreuzfahren 300 Gramm CO_2 pro Person und Kilometer – in etwa so viel wie beim Fliegen, aber mehr als das 3-Fache eines Pkw und das Zehnfache einer Zugreise. Nach Berechnungen der internationalen Umweltorganisation Friends of the Earth (foe.org) blasen Kreuzfahrtschiffe während eines zehnstündigen Hafenaufenthalts rund 66 Tonnen CO_2 in die Luft – die Jahresemissionen von sechs Deutschen oder 47 Indern. Einer beim NABU berechneten Untersuchung zufolge entspricht der CO_2-Ausstoß eines Kreuzfahrtschiffs dem von mehr als 83 000 Pkw. Bei bald 500 Kreuzfahrtschiffen weltweit kommt so eine gewaltige Schadstoffmenge zusammen.

Und es wird ständig mehr, denn die technologischen Verbesserungen und Sparmaßnahmen können das Mehr an CO_2-Emissionen nicht verhindern. So stiegen etwa die gesamten CO_2-Emissionen bei TUI Cruises laut Nachhaltigkeitsbericht 2014 um 38,02 Prozent von 164 720 Tonnen im Jahr 2013 auf 227 353 Tonnen im Jahr 2014. Das entspricht den jährlichen CO_2-Emissionen von mehr als 20 000 Bundesbürgern. Bei AIDA stiegen die Emissionen von 2012 auf 2013 um 55 621 auf insgesamt 579 805 Tonnen, sanken 2014 aber auf 538 134 Tonnen – damit liegen sie allerdings immer noch bei 13 950 Tonnen mehr als 2012.

Kreuzfahrtreedereien – wie auch Fluglinien – operieren gerne mit Zahlen, die einen niedrigen Treibstoffverbrauch suggerieren. So werden auf AIDA-Schiffen nach eigenen Angaben durchschnittlich nur 3 Liter Treibstoff pro Person auf 100 Kilometern verbraucht, bei TUI Cruises sind es 2,3 Liter. Dabei darf nicht vergessen werden, dass sich meist mehrere Tausend Passagiere und Crewmitglieder auf den Schiffen aufhalten, mit denen der Wert multipliziert werden muss (z. B. *Aidastella*: 2.700 Passagiere und 611 Crewmitglieder mal drei Liter pro 100 Kilometer ergeben rund 10 000 Liter pro 100 Kilometer!). Den durchschnittlichen CO_2-Ausstoß auf seinen Kreuzfahrtschiffen gibt TUI Cruises in seinem Nachhaltigkeitsbericht 2014 mit 83,9 Kilogramm pro Tag und Person an, bei AIDA sind es laut Nachhaltigkeitsbericht 2015 pro Tag und Person 59,1 Kilogramm. Der Durchschnittsdeutsche produziert nur etwa die Hälfte davon.

Um eine Kreuzfahrt in Alaska, der Karibik oder in Griechenland zu unternehmen, ist die An- und Abreise per Flugzeug unumgänglich. Allein dadurch entstehen große Mengen Kohlendioxid. In seiner Publikation *Der touristische Klima-Fußabdruck* errechnet die Umweltorganisation WWF für eine siebentägige Mittelmeerkreuzfahrt pro Person 439 Kilo-

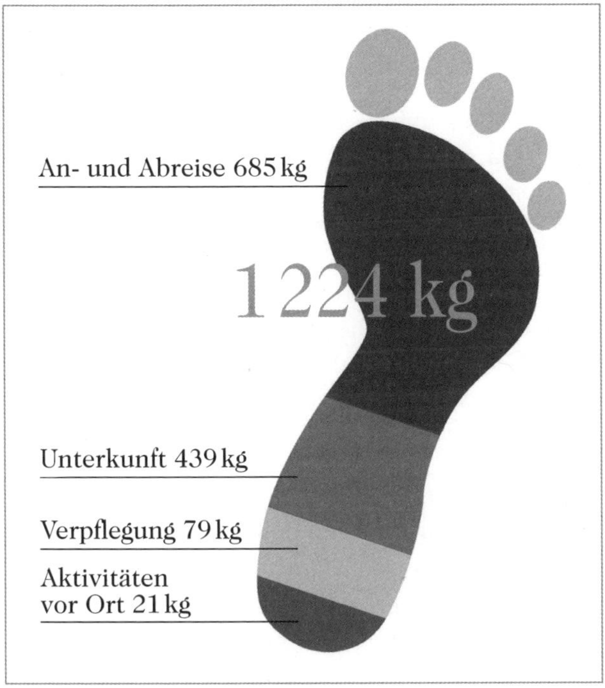

Abbildung 2.6 Der touristische Klima-Fußabdruck: siebentägige Mittelmeerkreuzfahrt, 1 224 kg CO_2 pro Person, Quelle: World Wide Fund for Nature

gramm CO_2 und für den Hin- und Rückflug von Deutschland nach Palma de Mallorca, dem Start- und Zielhafen der Kreuzfahrt, weitere 685 Kilogramm CO_2. Die Gesamtsumme der Reise von 1 224 Kilo CO_2, die auch 79 Kilo CO_2 für Verpflegung und 21 Kilo CO_2 für Aktivitäten vor Ort einschließen, entspricht mehr als 7 000 Kilometer Autofahrt. Auf höhere Werte als der WWF kommt der Klimarechner von myclimate (s. S. 92). Er errechnet für eine siebentägige Kreuzfahrt auf einem Schiff mit 2 000 bis 3 000 Passagieren in einer Standardkabine, die mit zwei Personen belegt ist, pro Person 1 488 Kilogramm CO_2 – das entspricht in etwa 9 000 Kilometer Autofahrt. Um diese Menge zu kompensieren, wären laut myclimate 33 Euro fällig – nur rund 2,5 Prozent eines durschnittlichen Reisepreises von 1 300 Euro.

Für die Klimaschäden durch die von ihr erzeugten Treibhausgasemissionen braucht die Schifffahrt bislang nicht aufzukommen. Sie ist weder in den europäischen Emissionshandel noch in internationale Abkommen wie den Klimavertrag von Paris (s. S. 46) eingebunden. Einen kleinen Lichtblick eröffnet eine im April 2015 verabschiedete EU-Richtlinie: Mithilfe der Monitoring Reporting Verification (MRV) werden die Emissionen aller großen Schiffe, die europäische Häfen nutzen, erfasst und veröffentlicht – unabhängig davon, wo sie registriert sind.

Die Kompensation der CO_2-Emissionen – bei Kreuzfahrtschiffen ohnehin erst ein zartes Pflänzchen – überlässt man den Kunden. Alles auf freiwilliger Basis, versteht sich. So können beispielsweise AIDA-Kunden seit 2015 die CO_2-Emissionen der Kreuzfahrten über atmosfair-Klimaschutzprojekte kompensieren. »Im Anschluss an seine ›klimabewusste Kreuzfahrt‹ erhält jeder Gast ein personalisiertes Klimaschutz-Zertifikat und eine Spendenbescheinigung von atmosfair«, heißt es auf der AIDA-Webseite. Außerdem kompensiert AIDA die CO_2-Emissionen der dienstlich veranlassten Reisen mit dem Flugzeug oder Mietwagen.

Bei der TUI hat man sich bei Klimafragen für den Kompensationsdienstleister myclimate entschieden (s. S. 92). Aber auch beim weltgrößten Reiseveranstalter blendet man die CO_2-Kompensation für die Kreuzfahrtflotte geschickt aus. Zahlen aus dem Flugverkehr sowie erste Kompensationsprojekte in der Kreuzfahrt zeigten, dass der Gast nicht bereit sei, einen Kompensationsbeitrag zu leisten, erklärt die Pressestelle von TUI Cruises. Man konzentriere sich daher stärker auf die tatsächliche Reduktion der eigenen CO_2-Emissionen. Neben spritsparenden Kreuzfahrtschiffen werden beispielsweise grüne und faire Landausflüge angeboten, bei denen fünf Euro pro Tour an ein regionales Umwelt- oder Sozialprojekt abgeführt werden. Besser als nichts – aber noch sehr weit von dem entfernt, was gemäß Verursacherprinzip fällig wäre. Wer verschmutzt, sollte auch dafür bezahlen – ausnahmslos.

Auch die aufwendige Versorgung der Schiffe mit Lebensmitteln verursacht zusätzliche Emissionen. Diese sind allerdings nicht ganz einfach zu berechnen. In der Spiegel-TV-Dokumentation *Kreuzfahrt ins Glück* stehen zwei Köche in einem Karibikhafen neben ihrem TUI-Kreuzfahrtschiff und begutachten die vier Container mit Lebensmitteln, die einmal pro Woche aus Hamburg eingeflogen werden. Darin befinden sich Trüffel aus Frankreich, Brombeeren aus Mexiko, Kirschen aus Brasilien und Marzipanschokoladenherzen für den bevorstehenden Valentinstag. Der Salat koste normal nur 1,50 Euro pro Kilo, aber via Luftfracht 3,50 bis 10 Euro pro Kilo, kommentiert einer der beiden Köche. Dies stünde in keiner Relation, fügt er hinzu. Doch das Motto lautet: Für die Gäste nur das Beste, koste es, was es wolle. Um es noch einmal zu verdeutlichen: Kirschen werden aus Brasilien und Brombeeren aus Mexiko nach Hamburg geflogen, um von dort wieder mit dem Flugzeug in die Karibik zum Kreuzfahrtschiff gebracht zu werden. Das müsse aus Hygiene- und Qualitätsgründen so sein, lautet die Begründung der Köche. Die enorme Klimabelastung wird nicht reflektiert. Regionaler Einkauf von Lebensmitteln, ein wichtiger Beitrag zur Reduktion von CO_2-Emissionen und für die lokale Wertschöpfung, ist die Ausnahme. Sie beschränkt sich im Filmbericht auf etwas frischen Fisch und auf Rum. Selbst Bananen, die es auf Karibikmärkten in Hülle und Fülle gibt, schaffen es nicht aufs Schiff. Sie sind zu krumm, zu fleckig, zu klein. Die Gäste sind Besseres gewöhnt.

Müll und Abwasser – die Gesamtbelastung wächst

An Bord eines Kreuzfahrtschiffes wird gewaschen, gekocht, geputzt. Menschen nutzen Toiletten, schwimmen im Pool, duschen in ihrer Kabine. Dass dabei große Mengen Abfall und Abwasser entstehen, versteht sich bei mehreren Tausend Passagieren an Bord von selbst. Was aber passiert mit den 35 156 Tonnen Abfall, die laut Nachhaltigkeitsbericht 2015 auf allen AIDA-Kreuzfahrtschiffen anfielen?

Nur etwas mehr als ein Viertel des Mülls der AIDA-Schiffe wird recycelt. Der größte Teil, beinahe 30 Prozent, landet an Land auf der Reststoffdeponie und immerhin 20 Prozent auf der Deponie für Sonderabfälle. An Bord verbrannt werden 2 908 Tonnen, etwas mehr als acht Prozent. Und bei rund 16 Prozent handelt es sich um zerkleinerte Speiseabfälle, aus denen angeblich nach Pressung und Entwässerung eine biologisch abbaubare Substanz wird. Sie darf im Meer entsorgt werden. Ob und in welcher Menge, darüber macht AIDA keine Angaben. Kontrolle für Außenstehende: schwierig bis unmöglich.

Positiv ist sicherlich die Tatsache, dass der Pro-Kopf-Abfall auf den AIDA-Schiffen von 4,3 Kilogramm im Jahr 2013 auf 3,8 Kilogramm gesenkt werden konnte. Dennoch ist die gesamte Müllmenge der Flotte im Vergleich zu 2012 leicht gestiegen. Auch bei TUI Cruises konnte zwar die Müllmenge pro Person verringert werden (2014: minus 11,15 Prozent im Vergleich zum Vorjahr auf 7,89 Liter pro Person und Übernachtung), doch die Gesamtmenge stieg ebenfalls an.

Ein ähnlicher Trend ist beim Abwasser zu verzeichnen. Während die gesamte Abwassermenge der AIDA-Flotte gegenüber 2012 stieg, konnte das auf See entstandene Abwasser pro Person und Tag im gleichen Zeitraum deutlich von 170,5 auf 147,2 Liter reduziert werden. Noch gibt es weiteres Einsparpotenzial, was Müllvermeidung und Abwassermanagement angeht. Doch wenn selbst bei einer der umweltaktivsten Kreuzfahrtreedereien Gesamtmüll- und Gesamtabwassermenge aufgrund steigender Wachstumszahlen zunehmen, bleibt zu befürchten, dass die globale Umweltbelastung durch Kreuzfahrtschiffe beim prognostizierten Zuwachs an Passagieren in den kommenden Jahren zulegen wird.

Das bestreitet man etwa bei TUI Cruises nicht. Priorität hat es nicht. Pressesprecherin Sönnichsen: »Die absoluten Zahlen werden bei einem wachsenden Unternehmen erst mal steigen, daher schauen wir uns vor allem die relativen Kennzahlen an, um einen Ausgangspunkt für unsere Verbesserungen festzulegen.«

Wer profitiert von der Kreuzfahrt?

Der überwiegende Teil der Gewinne der Kreuzfahrt bleibt bei einigen großen Reedereien und Reiseveranstaltern hängen, darunter in Deutschland Aida Cruises, Royal Caribbean International und TUI Cruises. Die Schäden hingegen, die Kreuzfahrtschiffe an Klima und Umwelt verursachen, werden an die Allgemeinheit weitergereicht. Gewinne privatisieren, Schäden sozialisieren – ein Rezept des modernen Kapitalismus. Beispiel Venedig: In seiner 2014 veröffentlichten Studie *Quantifying cruising. Study on the economic impact of large cruise ships at Venice* errechnet Autor Giuseppe Tattara, Wirtschaftswissenschaftler der Universität Venedig, einen jährlichen Betrag von 3 300 Euro, den jeder Einwohner der Lagunenstadt für Umweltschäden durch Kreuzfahrtschiffe schultern muss. Denn für Luft- und Wasserverschmutzung, Schäden an Gebäuden durch Wellengang und Einbußen an Lebensqualität für die Einwohner kommen die Verursacher nicht auf. Gegen die Schäden durch rund 650 Kreuzfahrtschiffe, die Venedig jährlich anlaufen, protestieren die Bewohner im Rahmen der Kampagne »No Grande Navi« (Keine großen Schiffe). Seit einiger Zeit tobt nun der Kampf Kommerz gegen Umweltschutz in der Lagunenstadt. Im Oktober 2014 hatte sogar die UNESCO gedroht, Venedig auf die Liste der gefährdeten Kulturstätten zu setzen.

Wie auch immer die juristische »Schlacht« um Venedig ausgehen wird, für Professor Tattara steht fest, dass es kurzsichtig, sinnlos und ökonomisch falsch sei, die großen Kreuzfahrtschiffe nach Venedig einfahren zu lassen. Er schlussfolgert in seinem Bericht: »Wenn sich die Umweltsituation weiter verschlechtert und dadurch die Attraktivität eines Touristenziels abnimmt, werden die Touristen es zugunsten eines anderen Hafens aufgeben.«

Doch nicht nur für die Schäden durch Kreuzfahrtschiffe wird die Allgemeinheit belangt. Der Steuerzahler steht auch für eine Vielzahl von Infrastrukturprojekten rund um die Kreuzfahrt finanziell gerade. Dazu gehört beispielsweise das Warnemünde Cruise Center, das Abfertigungsterminal von AIDA-Cruises. Die 6,5 Millionen teure Stahl-Glas-Konstruktion mit einer Gesamtfläche von fast 3 200 Quadratmetern, in der Kreuzfahrttouristen vor dem Einchecken mit Wohlfühlmusik berieselt werden, wurde nach Angaben des Ministeriums für Wirtschaft, Bau und Tourismus Mecklenburg-Vorpommern vom Land und Bund mit Mitteln der Gemeinschaftsaufgabe »Verbesserung der regionalen Wirtschaftsstruktur« mit 4,75 Millionen Euro bezuschusst. Die landseitige Versorgung von Kreuzfahrtschiffen mit Flüssiggas und Landstrom in Hamburg kostet den Steuerzahler rund 16 Millionen Euro – darunter 8,85 Millionen Euro von der Stadt Hamburg, 3,7 Millionen Euro vom Bund und 3,5 Millionen von der EU. Um den Kreuzschifffahrtsstandort Hamburg zu stärken, hat die Behörde für Wirtschaft, Verkehr und Innovation (BWVI) der Stadt Hamburg die Gründung eines Kuratoriums mit rund 600 000 Euro für den Projektraum von 2014 bis 2016 gefördert. Für ein verbessertes Abfallmanagement an Bord erhielt die Reederei Costa Crociere, zu der auch AIDA Cruises gehört, im Rahmen des von 2011 bis 2014 durchgeführten Förderprogramms Life$^+$ der Europäischen Kommission Fördermittel in Höhe von 2,7 Millionen Euro.

Auch die Meyer-Werft im niedersächsischen Papenburg profitiert vom deutschen Steuerzahler. Die 1795 gegründete Schiffsbaufirma muss die von ihr erbauten Kreuzfahrtriesen, darunter mehrere AIDA-Boote und das Mega-Boot *Anthem of the Seas* von Royal Caribbean International, über das Nadelöhr Ems aufs offene Meer bringen – ein Spektakel, dem jedes Mal Tausende Zuschauer am Ufer beiwohnen. Möglich wird dies durch das Ems-Stauwerk bei Gandersum. Es hat den Steuerzahler 223 Millionen Euro gekostet. Um den erforderlichen Tiefgang von 8,50 Metern zu ermöglichen, muss der Fluss vor einer Überführung tagelang aufgestaut werden. Auch für das regelmäßige Ausbaggern der Ems fallen große Beträge an. Sie haben zur Verschlickung und zum Sauerstoffmangel des Flusses beigetragen. Laut Umweltverband Wattenrat Ostfriesland wurde die Ems so »nachhaltig« kaputt gemacht.

Schwere Vorwürfe gegen die Machenschaften der Kreuzfahrtindustrie erhob der ehemalige AIDA-Kapitän Wolfgang Gregor in seinem Vortrag im Hamburger Rathaus auf Einladung der Linken-Fraktion im August 2015. Die Unternehmen seien »Subventionsweltmeister«, die kaum Steuern zahlten. So umgehe die AIDA-Reederei das deutsche Mindestlohngesetz, da AIDA zur italienischen Costa-Gruppe gehöre und mit italienischen Gewerkschaften einen autonomen Tarifvertrag abgeschlossen habe. Der Mutterkonzern Carnival habe zwar 2014 einen Bruttogewinn von 1,24 Milliarden US-Dollar erzielt. Versteuert wurden davon aber lediglich neun Millionen Dollar, also nur 0,7 Prozent.

Steuergeld entgeht dem deutschen Staat laut Gregor noch auf andere Weise. Während in den USA Mehrwertsteuer auf Getränke erhoben wird, solange sich das Schiff in hoheitlichen Gewässern befindet, ist dies in Deutschland nicht der Fall. Bei einem geschätzten Getränkeumsatz von 50 Millionen Euro in deutschen Gewässern und 19 Prozent Mehrwertsteuer kämen einige Millionen Euro zusammen, so der ehemalige AIDA-Kapitän.

Emissionsfrei über die Ozeane reisen?
Was jahrtausendelang normal war, ist heute fast vergessen. **Fairtransport** belebt alte Traditionen und transportiert ausgewählte Waren per Segelboot übers Meer. Mitreisen ist auf vielen Routen möglich (fairtransport.eu).

Auto, Bus oder Bahn – was ist der umweltfreundlichste Landtransport?

50 Prozent der Deutschen nutzten nach Angaben des Deutschen Reiseverbands (DRV) 2015 das eigene Fahrzeug für Reisen, die länger als fünf Tage dauerten. Dieser Anteil hat sich in den letzten zehn Jahren nur geringfügig geändert (2005: 53 Prozent). Bahn und Bus nutzten 2015 hingegen nur 8 bzw. 5 Prozent der Bundesbürger für ihren Ferientrip. Dabei hat sich der Anteil der Bahn in den letzten zehn Jahren leicht erhöht (2005: 6 Prozent), während der Busanteil ein wenig gesunken ist (2005: 7 Prozent).

Für das Klima ist diese Verteilung fatal. Denn ein Kleinwagen (Auslastung 1,5 Personen) erzeugt dem vom Bundesumweltamt 2016 veröffentlichten Vergleich der Emissionen (s. S. 53) einzelner Verkehrsträger im Personenverkehr zufolge pro Kilometer 142 Gramm Klimagase und damit mehr als dreimal so viel wie die Bahn im Fernverkehr (41 Gramm, Auslastung 50 Prozent) oder beinahe fünfmal so viel wie ein Reisebus (32 Gramm; Auslastung 60 Prozent; nicht zu verwechseln mit dem Fernlinienbus, dessen Emissionswerte höher liegen). Aufgrund manipulierter Messwerte von Fahrzeugbauern wie VW ist damit zu rechnen, dass die realen Emissionswerte über den offiziellen Messergebnissen liegen.

Wer mit dem Wohnmobil oder dem Wohnwagen unterwegs ist, erzeugt laut DEKRA-CO_2-Rechner je nach Spritverbrauch pro Kilometer

212 Gramm (Verbrauch: 8 Liter Diesel/100 km) bis 318 Gramm CO_2 (Verbrauch: 12 Liter Diesel/100 km). Große Wohnmobile und große Pkw erzeugen bei schlechter Auslastung pro Person CO_2-Emissionen, die denen eines Flugs oder einer Kreuzfahrt in nichts nachstehen. Zudem sind die absoluten Emissionswerte aufgrund des großen Fahrzeugbestands enorm. Laut Kraftfahrtbundesamt waren zum 1. Januar 2016 in Deutschland 45 Millionen Pkw und 417 000 Wohnmobile zugelassen.

Zu beachten sind auch der enorme Ressourcenverbrauch und die damit einhergehenden Emissionen für die Produktion von PKW, Wohnwagen und Wohnmobilen. Um die Energie für die Stahl- und Aluminiumproduktion zu erzeugen, werden beispielsweise in Brasilien große Regenwaldflächen in Holzkohle verwandelt. Diese Bilanz verbessert sich ein wenig, sobald die Fahrzeuge lediglich gemietet werden und somit dauerhafter ausgelastet sind – und nicht, wie bei Wohnmobilen oder Wohnwagen in Privatbesitz, nur einmal pro Jahr für eine Urlaubsreise aus der Garage geholt werden.

Doch nur die Emissionswerte für An- und Abreise bei einer Urlaubsreise zu betrachten greift zu kurz. Für einen sinnvollen Vergleich muss man auch die Emissionen der unterwegs benutzten Unterkünfte sowie die Anzahl der Personen, die ein Wohnmobil zum Schlafen nutzen, einbeziehen. Die Verpflegung spielt eine eher untergeordnete Rolle. So erzeugt beispielsweise eine Hotelübernachtung (s. S. 239) deutlich mehr CO_2-Emissionen als die Übernachtung auf einem Campingplatz (s. S. 250).

Mobil mit Strom aus Erneuerbaren Energien

Elektro- und Hybridfahrzeuge haben nicht automatisch eine bessere Klimabilanz als moderne Dieselmotoren. Entscheidend ist, wie der Strom erzeugt wird. So wird ein E-Mietwagen in Norwegen mit hoher Wahrscheinlichkeit mit Strom aus Wasserkraft angetrieben, während ein Elektrofahrzeug auf der Kanareninsel Teneriffa mit Strom aus einem herkömmlichen Ölkraftwerk versorgt wird. Die kleine Nachbarinsel El Hierro versorgt sich hingegen seit Kurzem zu 100 Prozent mit Strom aus Erneuerbaren Energien.

Tipp für Freunde von E-Bikes: bei geringer Nutzung lieber am Urlaubsort mieten statt zu Hause kaufen. Zahlreiche Feriendestinationen in Deutschland, Österreich, Südtirol, aber auch Mallorca bieten diese Möglichkeit inzwischen an. Einen Überblick geben Webseiten wie e-bike-urlaub.info oder ebikes-mallorca.com. Und auch Bahnfahrer haben die Möglichkeit, mit Ökostrom zu fahren. Das kostet nicht viel mehr und entlastet das Klima. Info unter bahn.de/gruen.

Wie erzeugen Sie möglichst wenig CO_2 im Urlaub?

Besonders empfehlenswert

* Radurlaub ab der eigenen Haustür
* Zelturlaub auf dem Öko-Campingplatz, An- und Abreise mit der Bahn, dem Reisebus oder über eine Mitfahrzentrale

Empfehlenswert

* Reise mit dem voll ausgelasteten Wohnmobil ohne das Nutzen von Campingplätzen
* Kombination Reisebus oder Bahn und Pension

Noch vertretbar

* Urlaubsreise im voll ausgelasteten Pkw, Übernachtung auf dem Campingplatz und/oder im Hotel
* Reise mit dem voll ausgelasteten Wohnmobil bei Nutzung von Campingplätzen

Nur mangels Alternative

* Wohnmobil mit 50-prozentiger Auslastung, Übernachtung auf dem Campingplatz
* PKW mit 2 Personen, Übernachtung im Hotel
* Flugreise (Europa) mit Campingplatz und öffentlichen Verkehrsmitteln/Fahrrad vor Ort

Selten oder vermeiden

* Flugreise, Übernachtung im Hotel, Mietwagen oder Wohnmobil vor Ort
* Kreuzfahrt
* Kreuzfahrt und An-/Abreise mit dem Flugzeug
* Kreuzflugreise (s. S. 60)

Freiwillige CO_2-Kompensation – Ablasshandel, Greenwashing oder sinnvoller Klimaschutz?

Was haben die Unternehmen Bayer, Deutsche Post DHL, der Fußballverein HSV, die Punkband »Die Toten Hosen« und die Umweltorganisation Greenpeace gemeinsam? Sie kompensieren freiwillig und ganz oder teilweise das Kohlendioxid (CO_2), das durch ihre Geschäftsaktivitäten oder Konzerte entstanden ist. Das tun übrigens auch die Bundesregierung und die Oppositionspartei Bündnis 90/Die Grünen. Auch die reisebedingten Emissionen der Fußballweltmeisterschaft in Brasilien im Sommer 2014 und des UN-Klimagipfels im September 2014 in New York wurden von den jeweiligen Veranstaltern kompensiert.

Preisvergleich Freiwillige CO_2-Kompensation (Auswahl; alphabetische Reihenfolge)	**CO_2-Emissionen** (in Kilo) **Flug Düsseldorf – Mallorca und zurück** (Economy-Klasse)	**Kompensationsbetrag in Euro**	**Preis pro Tonne CO_2 in Euro**
ARKTIK (arktik.de, kommerzieller Anbieter)	902	18,95	21
Atmosfair (atmosfair.de, gemeinnütziger Anbieter)	680	16	23
Klimakollekte (klima-kollekte.de, gemeinnütziger Anbieter)	750	17,25	23
Lufthansa/myclimate* (lufthansa.myclimate.org, kommerzieller/ gemeinnütziger Anbieter)	309	6	19–20
Myclimate (myclimate.org, gemeinnütziger Anbieter)	560	12	22

Tabelle 2.3
Preisvergleich Freiwillige CO_2-Kompensation, Quelle: eigene Zusammenstellung

* Lufthansa kooperiert zwar mit dem gemeinnützigen Anbieter myclimate (s. S. 92), kommt aber aufgrund eigener Berechnungen auf andere Kompensationsbeträge, als myclimate sie auf der eigenen Webseite errechnet.

Wie funktioniert die freiwillige Kompensation?

Dazu wird zunächst der Preis des CO_2-Ausstoßes der Reise mithilfe eines Klimarechners (s. S. 42) ermittelt. Der so ermittelte Betrag wird dann an einen Anbieter von Kompensationsdienstleistungen wie atmosfair

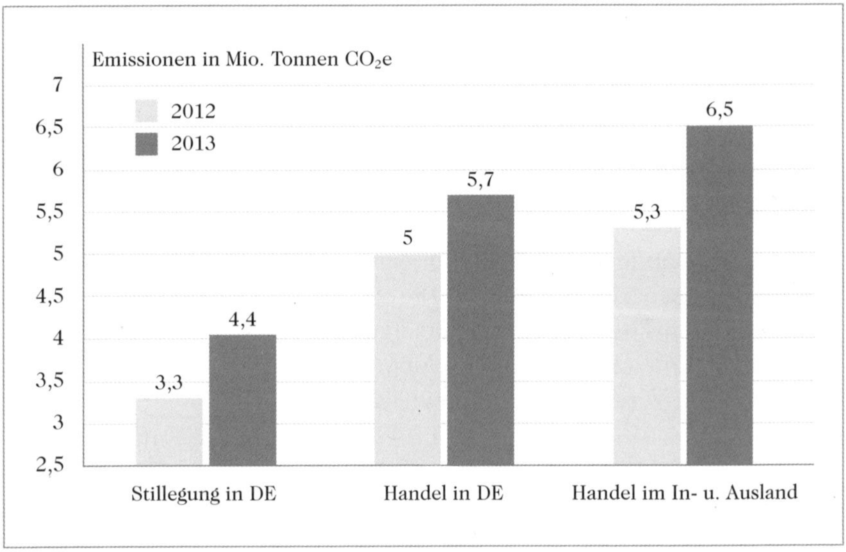

Abbildung 2.7
Volumen freiwilliger Markt für Treibhausgas-Kompensationen in Deutschland (2012, 2013), Quelle: Umweltbundesamt, Aktualisierte Analyse des deutschen Marktes zur freiwilligen Kompensation von Treibhausgasemissionen, 2/2015

(s. S. 92) überwiesen. Die Organisation investiert das Geld in Klimaschutzprojekte – vorwiegend in Ländern des globalen Südens. Im Idealfall sparen (= kompensieren) diese nicht nur CO_2 ein, sondern fördern auch nachhaltige Entwicklung durch Technologietransfer und Armutsbekämpfung.

Unterstützt von den Kompensationsgeldern, können lokale Unternehmen und Organisationen beispielsweise in Nigeria energieeffiziente Öfen anschaffen, in Indien spritsparende Pumpen bei der Bewässerung einsetzen, in Honduras ein kleines Wasserkraftwerk für sauberen Strom installieren oder in Vietnam eine Fabrik mit Biogas betreiben (s. Kasten S. 87). Auch Wälder werden mit Kompensationszahlungen aufgeforstet.

Um Klimaziele nicht zu gefährden, müssen alle ihren Beitrag leisten. »Die Umweltkosten für jeden Spaß im Leben, den man hat, sollte man ganz tragen«, findet Sabine Minninger, Referentin für Klimapolitik bei der Hilfsorganisation Brot für die Welt. Seit einigen Jahren kann dies jeder auf freiwilliger Basis tun. In vielen Urlaubsprospekten, Reiseportalen und Reisebüros finden sich Hinweise auf das *Offsetting*, englisch für die freiwillige Kompensation von Treibhausgasen – wenn auch oftmals versteckt und wenig benutzerfreundlich aufbereitet.

Wer zahlt für den Klimaschutz?

Die Reisebranche steckt in einem Dilemma: Man ist sich einerseits der CO_2-Problematik bewusst, möchte aber andererseits keine Kunden verprellen. Und so halten sich Veranstalter, Airlines und Reisebüros bei der Kompensation vornehm zurück. Der CO_2-Ausgleich beschränkt sich meist auf die Kompensation der eigenen Geschäftsreisen oder der Büros. Seine Urlaubsreisen möge der Kunde selbst kompensieren, so der gängige Tenor. Alle ganz freiwillig. Den Versuch, die Kosten der Kompensation der durch Reisen verursachten Treibhausgase einzupreisen, haben bislang nur kleinere Unternehmen unternommen. Die meisten von ihnen sind Mitglieder im forum anders reisen (s. S. 219).

Wenn Reiseveranstalter die CO_2-Kompensation in den Reisepreis integrieren, macht dies die Reise teurer. Oder es gelingt ihnen, den Kompensationsbetrag an anderer Stelle einzusparen oder sogar auf Gewinn zu verzichten. Das ist für kleine Veranstalter schwierig, für die Großen durchaus machbar. Bei Übernahme der Kompensation würden sich beispielsweise die Reisen beim Veranstalter viventura lediglich um 5 bis 8 Prozent erhöhen, so Geschäftsführer Andre Kiwitz. Eine 1000-Euro-Reise würde dadurch gerade mal 50 bis 80 Euro teurer – zu viel fürs Klima?

Scheinbar ja. Die meisten Reisenden drücken sich bislang um die Kompensationszahlung. Nur 8,5 Prozent der Befragten haben einer Untersuchung des Umweltbundesamts zufolge bereits einmal in ihrem Leben freiwillig kompensiert. Nur etwas mehr als 30 Prozent möchten dies zukünftig tun. Hingegen will mehr als ein Viertel der Befragten auch in Zukunft nicht kompensieren – 43 Prozent machten gar keine Angaben. Gründe für die Ablehnung einer Kompensationszahlung waren der Studie zufolge neben den Kosten auch die Unübersichtlichkeit des Marktes, die Ablehnung des Prinzips oder das Unwissen über die Möglichkeit zur Kompensation. Im Vergleich zu früheren Umfragen waren aber ein besserer Wissensstand und eine gestiegene Bereitschaft zur CO_2-Kompensation zu verzeichnen.

Noch ablehnender gegenüber klimaschonenden Verhaltensweisen im Urlaub zeigten sich die Befragten einer Untersuchung der Forschungsgemeinschaft Urlaub und Reisen (FUR) Ende 2015. Etwas mehr als die Hälfte (52 Prozent) der deutschen Urlauber will nicht auf Flugreisen verzichten oder künftig weniger verreisen (57 Prozent). Lediglich sieben Prozent gaben an, ihren Flug freiwillig kompensiert zu haben, und nur 17 Prozent haben dies in der Zukunft vor. »Jeder weiß, dass Fliegen das Klima belastet, aber wenn es um Urlaub geht, kann Klimaschutz zu

Hause bleiben«, sagt Martina von Münchhausen von der Umweltorganisation WWF. Kleiner Lichtblick: Künftig wollen 39 Prozent der Befragten bei klimafreundlichen Anbietern buchen, und jeder Vierte (27 Prozent) plant eine lange Reise statt mehrerer kurzer.

Bislang sind es ohnehin Unternehmen, die am meisten freiwillig kompensieren. Ihr Anteil in Deutschland lag 2014 der Umfrage zufolge bei 80 Prozent, während nur 14 Prozent aller »Kompensierer« Einzelpersonen sind (der Rest verteilt sich auf Kommunen, NGOs, Stiftungen, Forschung und Kirchen). Das verwundert nicht, denn der Kompensationsmarkt ist komplex. Noch gibt es kein einheitliches Gütesiegel, die Preise für das kompensierte CO_2 schwanken je nach Anbieter (s. Tabelle S. 83), verbindliche Standards fehlen, Projektkriterien unterscheiden sich, und die Vielzahl der Geschäftsmodelle macht es Kunden schwer, sich für das Richtige zu entscheiden. Was fehlt, so das Fazit der Studie des Umweltbundesamts, sind unter anderem Aufklärungs- und Informationskampagnen.

Hinzu kommt: Nicht jeder glaubt an die Wirksamkeit der Klimakompensation. Experten streiten über ihren Sinn oder Unsinn. Fluggesellschaften rechnen die Emissionen klein und drücken die Qualitätsstandards der Kompensation, bemängelt Wolfgang Strasdas, Professor für nachhaltigen Tourismus an der Hochschule Eberswalde, im taz-magazin zeozwei. Das verunsichere Verbraucher. Viele Umweltschützer lehnen die freiwillige Kompensation immer noch als Greenwashing oder modernen Ablasshandel ab.

Wie ethisch-moralisch korrekt ist die Kompensation, wenn man sich einfach von seinen Klimasünden freikaufen kann? Und könnte das indirekt wirksame CO_2-Offsetting nicht sogar zu höheren CO_2-Emissionen führen, wenn Menschen munter weiterreisen und kompensieren, anstatt zu versuchen, Emissionen zu vermeiden? Wenn sie gar andere – sogenannte direkte – Klimaschutzaktivitäten verdrängen, wie etwa den Kauf klimafreundlicher Produkte? Diese Bedenken teilen die beiden Autoren Stephan Wolters und Romy Becker in ihrem Artikel *Freiwillige Klimakompensation als grünes Produkt?* nicht. Die Klimaexperten der Beratungsfirma adelphi sehen »Kompensationszahlungen keineswegs als Freikauf oder Freibrief, sondern als eine zusätzliche Möglichkeit für klimaschützendes Handeln«. Und weiter: Nachhaltige Lebensstile und freiwillige Kompensation passen gut zusammen.

CO_2-Kompensation in der Praxis – mit myclimate in Vietnam

Viele Verbraucher trauen den Versprechungen der Anbieter von Kompensationsdienstleistungen nicht. Zu Unrecht, denn Projekte mit hohen Standards helfen nicht nur dem Klima, sondern auch Umwelt und Menschen vor Ort. Ein gutes Beispiel hierfür ist die Daklak Tapioca Factory, eine Stärkefabrik im Südosten Vietnams. Sie verwandelt täglich rund 140 Tonnen Maniokwurzeln in Stärke, die für Lebensmittel in der Süßwarenindustrie, aber auch als Klebstoff in der Textilindustrie verwendet wird. Hauptabnehmer der Maniokstärke sind China und Japan. Rund 1200 Farmer der Umgebung liefern den Rohstoff täglich in der Fabrik ab. Als Energieträger zur Verarbeitung der Maniokwurzeln diente bislang Kohle – jährlich rund 1300 Tonnen. Im Abwassersee der Anlage entstanden zudem 18 bis 20 Kubikmeter klimaschädliches Methan pro Tonne Maniokstärke. Das Gas, 25-mal schädlicher als Kohlendioxid, entwich unkontrolliert in die Atmosphäre.

Im Rahmen des Klimaschutzprojekts von myclimate (s. S. 92), bei dem die Schweizer Klimaagentur zehn Jahre lang einen festen Geldbetrag an den Mutterkonzern DAKFOCAM überweist, werden zwei Fliegen mit einer Klappe geschlagen: Eine große Plane fasst das Methangas des Abwassersees, das über Rohrleitungen in die Fabrik geleitet wird und nun die Energie für die Öfen liefert. Dadurch konnte der Kohleverbrauch auf jährlich rund 42 Tonnen gesenkt werden. Die sinnvolle Verwendung des Methans bedeutet eine Ersparnis von mehr als 140 000 Tonnen CO_2 alleine im Projektzeitraum von zehn Jahren. Weniger Kohle bedeutet zudem eine spürbare Verbesserung der Luftqualität und verringert die Energiekosten. Um überschüssiges Methangas nicht abfackeln zu müssen, installierte man in der Fabrik eine Anlage, die Faserreste der Maniokwurzel trocknet. Diese werden als Tierfutter verkauft. Nicht nur die Fabrik und die Umwelt profitierten von der Umstellung: Die Gehälter der Arbeiter haben sich seit 2008 auf 500 Euro pro Monat verfünffacht und liegen weit über dem gesetzlichen Mindestlohn. Die Fabrik berät die Maniokbauern der Umgebung beim Anbau des Produkts, gibt ihnen Dünger und Setzlinge. Die Bauern haben feste Abnahmeverträge mit der Firma, die ihnen Vorschüsse von bis zu 40 Prozent auf die Ernte zahlt. Vom myclimate-Projekt in Vietnam profitieren alle – eine klassische Win-win-Stiuation.

Ein weiterer Kritikpunkt an der Kompensation sind die Mengen an eingespartem CO_2, die bislang der berühmte Tropfen auf den heißen Stein sind. Der bereits erwähnten Umfrage des Umweltbundesamts zufolge wurden 2013 in Deutschland zirka 4,4 Millionen Tonnen CO_2 an freiwilligen Emissionszertifikaten stillgelegt. Über die beiden bekanntesten nichtkommerziellen Kompensationsanbieter atmosfair (s. S. 92) und myclimate (s. S. 92) wurden im gleichen Jahr 166 700 beziehungsweise 608 000 Tonnen kompensiert. 2015 waren es bei atmosfair rund 192 000 Tonnen und bei myclimate rund 551 000 Tonnen CO_2. Zusammengenommen entspricht diese Menge gerade mal den jährlich anfallenden CO_2-Emissionen von etwa 67 000 Deutschen. Dem Bericht *State of the Voluntary Carbon Markets 2015* der Organisation Forest Trends zufolge wurden 2014 weltweit freiwillige Emissions-Zertifikate in einer Größenordnung von 87 Millionen Tonnen CO_2 gehandelt, immerhin ein Plus von 13,6 Prozent im Vergleich zum Vorjahr, aber weniger als in den Jahren 2011 und 2012. Zur Einordnung: Nach Angaben der Umweltorganisation Carbon Market Watch (carbonmarketwatch.org) produziert alleine der weltweite Flugverkehr Tag für Tag an die 2,5 Millionen Tonnen CO_2. Das summiert sich auf jährlich mehr als 900 Millionen Tonnen. Das ist in etwa die Menge Kohlendioxid, die ganz Deutschland laut Umweltbundesamt Jahr für Jahr in die Luft pustet.

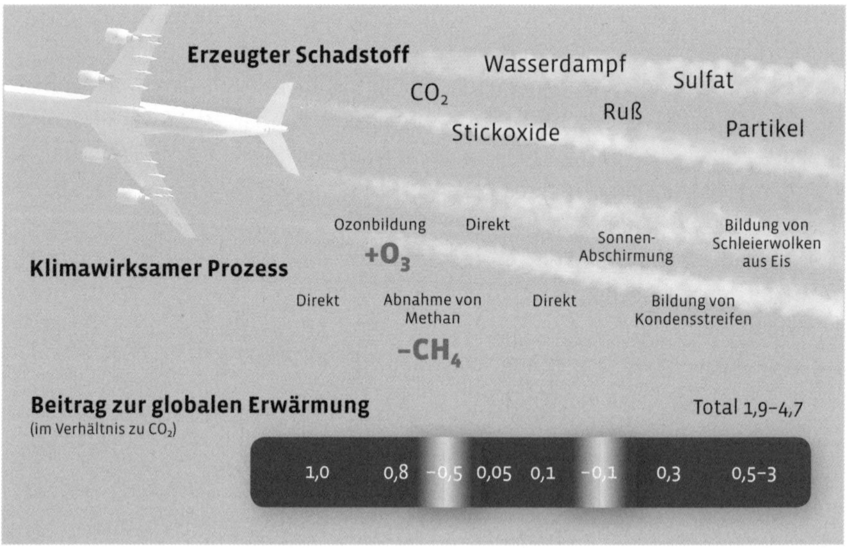

Abbildung 2.8
Klimawirkung von Flugreisen, Quelle: atmosfair

Durch die freiwillige Kompensation wird also nur ein Bruchteil der Gesamtmenge erfasst. Hinzu kommen unterschiedliche Berechnungsgrundlagen der CO_2-Emissionen durch die Anbieter, die den Markt unübersichtlich erscheinen lassen (s. Kasten S. 83). Denn neben Kohlendioxid sind in großen Flughöhen auch noch andere Klimagase wie etwa Stickoxid (führt zu Ozonbildung) oder Wasserdampf wirksam. Auch Zirruswolken, Ruß und Kondensstreifen haben einen Einfluss aufs Klima. Die Wirkung dieser Effekte auf die Erderwärmung wird mit dem sogenannten Radiative Forcing Index (RFI-Faktor) gemessen. Über den genauen Wert streiten die Experten. Doch einig ist sich die Wissenschaft darüber, dass diese Effekte in die Berechnungen einfließen müssen. Der Weltklimarat (IPCC) empfiehlt, die CO_2-Emissionen mit dem Durchschnittswert 2,7 zu multiplizieren. Dieser Empfehlung folgt beispielsweise der Kompensationsdienstleister Klimakollekte. Atmosfair hingegen verwendet auf Empfehlung des Bundesumweltamts den Faktor drei, und myclimate nimmt den Faktor zwei für seinen Klimarechner.

Umweltverbände, Kompensationsdienstleister, Regierungen – sie alle multiplizieren CO_2-Flugemissionen mit einem RFI-Faktor. Nicht so die Luftfahrtbranche: Der Effekt sei wissenschaftlich nicht ausreichend belegt. Rückendeckung bekommt die Flugindustrie von großen Institutionen wie der Welttourismusorganisation (UNWTO) oder Verbänden wie der Internationalen Luftverkehrs-Vereinigung (IATA). Sie verlassen sich, was ihre CO_2-Emissionen angeht, lieber auf die deutlich niedrigeren Zahlen der International Civil Aviation Organization (ICAO) als auf die Zahlen des Weltklimarats. Als billiges Greenwashing bezeichnete Heinz Fuchs, Chef des Informationsdienstes Tourismus Watch, die Entscheidung der UNWTO für die Zahlen der ICAO. Internationale Umweltorganisationen und tourismuskritische Organisationen forderten die UNWTO bereits auf, die Klimaemissionen für den Flugverkehr so berechnen zu lassen, wie es nach neuesten wissenschaftlichen Erkenntnissen richtig gemacht werde – und nicht so, wie es der Luftfahrtbranche am besten passe.

Fazit: Bei der freiwilligen CO_2-Kompensation gibt es noch viel Luft nach oben. Vielen Verbrauchern ist das Thema noch nicht geläufig. Wer bereits davon gehört hat, versteht nicht notwendigerweise immer, worum es bei der im Detail komplexen Materie geht. Doch bei aller Kritik und moralischen Bedenken: Die Kompensation hat, richtig eingesetzt, auch ihre Vorteile. Das Freiburger Ökoinstitut sieht Klimakompensation »als *eine* mögliche (nachgelagerte) Maßnahme für Unternehmen und für Bürger, sich aktiv für den Klimaschutz zu engagieren«.

Vermeiden, optimieren, kompensieren

Der Preis für den Klimaschutz ist (noch) niedrig. Würde man die durchschnittlichen elf Tonnen CO_2, die jeder Deutsche pro Jahr produziert, bei atmosfair kompensieren, wären lediglich 253 Euro fällig – rund 21 Euro pro Monat. Das ist ein wahrer Schnäppchenpreis für den Klimaschutz, der obendrein bei gemeinnützigen Anbietern wie atmosfair, myclimate oder der Klimakollekte steuerlich absetzbar ist. Mehr als ein paar Klicks im Internet und eine Überweisung sind nicht notwendig. Schneller und effizienter kann man dem Klima nicht helfen – außer man fliegt nicht. Vermeiden ist in jedem Fall der beste Klimaschutz, und auch optimieren geht immer vor kompensieren, dem letzten Ausweg. Und falls kompensiert wird, sollte es sich um ein nachweislich zertifiziertes Projekt (z. B. mit CDM-Goldstandard, s. S. 94) handeln. Aber der freiwillige CO_2-Ausgleich greift schneller als andere Klimasparmaßnahmen. Mehrere Tonnen CO_2 (eine Tonne CO_2 entspricht rund 6 000 Kilometer Autofahren) einzusparen ist kurz- bis mittelfristig wohl niemandem möglich, klimabewusste Konsumentscheidungen reichen da nicht aus.

Welche Reiseveranstalter kompensieren?

Unter atmosfair.de/klimafreundliche_reiseveranstalter finden sich mehr als 30 Reiseveranstalter, die ihre Reisen ganz oder zum Teil kompensieren. Viele ohne ihnen sind Mitglieder des forum anders reisen (s. S. 219) oder mit dem TourCert-Siegel (s. S. 210) ausgezeichnet, wie etwa Viventura, Papaya Tours oder Hauser Exkursionen. Letzerer engagiert sich auch zusammen mit atmosfair in einem Kompensationsprojekt, dessen Erlöse den Opfern des Erdbebens in Nepal im Mai 2016 zugute kommen.

Die Nachfrage für freiwillige Zahlungen zur Kompensation von Treibhausgasemissionen ist noch niedrig, steigt aber weltweit – ein gutes Zeichen. Doch es braucht mehr. Die adelphi-Mitarbeiter Wolters und Becker fordern nicht nur eine transparentere Kommunikation beim Thema freiwillige Kompensation, sondern auch ein staatliches Gütesiegel. Ein solches könnte die Markttransparenz und die Akzeptanz verbessern. Da der Kompensationsmarkt stark international ausgerichtet ist und um

Synergieeffekte zu erzielen, sollte ein offizieller Standard aber über Ländergrenzen hinaus abgestimmt sein, so die Autoren.

Angesichts dessen, dass Treibhausgasemissionen um vier bis fünf Prozent pro Jahr zunehmen, wird dies aber ebenso wenig ausreichen wie Effizienzsteigerungen und der Einsatz von Agrotreibstoffe (s. S. 58). Reduktionsmaßnahmen im Sektor Luftverkehr sind daher unbedingt erforderlich, schreibt das Freiburger Ökoinstitut auf seiner Webseite oeko.de. Das Institut hat für das Bundesumweltministerium mit ACOS die Grundzüge eines weltweiten Kompensationssystems entworfen. Das Aviation Carbon Offset Scheme (ACOS) wäre weltweit anwendbar. Es berücksichtigt die spezifische Situation und jeweiligen Möglichkeiten einzelner Staaten und gibt direkte Anreize zur Emissionsreduktion im Flugverkehr.

Wie finden Sie das richtige Kompensationsangebot?

Die Deutsche Emissionshandelsstelle im Umweltbundesamt (DEHSt, dehst.de) gibt Tipps, wie man ein seriöses Kompensationsangebot findet. Einfach den Begriff »Factsheet Freiwillige Kompensation« in der Suchmaske eingeben.

Die freiwillige Kompensation wird eines Tages vielleicht überflüssig werden. Doch bis es einen funktionierenden internationalen Emissionshandel gibt, der alle Verschmutzer gleichermaßen einbezieht, werden noch Jahre vergehen. Dennoch: In nicht allzu ferner Zukunft werden wohl auch Fluglinien, Reedereien und Reiseveranstalter zur Kasse gebeten werden, wenn ihre Kunden fliegen oder an einer Kreuzfahrt teilnehmen und somit Treibhausgase erzeugen. Bis es so weit ist, sollten wir freiwillig kompensieren. Auch wenn bei den entsprechenden Dienstleistern nicht immer alles Gold ist, was im Standard glänzt: Jeder ist aufgefordert, seinen Beitrag zum Klimaschutz zu leisten.

Märkte, Standards, Zertifikate – freiwillige Kompensation im Überblick

Wer sich mit dem Thema freiwillige Kompensation beschäftigt, stellt schnell fest, dass es sich um eine schwierige Materie handelt, die den durchschnittlichen Verbraucher oftmals überfordert. Oder wissen Sie auf Anhieb, was es mit »VCS«, »Goldstandard« oder dem »Clean Development Mechanism« auf sich hat? Der nachfolgende Überblick soll ein wenig Licht in den Dschungel der Zertifikate, Standards und Anbieter bringen:

Markt Der Markt freiwilliger Kompensationszertifikate entwickelt sich dynamisch: Einer 2015 veröffentlichten Untersuchung des Umweltbundesamts zufolge wurden 2013 in Deutschland ca. 4,4 Millionen Tonnen CO_2-Äquivalente stillgelegt (s. S. 94), ein Plus von 33 Prozent gegenüber dem Vorjahr. Rund 80 Prozent der Zertifikate wurden von Unternehmen nachgefragt, nur 14 Prozent von Privatpersonen. Der kleine Rest verteilte sich auf Kommunen, Stiftungen, NGO's, Forschung und Kirchen.

Anbieter Freiwillige Kompensationszertifikate kann man über gewinnorientierte oder gemeinnützige Anbieter erwerben. Letztere besaßen 2013 einen Marktanteil von 15 Prozent am stillgelegten Volumen, also an kompensierten Zertifikaten. Dieser niedrige Wert steht den Ergebnissen einer Umfrage des Umweltbundesamts entgegen, in der sich rund 60 Prozent der Nachfrager freiwilliger Zertifikate für gemeinnützige Anbieter aussprechen.

GEMEINNÜTZIGE ANBIETER Zu den bekanntesten gemeinnützigen Anbietern im deutschsprachigen Raum gehören atmosfair (atmosfair.de) und myclimate (myclimate.org). Sie belegen bei unabhängigen Untersuchungen regelmäßig Spitzenplätze. Beide Organisationen nutzen für ihre Projekte den anspruchsvollen Goldstandard (s. u.). Die Projektstandards finden sich unter atmosfair.de/projektstandards bzw. myclimate.org/de/klimaschutzprojekte. Sie unterscheiden sich sowohl beim Preis für die Tonne CO_2 (s. Grafik S. 83) als auch bei der Berechnungsgrundlage für Flugemissionen. Die Anfang 2011 von kirchlichen Organisationen gegründete Klimakollekte (klima-kollekte.de) unterstützt Klimaschutzprojekte kirchlicher Organisationen oder ihrer Partner in Indien (Biogas, Solarlampen, energiesparende Kochherde), Nicaragua und Südafrika (jeweils energiesparende Kochherde). Nach eigenen Angaben konnten 2015 über die Klimakollekte rund 16 500 Tonnen CO_2 eingespart werden.

KOMMERZIELLE ANBIETER In einer Untersuchung von Kompensationsanbietern der FH Eberswalde hatten sieben von 15 Dienstleistern eine kommerzielle Ausrichtung. Im Vergleich schnitten die Anbieter Arktik (gut), PrimaKlima-weltweit (akzeptabel) und Climate Company (akzeptabel) am besten ab. Mit mangelhaft wurden Climate Austria, co_2mpense und Waldaktie Mecklenburg-Vorpommern bewertet. Die drei Anbieter First Climate (gut), Climate Partner (akzeptabel) und Future Camp Climate (akzeptabel) arbeiten ausschließlich mit Unternehmen.

Geschäftsmodelle Die meisten Anbieter verkaufen Emissionsgutschriften aus eigenen Projekten. Es gibt aber auch Anbieter, die Zertifikate nur vermittelt oder beratend verkaufen oder als Intermediäre auftreten. Eine klare Abgrenzung lässt sich dabei immer weniger ziehen, da sich die unterschiedlichen Geschäftsmodelle auf dem deutschen Markt immer mehr mischen.

CLEAN DEVELOPMENT MECHANISM (CDM) Mithilfe des »Mechanismus zur umweltgerechten Entwicklung« können Industrieländer, aber auch Unternehmen Klimaschutzprojekte in Entwicklungsländern durchführen oder finanzieren. Damit erfüllen die Staaten ihre im Rahmen des Kyoto-Protokolls (s. S. 46) eingegangenen Verpflichtungen zur Emissionsminderung. Ein weiteres Ziel des CDM ist die nachhaltige Entwicklung in den Gastgeberländern. Für die erfolgreiche Ausführung von CDM-Projekten gibt der in Bonn angesiedelte CDM-Exekutivrat (CDM Executive Board) entsprechende Gutschriften aus, sogenannte Certified Emission Reductions (CER). Seit 2013 sind nur noch Projekte in den am wenigsten entwickelten Ländern der Erde (LDCs) zulässig. CDM-Projekte können auch für die freiwillige Kompensation verwendet werden.

STAATLICHE ZERTIFIKATE Der Handel mit CO_2-Zertifikaten findet zum einen auf staatlicher Ebene statt. Auf sogenannten Verpflichtungsmärkten werden Certified Emission Reductions (CERs) über Börsen gehandelt (z. B. in Deutschland über die Energiebörse European Energy Exchange (EEX) in Leipzig. Das sind Zertifikate, die im Rahmen des Kyoto-Protokolls vom Executive Board des Clean Development Mechanism (CDM) ausgegeben werden. CERs können zum anderen auch auf dem freiwilligen Markt gehandelt werden (s. u.). So kann jeder beispielsweise über den Verein The Compensators (thecompensators.org) Emissionszertifikate aus dem EU-Emissionshandel kaufen. Diese werden dann unwiderruflich gelöscht.

FREIWILLIGE ZERTIFIKATE Sie werden auf dem freiwilligen Markt und somit außerbörslich gehandelt – meist über einen Kompensationsdienstleister. Anders als bei staatlichen Zertifikaten gibt es bei der freiwilligen Kompensation kein zentrales Anerkennungsverfahren und keinen einheitlichen, verbindlichen Standard. Daher sollten CO_2-Zertifikate von anerkannten Institutionen wie VCS, Goldstandard, BUND, CarbonFix, CCB Standards oder DFG-Energy zertifiziert sein. Dies garantiert, dass die Zertifikate klimawirksam sind, nicht mehrfach verkauft und dauerhaft stillgelegt werden (s. u.).

VERIFIED CARBON STANDARD (VCS, v-c-s.org) Diese reinen VCS-Zertifikate stellen mit 40 Prozent Marktanteil den wichtigsten Standard auf dem deutschen Markt dar. Er wurde 2005 von der Climate Group, der International Emissions Trading Association (IETA) und dem World Economic Forum etabliert. Neben dem Klimaschutz müssen VCS-Projekte zusätzliche Kriterien wie etwa soziale Komponenten berücksichtigen.

GOLDSTANDARD (goldstandard.org) Der höchste Qualitätsstandard bei Kompensationsprojekten wurde von der Umweltorganisation WWF unter Mitwirkung des Bundesumweltministeriums entwickelt. Besonders in Entwicklungsländern ist es erklärtes Ziel, neben der Vermeidung von CO_2 auch zur nachhaltigen ökologischen und sozialen Entwicklung im Projektumfeld beizutragen. Ab 2016 kooperiert der Goldstandard diesbezüglich beispielsweise mit der Fairhandels-Initiative Fairtrade International (fairtrade-deutschland.de) und zertifiziert die *Fairtrade Carbon Credits* (FCCS). Mit dem Goldstandard können auch Klimaschutzprojekte zertifiziert werden, deren Zertifikate auf Verpflichtungsmärkten gehandelt werden. Obwohl der Gold Standard in Befragungen am besten abschneidet, entsprach 2013 in Deutschland nur jeder fünfte Zertifikatetyp diesem Standard.

Preise In einer Marktanalyse des Umweltbundesamts schwankte das Preisniveau für freiwillige Emissionszertifikate von 40 Cent bis zu 50 Euro pro Tonne CO_2. Der Preisunterschied resultiert überwiegend aus dem genutzten Qualitätsstandard und Projektparametern wie Technologie, Projektgröße oder Land. CERs und VCS-Zertifikate sind am günstigsten, Projekte mit Goldstandard teurer. Laut Analyse sind »hochqualitative Zertifikate (z. B. ausgestattet mit Zusatzstandards) schon für etwa fünf Euro pro Tonne CO_2 verfügbar«.

Stilllegung von Zertifikaten Mit jedem Zertifikat kann die ausgewiesene Menge CO_2 nur einmal ausgeglichen werden. Die endgültige Stilllegung von CO_2-Zertifikaten wird in offiziellen Registern dokumentiert (nachprüfbar unter markit.com). Ein stillgelegtes Zertifikat kann kein weiteres Mal gekauft oder gehandelt werden.

2.3 Menschen

Wer den Begriff »Tourismus« im Zusammenhang mit dem Terminus »Menschenrechte« hört, wundert sich zumeist. Ist der Tourismus nicht etwa eine saubere Branche, die viele direkte und indirekte Arbeitsplätze schafft, zum Erhalt traditioneller Kulturen beiträgt, Naturschutzgebiete unterhält, einen Beitrag zur Erschließung wirtschaftsschwacher Gebiete leistet, in vielen Ländern auch Frauen den Zugang zum Arbeitsmarkt ermöglicht und gerade in ärmeren Länder hilft, die allgemeine Infrastruktur zu verbessern?

All diese vordergründig positiven Effekte werden oftmals erzielt. Aber eben nicht nur. Denn im Tourismus werden Menschen auch benachteiligt, ausgebeutet und diskriminiert. Neben den direkt im Tourismus Beschäftigten werden auch Menschenrechte (s. S. 107) von Personen verletzt, die gar nicht am Tourismus teilhaben oder von ihm profitieren: Militärs in Sri Lanka vertreiben Fischer und ihre Familien für den Bau von Ferienanlagen von ihrem Grund und Boden (s. S. 116). Die Regierung von Botswana untersagt den Buschmännern das Jagen auf ihrem angestammten Land (s. S. 114). Kinder werden auf den Phillipinen von Touristen sexuell missbraucht (s. S. 126). Die Erderwärmung hat direkte Auswirkungen auf die Küstenbewohner von Urlaubsinseln (s. S. 43). Touristische Einrichtungen bekommen Vorrang bei der Wasserverteilung (s. S. 167). Aber auch wenn nepalesische Arbeiter ausgebeutet werden, die touristische Einrichtungen in den Golfstaaten bauen, Angestellte auf Kreuzfahrtschiffen sich nicht gewerkschaftlich organisieren dürfen und der gesetzlich vorgeschriebene Mindestlohn in Deutschland umgangen wird, werden Menschenrechte verletzt.

Das Thema Menschenrechte im Tourismus ist bei Reiseveranstaltern, Verbänden und Regierungen angekommen. Bis es zu großflächigen, tief greifenden Veränderungen kommt, ist aber noch viel zu tun.

Touristischer Größenwahn in Honduras

Als Kolumbus während seiner vierten Reise am 14. August 1502 im heutigen Honduras in der Bucht von Trujillo zum ersten Mal Fuß auf das amerikanische Festland setzte, konnte er nicht ahnen, was sich hier mehr als 500 Jahre später abspielen würde. Verwundert hätte der Eroberer auf die Pläne des kanadischen Investors Randy Jorgensen geschaut, der in dem beschaulichen Ort ein touristisches Großprojekt verwirklicht. Herzstück der 30-Millionen-Dollar-Investition ist neben Ferienwohnungen für betuchte Nordamerikaner, großzügigen Parkanlagen und einem Wildgehege ein Kreuzfahrtterminal – das erste an der Karibikküste von Honduras (zwei weitere befinden sich auf der zu Honduras gehörenden Karibikinsel Roatán).

Im Februar 2014 legte das erste Kreuzfahrtschiff am Banana-Coast-Terminal an. In Zukunft sollen es dann Hunderttausende Touristen jährlich sein, die Trujillo besuchen, hofft Jorgensen. Denjenigen, die während ihres Stopovers an Land gehen, sollen die natürlichen und kulturellen Schönheiten der Region nähergebracht werden. Zu den kulturellen Highlights zählten hierbei das Essen und Brauchtum der Garifuna, einer afrokaribischen Volksgruppe, die seit mehr als zweihundert Jahren verstreut in vielen kleinen Dörfern an den Küsten von Honduras, Guatemala, Belize und Nicaragua lebt.

Doch gerade die Garifuna sehen dem Megaprojekt mit wenig Begeisterung entgegen. Die Mehrheit traut den vagen Versprechen von Jobs und Wohlstand für alle nicht. »Erfahrungen mit ähnlichen Großprojekten in Mexiko oder der Dominikanischen Republik haben gezeigt, dass die lokale Bevölkerung nur sehr wenig profitiert«, sagt Lenín Gonzales von der Garifuna-Organisation Ofraneh. Direkte Erfahrungen mit dem neuen Projekt konnte bereits das Stadtviertel Río Negro machen. Es wird überwiegend von Garifuna bewohnt und ist inzwischen zur Hälfte verschwunden. Wo einst einige einfache Häuser am Strand und im sumpfigen Umland standen, befindet sich nun eine moderne Hafencity auf einer Fläche von 15 000 Quadratmetern, umgeben von einem hohen Maschendrahtzaun.

Aus dem Verkauf ihres Landes haben die Bewohner von Río Negro wenig Nutzen gezogen. »Die meisten haben unter Wert verkauft und wurden über den Tisch gezogen«, sagt der Leiter des Katasteramts von Trujillo, Edilberto Cuevas Bustillo. Grund war unter anderem die schlechte Informationspolitik der Firma Life Vision Properties, die das Projekts Banana Coast managt, was auch von den Vertretern des städtischen Tourismusbüros bestätigt wird. Wer sich weigerte zu verkaufen, wurde mehr oder weniger sanft gezwungen.

Das gibt sogar Investor Randy Jorgensen ganz offen zu: »Wir brauchten das Land und haben eine Frau, die nicht verkaufen wollte, unter Druck gesetzt.« Das geschah mithilfe einer eigens aus der Hauptstadt Tegucigalpa angereisten Regierungskommission, denn die honduranische Regierung hatte das Projekt Banana Coast zur Chefsache erklärt. Selbst der damalige Staatspräsident Porfirio Lobo, 2009 unter Putschbedingungen an die Macht gekommen, war schon vor Ort.

Investor Jorgensen, der in Kanada mit Sexvideoshops zu Geld gekommen ist, preist sein Unternehmen in den höchsten Tönen. »Meiner Vision zufolge wird wertloses Sumpfland in produktives Kapital verwandelt«, so der Unternehmer. Geht es nach ihm, werden in wenigen Jahren Hunderttausende von Touristen und zahlreiche ausländische Hausbesitzer für einen Entwicklungsschub ohnegleichen sorgen, von dem unweigerlich auch die Bevölkerung profitieren wird. Gleichzeitig schränkt er ein: »Ich verspreche nichts, ich biete Möglichkeiten. Aber alle, die mitmachen, werden Erfolg haben.«

Doch wie auch schon in anderen Regionen der Welt geschehen, wird es für die meisten Bewohner Trujillos wohl nur Reste zu verteilen geben. Das nachhaltige Funktionieren des so oft beschworenen »Sickereffekts«, dem zufolge der Tourismus helfen soll, die Armut durch Umverteilung von oben nach unten zu beseitigen, konnte bislang nicht nachgewiesen werden. Die größten Stücke des Kuchens teilen sich die Besitzer des Kreuzfahrtterminals, die Kreuzfahrtreedereien, die Pächter der exklusiven Geschäfte im Terminalbereich und die Tourveranstalter, die mehrere Hundert Touristen auf einmal logistisch betreuen können. »Ich werde mir kein Geschäft im Kreuzfahrtterminal leisten können«, sagt Leysia Lopez, die das kleine Restaurant Maryacrys im Viertel Río Negro führt. Das ist auch gar nicht gewünscht. Laut Investor Jorgensen sind die Flächen im Kreuzfahrtterminal für zahlungskräftige, internationale Ketten vorgesehen.

Auch was die Vision von dauerhaften Arbeitsplätzen betrifft, gaukelt das Projekt mehr Schein als Sein vor. Aufgrund der prekären Arbeitsmarktlage der Region ist es Jorgensen ein Leichtes, billige Arbeitskräfte anzuwerben, fast ausschließlich über Subunternehmen. Samuel Lopez, der zum Wachpersonal des Büros gehört, arbeitet montags bis freitags 12 Stunden pro Tag. Dafür erhält er gerade einmal 4000 Lempira monatlich, etwa 160 Euro – ohne Vertrag oder Sozialleistungen. Der gesetzliche Mindestlohn liegt in Honduras bei etwa 300 Euro.

Auch die möglichen ökologischen Auswirkungen des Großprojekts lassen manche Bewohner Trujillos nicht ruhig schlafen. Für den Bau des Piers, der laut Jorgensen 500 Meter ins Meer hineinreichen soll, müssen rund 800000 Kubikmeter Sand abgesaugt werden. »Wir wissen nicht, wie sich das auf die Sedimentation des Strandgebiets auswirkt«, sagt Lenín Lopéz von der Garifuna-Organisation Ofraneh. Auch Edilberto Cuevas Bustillo, Leiter des Katasteramts von Trujillo, ist skeptisch: »Der große Touristenstrom wird einen zunehmenden ökologischen Druck auf die Region erzeugen.« Zumindest auf die Frage, was mit dem ganzen ausgebaggerten Sand geschehen soll, hat Investor Jorgensen eine Antwort, die wunderbar zu seinen Megaplänen passt: »Den Sand nehmen wir, um das Gelände für den neuen internationalen Flughafen aufzuschütten.« Dieser soll in zehn bis 15 Jahren einige Kilometer außerhalb der Stadt in einem Sumpfgebiet entstehen. Dann dürfte es endgültig vorbei sein mit der Ruhe in Trujillo.

Jobs im Tourismus – lange arbeiten, wenig verdienen

Der Tourismus gilt – besonders in Entwicklungsländern – als Jobmotor. Nach Angaben der Welttourismusorganisation UNWTO sind weltweit rund 284 Millionen Menschen im Tourismus beschäftigt – das ist etwa jeder elfte Arbeitnehmer. Hinzu kommt, dass ein Arbeitsplatz im Tourismus 1,5 weitere Jobs schafft – ob als Landwirt oder Fischer, der Restaurants mit Lebensmitteln beliefert, ob als Putzkraft, die Hotelwäsche wäscht, als Bauarbeiter oder als (Kunst)Handwerker, die Teppiche, Bilder oder die Möbel für die Inneneinrichtung der Hotels liefern.

Wie kaum eine andere Branche ist der Tourismus geprägt von Dienstleistung und vielen dienstbaren Geistern. Ohne Köche, Tellerwäscher, Bedienungspersonal oder Zimmermädchen würde kein Kreuzfahrtschiff ablegen, kein Hotel funktionieren. Ohne Träger (s. S. 180) würde nur ein Bruchteil der Menschen den Kilimandscharo besteigen oder auf den Treks in Nepal wandern können. Ohne Busfahrer und Reiseleiter (s. S. 294) würde man viele versteckte Naturschönheiten gar nicht finden und ohne Dschungelführer viele Tiere nicht sehen und erst recht nicht den Rückweg zur Lodge finden.

Doch faire Arbeitsbedingungen sucht man nicht selten vergebens. Das Modell globaler Tourismus funktioniert vordergründig auch deswegen so gut, weil es – wie auch beispielsweise im Textilsektor, der Computerbranche oder der Lebensmittelproduktion – ein gewaltiges Lohngefälle zwischen den Nationen gibt. Ohne Niedriglöhne im Gastland und Billigflüge dorthin könnten sich die meisten von uns gar keine

Fernreisen oder Kreuzfahrten leisten. Selbst in den Industrienationen gehören Service- und Reinigungsjobs im Tourismus zu den am schlechtesten bezahlten Tätigkeiten. Hinzu kommt, dass diese Jobs zunehmend ausgelagert werden.

»Ursprünglich griffen Hotels auf die Mitarbeiter von Zeit- und Leiharbeitsfirmen als ›Puffer‹ zurück, um den Arbeitskräftebedarf der schwankenden Nachfrage anzupassen«, sagte Neill Wilkins vom britischen Institut für Menschenrechte und Wirtschaft im Dezember 2015 in einem Interview von Tourism Watch. Heute sei das Outsourcing-Modell, bei dem ganze Betriebsbereiche, wie zum Beispiel das Housekeeping, an Subunternehmen ausgelagert werden, in vielen Betrieben üblich geworden. Das hat sich oftmals negativ auf die Arbeitsbedingungen und den Lohn der Leiharbeiterinnen und Leiharbeiter ausgewirkt, an die der Preisdruck von oben weitergegeben wird. Aber auch Hotels gingen große betriebliche und imagebezogene Risiken ein, sie könnten mit Kriminalität zu tun haben und rechtliche Probleme bekommen, so Wilkins.

Der Tourismus schafft nicht nur Jobs, er ruiniert sie vielerorts auch. Bereits 2002 warnte Dante, die Arbeitsgemeinschaft für Nachhaltige Tourismusentwicklung (www.dante-tourismus.org), dass »der Tourismus nicht nur Arbeit schafft, sondern auch Arbeitsplätze in traditionellen Erwerbszweigen wie der Fischerei oder der Landwirtschaft vernichtet«. Für eine ausgewogene Betrachtungsweise müssen den hohen Jobzahlen im Tourismus daher auch die Verluste an Beschäftigung gegenübergestellt werden. Diesen Effekt berücksichtigt die Welttourismusorganisation (UNWTO) bislang nicht.

Der Tourismus ist eine personalintensive Branche. Intensiv ist oftmals auch die Arbeitsbelastung, lange Arbeitszeiten inklusive – besonders während der Saison. Kaum ein Tourist wundert sich darüber, dass derselbe Kellner ihm morgens das Frühstück serviert, mittags am Büfett steht und abends den Cocktail in der Strandbar des Hotels kredenzt. Für seinen in der Branche nicht unüblichen Zehn- bis Zwölfstundentag erhält er einige wenige Euro – und etwas Trinkgeld.

Lange arbeiten, wenig verdienen – das ist normal in einer Branche, die zwar viele Jobs, aber nur wenig qualifizierte Tätigkeiten schafft. Das gilt für Entwicklungsländer und Industrieländer gleichermaßen. Auch in Deutschland, Österreich oder der Schweiz bekommen Kellner, Zimmermädchen und Hilfspersonal oftmals Löhne, die kaum über Sozialhilfeniveau liegen. An der Spitze der Pyramide wird dafür ordentlich Kasse gemacht. Für den vierthöchsten Jahreslohn in Großbritannien, den TUI-Co-Vorstandschef Chef Peter Long 2014 mit umgerechnet 19 Millionen

Euro erhielt, müsste eine Raumpflegerin in der Türkei 5250 Jahre lang arbeiten, war 2015 auf der tourismuskritischen Internetplattform fair unterwegs zu lesen.

Harte Zeiten für Reinigungspersonal

Ob in London, Berlin, Mallorca oder in der Türkei: Das Reinigungspersonal von Hotels hat es überall schwer. Einem im Oktober 2015 veröffentlichten Bericht der schwedischen Organisation Swedwatch zufolge herrschen in Hotels in Dubai katastrophale Arbeitsbedingungen: Darin ist von zurückbehaltenen Pässen, Zwölfstundentagen ohne Pausen oder unbezahlten Überstunden die Rede. Angestellte, überwiegend Arbeitsmigranten aus asiatischen Ländern, reinigen bis zu 30 Zimmer pro Tag für monatlich rund 200 Euro, heißt es im Bericht.

Von unhaltbaren Zuständen in englischen Hotels berichtete die Tageszeitung The Guardian: Die Raumpflegerinnen, die überwiegend aus osteuropäischen Ländern stammen, müssen bis zu 25 Zimmer pro Tag reinigen. Dafür erhalten sie pro Zimmer umgerechnet zwischen 3,20 und 5,20 Euro, bei einer Kette sogar nur 3 Euro. Der Zeitdruck ist enorm, Pausen so gut wie unmöglich. Die Frauen werden zur Schnelligkeit angetrieben, müssen aber oft – unbezahlt – stundenlang warten, bis ihnen Zimmer zugeteilt oder von den Gästen geräumt werden. Berechnungen zufolge beträgt der Umsatz pro Zimmer in Londoner Hotels dagegen umgerechnet rund 170 Euro pro Übernachtung, so der Guardian. Im Mai 2015 protestierten die Raumpflegerinnen und Raumpfleger gegen die schlechten Arbeitsbedingungen. Es war der erste Streik seit 15 Jahren. Gewerkschaften haben traditionell einen schweren Stand im britischen Hotelgewerbe. Der Organisationsgrad liege gerade mal bei einem Prozent. Seit 1980 sei kein Tarifvertrag mehr abgeschlossen worden, so fair unterwegs.

In Deutschland wird selbst der nicht allzu üppige Mindestlohn von 8,50 Euro pro Stunde im Hotel- und Gaststättengewerbe gerne umgangen (s. S. 220). In einem Bericht, der die Auswirkungen der Globalisierung auf den touristischen Arbeitsmarkt beschreibt, stellt die Internationale Arbeitsorganisation (ILO) fest, dass die Löhne im Tourismus um durchschnittlich 20 Prozent niedriger liegen als in anderen Branchen. Davon betroffen sind meist Frauen, die etwa 60 Prozent der Beschäftigten im Tourismus stellen, heißt es in der Studie *Alles, was Recht ist – Menschenrechte und Tourismus* von Brot für die Welt/EED. Den Unterschied machen vielerorts das Trinkgeld (s. S. 293) oder Nebentätigkeiten wie die Vermittlung von Ausflügen. Beides ist kein offizieller

Lohnbestandteil, wird von Arbeitgebern aber gerne als solcher betrachtet. Die Aufstiegschancen im Tourismus sind begrenzt, besonders in Entwicklungsländern. Dort werden Führungspositionen meist extern besetzt. Qualifizierungs- und Aufstiegsmöglichkeiten der Angestellten sind ebenso wie soziale Absicherung besonders in südlichen Reisezielen außerhalb Europas weitestgehend unbekannt.

Schuften statt Schule

Auch Kinderarbeit (s. Kasten S. 102) ist im Tourismus immer noch verbreitet. Leider liefern weder der *World Report on Child Labour 2015* der Internationalen Arbeitsorganisation (ILO) noch der 2013 veröffentlichte Bericht *Child Labour and Tourism* des International Centre for Responsible Tourism aktuelle Zahlen. Die Berichte berufen sich weiterhin auf ILO-Zahlen aus den 1990er-Jahren, nach denen weltweit 13 bis 19 Millionen Kinder und Jugendliche unter 18 Jahren im Tourismus beschäftigt sind – unter anderem als Gepäckträger, Blumenmädchen, Servier- und Reinigungspersonal oder als selbst ernannte Guides. Mehrere Millionen dieser Kinder und Jugendlichen arbeiten in der Sexindustrie (s. S. 122), andere werden zu professionellen Bettlern ausgebildet. In Peru beispielsweise vermieten Mütter ihre Kinder für drei bis vier Euro pro Tag an gut organisierte Bettlerbanden. Tourism Watch geht davon aus, dass heute mehr Kinder als damals im Tourismus arbeiten, da die damalige Schätzung die hohe Anzahl der Kinder im informellen Sektor nicht mitberücksichtigt habe. Unbestritten sei der gefährliche Charakter von Kinderarbeit im Tourismus, der sich durch fehlenden sozialen Schutz, lange Arbeitsstunden und den Umgang mit gesundheitsgefährdenden Substanzen wie beispielsweise Reinigungsmitteln charakterisiere.

Jeder zweite Beschäftigte im Tourismus ist laut ILO unter 25 Jahren alt, darunter auch viele Kinder und Minderjährige, die ihre Familien unterstützen. »Solange die Mithilfe in einem Familienbetrieb die Schulpflicht, den Schulbesuch und den Schulerfolg nicht beeinträchtigt, ist das für uns akzeptabel«, sagt ILO-Kinderrechtsexperte Simon Steyne. Dies gelte aber nicht, wenn Kinder nachts oder körperlich schwer arbeiten. Ausschlaggebend ist allerdings nicht nur, wann oder wie lange ein Minderjähriger im Tourismus arbeitet, sondern auch was er macht: So kaufen Touristen beispielsweise gerne Teppiche, Stoffe und Kleidung. Hergestellt werden diese häufig von Kindern und Jugendlichen. »Wer ständig über die Webstühle gebückt in dunklen Räumen hockt, wird krank«, sagt Steyne. »Die Körper von Kindern sind empfindlicher als die von Erwachsenen, Gefahren am Arbeitsplatz treffen sie schwerer. Hinzu kommt, dass sich Kinder dieser Gefahren oftmals weniger bewusst sind.«

Kinderarbeit – ein globales Problem

Weltweit arbeiten 168 Millionen Kinder, heißt es im *World Labour Report 2015* der Internationalen Arbeitsorganisation ILO. Etwa die Hälfte von ihnen leidet unter menschenunwürdigen Arbeitsbedingungen. 5,5 Millionen arbeitet sogar in sklavenähnlichen Verhältnissen. 59 Prozent der Kinder sind in der Landwirtschaft, 25 Prozent im Dienstleistungssektor (darunter Tourismus) und je 8 Prozent in Haushalten und der herstellenden Industrie beschäftigt. In vielen Fällen werden sowohl die UN-Kinderrechtskonvention sowie die ILO-Konvention 182 gegen die schlimmsten Formen der Kinderarbeit verletzt. Die ILO etwa verlangt für eine Vollbeschäftigung ein Mindestalter von 15 Jahren (in Entwicklungsländern teilweise 14 Jahren). »Kinderarbeit verhindert, dass Erwachsene Arbeit finden und ihnen akzeptable Löhne gezahlt werden. Die Erfahrung zeigt, dass Kinderarbeit dort am seltensten ist, wo freie Gewerkschaften bestehen und die Kernarbeitsnormen eingehalten werden«, heißt es in der Tourism-Watch-Studie *Alles, was Recht ist – Menschenrechte und Tourismus.*

Schlechte Arbeitsbedingungen, niedrige Löhne, lange Arbeitsstunden – trotz aller Widrigkeiten sind Jobs in der Tourismusindustrie vor allem in Schwellen- und Entwicklungsländern, aber auch auf Kreuzfahrtschiffen (s. S. 103) begehrt. Denn ein schlecht bezahlter Job ist besser als keiner. Kaum ein Arbeiter wehrt sich oder tritt einer Gewerkschaft bei. Zu groß ist das Risiko, erneut auf der Straße zu stehen. Das weiß auch die Branche, die auf ein schier unerschöpfliches Reservoir an Hilfskräften zurückgreifen kann. Warum also unnötig Löhne erhöhen und Arbeitsbedingungen verbessern? Wie auch in anderen Branchen – etwa der Elektronik- oder Textilindustrie – wird auch im Tourismus deutlich, dass die gezahlten Mindestlöhne für ein menschenwürdiges Leben nicht ausreichen. Gewerkschaften und NGOs fordern daher existenzsichernde Löhne, deren Niveau oftmals deutlich über dem Mindestlohn liegt.

Die ILO-Kernarbeitsnormen

Neben der Allgemeinen Erklärung der Menschenrechte von 1948, in der auch Sozialrechte festgeschrieben sind, bilden die Kernarbeitsnormen der Internationalen Arbeitsorganisation (ILO, www.ilo.org) die wichtigste Grundlage für die Garantie sozialer Rechte.

- Vereinigungsfreiheit und Recht auf Kollektivverhandlungen
- das Verbot von Zwangsarbeit
- das Verbot von Kinderarbeit
- das Verbot von Diskriminierung jeglicher Art in Beschäftigung und Beruf
- angemessene Löhne

Obwohl bislang 138 Staaten die ILO-Kernarbeitsnormen ratifiziert haben, hält sich ein Großteil der Unternehmen nicht an die Normen. Selbst Konzerne, die einen freiwilligen Verhaltenskodex entwickelt haben, der sich an den sozialen Mindeststandards der ILO orientiert, lassen nur selten von unabhängigen Inspektoren überprüfen, ob die Standards auch eingehalten werden. Die ILO verfügt über keine Mittel, die eigenen Standards durchzusetzen oder Regelbrüche zu sanktionieren.

Eine Seefahrt ist nicht (immer) lustig – Arbeitsbedingungen auf Kreuzfahrtschiffen

Während die Passagiere am Pool liegen oder sich am Büfett bedienen, läuft unter Deck rund um die Uhr eine personalintensive Versorgungsmaschinerie. Zimmer werden gereinigt, Geschirr gespült, Maschinen repariert, Essen zu- und Veranstaltungen vorbereitet. Hunderte, manchmal Tausende dienstbare – oft unsichtbare – »gute Geister« sorgen für den reibungslosen Ablauf und unbeschwerte Stunden an Bord. Auf den größten Kreuzfahrtschiffen wie der *Oasis of the Seas* oder der *Allure of the Seas* versorgt eine Besatzung von 2 165 Frauen und Männern rund 5 400 Seefahrttouristen. Auf der *AIDAstella* kümmert sich eine Crew von rund 600 Angestellten um das Wohl von maximal 2.700 Passagieren, und auf dem Mitte 2015 eingeweihten TUI-Dampfer *Mein Schiff 4* sind es 1 000 Männer und Frauen, die rund 2 500 Gäste umsorgen. Unter welchen Bedingungen unter Deck gearbeitet wird, davon bekommen die Touristen an Bord wenig bis gar nichts mit.

Der überwiegende Teil der Crewmitglieder arbeitet im Hotel- und Restaurantbereich. Grobe Faustregel für den Verdienst: Angestellte im Service und Schiffsbetrieb verdienen besser als einfache Arbeiter unter Deck. Es herrscht eine Zwei-Klassen-Gesellschaft. Während auf AIDA-Schiffen nach Angaben der Reederei beispielsweise 88 Prozent der Offiziere aus der EU stammen (die restlichen zwölf Prozent von den Philippinen), kommen nur noch 28 Prozent der Crewmitglieder aus EU-Ländern. Der Rest kommt von den Philippinen (50 Prozent), Indien und Indonesien (je 10 Prozent) sowie anderen Nationen (2 Prozent). Gewerkschaftliche Organisation macht das bunte Völkergemisch schwierig bis unmöglich. Gewerkschaften sind an Bord ohnehin unerwünscht. Nicht alle Crewmitglieder können sich an Festverträgen und Sozialleistungen erfreuen, sondern müssen mit mehrmonatigen Saisonverträgen vorliebnehmen. Die Arbeit an Bord ist hart und lang, eine 40-Stunden-Woche unbekannt. Bei einer 7-Tage-Woche mit wenigen Ruhepausen erwartet das Küchenpersonal, die Kellner, Stewards und Zimmermädchen auch schon mal eine Arbeitszeit von zwölf Stunden und mehr pro Tag. Überstunden werden in der Regel nicht bezahlt. Das Trinkgeld (s. S. 293) – offiziell ohnehin kein fester Lohnbestandteil – variiert je nach Auslastung der Schiffe und der Arbeitsposition.

Die Arbeiter unter Deck sind oft wochenlang überwiegend künstlichem Licht und Klimaanlagen ausgesetzt. Untergebracht sind die Crewmitglieder meist in engen Mehrbettkabinen, die sich Menschen unterschiedlicher Nationalitäten teilen. Je geringer der Lohn, desto einfacher die Unterkunft. »Geld verdient die Reederei mit Passagierkabinen, für die Crew bleiben nur die Bereiche im Schiff, die ohnehin kaum zu verkaufen wären«, schreibt das Nachrichtenmagazin Der Spiegel.

Bei neuen und größeren Schiffen ist die Aussicht auf mehr Platz fürs Personal ein wenig besser – sogar Einzelkabinen gibt es auf einigen Schiffen. Denn der Personalbedarf in der Wachstumsbranche Kreuzfahrt ist enorm. Wer qualifiziertes Personal halten möchte, muss mehr Komfort und mehr Privatsphäre bieten. Allein die Reederei MSC Cruises benötige für ihr Flottenwachstum bis 2022 nach eigenen Angaben rund 26 000 zusätzliche Crewmitglieder, so der Spiegel.

Lange Arbeitstage, wenig Schlaf, enge Kabinen: All dies ertragen Crewmitglieder für Bruttogehälter, die für einfache Tätigkeiten bei wenigen Hundert Euro im Monat und bei Stundenlöhnen – unbezahlte Überstunden eingerechnet – von unter fünf Euro liegen. In seinem Vortrag im Hamburger Rathaus auf Einladung der Linken-Fraktion im August 2015 (s. a. S. 79) präsentierte der ehemalige AIDA-Kapitän Wolfgang Gregor eine Tarifliste der AIDA-Reederei: Der Aufstellung zufolge verdient ein Kabinensteward bei einem Stundenlohn von lediglich 1,28 US-Dollar (etwa 1,14 Euro und 13,4 Prozent des deutschen Mindestlohns) inklusive Urlaubsgeld und Zulagen monatlich 660 US-Dollar. Der Branchenverband Cruise Lines International Association (Clia) widersprach der Darstellung Gregors umgehend. Laut Helge Grammerstorf, Geschäftsführer von Clia Deutschland, hätten die Mitarbeiter in diesen Positionen verschiedene Möglichkeiten, ihren Lohn durch andere Tätigkeiten zu erhöhen. Damit kämen sie auf einen Lohn von mehr als 1 000 Euro pro Monat. Diesen Betrag verdiente die Journalistin Melissa Monteiro als Kellnerin auf einem Kreuzfahrtschiff während der Recherchen für ihren Dokumentarfilm *Kreuzfahrt undercover*. »Ich habe sieben Tage die Woche gearbeitet, 12 bis 14 Stunden täglich. Macht etwa 2,50 Euro die Stunde. Beim Servicepersonal ist das einer der bestbezahlten Jobs an Bord«, sagte Monteiro in einem Interview der Tageszeitung taz (s. S. 310). Der Lohn variiert von Job zu Job und Schiff zu Schiff. Allen einfachen Servicejobs gemein ist, dass die Crew sehr lange für relativ wenig Geld arbeitet.

Und trotzdem sind Jobs auf Kreuzfahrtschiffen heiß begehrt. Der Grund: In den Heimatländern vieler Crewmitglieder sind die Lebensbedingungen und Einkünfte noch viel schlechter. So müssen auf den Philippinnen, von denen einem Spiegel-Artikel zufolge inzwischen jedes dritte der weltweit rund 250 000 Crewmitglieder auf Kreuzfahrtschiffen stammt, rund 60 Prozent der Menschen täglich mit zwei US-Dollar oder weniger auskommen. Da erscheint ein 660-Dollar-Job auf einem Kreuzfahrtschiff mehr als nur eine Alternative – auch wenn der Lohn weit unter dem deutschen Mindestlohn von 8,50 Euro liegt, unter dem keiner der deutschen Gäste an Bord des Schiffes zu arbeiten bereit wäre.

Mehr Rechte auf See

2013 trat die Maritime Labour Convention (MLC) der Internationalen Arbeitsorganisation (ILO) in Kraft. Das Seearbeitsübereinkommen, ein globaler Mindestkodex, der Arbeitszeiten, Unterbringung und ärztliche Versorgung regelt, hat dem Personal an Bord bessere Rechte gebracht. Erlaubt sind aber immer noch Arbeitszeiten von täglich bis zu 14 Stunden und bis zu 72 Stunden innerhalb von sieben Tagen.

Das wissen auch die Kreuzfahrt-Reedereien. Sie profitieren dabei nicht nur von den niedrigen Löhnen in vielen Ländern, sondern auch von den Lohngefällen der Länder untereinander. Das Gehaltsniveau orientiere sich an den Lebenshaltungskosten der Heimatländer der Mitarbeiter, heißt es bei AIDA. Das heißt übersetzt: Für die gleiche Arbeit gibt es nicht das gleiche Geld. Wer Inder ist, bekommt möglicherweise für eine vergleichbare Arbeit weniger Geld als etwa ein Pole. Das nehmen die Crewmitglieder notgedrungen hin. Ob sie mit der Regelung glücklich sind, ist zweifelhaft – wenngleich AIDA betont, die Gehaltssysteme seien ausnahmslos mit den Gewerkschaften der jeweiligen Länder ausgehandelt worden.

Das Geschäftsmodell der Kreuzfahrt-Industrie beruht auf billigem Treibstoff und billigen Arbeitskräften. Ohne diese beiden Faktoren könnten Carnival, Royal Carribbean & Co. keine günstigen Kreuzfahrten anbieten. Andersherum könnten sich viele Menschen ohne die Ausbeutung von Mensch und Natur gar keine Kreuzfahrt leisten. Inzwischen steht die Branche zudem in einem wachsenden harten Konkurrenzkampf, der zulasten der Umwelt und fairer Löhne geht. Arbeitsverträge schließen Arbeitnehmer aus Billiglohnländern nicht immer direkt mit der Reederei, sondern mit Subunternehmen aus den jeweiligen Ursprungsländern ab. Auch das spart Geld. Ebenso wie das Fahren unter fremder Flagge, wodurch die Reedereien Mindestlöhne aushebeln, Sozialleistungen umgehen und Steuern sparen. Kein deutsches Kreuzfahrtschiff ist mehr in Deutschland registriert. Das letzte – die MS *Deutschland* der Reederei Deilmann, auch bekannt aus der ZDF-Serie »Das Traumschiff« – ging 2014 in Konkurs und wurde 2015 an das US-Unternehmen Absolute Nevada LLC verkauft.

Bessere Arbeitsbedingungen im Tourismus – was können wir tun?

Die tourismuskritische Organisation AKTE hat auf ihrer Webseite fairunterwegs.org viele Infos dazu zusammengestellt. Einfach den Begriff » Tourismus und Arbeitsbedingungen« in die Suchmaske eingeben.

Tourismus und Menschenrechte

Während der Tourismus Jobs und Einkommen schafft, werden nicht selten die Rechte der Angestellten und Arbeiter in den Urlaubsregionen verletzt. »Der Tourismus wird oft noch als Wirtschaftszweig betrachtet, der keinen Schaden anrichten kann, er hat ein positives Image und entzieht sich dadurch quasi jeder Regulierung«. sagt Antje Monshausen von Tourism Watch. Wenn Arbeitnehmer in Hotels, Gaststätten oder bei Reiseveranstaltern schlecht bezahlt werden oder wenn verhindert wird, dass sie sich gewerkschaftlich organisieren, werden Rechte verletzt, die ihnen laut Allgemeiner Erklärung der Menschenrechte zustehen – im arbeitsrechtlichen Kontext etwa das Recht auf menschenwürdige Arbeit (Artikel 23 [1], [2], [3] & 24) oder das Recht auf gewerkschaftliche Organisation (Artikel 23 [4]). In der Deklaration, 1948 von der Generalversammlung der Vereinten Nationen verabschiedet, findet sich eine Vielzahl von Vereinbarungen, in denen die politischen, wirtschaftlichen, sozialen und kulturellen Rechte der Menschen festgeschrieben sind und die Staaten für ihre Umsetzung in die Pflicht genommen werden. Artikel 13 (alle Menschen haben das Recht, jedes Land zu verlassen und in ihr eigenes Land zurückzukehren) und Artikel 24 der Menschenrechtserklärung (garantiert das Recht auf Erholung und Freizeit sowie auf eine Begrenzung der Arbeitszeit und bezahlten Urlaub) beziehen sich auch direkt auf den Tourismus.

Doch der Tourismus verletzt in einigen Urlaubsregionen auch die grundlegenden Rechte derjenigen, die kaum oder gar nicht am Tourismus teilhaben oder von ihm profitieren, aber unter seinen Auswirkungen leiden. Dies geschieht auf vielfältige Weise: So werden Bauern- und Fischerfamilien enteignet, indigene Gemeinschaften von ihrem Land vertrieben oder Kinder sexuell ausgebeutet (s. S. 122). Auch die Folgen von Umweltschäden und des Klimawandels, beschleunigt vom weltweiten Tourismus, haben Auswirkungen auf die Menschenrechte.

Ob Ureinwohner der zu Chile gehörenden Osterinsel, die sich über einen rücksichtslosen Umgang mit ihren Kulturgütern beschweren, ob Massai, die zur Förderung des Ökotourismus in Tansania von ihrem angestammten Land vertrieben werden, ob Jarawa-Indianer auf den Andamaneninseln, deren Privatsphäre in ihrem Schutzgebiet von Reiseveranstaltern nicht respektiert wird – Beispiele für Menschenrechtsverletzungen im Tourismus gibt es zuhauf. Dutzende werden in der von Tourism Watch veröffentlichten Studie *Alles, was Recht ist – Menschenrechte im Tourismus* aufgelistet. Fast 150 Fälle vermuteter Menschenrechtsverletzungen im Tourismus wurden allein im Rahmen einer 2016 veröffentlichten Studie der Gesellschaft für Internationale Zusammenarbeit (GIZ) ermittelt. Insbesondere Frauen, Kinder und indigene Gruppen sind von Menschenrechtsverletzungen im Tourismus betroffen. Verstöße werden sowohl von Regierungsverantwortlichen und Tourismusunternehmen als auch von Reisenden und Mittelsmännern begangen. »Unsere Langzeitstudie belegt, dass es noch ein weiter Weg sein wird, bis Menschenrechtsverletzungen im Tourismus der Vergangenheit angehören. Noch immer arbeiten viele Menschen auf der ganzen Welt unter unwürdigen Verhältnissen«, sagt Dr. Christian Baumgartner, Generalsekretär der Naturfreunde Internationale (s. S. 226).

»Vor allem in ärmeren Ländern wird nicht selten den Interessen der Tourismuswirtschaft Vorrang vor grundlegenden Rechten der Bevölkerung eingeräumt«, kritisiert Christina Kamp im Inkota-Brief 156. Für die Tourismusexpertin der Menschenrechtsorganisation Inkota ist klar: »Tourismusunternehmen dürfen keinen Schaden anrichten, indem sie Menschenrechte missachten.« Dass dies in der Realität anders ist, wird vielen Reiseveranstaltern zunehmend bewusst. Denn die selbst auferlegten Verpflichtungen der Branche sind unzureichend, wenn es um die Rechte der Einheimischen geht. Aber auch die Regierungen der Zielländer müssen die Menschenrechte vor Übergriffen Dritter – darunter auch Unternehmen der Tourismuswirtschaft – schützen. Ihnen fehlen häufig die Institutionen, ausländische Tourismusunternehmen zu kontrollieren. Oder der Wille dazu, weil sie direkt vom Tourismus profitieren.

Doch dahinter können sich Regierungen oder auch Unternehmen nicht mehr ohne Weiteres verstecken. Denn 2011 hat der UNO-Menschenrechtsrat einstimmig die »Leitprinzipien für Unternehmen und Menschenrechte« verabschiedet, einen globalen Standard, der von John Ruggie, dem UN-Sonderbeauftragten für Menschenrechte und Multinationale Unternehmen, erarbeitet wurde. Obwohl es sich bei den Leitprinzipien nicht um ein rechtsverbindliches Instrument handelt, haben sich viele Länder zu dessen Umsetzung bekannt. Darin sind die Pflichten der Staaten festgelegt, die Menschenrechte zu schützen (auch gegenüber Bedrohungen seitens wirtschaftlicher Akteure), das Recht auf Wiedergutmachung im Falle erlittener Menschenrechtsverletzungen und die besondere Sorgfaltspflicht der Unternehmen, die Menschenrechte zu respektieren.

Gibt es ein Menschenrecht auf Tourismus?

Dass Essen, Trinken, Kleidung, Gesundheitsversorgung, Bildung und Arbeit zu den menschlichen Grundbedürfnissen gehören, darüber dürfte Einigkeit bestehen. Wie sieht es aber beim Reisen aus? Ist die politische Forderung, allen Menschen Reisen zu ermöglichen, wie sie beispielsweise die Partei Die Linke vertritt, sinnvoll und auch realisierbar? Auf dem Papier Ja. Denn bereits in der Allgemeinen Erklärung der Menschenrechte aus dem Jahr 1948 heißt es im Artikel 24: »Jeder hat das Recht auf Erholung und Freizeit und insbesondere auf eine vernünftige Begrenzung der Arbeitszeit und regelmäßigen bezahlten Urlaub.« Auch der Globale Ethikkodex für Tourismus der Welttourismusorganisation UNWTO (s. S. 216) setzt sich für ein »Reisen für alle« ein. Im »Artikel 7 – Das Recht auf Tourismus« heißt es: »1. Die Aussicht auf den unmittelbaren und persönlichen Zugang zur Entdeckung und zum Genuss der Ressourcen des Planeten ist ein Recht, das allen Bewohnern der Welt in gleicher Weise offensteht; die zunehmend extensive Beteiligung am nationalen und internationalen Tourismus sollte als eine der bestmöglichen Formen der Nutzung der ständig zunehmenden Freizeit angesehen und es sollten ihr keine Hindernisse in den Weg gelegt werden; … 4. der Tourismus von Familien, jungen Menschen und Senioren sowie Behinderten sollte gefördert und erleichtert werden.«

Dass die oberste Tourismusbehörde den Tourismus fördert, ist Teil ihrer Daseinsberechtigung und daher nachvollziehbar. Aber aus den Rechten auf Freizeit und Freizügigkeit ein Menschenrecht auf Tourismus abzuleiten, sei irreführend, schreibt die tourismuskritische Organisation Tourism Watch (s. S. 216) in ihrer Publikation *Alles, was Recht ist – Menschenrechte und Tourismus*. Weder bedeute Freizeit automatisch Tourismus, noch schließe das Recht auf Freizügigkeit die Einreise in ein anderes Land ein. Weiter heißt es: Da durch die gegenwärtigen Formen des Tourismus grundlegende Menschenrechte gefährdet würden, wäre es falsch, mit diesen Rechten ein »Recht auf Tourismus« gleichzusetzen, und mit einem glaubwürdigen Menschenrechtsansatz unvereinbar.

»Allerdings handelt es sich bislang bei der menschenrechtlichen Sorgfaltspflicht noch um einen weitgehend unscharfen Begriff, der der rechtlichen und politischen Ausgestaltung bedarf«, heißt es in der im September 2015 veröffentlichten Studie *Die menschenrechtliche Sorg-*

faltspflicht von Unternehmen der Friedrich-Ebert-Stiftung. Bezüglich der Klärung der menschenrechtlichen Sorgfalt, die deutsche Unternehmen im Kontext ihrer transnationalen Aktivitäten walten lassen müssen, sei auch der deutsche Gesetzgeber gefragt.

Für die Tourismusindustrie bedeutet dies, dass sie mehr tun muss, als nur nationale Gesetze zu achten. Sie ist aufgefordert, Menschenrechtsverletzungen gänzlich zu vermeiden. Das bezieht sich auf alle Menschenrechte der Internationalen Charta der Menschenrechte und nicht nur etwa auf die Arbeitsrechte beziehungsweise die Konventionen der Internationalen Arbeitsorganisation ILO (s. S. 103). Zudem sind auch die vom Ausland aus agierenden Reiseveranstalter verpflichtet, dafür zu sorgen, dass ihre Geschäftspartner und deren Zulieferer vor Ort die Menschenrechte einhalten.

Heinz Fuchs von Tourism Watch forderte in einem Interview mit dem Nachrichtenmagazin Der Spiegel, dass die Politik Tourismusunternehmen, die im Ausland tätig sind, mehr Transparenz und mehr Verantwortung vorschreiben müsse. Doch auch Reisende stünden in der Verantwortung, sich vor dem Buchen einer Reise zu informieren, so Fuchs – und zu überlegen, wem die geplante Reise nütze, sowie verantwortliche Reiseentscheidungen zu treffen. Immer mit dem Ziel, durch eigenes Tun möglichst keinen Schaden anzurichten. »Geschäftemachen ist nicht grenzenlos«, so Tourismusexperte Fuchs.

Runder Tisch für mehr Menschenrechte im Tourismus

Seit 2012 gibt es den Roundtable Human Rights in Tourism (menschenrechte-im-tourismus.net), eine offene Plattform zur Förderung der Menschenrechte im Tourismus. Dem Verein gehören neben Organisationen der Zivilgesellschaft wie Brot für die Welt oder dem Arbeitskreis tourismus & entwicklung, auch Zertifizierer wie TourCert (s. S. 210) Branchenverbände wie das forum anders reisen (s. S. 219) oder der Deutsche ReiseVerband (s. S. 218) an. Die Mitglieder verpflichten sich, ein öffentliches Bekenntnis zu den Menschenrechten abzugeben und eine entsprechende Unternehmensstrategie umzusetzen. Die drei größten deutschen Reiseveranstalter (TUI, DER Touristik und Thomas Cook, s. S. 230 ff.) haben sich noch nicht öffentlich zu ihrer menschenrechtlichen Verantwortung bekannt. Lediglich die TUI ist als Gast im Roundtable vertreten.

Ob die »Leitprinzipien für Unternehmen und Menschenrechte« auch umgesetzt werden, obliegt jeder einzelnen Regierung oder jedem Unternehmen. Die Leitlinien enthalten keinen Beschwerde- oder Entschädigungsmechanismus. Dieser muss in der jeweiligen nationalen Gesetzgebung verankert werden beziehungsweise Teil der Unternehmensverantwortung werden. Doch der Umgang mit Menschenrechten in den Zielgebieten ist für die meisten Reiseveranstalter Neuland. Nur einige wenige von ihnen, darunter Gebeco, Hauser Exkursionen oder Studiosus, haben sich bislang öffentlich zur Einhaltung der Menschenrechte im Rahmen ihrer Geschäftstätigkeit verpflichtet und das Thema in ihre Unternehmenspolitik integriert. Sie gehören dem Roundtable Human Rights in Tourism an.

International operierende Reiseunternehmen sind in vielen Ländern aktiv. Kultur, rechtliche Voraussetzungen und ökologische Zielsetzungen der Zielgebiete weichen stark voneinander ab. Sie sind zudem abhängig von einer Vielzahl von Zulieferern und Dienstleistern. All dies macht die Überwachung der menschenrechtlichen Auswirkungen ihrer Geschäftstätigkeit nicht gerade einfach. Doch in der Reisewirtschaft stellt sich nicht mehr die Frage, ob, sondern wie Tourismusunternehmen mit ihrer menschenrechtlichen Verantwortung umgehen, heißt es im Leitfaden *Menschenrechte im Tourismus*, herausgegeben vom Roundtable Human Rights in Tourism. Nur wo Mitarbeiter motiviert seien, wo faire Arbeitsbedingungen herrschten und wo die lokale Bevölkerung respektiert werde, lassen sich Tourismusprodukte mit Qualität etablieren, so der Ratgeber, der Unternehmen konkrete Beispiele und Handlungsempfehlungen an die Hand gibt.

Die Demokratisierung des Tourismus – von der Theorie zur Praxis

Um Devisen zu erwirtschaften, locken viele Entwicklungsländer ausländische Investoren mit günstigen Bedingungen wie Steuerfreiheit, billigem Land oder Mehrheitsbeteiligungen an einheimischen Firmen. Tourismusprojekte werden dabei meist am grünen Tisch zwischen Investoren und Regierungen ausgehandelt. Die lokale Bevölkerung bleibt dabei auf der Strecke, lokal geltendes Recht wird oftmals ignoriert. Beliebt ist das Umgehen von Umweltverträglichkeitsprüfungen, die in den meisten Ländern inzwischen Vorschrift sind. Auch vorgeschriebene Konsultationen der einheimischen Bevölkerung zum geplanten Projekt finden nur selten statt. Es ist einem großen Unternehmen ein Leichtes, das kollektive Landrecht indigener Gemeinden auszuhebeln, das oftmals auf Gewohnheitsrecht fußt und nicht schriftlich formuliert wurde. Stellt sich dann die einheimische Regierung auf die Seite der Investoren – mehr Regel als Ausnahme –, werden Menschen von ihrem Land vertrieben, auf dem sie und ihre Vorfahren Jahrhunderte gelebt haben (siehe hierzu Kasten »Hinfahren oder besser nicht?«, S. 114, und Kasten »Touristischer Größenwahn in Honduras«, S. 96).

Doch wie können sich Dorfgemeinschaften, einfache Fischer und Bauern gegen Landvertreibung, Privatisierungen und Spekulation im Rahmen von Tourismusprojekten schützen und wehren? Internationale Gesetzeswerke zum Schutz von Menschenrechten existieren. Doch das Papier, auf dem sie geschrieben wurden, ist mehr als geduldig. Auf dem Weltmarkt herrschen die Spielregeln des freien Handels. Ein niedriger Bildungs- und oft auch Organisationsgrad sowie fehlende Vernetzung und finanzielle Ressourcen – beispielsweise für Anwälte – erschweren die Durchsetzung bestehender Gesetze.

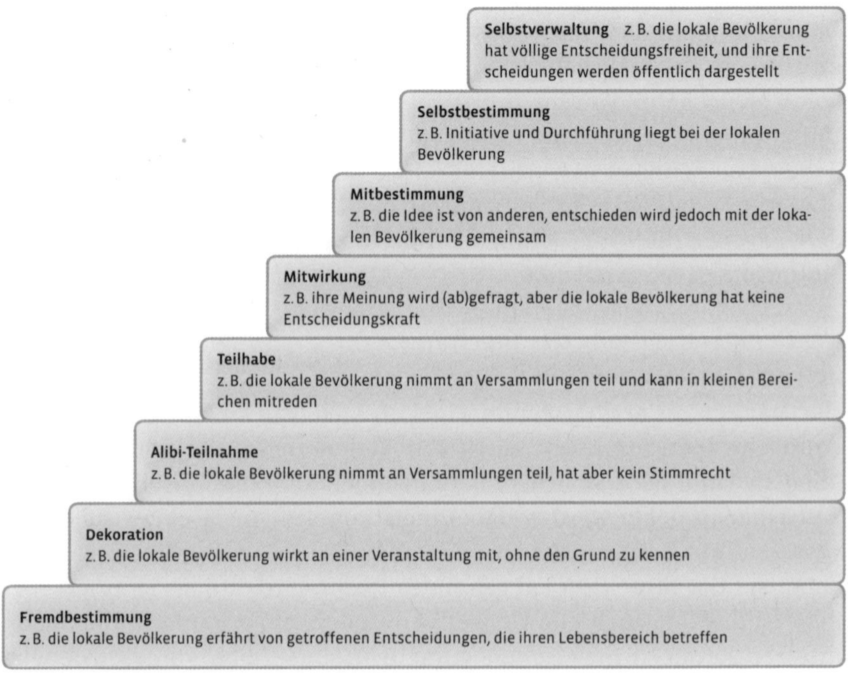

Abbildung 2.9
Stufen der Mitbestimmung, Quelle: Bildungsunterlagen zu Nachhaltigkeit im Tourismus, Naturfreunde Internationale

Doch immer öfter leisten lokale Bewohner – zum Teil mit internationaler Hilfe – erfolgreichen Widerstand gegen touristische Großprojekte und schlechte Arbeitsbedingungen. So organisieren sich tansanische Träger am Kilimandscharo in einer eigenen Gewerkschaft (s. S. 181). An der Pazifikküste Costa Ricas haben sich Dutzende von Gemeinden zusammengeschlossen und einen Gesetzesentwurf im Parlament ein-gebracht, der ihre Landrechte stärkt. Die neuseeländischen Maori haben es – wie auch die Kuna-Indianer auf den zu Panama gehörenden San-Blas-Inseln – geschafft, die Kontrolle über die Vermarktung ihrer Kultur weitestgehend zu behalten und davon am meisten finanziell zu profitieren. Auf den zu Kolumbien gehörenden Karibikinseln San Andrés und Providencia, beide stark vom Tourismus abhängig, war der heftige Protest der Inselbewohner gegen geplante Ölförderungen erfolgreich, und im südafrikanischen Krüger-Nationalpark hat die Gemeinde Makuleke Landtitel auf dem Rechtsweg zurückbekommen und profitiert dadurch nun von Tourismuseinnahmen auf ihrem Boden. Und an der Nordostküste Brasiliens hat sich die einheimische Bevölkerung zum Rede Tucum (facebook.com/RedeTucumTurismoComunitario), einem preisgekrönten Netzwerk, zusammengeschlossen, das sich zum einen erfolgreich gegen den Bau neuer touristischer Großprojekte wehrt, zum anderen ein Tourismusmodell entwickelt hat, dessen Einnahmen überwiegend der armen einheimischen Bevölkerung zugute kommen.

Verantwortungsvoller Tourismus bezieht die Interessen der lokalen Bevölkerung mit ein – von Anfang an. Jedes gute Tourismusprojekt beginnt mit der unabhängigen Entscheidung gut informierter Menschen vor Ort. Sollten sie sich mehrheitlich gegen ein Projekt aussprechen, ist dies zu respektieren. Sind sie dafür, müssen Vereinbarungen eingehalten werden. Wer mit dem Besuch von ethnischen Gruppen wirbt, sollte diese auch angemessen an den Einnahmen durch den Tourismus beteiligen. Verantwortungsvolle Tourismusunternehmen operieren in diesem Rahmen und respektieren die Menschenrechte. Doch von der Theorie bis zur Praxis ist es noch ein weiter Weg.

Diktaturen, Militärregimes und undemokratische Länder – hinfahren oder besser nicht?

Nur in wenigen Ländern herrschen politische Verhältnisse, die unseren Vorstellungen von Demokratie entsprechen. Aber der internationale Tourismus beschränkt sich nicht auf Länder, in denen die Menschenrechte weitestgehend eingehalten werden. Während Kriegsgebiete oder

Failed States wie Syrien, Afghanistan oder Somalia nur einige wenige sensationshungrige (und/oder lebensmüde) Touristen anziehen, ist der Besuch von Ländern, die von Diktatoren, Autokraten, kommunistischen und totalitären Regimes regiert werden, nichts Ungewöhnliches mehr. Doch wenn wir nach China, Myanmar, Sri Lanka, Honduras, Qatar oder Botswana reisen, müssen wir uns die Frage gefallen lassen, ob wir denn auch wissen, wen oder was wir da möglicherweise mit unserem Geld unterstützen. Keine leichte Entscheidung, die da jeder für sich treffen muss und die, wie die nachfolgenden Beispiele zeigen, ganz schön zwiespältig sein kann.

Hinfahren oder besser nicht?

Beispiel KUBA Rund 3,5 Millionen Touristen besuchen Kuba inzwischen jährlich. Der Kuba-Tourismus boomt, nicht zuletzt wegen der Annäherung zum großen Nachbarn USA. Der Tourismus hat dem kommunistisch regierten Land 2015 Einnahmen von rund 2 Milliarden US-Dollar eingebracht.

Doch wer glaubt, dass die neue Offenheit auch Meinungsfreiheit einschließe, der täuscht sich. Noch immer werden Regierungskritiker willkürlich festgehalten oder eingesperrt, so auch während des Papstbesuchs auf Kuba im September 2015. Rund 50 Personen, die den Papst besuchen wollten, wurden nach Angaben des Kirchenmagazins Katholisches.info ins Gefängnis gesteckt, unter Hausarrest gestellt oder ohne Angabe von Gründen mehrere Stunden lang festgehalten. Zwei von ihnen, Marta Beatriz Roque, eine ehemalige politische Gefangene, und Miriam Leiva, eine unabhängige Journalistin, konnten sogar eine persönliche Einladung durch die Apostolische Nuntiatur vorweisen. Das beeindruckte die kubanischen Sicherheitsbehörden wenig. Bereits beim Besuch von Papst Benedikt XVI. 2012 hatte es eine Verhaftungswelle gegeben. Damals wurden etwa 125 Dissidenten festgenommen. Die Angehörigen der demokratischen Opposition seien daran gehindert worden, an den Messen teilzunehmen, ließ die Internationale Gesellschaft für Menschenrechte (IGFM) verlauten.

Beispiel BOTSWANA Der dünn besiedelte Binnenstaat im südlichen Afrika gilt als Musterstaat für Demokratie in Afrika, was sich in guten Werten wie dem höchsten Entwicklungsstand im südlichen Afrika und der laut Transparency International niedrigsten Korruptionsanfälligkeit aller afrikanischen Länder ausdrückt. Gute Voraussetzungen für den Tourismus, der inzwischen nach Diamanten zum zweitwichtigsten Wirtschaftszweig geworden ist. Mehr als zwei Millionen Touristen reisen jährlich nach Botswana. Zu den touristischen Highlights gehört auch ein Besuch im Central Kalahari Game Reserve, einem 52 800 Quadratkilometer großen Naturschutzgebiet und ursprünglicher Lebensraum der indigenen San.

Doch während die Regierung Botwanas auf Webseiten und in Hochglanzbroschüren mit exotischen Bildern felltragender Buschleute und dem Kennenlernen der traditionellen Lebensweise der Jäger und Sammler aus der Kalahari wirbt, dürfen die San – bis auf wenige Ausnahmen – in ihrem angestammten Lebensraum nicht mehr jagen. Laut Menschenrechtsorganisation Survival International (survivalinternational.de) werden die in der Kalahari-Wüste lebenden Buschleute unter dem Deckmantel des Wildtierschutzes systematisch von ihrem Land vertrieben. Und das, obwohl noch 2006 das Oberste Gericht Botswanas das Recht der Buschleute, innerhalb des Reservates zu leben und zu jagen, bestätigt hatte. Während den Buschleuten nun unter Androhung von Geld- und Gefängnisstrafen »Wilderei« vorgeworfen wird, wenn sie für ihren Lebensunterhalt jagen, dürfen betuchte Großwildjäger von privaten Jagdfarmen aus auf Wildtiere schießen. Survivor International hatte 2013 zu einem umstrittenen Reiseboykott Botswanas aufgerufen, um die Regierung dazu zu bewegen, die Rechte der Buschleute zu respektieren. Ulrich Delius von der Gesellschaft für bedrohte Völker sieht den Boykottaufruf mit Skepsis: »Ich persönlich kann mir vorstellen, dass der Boykott die Fronten eher verhärtet, als sie aufzubrechen«, äußerst sich der Afrikareferent in einem Artikel der Zeitschrift Geo. Dort heißt es weiter, der Boykott habe die Tourismuszahlen nach Regierungsangaben nicht negativ beeinflusst. Survival International hingegen verweist auf die knapp 10 000 Unterzeichner (Anfang 2016) des Protestschreibens an den Tourismusminister Botswanas und auf Reiseveranstalter wie Travelpickr (Kanada), Horizonte Paralelo (Spanien) und Annie Bulmer Travel (England), die Botswana vorerst aus dem Programm genommen hätten.

Beispiel MYANMAR In den 1990er-Jahren startete das burmesische Militärregime erste Tourismusoffensiven. Das Land präsentierte sich Besuchern als ursprüngliche Alternative zu den ostasiatischen Nachbarstaaten. Doch Proteste von Menschenrechtsorganisationen und internationalen Organisationen sowie Boykottaufrufe verhinderten größere Besucherzahlen. Dies änderte sich nach 2010, als die Militärs zum einen die Regimekritikerin und Friedensnobelpreisträgerin Aung San Suu Kyi aus dem insgesamt 15 Jahre währenden Hausarrest entließen und zum anderen allgemeine Wahlen abgehalten wurden. Danach folgten Waffenstillstandsabkommen mit den zwei größten ethnischen Gruppen im Widerstand, den Karen und den Mon. Bei den Parlamentswahlen im November 2015 konnte Oppositionsführerin Suu Kyi mit ihrer Nationalliga für Demokratie (NLD) die absolute Mehrheit der Sitze im Parlament gewinnen. Im März 2016 wurde der neue Präsident Htin Kyaw vereidigt, der von der NLD nominiert worden war.

Doch es ist nicht alles Gold, was glänzt. Myanmar wird weiter von den Militärs kontrolliert, Minderheiten wie die muslimischen Rohingya werden weiterhin verfolgt. Zwar halten nach Angaben von Tourism Watch ethnische Minderheiten wie die Karen den Tourismus hinsichtlich möglicher negativer Auswirkungen im Allgemeinen für weniger riskant als Konzessionen für den Bergbau oder die Agrarwirtschaft. Ähnlich wie beispielsweise in Sri Lanka oder Ägypten wird der Tourismusboom aber von einer zunehmenden Militärpräsenz begleitet. Daher befürchten die bewaffneten Karen-Gruppen auch, dass die burmesischen Streitkräfte unter dem Vorwand, die Sicherheit der Touristen zu gewährleisten, ihre militärische Präsenz ausweiten könnten. Entscheidend für den Erfolg des Tourismus in von ethnischen Gruppen kontrollierten Gebieten wird aber deren Einbindung, Teilhabe und – an erster Stelle – Konsultation bezüglich möglicher Aktivitäten im Tourismus sein. Denn bislang profitiert die Landbevölkerung kaum von den Tourismuseinnahmen. Teilnehmer eines Tourismus-Seminars der Hanns-Seidel-Stiftung in Myanmar im Jahr 2015 kamen zu dem Schluss, dass trotz guter Rahmenbedingungen die Einbeziehung der Lokalbevölkerung in der Praxis nicht stattfinde. Hauptgründe seien Mangel an Know-how, Geld und Zeit, aber auch fehlender politischer Willen.

Auch was die Arbeitsbedingungen von Hotelangestellen angeht, hat Myanmar Nachholbedarf. Der Internationale Gewerkschaftsbund der Nahrungsmittelarbeiter (IUF, iuf.org) berichtete von Versuchen des hochklassigen Bagan Hotel River View in Bagan, Gewerkschaftstätigkeiten der Hotelangestellten zu unterbinden. So seien Gewerkschaftsführer aufgefordert worden zu kündigen. Fünf Gewerkschaftler, die sich weigerten, wurden sofort entlassen. Jobanwärter werden auf Beziehungen zu Gewerkschaften untersucht, und ihnen wird mit Kündigung gedroht, sollten sie während der Probezeit einer Gewerkschaft beitreten.

Beispiel SRI LANKA Nach Angaben der Schweizer Sektion der Gesellschaft für bedrohte Völker (gfbv.ch) besuchten 2014 über 1,5 Millionen Menschen die Ferieninsel im Indischen Ozean, darunter etwas mehr als 100.000 Deutsche und rund 20.000 Schweizer. Die Regierung vermarktet den Tourismus aggressiv und erklärt – einem Bericht des Magazins Welt-Sichten aus dem Jahr 2015 zufolge –, die Wirtschaft solle vor allem mithilfe des Tourismus wieder in Schwung gebracht werden. Größere Tourismusprojekte müssten aber auf ihre Umwelt- und Sozialverträglichkeit untersucht werden, und die dauerhafte Überbauung von Küstenzonen sei verboten.

An diese Vorgaben halten sich laut GfbV Schweiz weder die Regierung noch die Investoren. In ihrem 2015 veröffentlichten Bericht *Schatten im Sonnenparadies* geht die Menschenrechtsorganisation auf die negativen Folgen der touristischen Entwicklung nach Beendigung des Bürgerkriegs im Jahr 2009 ein. Darin ist die Rede von meist entschädigungslosen Landenteignungen und Umsiedelungen durch Tourismusprojekte, Hotelanlagen, für die wertvolle Mangrovenwälder abgeholzt werden und die Fischern den Zugang zum Meer versperren, wenigen Arbeitsplätzen für die lokale Bevölkerung und fehlenden Konsultationsverfahren. »Krieg und Diktaturen hinterlassen zerrissene Gesellschaften, in denen die Gefahr von Diskriminierungen und Repression groß ist«, schreibt der arbeitskreis tourismus & entwicklung in einer Stellungnahme zum Tourismus in Sri Lanka. Auch das weiterhin allgegenwärtige Militär mischt kräftig im Tourismusgeschäft mit. Laut GfbV haben Armee, Marine und Luftwaffe im ganzen Land Hotels und Golfplätze eröffnet, führen Shops in Tourismusorten, bieten Exkursionen und Inlandsflüge an. Die Geschäfte der Militärs konkurrieren mit denen der Einheimischen und entziehen ihnen Einkommensquellen. »Kleinbauern und Fischer werden von der Regierung als Relikte einer vergangenen Zeit gesehen, der Tourismus als schöne neue Welt angepriesen«, beschreibt Antje Monshausen von Tourism Watch die aktuelle Lage. »Doch wer versorgt die Hotels mit Lebensmitteln?«, fragt die Tourismusexpertin. Erste Reiseveranstalter wie beispielsweise Studiosus Reisen haben auf den GfbV-Bericht reagiert und zwei Hotels, die im Bericht negativ erwähnt wurden, aus ihrem Angebot gestrichen.

Beispiel MALEDIVEN Allein das Wort »Malediven« klingt nach Sonne, Inselparadies und heiler Unterwasserwelt. Dieses Image pflegt der Inselstaat im Indischen Ozean mit seinen fast 2 000 Inseln (davon rund 220 bewohnt und etwa 80 für den Tourismus erschlossen) nicht erst als Partnerland der Tourismusmesse ITB 2016. 1,2 Millionen konnten sich 2015 einen Urlaub im Paradies leisten, fast jeder neunte von ihnen kam aus Deutschland. Tourismus ist der wichtigste Wirtschaftszweig der Malediven. Etwa jeder Dritte Einheimische ist im Tourismus beschäftigt, ebenfalls ein Drittel beträgt der Anteil des Tourismus an den Staatseinnahmen.

Doch die Malediven haben nicht nur die »sunny side of life« zu bieten – so der offizielle ITB-Werbespruch –, sondern auch ein hässliches Gesicht. Es ist neben wachsenden Müllbergen (s. S. 161) geprägt von Menschenrechtsverletzungen, Korruption, Bandenkriminalität, hoher Jugendarbeitslosigkeit, antidemokratischen Entwicklungen und zunehmend radikalem Islamismus. Besonders letzterer wird zunehmend zum Problem: Kein Land hat pro Kopf mehr IS-Kämpfer im Irak und Syrien im Einsatz als die Malediven. 2013 führte die neue Regierung die Scharia mit zum Teil drakonischen Strafen ein.

Darüber wurde auf der 50. ITB allerdings nicht gesprochen. Störende Misstöne sollten der Jubiläumsmesse erspart bleiben. Man sei ein neutrales Forum, eine politische, wirtschaftliche oder gesellschaftspolitische Bewertung sei daher nicht vorgesehen, hieß es seitens der Veranstalter. Dies kommentierte Djan Sauerborn, politischer Analyst beim Think Tank South Asia Democratic Forum, im Berliner Tagesspiegel nüchtern: »Die Malediven als offizieller Partner sind eine falsche Wahl gewesen. Im Tourismus werden die Schattenseiten ausgeblendet.«

Doch gerade die Partnerschaft mit der ITB hat die Malediven ins Rampenlicht gebracht und unweigerlich auch die dunklen Seiten zum Vorschein gebracht. Doch nur mehr Urlauber auf die Inseln zu fliegen, reicht nicht für mehr Demokratie, weniger Korruption oder gerechtere Einkommensverteilung. Denn die Touristen bekommen von den Problemen der Inselgruppe meist gar nichts mit – und wollen es eigentlich auch nicht. Ihre Luxusresorts liegen weit entfernt von der qualvollen Enge der Inselhauptstadt Malé, einer der am dichten besiedelten Städte der Welt. Hier leben fast 50 000 Einwohner pro Quadratkilometer.

Doch es gibt mittlerweile auch eine Reihe von Ländern, in die wir nicht mehr ohne Weiteres wollen, weil sie nicht mehr sicher sind. Länder wie Tunesien oder die Türkei sind immer wieder in den Schlagzeilen, weil dort der Terror Einzug gehalten hat. Fliegen wir dort also nicht mehr hin, haben die Terroristen eines ihrer Ziele erreicht.

Sicherheit ist das dritte »S-Wort«, das neben Strand und Sonne für immer mehr Touristen zum Buchungskriterium wird. Die politischen und wirtschaftlichen Krisen unserer Tage sind in jedem Fall »ein guter Zeitpunkt, um über den Zusammenhang zwischen Sicherheit beim Reisen und Menschenrechten für die Lokalbevölkerung nachzudenken«, findet fairunterwegs-Redakteurin Nina Sahdeva. Sie fragt zu Recht: »Sind wir als Reisende nicht dort am sichersten, wo es die Einheimischen auch sind und wo sie ihre demokratischen und zivilen Rechte ungehindert wahrnehmen können? Dort, wo die touristischen Dienstleistungen, die wir nutzen, in einem sinnvollen Zusammenhang zur lokalen Gemeinschaft und ihrer Wirtschaft stehen? Wo die touristischen Unternehmen nicht nur Mehrwert für die Anleger schaffen, sondern auch für die Mitarbeitenden, die Lokalbevölkerung und ihren Lebensraum?«

Im Gespräch gibt die Tourismus- und Menschenrechtsexpertin Antje Monshausen von Tourism Watch Empfehlungen, wie man mit der Frage »Hinfahren oder nicht?« umgehen kann.

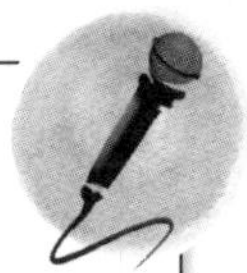

»Wer sich vorher informiert, hat die schönere Reise«

Antje Monshausen von Tourism Watch über das Verhalten von Tourismusunternehmen bei Menschenrechtsverletzungen und Reisen in Länder mit prekärer Menschenrechtslage

Frau Monshausen, kann man von einer Zunahme von Menschenrechtsverletzungen im Tourismus sprechen?

Dazu bräuchte man einen Referenzwert, den es aber nicht gibt. Menschenrechtsverletzungen werden vor allem dort dokumentiert, wo starke Zivilgesellschaften existieren, das ist leider nicht in allen Ländern der Fall. Es gibt aber eine allgemein verbesserte Informationsbasis, sodass sich niemand hinter dem Argument fehlender Informationen verstecken kann.

Aber genau das tun doch die großen Reiseveranstalter!

Es ist richtig, dass die Informationen nicht immer einfach zugänglich sind und die Unternehmen hier Unterstützung brauchen. Gerade deswegen gibt es ja den Roundtable Human Rights in Tourism (s. Kasten S. 110). Damit ist zwar jedes Unternehmen gefordert, individuell Maßnahmen zum Schutz der Menschenrechte zu ergreifen, trotzdem können aber beispielsweise bei der Erfassung von Risiken in einem Zielgebiet, durch die Zusammenarbeit zwischen Unternehmen, Synergieeffekte möglich sein.

Ziehen Tourismusunternehmen bei Menschenrechtsverletzungen Konsequenzen?

Die Kündigung eines Vertrags beispielsweise mit einem Hotel sollte nur die Ultima Ratio sein. Besser wäre es, einen verbindlichen Prozess zu starten, damit Menschenrechtsverletzungen abgestellt und Geschädigte Zugang zu Abhilfe erhalten. So hat beispielsweise der Schweizer Reisekonzern Kuoni (dessen Veranstaltergeschäft seit 2015 zur DER Touristik gehört, Anm. des Autors) in Indien eine menschenrechtliche Untersuchung durchgeführt. Eine der Erkenntnisse war, dass in den Backwaters, einem verzweigten Wasserstraßennetz im südindischen Bundesstaat Kerala, das Recht auf Wasser und Gesundheit erheblich gefährdet ist, weil die dort genutzten Boote das Wasser stark verschmutzen, das die Menschen zum Baden, Waschen und Kochen benutzen. Kuoni möchte deshalb auf solargetriebene Boote umsteigen. Außerdem haben sie Handzettel für umweltfreundliches Verhalten erarbeitet, die an die Touristen verteilt werden. Solche Maßnahmen haben aber begrenzte Wirkung, wenn der Reiseleiter nicht sensibilisiert ist und die Reisenden die Zettel ins Wasser werfen.

Aber gegen Menschenrechte positioniert sich natürlich auch kein Veranstalter, oder?
Es wird eher andersherum argumentiert. Die Veranstalter betonen, in welchen Kontexten sie zu der sozialen und ökonomischen Entwicklung der bereisten Länder beitragen. Wir sehen ganz klar, dass man das nicht gegeneinander aufwiegen kann. Man kann nicht auf der einen Seite sagen: Zehn Fischer können uns den Fisch verkaufen, auf der anderen Seite: Es sind nur fünf Fischer vertrieben worden. Das ist eine skandalöse Argumentation.

Wird das nicht auch so ähnlich von der deutschen Entwicklungszusammenarbeit verbreitet?
Das ist genauso skandalös, und diese Argumentation findet sich auch bei der Welttourismusorganisation der Vereinten Nationen. Da wird eine positive Gesamtbilanz des Tourismus aufgemacht, das Vertreiben der Fischer müsse natürlich abgestellt werden, aber grundsätzlich ...

... Kollateralschäden?
So wird es nicht gesagt, aber so kann man es interpretieren.

Gibt es analog zu den offiziellen Reisewarnungen des Auswärtigen Amts Informationen zur Menschenrechtslage in den bereisten Ländern?
Das wäre wünschenswert. Nicht als Warnung, sondern als neutrale Darstellung der tourismusbezogenen Risikosituation. Wir leben in einer Welt, die sehr gut mit Informationen versorgt ist. Wenn ich beispielsweise nach Indonesien reise, kann ich mich bei Watch Indonesia, bei Amnesty International oder mithilfe des Social Watch Reports über die Menschenrechtslage informieren. Ein Tipp auch für Individualreisende: vor der Reise mit Menschen reden, die aus dem entsprechenden Land kommen.

Verlangt man da nicht sehr viel, und ist es nicht wenig wahrscheinlich, dass sich Individualreisende die Mühe einer ausgedehnten Recherche zum Thema Menschenrechte vor ihrer Reise machen?
80 Prozent der Reisen in Entwicklungsländer finden über Reiseveranstalter statt. Ich habe schon den Eindruck, dass bei den übrigen 20 Prozent sehr viele sagen: Ich will nicht rein in die Großmaschinerie Tourismus, ich möchte es anders machen. Ich würde mir aber wünschen, dass die Informationen leichter verfügbar wären und dass es auch für kleinere Hotels ein verlässliches Zertifikat gäbe. Das touristische Erlebnis wird somit verbessert, wenn ich weiß, dass ich in einem Hotel übernachte, in dem auf die Einhaltung der Menschenrechte geachtet wird. Wer sich vorher informiert, hat die schönere Reise!

Bietet man nun als Reiseveranstalter Trips in Länder an, in denen Menschenrechte nachweislich verletzt werden, und reist man als Individualtourist dorthin oder besser nicht?
Die Frage kann ich mit einem klaren Jein beantworten. Regierungen profitieren von Touristen durch Visagebühren, Steuern, und sie sind selbst Akteure, zum Beispiel in Form von staatlich geführten Airlines oder Hotels. Indem ich in ein Land reise, unterstütze ich also in jedem Fall die Regierung, selbst wenn ich sie schlecht finde. Aber es gibt auch die andere Dimension: Kann ich durch meine Art zu reisen einen positiven Effekt für die lokale Bevölkerung erzeugen? Zum Beispiel, indem ich verschiedene lokale Restaurants besuche, vor Ort Kunsthandwerk kaufe oder zu Menschen reise, die nur über eine eingeschränkte Reisefreiheit verfügen, wie etwa in Palästina, und den Menschen ein offenes Ohr anbiete.

Gilt das auch für Reisen nach Nordkorea?
Dort findet ein staatlich forcierter Tourismus statt, bei dem Reisegruppen von Mitarbeitern des Innenministeriums begleitet werden, um systematisch Kontakt zur einheimischen Bevölkerung zu verhindern. Da verhindert die Art der Angebote Kommunikation, Öffnung oder einen Mehrwert für die lokale Bevölkerung. In diesem Fall profitiert der Staat finanziell und durch die Verbesserung seines Images, die positiven gesellschaftlichen Wirkungen des Tourismus hingegen bleiben vollkommen aus. Das sollte man berücksichtigen, wenn man über sein Wunschreiseland nachdenkt.

Sextourismus

Sexuelle Handlungen an Kindern verstoßen gegen die Menschenrechte. Das steht im Zusatzprotokoll zur UN-Kinderrechtskonvention, das 2002 in Kraft trat. Als schlimmste Form der Kinderarbeit bezeichnet die Konvention 182 der Internationalen Arbeitsorganisation (ILO) aus dem Jahr 1999 sexuelle Ausbeutung. Doch das Problem Kinderprostitution ist in den letzten Jahren schlimmer geworden. Zehntausende Männer – aber auch viele Frauen – fliegen gezielt ins Ausland, um Sex zu haben – oftmals mit Minderjährigen.

Kinderprostitution – Was können wir tun?

Beim Thema Kinderprostitution ist nicht nur die Tourismusbranche gefordert, sondern jeder einzelne Reisende. Wer sexuellen Missbrauch von Kindern beobachtet oder in Verdacht hat, kann dies der internationalen Meldeplattform reportchildsextourism.eu oder der deutschen Meldeseite nicht-wegsehen.net melden. In Notfallsituationen ist die Polizei vor Ort erster Ansprechpartner.

Vieles geschieht im Verdeckten

(von Martina Hahn)

Wer mit Condor in den Urlaub fliegt, sieht auf dem Bildschirm vor sich nicht nur blaues Meer oder üppige Natur. Sondern auch Bilder von Erwachsenen und Kindern, am Strand, in der Bar, im Hotelzimmer, auf der Straße des Urlaubsorts. Keine Minute dauert der Filmspot *Witness*, den das Kinderhilfswerk terre des hommes (tdh.de) für mehrere Ferienflieger produziert hat. Reisende sollen für das Thema der sexuellen Ausbeutung von Kindern im Tourismus sensibilisiert werden – und dazu ermutigt, im Urlaubsland nicht wegzusehen.

Dass vielerorts Minderjährige ihren Körper für wenig Geld an entspannungshungrige Touristen verkaufen, wissen viele Reiseanbieter und Urlauber. Dennoch: Bestraft wird deswegen kaum ein Tourist. Obwohl sexueller Kindesmissbrauch weltweit verboten ist, verschließen viele Regierungen die Augen davor. Denn ihr Land lebt von den Touristen.

Der Zugang zu billigen internationalen Flügen hat den Zugang zu Kindern vereinfacht. Das findet auch die europäische Polizeibehörde

Europol. Sie gibt Billigfluglinien eine Mitschuld am Anstieg des Sextourismus: »Die Reduzierung der Flugticketpreise und zugleich die strengere Gesetzgebung in den westlichen Ländern tragen zur wachsenden Zahl von Sextouristen bei.« Diese könnten selbst ferne Reiseziele billig erreichen, »um schließlich Kinder sexuell zu missbrauchen«, so der ehemalige Europol-Chef Max-Peter Ratzel.

Wie viele Minderjährige weltweit von Touristen sexuell ausgebeutet werden, darüber gibt es keine genauen Zahlen. »Da liegt ganz viel im Dunkeln, geschieht vieles im Verdeckten«, sagt Jana Schrempp von ECPAT (ecpat.net). Der Verein, der sich zum Ziel gesetzt hat, die Ausbeutung von Kindern im Tourismus einzudämmen, fordert strengere Gesetze und eine konsequente Strafverfolgung. Laut der im Mai 2016 von ECPAT international veröffentlichten Global Study on Sexual Exploitation of children in Travel and Tourism (globalstudysectt.org/global-report) hat das Ausmaß der sexuellen Ausbeutung von Kindern auf Reisen und im Tourismus stark zugenommen.

Die EU-Kommission sprach 2010 davon, dass rund 4 Prozent der Reisenden aus aller Welt, die sich in einem anderen Land aufgehalten haben, Sexualstraftaten verübten – und sich davon wiederum zehn Prozent Kinder als Opfer aussuchten. Einen Hinweis auf das tatsächliche Ausmaß der sexuellen Ausbeutung geben aber auch andere Zahlen: Allein in Deutschland wurden 2014 laut Polizeistatistik über 12 000 Kinder unter 14 Jahren sexuell missbraucht. Statistiken wie die des Projekts Mikado der Uni Regensburg (mikado-studie.de) gehen davon aus, dass – ebenfalls bundesweit – 15 bis 30 Prozent aller Mädchen und 5 bis 15 Prozent aller Jungen eine Art des sexuellen Missbrauchs in ihrer Kindheit erfahren. »Nimmt man dann die eine Milliarde Reisende, die jährlich weltweit unterwegs sind, dann gibt uns das eine Idee, wie viele Kinder betroffen sein könnten – gerade in Ländern, in denen durch Armut die Risiken für Kinder, Opfer von Ausbeutung zu werden, sehr hoch sind«, sagt Kinderrechtsaktivistin Schrempp. In Ländern auch, in denen die Schwelle für solche Angebote mitunter sehr niedrig liegt.

Als Zielländer für Sextouristen gelten vor allem Länder des globalen Südens, etwa Thailand, Brasilien, Kambodscha, Philippinen (s. Interview S. 126), Kenia, aber zunehmend auch Staaten des Balkans. Eine 2016 veröffentlichte Studie von ECPAT zeigt, dass auch Moldawien oder Albanien Zielländer geworden sind. »Sexuelle Ausbeutung von Kindern in Verbindung mit Tourismus – das ist ein weltweites Problem«, sagt Schrempp. Den Begriff »Sextourist« oder gar »Kindersextourist« lehnt sie wie auch viele Kinderschutzexperten allerdings ab: »Er impliziert, dass die Leute gezielt eine Reise antreten, um Sex mit Kindern zu haben«, sagt Schrempp. Das sei in den wenigsten Fällen so. »Sicherlich gibt es den Geschäftsmann, der vor Ort gezielt in Bars oder Internetcafés Minderjährige anspricht oder über Chatrooms und Mittelsmänner einen Kontakt vor Reiseantritt anbahnt«, so Schrempp. Viele jedoch würden erst vor Ort von Taxifahrern, Barmännern und -frauen, Rikschafahrern angesprochen und damit zu Gelegenheitstätern.

Oftmals geschehe das ohne jegliches Unrechtsbewusstsein, nutzten Männer das »Angebot«, die sich »zu Hause nie auf einen sexuellen Kontakt mit einer 14-Jährigen einlassen würden«, ist Schrempp überzeugt. Ganz oft auch spielten diese Täter ihren Missbrauch mit dem Argument herunter, die Mädels in den entsprechenden Ländern seien mit 14 ja schon viel reifer. »Das kann kein Argument sein, sondern zeigt rassistische Vorurteile«, sagt Schrempp. »Die Schutzbedürftigkeit von Kindern gilt weltweit.«

Zumal der sexuelle Missbrauch von Kindern in nahezu allen Ländern verboten ist. Die meisten Staaten haben die UN-Kinderrechtskonvention unterzeichnet. Doch in vielen steht das Verbot nur auf dem Papier oder wird nur stockend umgesetzt – gerade in Ländern, die Sextouristen anziehen. Umso wichtiger ist es, dass die Reisebranche Verantwortung übernimmt. Noch vor 20 Jahren wollten sich die wenigsten Touristikunternehmen mit dem Thema befassen – man hatte Sorge vor einem Imageschaden durch den offenen Umgang mit dem Thema. Inzwischen jedoch zeigen einige Konzerne und Reiseanbieter wachsendes Engagement: Der Deutsche Reiseverband (DRV) hat den Kinderschutzkodex bereits 2001 unterzeichnet.

Bundesweit folgten diesem Beispiel bis heute 16 weitere Unternehmen, darunter Hauser Exkursionen, SKR Reisen und Wikinger Reisen. 245 Unternehmen in 38 Ländern sind es weltweit, auch die Mitglieder des forum anders reisen (s. S. 219) haben sich dem sechs Punkte umfassenden Verhaltenskodex zum Schutz der Kinder vor sexueller Ausbeutung angeschlossen (thecode.org). Sie verpflichten sich beispielsweise, ihre Mitarbeiter in den Hotels und Agenturen für das Thema zu sensibilisieren. Der Kinderschutzkodex beinhaltet zudem besondere Kündigungsklauseln für die Reiseunternehmen: Hoteliers, die Touristen mit Kindern auf die Zimmer lassen, kann fristlos gekündigt werden.

Zwar handelt es sich bei dem Kodex um eine freiwillige Selbstverpflichtung. »Aber es ist ein wichtiges Instrument, die Reisebranche und Touristikanbieter, ihre Mitarbeiter, aber auch Touristen vor Ort für das Thema zu sensibilisieren und eben nicht wegzuschauen, wenn dem

Mann im Hotel am Nebentisch ein Kind angeboten wird«, sagt Schrempp. Täter sollen sich nicht sicher fühlen dürfen, »sie sollen wissen, dass andere Reisende hinschauen und ihre Taten nicht tolerieren«. Dieses Instrument ist auch so lange notwendig, wie die meisten Taten straflos bleiben: Zwar können Sexualstraftäter für ihre im Ausland begangenen Taten von deutschen Gerichten angeklagt und verurteilt werden. Doch die Beweisführung ist schwierig.

Die von Kinderschutzorganisationen geförderte Sensibilisierung ist zudem so lange notwendig, wie es sexuelle Ausbeutung von Kindern in touristischen Gebieten gibt. Denn die Gründe hierfür sind nicht weniger geworden. Hauptursachen sind die sozialen Gegensätze, sind Armut und die damit oft einhergehende fehlende Bildung. Weil viele Eltern andernorts Arbeit suchen, leben Kinder und Jugendliche häufig bei Verwandten und Bekannten – »werden Kinder woanders in Obhut gegeben, sind sie einfach verletzlicher«, sagt Schrempp. Hinzu kommen die Geringschätzung von Mädchen und Frauen in etlichen Ländern sowie kriminelle Strukturen, die pädosexuelle Straftaten begünstigen. Strukturen, in denen die Polizei auch mal einen Touristen, der in flagranti mit einem oder einer Minderjährigen erwischt wird, gegen ein paar hundert Euro laufen lässt.

Manche Minderjährige bieten sich auch an, um die eigene oder die Drogensucht der Eltern zu finanzieren. »Dass sie das dann ja freiwillig tun, das höre ich oft«, sagt Schrempp. Für sie ist das ein »ganz schwieriges, ein falsches Argument«. Denn: »Es ist trotzdem nicht freiwillig, es sind die Lebensbedingungen, die dazu führen, dass Kinder sexuell ausgebeutet werden.«

»Haltet euch von Sexbars fern«

Gespräch mit Father Shay, Gründer der Hilfsorganisation PREDA (www.preda.org/de), über Kinderprostitution auf den Philippinen. Father Shay setzt sich seit mehr als 40 Jahren für die Rechte von missbrauchten Kindern ein und wurde für seine Arbeit bereits zweimal für den Friedensnobelpreis vorgeschlagen (das Interview führte Marina Abd-Rabo.)

Father Shay, Sextourismus boomt weltweit, auch Sex mit Kindern. Wie ist die aktuelle Lage auf den Philippinen?
Der Sextourismus ist weiter auf dem Vormarsch, und lokale Behörden genehmigen immer neue Sexbars.

Wie ist die sogenannte Sexmafia strukturiert?
Meist sind es ausländische Investoren, die Kontakte zu den lokalen Sexbars unterhalten. Man kennt sich, und man hilft sich. Es gibt aber auch viele Konflikte zwischen den Besitzern der Sexbars, Morde und Raubüberfälle. Das alles ist extrem schwer zu verhindern.

Wie viele Kinderprostituierte gibt es auf den Philippinen?
Wir schätzen die Zahl der missbrauchten Kinder anhand der Zahl der Kinder, die wir retten, und multiplizieren sie mit zehn. UNICEF geht von 60 000 Minderjährigen aus, die Jahr für Jahr in der Sexindustrie landen und als Sexsklaven gehalten werden. Viele von ihnen haben gefälschte Geburtsurkunden.

Mit welchen Strafen müssen Kinderschänder rechnen?
Die meisten ausländischen Angeklagten umgehen die offiziellen Strafen, indem sie den Staatsanwalt bestechen und ein Entschädigungsgeld an die Eltern des missbrauchten Kindes zahlen. Dies wiederum bekommt weder Hilfe noch eine Therapie.

Die Philippinen sind ein stark katholisches Land. Welche Position bezieht die katholische Kirche zum Sextourismus?
Die Kirche hält sich sehr bedeckt mit Meinungen und tut wenig. Einige Priester unterstützen aber die Äußerungen von Papst Franziskus, der die Würde von Frauen und Kindern betont und gesagt hat, dass Sexsklaverei ein Verbrechen gegen die Menschheit ist.

Welche vorbeugenden Maßnahmen trifft PREDA, um Sextourismus mit Kindern und Minderjährigen zu verhindern?
Wir haben Aufklärungskampagnen laufen und verfügen über ein Team, das Seminare und Weiterbildungen für Lehrer, Eltern und Kinder über die Gefahren des sexuellen Missbrauchs durch Fremde veranstaltet. Die meisten Pädophilen stammen von den Philippinen. Wir haben Razzien in Sexbars veranlasst, Sexbars schließen lassen und einige wenige Ausländer vor Gericht gebracht. Wir versuchen zu verhindern, dass die lokalen Behörden Genehmigungen für neue Sexbars ausstellen. Und wir retten Kinder, die dann vor Gericht aussagen können.

Welche Empfehlungen haben Sie für ausländische Besucher der Philippinen?
Natürlich raten wir allen Touristen, sich von Sexbars fernzuhalten. Man sollte nicht auf Menschen eingehen, die angeblich Geld für Kinder sammeln. Dahinter steckt oft Kinderhandel. Um sich keinem falschen Verdacht auszusetzen, sollte man Kindern nicht zu nahe kommen. Und wer armen Menschen helfen möchte, der sollte eine entsprechende Organisation unterstützen, sei es als Freiwilliger oder mit einer Geldspende.

2.4 Kultur

Einleitung

Seit es Tourismus gibt, wird die Frage diskutiert, ob er neben seinen ökonomischen und arbeitspolitischen Effekten der Völkerverständigung dient. Ob er hilft, Vorurteile abzubauen oder Kulturen zu erhalten. »In unserer globalisierten Welt sind Begegnungen mit anderen Kulturen etwas sehr Bedeutendes – fast eine Notwendigkeit, wenn wir friedlich und verständnisvoll miteinander leben wollen«, sagt Heinz Fuchs von Tourism Watch.

Damit liegt der Tourismusexperte sicher nicht falsch. Doch der Tourismus ist enorm facettenreich und mit ihm die Art der Begegnung. Verbesserte Transportmöglichkeiten wie auch moderne elektronische Kommunikationsmittel haben die Kontaktmöglichkeiten zwischen Menschen verschiedener Kulturen stark vereinfacht. »Was aus diesem Kontakt jeweils wird, hängt von den spezifischen Bedingungen ab, die in der Realität unendlich variieren«, schrieb Christoph Hennig bereits 1997 in seinem Buch *Reiselust – Touristen, Tourismus und Urlaubskultur*. Doch, so der Sozialwissenschaftler, würden die Auswirkungen des Tourismus auf die Beziehungen zwischen verschiedenen Kulturen vielfach überschätzt. Denn Touristen sind nie die ersten Fremden, die das Ziel bereisen.

Völkerverständigung ist eine »tief greifende Kommunikation zwischen verschiedenen Bevölkerungsgruppen, Kulturkreisen oder anderen vergleichbaren großen Gruppen auf allen Ebenen«. Das ist nur eine von zahlreichen Definitionen. Wie sehr eignet sich der Tourismus zur Umsetzung dieses anspruchsvollen Ziels? Denn im Tourismus geschieht diese Völkerverständigung nicht automatisch, »sie ist vielmehr voraussetzungsreich«, schreibt Christina Kamp von Tourism Watch. Die Ergebnisse einer Begegnung von Menschen mit unterschiedlichem kulturellen Hintergrund seien abhängig von der Situation, der Persönlichkeit der Beteiligten und den Themen, um die es dabei geht.

Alles, nur kein Tourist sein

Ob Globetrotter, Backpacker oder Pauschalreisender: In fernen Ländern eint uns alle die Tatsache, dass wir Touristen sind, auch wenn der Gruppenreisende nicht mit dem Pauschalurlauber, der Pauschalurlauber nicht mit dem All-inclusive-Tourist und der Rucksackreisende mit keinem der anderen Backpacker verwechselt werden will. Elitäre Globetrotter und Langzeitreisende distanzieren sich nur allzu gerne von den Rucksackreisenden, die mit der Reisebibel Lonely Planet in der Hand schnell identifiziert sind. Was heute zählt, ist das individuelle Reiseerlebnis: Dieses Phänomen erklärt der Schweizer Soziologe Robert Schäfer in einem Spiegel-Interview: »Touristen sind per Definition keine Individuen, sie treten als Masse auf, als Touristenhorde. Der einzelne Reisende aber will die ausgetretenen Pfade verlassen, auch im übertragenen Sinn. Er sucht ein authentisches Erlebnis, das außerhalb der Logik seines Alltags steht. »Man ist als Tourist unterwegs, aber will auf keinen Fall so aussehen.« Doch beim Reisen ist es wie beim Rennen Hase gegen Igel: Sosehr wir auch um das besondere, einmalige, authentische Reiseerlebnis bemüht sind, meist war schon jemand vor uns da, oder hat vor uns auf fremden Sofas übernachtet (couchsurfing.org), Essen bei Einheimischen (bookalokal.com) ausprobiert und tolle Ausflüge mit den locals gemacht (likealocalguide.com, spottedbylocals.com). Wer damit kein Problem hat und um des Reisens willen reist, der outet sich auch problemlos als Tourist. Und probiert vielleicht mal wieder was ganz Altmodisches, um Einheimische kennenzulernen: Er stellt sich an den Straßenrand und hält den Daumen raus.

(Hinweis: Reisen per Anhalter ist nicht in allen Ländern erlaubt und sicher. Vor allem alleinreisende Frauen sollten sich diesbezüglich vorher gut informieren.)

Für den 2003 verstorbenen Schweizer Tourismusforscher Jost Krippendorf hingegen gehörte die Mär von der Völkerverständigung im Zeitalter des Massentourismus ins Reich der Wunschvorstellungen. »Die Chancen und Voraussetzungen zu einer echten zwischenmenschlichen Begegnung zwischen Reisenden und Bereisten könnten kaum schlechter sein«, schrieb der Vordenker eines sozial- und umweltverträglichen Tourismus in seinem Buch *Die Ferienmenschen*. Wo eine Ich-Betonung dominiere, wo Massen aufträten, die nur mit Serienabfertigung zu bewältigen seien, wo Kommerz, Hektik und Fremdbestimmung vorherrschten, wo Überlegenheitsgefühle und Unterlegenheitsgefühle auftauchen könnten, wo die Unterschiede zu groß seien, müsse das Herz auf der Strecke bleiben und könne keine Begegnung stattfinden, so Krippendorf.

Was Krippendorf 1986 konstatierte, hat auch heute noch weitgehend Bestand. Zwar existiert in zunehmendem Maße der Wunsch vieler Touristen, auf Reisen in Entwicklungsländer den Alltag der Einheimischen kennenzulernen – sei es über den Besuch eines Hilfsprojekts des Veranstalters, über den Besuch eines Slums (s. S. 269) oder im Rahmen eines organisierten Ausflugs. Doch »die Kürze der meisten Reisen, mangelhafte Reisevorbereitung, fehlende gemeinsame Sprachkenntnisse bei Gastgebern und Reisenden und touristische Gettoisierung, z. B. in All-inclusive-Anlagen, machen ein vertieftes gegenseitiges Kennenlernen nicht leicht«, heißt es in der Untersuchung *Tourismus in Entwicklungs- und Schwellenländern* des Studienkreises für Tourismus und Entwicklung.

Internationales Handbuch zu Tourismus und Frieden

Das 2014 veröffentlichte *International Handbook on Tourism and Peace* untersucht die bisher vernachlässigte Rolle des Tourismus als Friedensbegleiter. Anhand von Fallbeispielen erklären die Autoren, wie und wie gut Tourismus zum Frieden innerhalb von und zwischen Gesellschaften beitragen kann und welche Rolle er nach Konflikten spielt. Das Handbuch ist im Buchhandel erhältlich und kann auf der Webseite von fair-unterwegs.org kostenlos heruntergeladen werden.

Ohnehin kann nur selten von einem Kennenlernen auf Augenhöhe ausgegangen werden. In der Regel handelt es sich um eine inszenierte Authentizität, ein vorgefertigtes Besuchsprogramm, das bestimmte Leistungen miteinschließt, die in formaleren Geschäftsbeziehungen zwischen Touroperator und Besuchten vertraglich festgelegt sind. Das ist fast unumgänglich, denn der regelmäßige Besuch will vorbereitet sein: Das Essen muss fertig sein, die sanitären Anlagen geputzt, die Tanzgruppe anwesend und das Kunsthandwerk ausgelegt. Je mehr Touristen kommen, desto durchgestylter und professioneller wird das Programm.

Aber je mehr Touristen kommen, desto weniger authentisch wird es auch. Desto schwieriger wird es für die Besuchten, aufgrund der ständigen Wiederholungen gleich freundlich und nett zu jedem Besucher zu sein. Das Lächeln, die Umarmung, die Fotoerlaubnis ist Teil der Show und wird eben erwartet. Dafür haben die Touristen bezahlt. Was nicht heißen soll, dass spontane und überraschende Begegnungen nicht möglich sind! Aber ein straffer Zeitplan und Sprachbarrieren verhindern in der Regel möglichen Tiefgang. Dennoch sind hinterher meistens alle – zumindest vordergründig – zufrieden. Die Touristen, die ihre (Beweis-) Fotos gemacht, und die Besuchten, die ihr Einkommen gesichert haben.

Indigene Völker – ist der kulturelle Clash unausweichlich?

In einer Welt, die sich zunehmend globalisiert und in der immer mehr Menschen unterwegs sind, trägt der Tourismus zur Modernisierung von Entwicklungs- und Schwellenländern bei. Dieser Prozess verläuft nicht immer reibungslos, prallen doch »Ansprüche und Verhaltensweisen der Reisenden auf die Traditionen oder soziokulturellen Standards der Einheimischen«, sagt der Tourismusethiker Harald Friedl. In weniger erschlossenen Regionen ist die Gefahr hoch, dass sich Tourismus negativ auf die Kultur der Bereisten auswirkt. »Besonders in ärmeren Ländern können durch die massenhafte Präsenz von Touristen Akkulturationsprozesse beschleunigt werden und zu sozialer und psychischer Destabilisierung führen«, schreibt Prof. Dr. Wolfgang Strasdas von der Hochschule Eberswalde in seinem Buch *Nachhaltiger Tourismus* (s. S. 316). Symptome solcher Prozesse seien zunehmende Kriminalität oder Prostitution.

Bedenklich sind auch die Fälle, in denen die Einheimischen nicht selbstbestimmt über den Besuch von Touristen entscheiden können und/oder angemessen von den Einnahmen profitieren. Besonders Letzteres scheint beim Besuch von indigenen Völkern und entlegen lebenden Ethnien eher die Regel denn die Ausnahme zu sein. Das trifft für die Uros und Aymaras auf den Inseln des zu Peru und Bolivien gehörenden Titicaca-Sees ebenso zu wie für die Karen-Frauen im nördlichen Thailand, die mit ihren von Messingringen gestreckten Hälsen Touristen anlocken, wie auch für die Buschleute in der Kalahari-Wüste im Süden Afrikas. Meist sind es die lokalen Veranstalter, die von ihren exotischen Mitbürgern profitieren, aber die Besuchten mit Almosen abspeisen. Von ihren Landsleuten und ihren Regierungen werden Angehörige indigener

Völker oft als Menschen zweiter Klasse behandelt – zugleich aber von den nationalen Tourismusinstituten als Sehenswürdigkeit beworben. Mit ihren Trachten, ihrem Brauchtum und ihrer Ursprünglichkeit verdienen andere viel Geld.

Wenn wir also unbedingt eine Begegnung mit exotischen Völkern erleben möchten, sollten wir unsere Motive für diese Begegnung hinterfragen. Geht es uns beim Besuch der Einheimischen lediglich um die Befriedigung unserer Sensationsgier? Um ein Beweisfoto oder die Bestätigung von Klischees und Vorurteilen? Interessieren uns die Menschen oder nur ihre Trachten? Fahren wir dorthin, weil alle dorthin fahren und weil man »es« eben gesehen haben muss? Sind wir enttäuscht, weil sich auch primitive Völker zunehmend westlich kleiden und deren Mitglieder mit einem Smartphone herumlaufen? Handelt der Reiseveranstalter gesetzeskonform? Werden Menschenrechte beachtet? Was sind die langfristigen Folgen unseres Kurzbesuchs? Sind wir in der Lage zu verzichten, wenn wir wissen, dass sich unser Besuch auf die Einheimischen nachteilig auswirkt?

Wie etwa ein Besuch bei den Jarawa. Das kleine Volk lebt zurückgezogen auf den zu Indien gehörenden Andamaneninseln. Laut indischer Gesetzgebung zum Schutz indigener Völker ist es verboten, die Jarawa zu filmen oder Kontakt zu ihnen aufzunehmen. Doch immer wieder umgehen Reiseveranstalter und Touristen die Vorschriften. Auf einer Straße, die durch das Schutzgebiet der Jarawa führt, gelangen Tausende Touristen zu dem bedrohten Volk und behandeln seine nur noch etwa rund 400 Mitglieder wie Tiere in einem Zoo. Trotz nationaler und internationaler Proteste haben die lokalen Behörden eine Frist zur Schließung der Straße und der Schaffung einer alternativen Schiffsroute bis Ende März 2015 verstreichen lassen. Um die »Menschensafaris« zu stoppen, hat die Menschenrechtsorganisation Survival International (survivalinternational.org) eine Kampagne zum Schutz der Jarawa gestartet. Die bislang rund 13 000 Unterzeichner verpflichten sich, die Andamanen so lange nicht zu besuchen, bis die Straße in das Jarawa-Gebiet für Touristen gesperrt wird.

Tausende Kilometer von den Jarawa entfernt fordern die Ureinwohner der zu Chile gehörenden Osterinsel mehr Mitspracherechte im Umgang mit ihren kulturellen Gütern. Um ihrer Forderung Nachdruck zu verleihen, besetzten die Indigenen 2015 für drei Wochen den Nationalpark Rapa Nui, den sie selbst verwalten möchten, berichtete Tourism Watch. Die Blockade galt vor allem dem wichtigsten Wirtschaftssektor der Insel: dem Tourismus. Tausende Touristen kommen Jahr für

Jahr nach Rapa Nui, so der einheimische Name der Insel, um die gewaltigen Moai-Statuen zu bewundern. Die indigene Bevölkerung fühlt sich vom immer stärker wachsenden spanisch-chilenischen Bevölkerungsteil kulturell benachteiligt. Zudem profitierten die Menschen vom Festland Chiles stärker von der Tourismusindustrie, klagen die Ureinwohner. Im April 2015 wurden ihre Proteste erhört: Regierungsvertreter und Vertreter der Rapa Nui schlossen ein Abkommen über die Verwaltung des Nationalparks Rapa Nui. Er wird nun von den Indigenen verwaltet.

Die Rechte indigener Völker

Weltweit gibt es rund 370 Millionen Angehörige indigener Völker in etwa 70 Staaten. Alleine auf der Pazifikinsel Neuguinea hat man mehr als 1000 indigene Völker mit jeweils eigener Sprache erfasst. Angehörige indigener Völker werden oftmals diskriminiert, marginalisiert oder – im Fall des Tourismus – gegen ihren Willen vermarktet. Dabei besitzen alle Völker das Recht auf Selbstbestimmung. Das wurde 1966 im UN-Zivilpakt festgelegt. Er bildet mit dem UN-Sozialpakt und der Allgemeinen Erklärung der Menschenrechte die grundlegenden Menschenrechtsabkommen der Vereinten Nationen. Die 1989 verabschiedete Konvention 169 (Indigenous and Tribal Peoples Convention) der Internationalen Arbeiterorganisation (ILO) ist das einzige verbindliche internationale Abkommen zum Schutz der Rechte indigener Völker. Es erkennt beispielsweise die Landrechte indigener Völker an und schützt diese. Die Konvention wurde allerdings bislang nur von 22 Staaten ratifiziert – in Europa lediglich von Norwegen, Dänemark, den Niederlanden und Spanien. Das Übereinkommen stellt zudem UN-Mindeststandards dafür auf, wie indigene Völker konsultiert werden müssen und mitentscheiden dürfen, wenn Projekte sie betreffen. Deutschland hat bisher die Ratifizierung des Abkommens ILO 169 abgelehnt. Die Begründung: Es gebe in Deutschland keine indigene Bevölkerung, die Anerkennung der Rechte bestimmter Gruppen stehe den deutschen Gesetzen entgegen, oder deutschen Unternehmen könnten Nachteile aus einer Ratifizierung erwachsen. Keinen rechtlich verbindlichen Charakter hat die 2007 verabschiedete Erklärung der Vereinten Nationen über die Rechte der indigenen Völker. Die Erklärung ruft zum Erhalt und der Stärkung indigener Kulturen auf und betont ihr Recht auf Entwicklung im Einklang mit ihren eigenen Werten, Bedürfnissen und Bestrebungen.

Immer mehr indigene Völker sind sich ihrer Rechte bewusst und fordern sie auch ein. Ihre Organisationen (wie zum Beispiel firstpeoples.org) vernetzen sich weltweit und tauschen Erfahrungen aus. Einige Völker haben den Spagat zwischen Kommerz, Tourismus und Kulturerhalt durchaus geschafft. Sie profitieren selbstbestimmt von den touristischen Einnahmen. Etwa die Kuna-Indianer: Sie leben überwiegend an der Karibikküste auf den zu Panama gehörenden San-Blas-Inseln. Sie haben sich ihre territoriale Autonomie, Kultur, Trachten und Brauchtum in so gut wie allen Belangen bewahrt, besitzen die Verwaltungsrechte über ihr Land, regieren sich autonom und sind im panamesischen Parlament vertreten. Die Kuna betrachten ihr Land als das Erbe ihres Volkes: Es kann nicht gekauft, verkauft oder verpachtet werden. Somit können auch Ausländer kein Land erwerben. Touristische Aktivitäten sind nur erlaubt, wenn sie im Einklang mit der Kultur und der Umwelt realisiert werden.

Ländlicher Tourismus – zu selten erfolgreich

Der Tourismus hat viele Länder des globalen Südens überrollt – oft zum Nachteil der lokalen Bevölkerung. Damit auch Dörfer und kleine Gemeinden ein Stück vom Tourismuskuchen abbekommen, haben viele Entwicklungsländer mit dem Aufbau eines ländlichen Tourismus begonnen. Die Grundidee besteht darin, Dörfer, ethnische Gruppen und Gemeinden selbstbestimmt in den Tourismus einzubinden (siehe hierzu auch auf S. 112). Die Dorfbewohner entscheiden selbst, »ob und wie sie in ihrem Ort touristische Angebote entwickeln wollen«, erklärt der Tourismusexperte Wolfgang Strasdas. Partizipation ist der Leitgedanke des Community Based Tourism (CBT). Dabei kann entweder die gesamte Gemeinde oder nur einige Familien einer Gemeinde in das touristische Vorhaben einbezogen werden. Oder es kommt zu einem Joint Venture zwischen der Gemeinde oder einigen ihrer Mitglieder und Geschäftspartner. Begleitet werden CBT-Projekte in aller Regel von externen Beratern, die mit Geldern der Entwicklungszusammenarbeit finanziert werden. Nach einer Aufbau- und Trainingsphase übernimmt dann die Gemeinde die Geschäfte – und in einigen Fällen lokale Reisevermittler die Vermarktung des touristischen Angebots.

Was sich in der Theorie einfach anhört, geht in der Praxis oftmals schief (s. S. 136). »Gemeindebasierter Tourismus in Entwicklungsländern gerade auf dem Land ist kein Selbstläufer«, sagt Antje Monshausen,

Tourismusreferentin bei EED/Brot für die Welt. »Die Bevölkerung braucht ein Mitspracherecht nicht nur bei lokalen Projekten, sondern auch bei der Entwicklung von Tourismusplänen und staatlichem Marketing.«

Doch die fehlende Einbindung in die Tourismusstrukturen des Landes und der lange Atem bei der Entwicklung und Vermarktung der Tourismusprodukte sind nur einige der Probleme, mit denen die Menschen vor Ort kämpfen. Denn aus einfachen Bauern in kurzer Zeit Tourismusmanager zu machen klappt in der Regel nicht. Touristisches Know-how und der Umgang mit den Fremden müssen den Einheimischen über Schulungen aufwendig beigebracht werden: Welche Hygienestandards erwartet der Gast? Was isst er gerne zum Frühstück? Der hohe (finanzielle) Aufwand, um das Projekt zu realisieren, steht meist in keiner Relation zum späteren Ertrag für die Einheimischen. So schnell, wie die ausländischen Experten aufgetaucht sind, verschwinden sie nach Projektende. Wurde in den Projektkosten kein Geld fürs Marketing eingerechnet, sitzt die Gemeinde zwar erwartungsfroh vor den neu gebauten Unterkünften für die Besucher, wartet aber meist vergebens auf einen kontinuierlichen Touristenstrom. »Eine der größten Schwierigkeiten besteht darin, genügend Besucher anzuziehen, damit die Investitionen und Anstrengungen sich wirtschaftlich rechnen«, schreibt Ernest Cañada, Koordinator der katalanischen Organisation Alba Sud (albasud.org).

Bleiben die Touristen aus, fehlt das Geld für Instandsetzung und Reparaturen der touristischen Infrastruktur. Verfällt diese, kommen noch weniger Touristen – ein Teufelskreis. Aus einem gut gemeinten Ansatz werden schnell Frust und Vergessen. Die Entwicklungskarawane ist dann schon längst in ein anderes Gebiet weitergezogen, wo oftmals die gleichen Fehler begangen werden. Und auch lokale Reiseunternehmen, die sich als Vermittler der Touren betätigen, ziehen sich bei niedrigen Touristenzahlen schnell zurück. Niemand möchte Verluste machen.

Nicht immer findet vor Projektbeginn eine realistische Einschätzung des touristischen Potenzials einer Gemeinde statt. Die Euphorie ist schnell erzeugt, aber viele Orte sind schlichtweg nicht attraktiv genug. Und zudem nur schwierig zu erreichen. Projektanträge an Geberorganisationen werden selten von den Gemeinden gestellt, sondern von den Entwicklungsorganisationen, die das Projekt betreuen. Von Partizipation, Gender, Empowerment, Capacity building ist da die Rede – aber nur am Rande von Verwaltungs- und Marketingkosten oder Zielgruppenwerbung. Oft fehlt ein Businessplan.

Zudem kann der plötzlich einsetzende Tourismus zu Verwerfungen innerhalb der Dorfgemeinschaft führen: »In der Praxis kann es zu sozialen Spannungen im Ort kommen, wenn sich einzelne Mitglieder ausgeschlossen oder übervorteilt fühlen oder durch Korruption und Vetternwirtschaft die Gelder versickern«, schreibt Tourismusexperte Wolfgang Strasdas in seinem Buch *Nachhaltiger Tourismus*.

Gut gemanagte, dauerhaft erfolgreiche CBT-Projekte, die besonders in Ländern des globalen Südens gerne als Allheilmittel für verfehlte Entwicklungspolitik empfohlen werden, sind weiterhin die Ausnahme. Nachfolgend ein Beispiel für verfehlte Tourismusplanung in der Entwicklungszusammenarbeit.

Die Akha Experience: Gut gemeint ist nicht immer gut gemacht

Die Akha sind die größte von rund 20 verschiedenen Volksgruppen in der waldreichen Provinz Luang Namtha im Norden von Laos. Die Mitglieder dieser Ethnie leben überwiegend von Subsistenzlandwirtschaft. Sie sind bekannt für ihren kulturellen Reichtum und ihre traditionelle Lebensweise.

Einen wirtschaftlichen Aufschwung erlebt die Region seit Mitte der 1990er-Jahre. Damals hatten überwiegend chinesische Investoren Waldflächen aufgekauft, Bäume gerodet und Gummibäume angepflanzt. Viele Dorfgemeinschaften erlagen der Versuchung des schnellen Geldes. Der Preis, den sie zahlten, war der Verlust großer Waldflächen. Die Folgen waren neben zunehmender Bodenerosion und einer wachsenden chinesischen Einflussnahme auch steigende Bodenpreise. Diese wiederum führten zu Konflikten und Spannungen zwischen den Stämmen, zum Beispiel zwischen den Leu im Tiefland und den Akha im Hochland. Zwischen Kleinbauern und größeren Unternehmen. Und zwischen Dorfbewohnern, die Gummi anpflanzten, und denen, die keinen Kautschuk hatten.

Im Oktober 2005 startete die Deutsche Gesellschaft für Internationale Zusammenarbeit (GIZ, damals GTZ) nach mehr als einjähriger Vorbereitungsphase mit der Akha Experience (AE) ein vielversprechendes Tourismusprojekt. Ausgangspunkt der mehrtägigen Trekkingtour in geführten Kleingruppen durch intakte Waldlandschaften zu acht Dorfgemeinschaften der Akha war der kleine Ort Muang Sing. Neben dem Naturerlebnis stand das Kennenlernen der Akha-Kultur im Mittelpunkt des Trips. Die Teilnehmer der Touren übernachteten in einfachen, traditionell gebauten Lodges, die von Dorfbewohnern geführt wurden. Jeweils zwei speziell trainierte lokale Guides mit Englischkenntnissen begleiteten die Gruppen auf ihrer Wanderung. Als Bindeglied zu den Dorfgemeinschaften und als Vermarktungspartner war die GIZ eine Kooperation mit dem internationalen Reiseveranstalter Exotissimo eingegangen.

Das Feedback der teilnehmenden Touristen war positiv. Die teilnehmenden Dorfbewohner nahmen ihre Gäste herzlich auf und profitierten damit auch in einigen Fällen finanziell von den Besuchern. Doch obwohl das Projekt auch von den laotischen Tourismusbehörden in die nationale Ökotourismus-Strategie integriert wurde, scheiterte es nach nur acht Jahren. Die GIZ hatte ihre Beratung bereits zwei Jahre nach Projektbeginn im Juli 2006 beendet.

Zurück blieben neben zerstörten Illusionen auch wenig überzeugende betriebswirtschaftliche Kennzahlen: Zu diesem Ergebnis kommen drei Studien, die die GIZ 2005, 2006 und 2008 in Auftrag gab. Dem sechsstelligen Betrag (110 000 Euro), den die GIZ laut der 2006er-Studie in das Projekt steckte (für GIZ-Mitarbeiter, Infrastruktur, lokale Mitarbeiter, Studien etc.), und den 75 200 Euro, die Exotissimo in das Projekt investierte, stehen magere Einnahmen für die Dorfgemeinschaften gegenüber. Sie lagen 2006 bei 944 US-Dollar (von 32 Touristen; Projektstart war erst im Oktober), betrugen im Jahr 2006 dann 7 838 US-Dollar (281 Touristen) und stiegen bis auf 10 265 US-Dollar im Jahr 2007 (276 Touristen) an. Dem Bericht zufolge lagen selbst die Einnahmen in den Dörfern, die mit rund 3 000 US-Dollar am meisten von der AE profitierten, weit unter den durchschnittlich 23 000 US-Dollar pro Jahr, die Akha-Dörfer mit Reis, Zuckerrohr oder Gummi erwirtschaften könnten. Hätte man nur die GIZ-Gelder direkt an die Dörfer ausgezahlt, hätte jedes 13 750 Euro erhalten.

Ein weiteres Ergebnis der Studien: Die Einnahmen aus dem Tourismus verteilten sich sehr unausgewogen auf die acht teilnehmenden Dörfer. Während die Dörfer Ban Laokhao und Ban Tamee, in denen die Teilnehmer der AE übernachteten, 2007 zusammen rund 7 500 US-Dollar (73 Prozent der gesamten Einnahmen) auf sich vereinten, blieben für Ban Namhou im gleichen Jahr gerade einmal 161 US-Dollar übrig. Und obwohl der Reiseveranstalter Exotissimo seinen Gästen in seinem Büro in Muang Sing mitteilte, 80 Prozent der Gesamteinnahmen flössen an die Akha, waren es laut der 2008er-Studie *Tourism in Akha Villages in Muang Sing* lediglich 40 Prozent des Tourpreises. Vom gesamten Tourpreis erhielt Exotissimo 30 Prozent, die restlichen 30 Prozent entfielen auf Steuern und lokale Tourismusgebühren.

Mehrere Ungereimtheiten beeinträchtigten zudem die Glaubwürdigkeit der Projektpartner: Zum einen veruntreuten die Tourismusmanager einiger Dörfer Gelder des Entwicklungsfonds, in den rund elf Prozent des Akha-Verdienstes einflossen. Zum anderen kam es auch bei der Abrechnung von Dienstleistungen zwischen Exotissimo und den Akha-Dörfern zu Unregelmäßigkeiten: So erhielten der Studie zufolge Bewohner einen US-Dollar für eine Massage statt 1,20 US-Dollar, wie Exotissimo auf Belegen auswies. Im Dorf Ban Eula berechnete Exotissimo 1,50 US-Dollar pro zubereiteter Mahlzeit – zahlte den Bewohnern aber nur einen US-Dollar. Und der Akha-Guide erhielt acht US-Dollar pro Tour statt den über 10 US-Dollar, die Exotissimo dem lokalen Guide aus Muang Sing zahlte.

Fazit: Die AE scheiterte zum einen, weil sich für die Erwartungshaltung der Touristen wichtige Rahmenbedingungen wie intakte Natur und Kultur signifikant änderten. Da sich der Waldverlust, der Gummiboom und die einsetzende Akkulturation der Akha aber bereits viele Jahre vor Projektbeginn abzeichneten, hätte sich die GIZ in der Planungsphase kritischer mit der Situation vor Ort auseinandersetzen und das Projekt möglicherweise noch vor seinem Beginn stoppen müssen. Die Beratungsphase von nur zwei Jahren war zu kurz.

Zum anderen bewies die GIZ bei der Wahl des Projektpartners kein glückliches Händchen. Obwohl der Veranstalter Exotissimo die Exklusivrechte für die Vermarktung der AE über einen Zeitraum von 15 Jahren erhielt, zeigte die international tätige Agentur zu wenig Engagement. Außerdem manipulierte sie Abrechnungen zum Nachteil der Akha-Dörfer.

Ein weiteres Fazit: Tourismus ist und bleibt für viele Dorfgemeinschaften ein Nischenprodukt – auch für die Weiler der Provinz Luang Namtha. Solange nur wenige Besucher kommen und jede Familie durch sie nur geringe Einnahmen generiert, sind die Dorfbewohner auf andere Einnahmequellen angewiesen. Da sich diese – wie im Fall der Gummiplantagen – ebenso wie kulturelle Veränderungen (weniger Trachten, weniger Brauchtum) wiederum negativ auf den Tourismus auswirken, hat dieser in den meisten Dorfgemeinschaften nur geringe Aussichten auf dauerhaften Erfolg.

Reisen der anderen Art

In ihrem Buch *42 voyages extraordinaires et solidaires dans le monde* führt Autorin Isabelle Alexandrine Bourgeois ein breites Spektrum alternativer Reisen auf. Mit den Trips soll der Nutzen für die gastgebende Bevölkerung maximiert und der Schaden für die Umwelt minimiert werden. Das tourismuskritische Onlineportal *Fair unterwegs* (s. S. 225) hat den 2014 – nur auf Französisch – erschienenen Reiseführer rezensiert (zu finden in der Suchmaske unter »*42 voyages*«).

Respekt – das zwischenmenschliche Bindemittel

Nicht nur beim Besuch indigener Völker und ethnischer Minderheiten, sondern auch ganz allgemein betreten wir auf Auslandsreisen einen fremden Lebens-, Rechts- und Kulturraum. Wir werden mit unterschiedlichen Umgangsformen und Spielregeln konfrontiert, die wir beachten sollten. Nichts anderes erwarten wir schließlich von Fremden, die uns besuchen. Wir hätten wenig Verständnis für Australier, die sich in unseren Kirchen mit nacktem Oberkörper präsentieren. Oder für Chinesen, die in ihren Hotelzimmern kochen. All dies passiert allerdings in den Urlaubsregionen dieser Erde. Auch deutsche Touristen benehmen sich gelegentlich im Ausland so, wie sie es sich zu Hause nie trauen würden. Allzu schnell vergessen Urlauber, dass sie Gäste in einer fremden Welt sind. Man ist weit weg von Normen, Gesetzen, Vorschriften, Benimm- und Anstandsregeln der Heimat. Der Urlaub wird als eine »Periode der Verantwortungslosigkeit» geschätzt, als eine »Zeit unter Fremden«, in der man – wie im Karneval – die »üblichen Sanktionen für einen Verstoß gegen die Sitten« nicht zu fürchten brauche, zitierte Der Spiegel bereits 1970 die Soziologin Renate Mayntz.

Sich frei fühlen und mal richtig die Sau rauslassen – das gehört für viele im Urlaub daher einfach dazu. Einheimische lassen die Besucher meist gewähren. Sie leben von deren Geld. In abgegrenzten Touristenbereichen wie der Hotelanlage mag Hemmungslosigkeit bis zu einer bestimmten Schmerzgrenze akzeptabel sein. Im öffentlichen Raum der Einheimischen ist sie es nicht. Denn in diesem »trägt der Reisende die volle Verantwortung für sein Verhalten gegenüber diesem fremden Lebensraum, in den er zumeist ohne persönliche Einladung eindringt«, schreibt der Journalist Harald A. Friedl in seinem Handbuch *Respektvoll reisen*.

Lieber lächeln

Zu diesem Thema schreibt Journalist Harald A. Friedl in seinem Handbuch *Respektvoll reisen*: »Selbstbeherrschung ist die wichtigste, wenn auch oft harte Regel für unterwegs. Ob Wartezeiten, Pannen oder Schikanen, kein Mensch ist mit Wutanfällen zu beeindrucken. Man verliert nur sein Ansehen und verschärft das eigentliche Problem. Mit Lächeln kommt man viel weiter.«

Das mag den meisten von uns unterschwellig bewusst sein. Aber vor Ort werfen wir die ethischen Normen schnell mal über Bord – selbst dann, wenn kein Alkohol oder keine Drogen im Spiel sind. Neugier und Abenteuerlust sind einfach stärker. Warum verzichten wir nicht auf das Foto von Menschen, die uns andeuten, dass sie gar nicht fotografiert werden möchten? Warum lassen wir den Müll am Strand im Urlaubsort liegen, während wir ihn zu Hause sorgsam entsorgen? Warum ignorieren wir Kleidervorschriften, obwohl wir wissen, dass dies von der einheimischen Bevölkerung nicht gerne gesehen wird?

Zurückhaltung, Toleranz und Respekt sind beim Besuch fremder Länder gefragt, nicht Vorurteile, Angeberei und Besserwisserei. Wer nur reist, um seine Vorurteile zu pflegen, sollte lieber zu Hause bleiben. Wer sich aber ehrlich und sensibel bemüht, die Bereisten besser kennenzulernen, der erlebt Begegnung und Austausch. Dass dies auf einer kurzen Pauschalreise ebenso wie auf einer Kreuzfahrt (s. S. 61 ff.) oder mit einem All-inclusive-Urlaub (s. S. 273 ff.) schwerer realisierbar ist, leuchtet ein. Aber auch für diese Reiseformen gibt es ein Mittel zu mehr Kontakt und Begegnung: Nicht jedes Jahr in ein neues Land fliegen oder fahren, sondern eine Destination auch mehrmals bereisen. Respektvolles Reisen fängt zu Hause an, indem wir uns über die Menschen und das Land informieren. Tipps hierzu finden sich auf Seite 281 ff.

Fair reisen im Heiligen Land

Das Tourismusgeschäft im Heiligen Land, mit dem jährlich Einnahmen von rund sechs Milliarden US-Dollar erzielt werden, wird von Israel dominiert. Der größte Teil der jährlichen 3,5 Millionen Besucher bucht seine Reise über einen israelischen Veranstalter, schläft in israelischen Hotels, isst in israelischen Restaurants, reist in israelischen Bussen und wird von israelischen Reiseleitern betreut. Für die Palästinenser fällt nur wenig ab. Dabei liegen wichtige Pilgerziele wie die Grabeskirche, der Ölberg, die Via Dolorosa, Jericho oder Abrahams Grab auf palästinensischem Gebiet. Um den Tourismus im Heiligen Land fairer zu gestalten, hat Brot für die Welt – Evangelischer Entwicklungsdienst im Dezember 2014 die Broschüre *Kommt und seht! Reisen und Pilgern im Heiligen Land* veröffentlicht. Das kostenlose Infoheft gibt wertvolle Tipps, Hinweise und Adressen. Sie helfen, Kontakt zu Übernachtungsmöglichkeiten, Veranstaltern, Reiseleitern und der palästinensischen Bevölkerung allgemein aufzunehmen.

Knipsen? Ja, aber mit Respekt!

Während meiner Zeit als Reiseleiter besuchte ich mit meiner Reisegruppe Mitte der 1990er-Jahre ein kleines Indianerdorf in der Umgebung von San Cristobal de las Casas im mexikanischen Bundesstaat Chiapas. Die Dorfbewohner duldeten Touristen, wollten aber nicht fotografiert werden. Warntafeln in verschiedenen Sprachen machten darauf aufmerksam. Ich bat meine Reisegruppe vor dem Besuch, auf Fotos zu verzichten oder die Kamera am besten gleich im Hotel zu lassen. Einige Teilnehmer folgten meiner Empfehlung, andere nicht. Wir ließen den Reisebus am Dorfrand stehen und gingen zu Fuß Richtung Ortsmitte. Einer aus der Reisegruppe versuchte, mit seinem Teleobjektiv Dorfbewohner aus der Distanz zu fotografieren. Das blieb natürlich nicht unbemerkt. Im Nu hatte man uns umringt. Ein Dorfbewohner nahm dem verdutzten Mann seine Kamera ab und riss den Film heraus. Nur durch gutes Zureden konnten wir verhindern, dass die Kamera zerstört wurde.

Der Tick mit dem Stick

Selfie-Sticks, auch Selfie-Stangen oder Selfie-Stab genannt, gibt es schon seit den 1980er-Jahren. Den Durchbruch schaffte das Egowerkzeug, mit dem Narzissten sich die »optimierte Selbstwahrnehmung« ermöglichen, aber erst 2014. Damals schaffte es die Teleskopstange in die Liste der besten 25 Erfindungen des Time Magazins. Inzwischen haben wir uns mehr oder weniger an die merkwürdigen Stangen gewöhnt. Doch nicht überall sind Selfie-Sticks erwünscht: Die lange Verbotsliste reicht von einigen englischen Fußballklubs, dem Tennisturnier in Wimbledon und einigen US-amerikanischen Musikfestivals über US-Museen wie dem Museum of Modern Art, dem Getty Center und der National Gallery of Art bis hin zu den Uffizien in Florenz, den Vatikanischen Museen und der Albertina in Wien. Auch in Walt Disney Parks und im Europa-Park heißt es seit Mitte 2015 für Selfie-Stangen: Wir müssen leider draußen bleiben!

In Zeiten von Digitalkameras und Smartphones mit eingebauter Kamera gehen die meisten Menschen entspannter mit dem Thema Fotografieren um. Nun sind es gelegentlich sogar die Einheimischen, die mit ihren Handys Fotos von exotisch aussehenden Touristen machen. Doch auch heute gelten vielerorts ungeschriebene Gesetze, die es nach wie vor zu respektieren gilt. Als Gast in einem fremden Land sollte der Respekt vor Sitten und Gebräuchen der Einheimischen immer Vorrang vor dem eigenen Vergnügen haben. Schwer vorstellbar, dass sich dieselben jungen Leute, die sich in asiatischen Tempelanlagen oder vor dem Pariser Eiffelturm nackt fotografieren, dies in einer heimischen Kirche auch tun würden.

Heikel bleibt das Fotografieren von Personen. Wer wird schon selbst gern ohne Einwilligung von einer fremden Person aus nächster Nähe beim Autowaschen oder Beten in der Kirche abgelichtet? Wegen eines guten Schnappschusses religiöse Zeremonien zu stören, Menschen aus allernächster Nähe ohne deren Zustimmung zu fotografieren ist respektlos. Auch ohne Sprachkenntnisse sollte man Blickkontakt mit den Menschen aufnehmen, die man fotografieren möchte – und ein Nein akzeptieren. Jeder Einheimische hat das Recht, für ein Foto Geld zu verlangen. Posieren ist eine Dienstleistung. Aber mit dem Kauf von ein paar Bananen erwirbt man sich nicht automatisch das Recht, die Verkäuferin abzulichten. Jeder muss dann für sich entscheiden, ob ihm das Foto den geforderten Preis wert ist. Hingegen kommt es bei den Einheimischen überall auf der Welt gut an, wenn man ihnen Abzüge der Fotos schickt. Dies ist zwar aufwendig, aber eine nette Geste – und vielleicht der Beginn einer Freundschaft.

Tödliches Missverständnis im Hochland von Guatemala

Es gibt Dinge, die passieren, obwohl sie niemals hätten passieren dürfen. Was am 29. April 2000 im kleinen guatemaltekischen Bergdorf Todos Santos Cuchumatán geschah, werden wohl selbst die Täter nie rational erklären können. Schon Tage vorher geisterte das Gerücht durch den Ort, Mitglieder einer satanischen Sekte würden den Ort besuchen, um Kinder für ihre blutigen Rituale zu kidnappen. Die Angst der Menschen wurde von Lehrern und religiösen Radiosendern weiter geschürt. Am besagten Tag entlud sich die angestaute Spannung der Dorfbewohner: Wie an den meisten Samstagen kamen auch diesmal Touristen in Reisebussen nach Todos Santos, um den Markt zu besuchen, durch den Ort zu flanieren und die Menschen in ihrer bemerkenswert schönen traditionellen Kleidung zu fotografieren. Die japanische Reisegruppe, die den Ort am frühen Vormittag erreichte, hatte nichts anderes im Sinn. Doch als einer der überwiegend schwarz gekleideten Touristen begann, Nahaufnahmen eines Kindes zu machen, rief die verängstigte Mutter, ihr Kind würde entführt. Innerhalb weniger Minuten bildete sich ein Mob von rund 500 Dorfbewohnern, der den japanischen Touristen sowie den guatemaltekischen Fahrer der Gruppe steinigte. Weitere Touristen wurden verletzt und das Fahrzeug der Gruppe zerstört. Alle Touristen, die sich im Dorf aufhielten, wurden – ob sie wollten oder nicht – für mehrere Stunden »zu ihrer eigenen Sicherheit« in einem Raum festgehalten.

Dieses Vorkommnis macht deutlich, wie touristische Erwartungshaltungen und einheimische Vorstellungen von Besuchern auseinanderklaffen. Den meisten Dorfbewohnern – allesamt Angehörige der indigenen Volksgruppe Mam – wurde nie erklärt, was ein Tourist ist, welche Absichten er hat, warum er in ihr Dorf kommt und beispielsweise ihre Kinder fotografieren möchte. Obwohl die Täter die Hauptschuld trifft, müssen sich besonders das guatemaltekische Tourismusinstitut INGUAT und die guatemaltekische Justiz die unbequeme Frage stellen lassen, wie so etwas geschehen konnte. INGUAT, weil es mit der Exotik von Todos Santos in Hochglanzprospekten wirbt, aber niemals Anstrengungen unternommen hat, die Bewohner auf die Besucher vorzubereiten. Die Justiz, weil ihr Versagen die Menschen bei wachsender Kriminalität in Versuchung bringt, das Gesetz in die eigene Hand zu nehmen. Natürlich sind auch die Touristen in die Pflicht zu nehmen. Und insbesondere der Reiseleiter hätte seine Gruppe besser auf die kulturellen Besonderheiten der Region vorbereiten müssen. Nicht zu vergessen: Einen Freibrief, Menschen zu fotografieren, haben Touristen nirgendwo auf diesem Planeten.

2.5 Tiere

Wir schnorcheln mit Robben vor den Galapagosinseln, beobachten Menschenaffen in Indonesien, schauen uns Löwen in Südafrika an und reiten auf Kamelen in Marokko. Tiere sind aus dem Tourismus nicht wegzudenken – und sie sind zu einem bedeutenden Wirtschaftsfaktor in der Konsumwelt des globalen Reisens geworden. Was wäre eine Reise ohne die Begegnung mit der einheimischen Fauna?

Doch während das Thema Menschenrechte im Tourismus allmählich Fahrt aufnimmt (s. S. 107 ff.), ist es um die Rechte von Tieren auch im Tourismus weiter schlecht bestellt. Wie das Kamel, der Esel, das Pferd, der Elefant oder der Delfin leben und wie diese Tiere behandelt werden, bekommen wir nur selten mit. Wir sind häufig gedankenlos, freuen uns am »Beweisfoto« – und weiter geht's. Erlebnisse mit (exotischen) Tieren sind oft nur ein weiterer Kick.

Großwildjagd – Cecil ist tot

Als bekannt wurde, dass der Großwildjäger Walter P. im Juli 2015 den Löwen Cecil auf einer illegalen Jagd in Simbabwe getötet hatte, brach im Internet ein weltweiter Shitstorm über den Zahnarzt aus dem US-Bundesstaat Minnesota herein. Mehr als eine Million Menschen unterzeichneten eine Onlinepetition, die Gerechtigkeit für Cecil und ein Ende der Trophäenjagd forderte. Im Hwange-Nationalpark, Cecils Zuhause, galt der Löwe als große Touristenattraktion – tausendfach gefilmt und fotografiert. Doch seine imposante Statur und seine gewaltige Mähne wurden ihm letztendlich zum Verhängnis. Gegen Egozentrik, Jagdfieber und Geldgier war der afrikanische Starlöwe machtlos.

Cecils Tod wie auch das Töten eines Elefantenbullen durch einen Thüringer Ministerialbeamten 2014 sind kein Einzelfall. Ob Namibia, Mosambik oder Tansania: Tausende Großwildjäger erlegen in diesen und weiteren afrikanischen Ländern immer noch ganz legal Elefanten, Giraffen, Löwen, Leoparden oder Büffel – in Kanada auch Eisbären oder

Grizzlys. Allein in Afrika gehen nach Angaben des Vereins Pro Wildlife (prowildlife.de) jedes Jahr über 18 000 Ausländer auf die Jagd und töten dabei mehr als 100 000 Wildtiere.

Die Lizenzen hierfür werden versteigert oder von entsprechenden Jagdreiseveranstaltern besorgt. Das Ganze ist kein billiges Vergnügen. Nach Angaben des Nachrichtenmagazins Der Spiegel kann man einen Elefantenbullen in Simbabwe ab etwa 12 000 US-Dollar erlegen, eine Giraffe für 6 500 US-Dollar und einen Büffel für 2 500 US-Dollar. Für eine Eisbärenjagd in Kanada sind für mehrere Tage inklusive Verpflegung und Hundeschlitten umgerechnet etwa 28 000 Euro fällig. Laut Greenpeace kann man auf der in Dortmund stattfinden Messe »Jagd & Hund« den Abschuss eines Löwen buchen. Der Preis: 18 000 bis 54 000 Euro.

Beim Thema Großwildjagd stehen sich Tierschützer und Jäger unversöhnlich gegenüber. Die nachhaltig ausgeübte Jagd sei naturgemäß eine Form der legitimen Nutzung natürlicher Ressourcen, steht im Positionspapier *Nachhaltige Jagd im Ausland* des Deutschen Jagdverbandes (DJV) und des Internationalen Jagdrates zur Erhaltung des Wildes (CIC) aus dem Jahr 2014. Weiter heißt es darin: Die Jagd sei im Gegensatz zum Fototourismus eine Form des »sanften« Naturtourismus, da in der Regel kaum Anforderungen an Infrastruktur gestellt und relativ hohe Einnahmen mit wenigen Besuchern erzielt würden. Zudem schädige die Entnahme von wild lebenden Tieren die jeweilige Population nicht, und die Jagd komme zu einem großen Prozentsatz der örtlichen Bevölkerung direkt zu. Daher handle es sich bei dieser Form der Nutzung um »bestplatzierte Entwicklungshilfe«.

Dem widersprechen Tierschutzorganisationen wie Pro Wildlife und die Weltnaturschutzunion (IUCN, iucn.org). In der IUCN-Studie *Big Game Hunting in West Africa. What is its Contribution to Conservation?* kommen die Autoren zu dem klaren Schluss, dass die Großwildjagd, bezogen auf den Flächenverbrauch, keinerlei sozioökonomischen Vorteile bringt. Die geringen Einnahmen für Dorfgemeinschaften führten nicht zu einem Umdenken bezüglich Wilderei und Ausweitung der Landwirtschaft. Die Anzahl der durch die Jagdaktivitäten generierten rund 15 000 Jobs in den acht größten afrikanischen Jagdländern sei mehr als dürftig angesichts einer Bevölkerung von etwa 150 Millionen Menschen – und der Tatsache, dass 16,5 Prozent der Landesfläche dieser Länder als Jagdfläche ausgewiesen sind. Der Fototourismus hingegen erwirtschaftet Berechnungen von Pro Wildlife zufolge Milliardenbeträge und schafft ein Vielfaches an Arbeitsplätzen. Kenia verdiene jährlich eine Milliarde US-Dollar am Fototourismus und nur rund 30 Millionen US-Dollar durch die Trophäenjagd. Und in Botswanas Okavango-Delta schaffe der Fototourismus 39-mal mehr Jobs als die Jagd, so der Verein.

Auch das Argument der Jagdlobby, Großwildjagd sei aktiver Artenschutz, entkräftet Pro Wildlife: Für die Anzahl Tiere, die zum Abschuss freigegeben würden, gebe es keine wissenschaftliche Grundlage. Die Jagdquoten ergäben sich überwiegend aus der Nachfrage durch finanzkräftige Trophäenjäger. Zum Beispiel habe der Löwenbestand in den letzten 21 Jahren um 42 Prozent abgenommen, während der Abschuss durch Trophäenjäger deutlich zugenommen habe. Aus Ländern wie Südafrika, Simbabwe, Tansania, Namibia werde zunehmend berichtet, wie korrupte Jagdreiseveranstalter, Wildhüter und Behörden Abschussquoten nicht einhalten und Einnahmen nicht abführen.

Es ist sicherlich in begründeten Fällen notwendig, Wildtierbestände zu regulieren und hierfür gezielt Tiere zu töten. Nichts anderes tun in Deutschland professionelle Jäger, wenn sie Rehe, Füchse oder Wildschweine schießen. Aber Tiere auf Wildfarmen zu züchten, damit zahlende Touristen auf sie schießen können (s. S. 147), ist moralisch nicht zu vertreten. Von den Einnahmen profitiert die einheimische Bevölkerung kaum.

Ist Cecil umsonst gestorben? Nein, denn seit dem Tod des stolzen Löwen hat sich einiges getan: Das Thema Großwildjagd ist nun einem breiten Publikum bekannt geworden – der Jäger von Cecil musste sich verstecken und wurde selbst zum Gejagten. In Simbabwe wird die Jagd künftig stark eingeschränkt sein. Inzwischen ist die Einfuhr von Löwentrophäen aus fünf Ländern in die EU untersagt, meldet Greenpeace. In den USA gelten Löwen seit Januar 2016 als bedrohte Art. Immer mehr Fluggesellschaften beugen sich dem großen internationalen Druck und transportieren keine Jagdtrophäen mehr, darunter Air France, KLM, Emirates, Qatar Airways und South African Airways.

Was fehlt, ist ein klares Bekenntnis der Politik gegen die Großwildjagd. Sie ist auch in Deutschland – mit Genehmigung – immer noch legal. Angaben der Tageszeitung Die Welt zufolge wurden 2014 Trophäen von 325 geschützten Tieren legal nach Deutschland gebracht, darunter elf Löwen, 43 Schwarzbären, 36 Leoparden sowie sieben afrikanische Elefanten und ein Eisbär. Unverständnis unter Tierschützern hat die Entscheidung der EU im September 2015 ausgelöst, die Einfuhr von Löwentrophäen aus Tansania trotz massiver Bestandsrückgänge zu genehmigen. Laut Pro Wildlife machen Wissenschaftler neben Lebensraumverlust und Konflikten mit Viehbesitzern auch die Großwildjagd mitverantwortlich für den Niedergang der Löwenbestände.

Von der »Streichelfarm« zum Canned Lion Hunting

Bei vielen Südafrika-Urlaubern sind sie beliebt: Parks, in denen man mit Löwenjungen kuscheln, spazieren und von ihnen Fotos machen kann. »Solche Ausflugsziele haben nichts mit Arten- oder Tierschutz zu tun, auch wenn das den Touristen meist vorgegaukelt wird«, sagt Indra Kley, Leiterin des Österreich-Büros der Tierschutzorganisation Vier Pfoten (vier-pfoten.at). »Die kleinen Löwen werden kurz nach der Geburt von ihren Müttern getrennt und als Touristenattraktion missbraucht«, erklärt Kley. Diese in Gefangenschaft aufgewachsenen Löwen könnten niemals ausgewildert werden. Es gehe nur ums Geschäft! Werden die Tiere zu groß, landen sie oft auf einer Jagdfarm. Beim sogenannten Canned Lion Hunting werden jährlich rund 1000 Zuchtlöwen getötet. Weitere 6000 Löwen in Gefangenschaft sind von diesem grausamen Schicksal bedroht – mehr als je zuvor.

Orcas, Wale und Delfine – stummes Leid im Betonbecken

Weltweit locken rund 200 Delfinarien jährlich Hunderttausende Besucher an, darunter viele Touristen. Begeistert klatschen die Zuschauer, wenn die dressierten Meeressäuger zu lauter Musik Kunststücke vorführen, Besucher nass spritzen und ihren Trainern Küsschen am Beckenrand geben. Man könnte glauben, die Tiere hätten Spaß an dem Spektakel. Heile Welt im Vergnügungspark?

Die Realität sieht anders aus. Was hinter den Kulissen passiert, davon bekommen die Zuschauer nichts mit. Doch wer eine Delfinshow besucht, finanziert damit Tierquälerei, sagt die Tierschutzorganisation Pro Wildlife. Auf der Webseite der Organisation OceanCare (oceancare.org) heißt es: »Jedes Becken ist für Delfine zu klein, zu kahl, zu reizlos, schlicht zu artfremd. Werden die hochintelligenten Tiere in Delfinarien gehalten, verlieren sie alles: ihre Freiheit, ihre komplexen Familienbande, ihr natürliches Verhalten.«

Delfine sind Wanderer. Sie legen im Meer täglich Strecken von 60 bis 100 Kilometern zurück. Sie leben und jagen in hoch entwickelten Sozialverbänden und orientieren sich in der Dunkelheit der Ozeane akustisch über ihren Echoortungssinn. Für ein Leben in kargen Betonbecken sind sie nicht gemacht. Ob artgemäße Haltung von Delfinen ohne Stress möglich sei, wollte der Ausschuss für Ernährung, Landwirtschaft und Verbraucherschutz in einer Öffentlichen Anhörung zum Thema »Haltung von Delfinen beenden« im Mai 2015 von der Sachverständigen Sandra Altherr wissen. Die Antwort der Projektleiterin Meere bei Pro Wildlife: »Wenn Stressfaktoren anhaltend sind oder nicht kompensiert werden können (etwa ungünstige Gruppenzusammensetzungen bei fehlender Ausweichmöglichkeit, mangelnde kognitive Reize, Herausreißen aus harmonischer Gruppe, Handling und Transporte), kann dies zu Gesundheitsbeeinträchtigungen, ja sogar zum Tod führen. Hinzu kommt Stress durch den Lärm während der Delfinshows (Musik, Erläuterungen per Lautsprecher sowie Beifall und Rufe durch die Besucher). All diese Stressfaktoren sind in Delfinarien systemimmanent und somit kaum beziehungsweise gar nicht zu verhindern.«

Delfine und Wale in Gefangenschaft verkümmern, sind frustriert und sterben früher als in ihrem natürlichen Lebensraum. Oder sie werden aggressiv. Wie etwa der Schwertwal Tilikum, der 1983 als zweijähriges Jungtier vor Island gefangen wurde und seitdem im Vergnügungspark SeaWorld in Florida gehalten wird. Das Orca-Männchen war bereits in drei Todesfälle verwickelt. Sein letztes Opfer war im Februar 2010 die erfahrene Trainerin Dawn Brancheau, die er vor den Augen der entsetzten Besucher packte, unter Wasser zog und ertränkte. Tilikum lebt weiterhin in SeaWorld und tritt gelegentlich vor Publikum auf. Allerdings dürfen Trainer in SeaWorld bei Auftritten mit Walen seit 2010 grundsätzlich nicht mehr zusammen mit den Tieren ins Wasser. Die Aggressivität von Tilikum ist kein Einzelfall: Pro Wildlife hat eine Liste von 48 in Gefangenschaft lebenden Schwertwalen erstellt und darin Dutzende Attacken von Orcas gegen ihre Trainer dokumentiert – darunter auch den Zwischenfall mit Orca Keto, der im Loro Parque auf Teneriffa im Dezember 2009 den Trainer Alexis Martinez tötete.

Noch immer werden Große Tümmler und Delfine gefangen, um sie an Vergnügungsparks zu verkaufen. Erst massiver Protest konnte 2013 verhindern, dass 18 Weißwale (Belugas) aus Russland an verschiedene Aquarien in den USA geliefert wurden. Die meisten in Wildnis gefangenen Meeressäuger stammen aus dem japanischen Fischerort Taiji, unrühmlich bekannt aus dem Dokumentarfilm *Die Bucht* (2009). In schockierenden Bildern zeigt der Film »den Zusammenhang zwischen blutiger Treibjagd und der Glitzerwelt von Delfinarien in aller Welt«, heißt es auf der Webseite von Pro Wildlife. Während die schönsten Tiere gefangen werden, schlachten die Fischer alle anderen ab. Nach Angaben der Tierschutzorganisation kann ein trainierter Delfin bis zu 100 000 US-Dollar einbringen.

Delfinarien – was tun die Reiseveranstalter?

Anfang 2015 veröffentlichte die spanische Organisation SOS Delfines (sosdelfines.org) ein Video aus dem Marineland auf Mallorca. Darin ist zu sehen, wie Delfine von Trainern misshandelt und geschlagen werden. Inzwischen haben die Veranstalter TUI Deutschland, Österreich und Schweiz, FTI Touristik, Schauinsland Reisen und alltours das Marineland aus ihren Programmen entfernt und sich in Kooperation mit dem Wal- und Delfinschutz-Forum (WDSF) aus dem lukrativen Geschäft mit Delfin- und Orcashows zurückgezogen. Nicht so Thomas Cook und DER-Touristik: Sie bieten derartige Programme weiter an und »reagieren – wenn überhaupt – nur häppchenweise«, so WDSF-Geschäftsführer Jürgen Ortmüller.

Der Vergnügungspark SeaWorld in Florida, dessen Besucherzahlen aufgrund der Enthüllungen des Dokumentarfilms *Blackfish* (s. Infoteil, S. 315) zurückgegangen sind, versucht im Geschäfts- und Touristenzentrum Dubai Fuß zu fassen. Dies versucht die Tierschutzorganisation Peta (peta.de) mit der Unterschriften-Aktion »Please, No SeaWorld in Dubai!« zu verhindern. In Kalifornien hat die staatliche Küstenkommission ab Mitte Oktober 2015 die Zucht von Orcas in Gefangenschaft untersagt (frei lebende Orcas sind bereits seit 2005 geschützt). Tierschützer sehen dies als Anfang vom Ende des Vergnügungsparks. Im Mai 2016 erklärte SeaWorld, man werde zukünftig auf die bisherigen Shows verzichten und nur noch die natürlichen Lebensweisen der Tiere zeigen.

Nach Angaben der Koalition Dolphinaria-Free Europe (endcap.eu/dolphinaria/free-europe), einer 2015 gegründeten Koalition aus 19 NGOs aus elf Ländern, werden in 15 EU-Mitgliedstaaten 309 Delfine, Orcas und Beluga-Wale in 33 Delfinarien gehalten – elf von ihnen in Spanien, vier in Italien und zwei in Deutschland. In 13 EU-Mitgliedsstaaten gibt es keine Delfinarien, darunter Slowenien, Griechenland, Ungarn und Kroatien. »Delfinarien haben keinen Platz mehr in der EU, da sie den biologischen Bedürfnissen der Tiere in keiner Weise nachkommen und rechtliche

Vorgaben nicht einhalten«, sagt Sylvia Frey, Mitglied des D-FE Organisationskomitees und Leiterin Wissenschaft & Bildung bei OceanCare. Ziel der Organisation ist nach eigenen Angaben, europäische Bürgerinnen und Bürger, EU-Parlamentsmitglieder und Regierungen davon zu überzeugen, auf Shows und interaktive Programme mit gefangenen Delfinen zu verzichten, da sie dem Wohlergehen der Tiere schaden.

Alternativen zu Delfinarien

Die Tage der Delfinarien scheinen – zumindest in Europa – gezählt. Natürlich hängt dies auch entscheidend vom Verhalten der Besucher ab. Alternativen gebe es: »Ausstellungen, multimediale und interaktive Präsentationen können große und kleine Besucher über die Biologie von Delfinen informieren und für potentielle Gefahren wie Überfischung, Giftstoffe und Müll in den Meeren und gezielte Bejagung sensibilisieren«, sagt Sandra Altherr von Pro Wildlife. Alle großen Tierschutzorganisationen raten aus Sicht des Tier- und Artenschutzes dringend vom Besuch von Delfinarien ab. Die US-amerikanische Organisation Ethical Traveler (ethicaltraveler.org) spricht sich in einem Positionspapier gegen das Schwimmen mit Delfinen in Gefangenschaft aus. OceanCare empfiehlt, Delfinen in freier Wildbahn im Rahmen von Forschungsreisen (s. Kasten S. 251) oder verantwortungsvoll geführten Wal- und Delfinbeobachtungstouren zu begegnen.

Die Nürnberger Delfinlagune, Teil des Tiergartens und nach eigenen Angaben erste Freianlage für Delfine in Deutschland, verspricht dem Besucher eine »naturnahe Beckenlandschaft sowie neuartige und größere Lebensräume« für die dort gehaltenen zehn Delfine. Was den Zuschauern – ebenso wie im Fall des zweiten deutschen Delfinariums in Duisburg – verschwiegen wird, ist laut Tierschutzorganisation Peta die Vertuschung von Todeszahlen, Todesursachen und Details zur Medikamentengabe. Nach Angaben des Magazins Stern hatte das Bayerische Landesamt für Gesundheit und Lebensmittelsicherheit bereits 2012 die Haltungsbedingungen der Delfine kritisiert. Im Rahmen der Öffentlichen Anhörung zum Thema »Haltung von Delfinen beenden« im Mai 2015 erklärte die Sachverständige Sandra Altherr, dass im Nürnberger Delfinarium regelmäßig Valium eingesetzt werde, um aggressive Übergriffe unter den Delfinen zu beenden. »Selbst hochträchtige Tiere erhielten offenbar Valium. Auch Hormone waren im Einsatz, um unerwünschtes Verhalten zu ändern«, so die Expertin. Zoodirektor Dag Encke erklärte auf eine Stern-Anfrage, dass im Jahr 2015 das Psychopharmakon Diazepam bei den Großen Tümmlern nicht mehr verabreicht worden sei.

Walbeobachtung – das Milliardengeschäft

Auch beim Whale Watching, dem Beobachten von Walen und Delfinen, liegt die Betonung auf dem Begriff »verantwortungsvoll geführt«. Die immer populärer werdende Form der Tierbeobachtung glänzt mit enormen Zuwachsraten und Milliardenumsätzen. Nach Angaben des International Fund for Animal Welfare (IFAW, ifaw.org) nehmen jährlich rund 13 Millionen Menschen in fast 120 Ländern an Whale-Watching-Touren teil, zumeist mit Booten auf dem Wasser, aber auch von Land aus und gelegentlich auch mit Flugzeugen und Helikoptern. Doch die »sanfte« Tourismusvariante kann bei den beobachteten Tieren zu Verletzungen, Verhaltensstörungen und Stress führen – wenn die Spielregeln (s. Kasten) nicht eingehalten werden oder schlicht zu viele Boote um zu wenige Wale »kämpfen«.

Ferien mit Tiefgang

Organisationen wie OceanCare (oceancare.org) bieten interessierten Laien die Möglichkeit, an Forschungsfahrten zur Beobachtung von Walen und Delfinen im Mittelmeer (unter anderem Südfrankreich, Griechenland, Menorca) teilzunehmen. Weitere Anbieter unter de.whales.org/themen/wal-und-delfinbeobachtung.

Wer Wale und Delfine verantwortungsbewusst beobachten möchte, findet auf den Webseiten der Whale and Dolphin Conservation (de.whales.org), OceanCare (oceancare.org) und dem International Fund for Animal Welfare (IFAW, ifaw.org) entsprechende Anregungen.

Wie beispielsweise vor der Küste der mexikanischen Halbinsel Cancún. Dort lassen sich zwischen Mai und September Hunderte Walhaie an ihren Fressplätzen beobachten. Seit 2002 wohnen auch Touristen dem einmaligen Spektakel bei. Damals fuhren drei oder vier Boote mit maximal 40 Gästen täglich zu den Tieren. Heute sind es pro Tag mehr als

Touristen – Finger weg von Walfleisch!

In Ländern wie Japan oder Island gilt Walfleisch als Delikatesse. Doch in Walprodukten werden die Grenzwerte für Quecksilber, PCB oder DDT um das bis zu 5 000-Fache überschritten, berichtet die Umweltorganisation OceanCare. Das hat den Isländern inzwischen den Appetit auf Walfleisch gründlich verdorben. Da auf der Atlantikinsel aber noch immer Wale gejagt werden, teils im Rahmen einer international festgelegten Quote, teils illegal, versucht man nun das so gut wie unverkäufliche Fleisch Touristen als Delikatesse in Restaurants unterzujubeln. Erst Wale beobachten, dann ihr Fleisch essen: Nach Angaben der Wal- und Delfinschutzorganisation (WDC) werden bis zu 40 Prozent des Fleisches von Zwergwalen, die in Island getötet werden, von Touristen konsumiert – geräuchert, mariniert oder als Steak gegrillt.

Dagegen setzt sich seit 2010 der International Fund for Animal Welfare (IFAW) auf Island ein. Im Rahmen der Kampagne »Meet Us, Don't Eat Us« sollen ausländische Besucher davon abgebracht werden, Walfleisch zu essen. Viele isländische Restaurants haben sich inzwischen dem Projekt angeschlossen. Der IFAW unterstützt außerdem die EU bei ihrem Bestreben, Island erst dann als Mitglied aufzunehmen, wenn das Land den Walfang beendet. Diesem Ziel kommt man näher: Hvalur, die größte isländische Walfangfirma, gab 2016 bekannt, keine Finnwale mehr zu jagen.

Auch auf Grönland oder den Färöer-Inseln haben Touristen Gelegenheit, Walfleisch zu kosten oder im Supermarkt zu kaufen. Besonders die Färöer-Inseln, eine kleine zu Dänemark gehörende Inselgruppe im Nord-atlantik, sind ins Visier von Umweltschützern geraten: Dort begann die Tötungssaison 2015 laut Umweltorganisation Sea Sheperd (sea-shepherd.de) mit dem Abschlachten von 154 Grindwalen am 6. Juni auf der Insel Vága. Im gleichen Monat trat ein neues Gesetz in Kraft, das auch Touristen verpflichtet, den Behörden das Entdecken von Walen zu melden, damit diese gejagt werden können. Wer sich nicht an das Gesetz hält, dem drohen Geldstrafen oder sogar Haft. Während die Kreuzfahrtreedereien AIDA Cruises und Hapag Lloyd sich daraufhin entschlossen, die Färöer-Inseln bis auf Weiteres nicht mehr anzulaufen, hält TUI Cruises an diesem Reiseziel vorerst fest, berichtete der Norddeutsche Rundfunk. Man missbillige zwar den Walfang, wolle aber erst ab 2017 alternative Routen prüfen.

200 Boote und bis zu 2300 Touristen, schreibt Der Spiegel. Die Walhaie sind zu einem Wirtschaftsfaktor geworden. Laut Spiegel sind im Walhaigeschäft 750 direkte Arbeitsplätze entstanden. Bis zu 400 000 US-Dollar Umsatz bringen die Touren an guten Tagen. Doch die Masse an Booten und Schwimmern beeinträchtigt selbst die duldsamen Walhaie zunehmend. Keine einfache Situation für die mexikanischen Behörden, die Kommerz und Tierschutz unter einen Hut bekommen müssen. Der Plan: weniger Bootslizenzen, eine Mengenbeschränkung der Touristen sowie eine bessere Kontrolle der Verhaltensregeln auf dem offenen Meer.

Touristen schleppen bis zum Umfallen

Im April 2015 brach ein Pferd bei einer Kutschfahrt in Palma de Mallorca zusammen. Die daraufhin gestartete Petition auf der Plattform change.org wurde bis Anfang 2016 von mehr als 117 000 Menschen unterzeichnet. Ziel der Aktion ist das Verbot der 28 offiziell registrierten Kutschen in Palma. In der Petition heißt es: »Seit Jahren gibt es zahlreiche Zwischenfälle, bei denen die Tiere von ihren ungeduldigen Fahrern geschlagen und völlig vernachlässigt werden oder bei denen sie durch die starke Hitze oder viel zu lange Arbeitszeiten zu Tode kommen. Erst 2014 war eine Stute in der Jaume-III-Straße zusammengebrochen. Vor den Augen zahlreicher Touristen und Passanten schlug der Kutscher brutal auf das wehrlose Tier ein.«

Unfälle mit Pferdekutschen sind keine Seltenheit. Die Tierschutzorganisation Peta hat eine Liste mit Hunderten Zwischenfällen alleine in Deutschland veröffentlicht. Der Dokumentarfilm *Blinders* (blindersthemovie.com) enthüllt die angebliche Romantik von Kutschfahrten in New York und zeigt das Leiden der Pferde, die bei Wind und Sturm, Hitze und Frost sowie bei dichtem Verkehr ein schweres Gewicht ziehen müssen. Die sensiblen Tiere werden auf der Straße angehupt und erbarmungslos angetrieben. Sie leiden an Atemproblemen, da sie den ganzen Tag lang Abgase einatmen. Und sie entwickeln Beinprobleme vom Laufen auf den harten Oberflächen, so Peta. Fazit der Tierschutzorganisation: Kutschpferde und Städte passen nicht zusammen. Kutschfahrten gehören dort abgeschafft.

Ob Elefant, Kamel, Esel, Yak, Lama, Strauß oder Pferd: Weltweit ziehen oder tragen Tausende Tiere Touristen nur zu deren Vergnügen – oder um ihre Lasten zu tragen. Sie arbeiten, wann immer der Besitzer es von ihnen verlangt, werden nur selten artgerecht gehalten oder eingesetzt und bekommen nicht immer adäquates und ausreichendes Futter. Vor allem in Entwicklungsländern leben die Tiere unter teilweise erbärmlichen Umständen. Obwohl man den Tieren ihren schlechten Zustand oft ansieht, lassen sich viele Touristen nicht davon abhalten, auf ihnen zu reiten.

Dickhäuter – dünn besaitet

In zahlreichen asiatischen Ländern, darunter Thailand, Indien oder Sri Lanka, gehört ein Elefantenritt oder der Besuch eines Waisenhauses für Elefanten zum Standardprogramm der Touristen. Doch der stetig ansteigende Besucherstrom tut den Elefanten nicht gut. Je größer die Nachfrage, desto öfter werden wilde Tiere als Touristen-Attraktion gefangen – meist als Jungtiere. Da immer mehr Touristen in Thailand auf Elefanten reiten, kommt immer mehr illegaler Tiernachschub aus dem benachbarten Myanmar, heißt es in einem Positionspapier von Ethical Traveller. Um Elefanten gefügig zu machen, muss ihr Wille gebrochen werden. Das erreiche man durch Anbinden, Schläge und Wasserentzug, erklärt die Biologin Daniela Freyer von Pro Wildlife. In vielen Urlaubsländern werden Elefanten brutal dressiert und unter katastrophalen Bedingungen gehalten. Die sozialen und intelligenten Wildtiere führen meist ein trauriges Dasein – allein und in Ketten. Touristen bekommen von alledem selten etwas mit.

Boomender Elefantentourismus – wie reagieren große Reiseveranstalter?

Nach Angaben der Tierschutzorganisation World Animal Protection (worldanimalprotection.org) verzichten weltweit bereits mehr als 60 Reiseveranstalter auf den Besuch von Elefantenshows und auf Elefantenritte. Der Verein Pro Wildlife informiert auf seiner Webseite prowildlife.de/Elefantenreiten per Ampelsystem darüber, wie bekannte deutsche Reiseveranstalter zum Tourismus mit Elefanten stehen.

Daher rät Tierschützerin Freyer: Finger weg von Tieren in Gefangenschaft! Sie ist gegen alle Attraktionen, die den direkten Kontakt mit dem Menschen ermöglichen. Dazu gehören auch Zirkusstücke und Prozessionen. Am besten sei es, die Tiere in freier Wildbahn zu erleben. Dass es auch anders geht, zeigen stellvertretend das Elephant Transit Home auf Sri Lanka (prowildlife.de/Elefantenwaisenhaus), die Save Elephant Foundation in Thailand (s. Kasten unten) und das Boon Lotts Elephant Sanctuary (blesele.org), ebenfalls in Thailand. Tipps für das Verhalten von Touristen im Umgang mit Elefanten gibt Pro Wildlife unter www.prowildlife.de/Elefantentourismus.

Auch Elefanten mögen es fair

Noch immer müssen sich einige asiatische Elefanten ihr Brot im wahrsten Sinn des Worts auf der Straße verdienen. Etwa in Chiang Rai, einer thailändischen Provinzhauptstadt unweit des berühmten »Goldenen Dreiecks«, des einst verrufenen Dreiländerecks Thailand, Laos und Myanmar. Mitten auf der Hauptstraße laufen sie, geführt von ihrem Mahout, dem Treiber, vorbei an dichtem Autoverkehr und hektischen Passanten, die unbedingt ein Foto machen wollen. Die bettelnden Elefanten sind arbeitslos.

Ihren Job haben sie schon 1989 verloren, als der illegale Holzeinschlag in Thailands Wäldern verboten wurde. Rund 3 000 zahme Elefanten standen von heute auf morgen auf der Straße und mussten sich fortan ihren Lebensunterhalt im Zirkus, in Elefantencamps oder eben bettelnd verdienen. Zurück in die Wälder konnten sie nicht: Sie waren an Menschen gewöhnt und hätten in der Wildnis nicht überlebt. Mit dem rapiden Anstieg des Tourismus in Thailand in den vergangenen Jahrzehnten landeten immer mehr Elefanten in Touristencamps. Zu diesem Trend hat auch beigetragen, dass das Betteln von Elefanten in der Öffentlichkeit offiziell verboten ist, aber bis auf die Städte Bangkok und Chiang Mai immer noch geduldet wird.

Doch ein Leben im Touristencamp heißt noch lange nicht, dass es den Tieren besser als früher geht. Viele haben weiter einen harten Arbeitstag vor sich, der mehrere Ausritte und das Vorführen von Tricks beinhaltet. Weigern sich die Tiere, werden sie mit Schlägen und Tritten gezwungen. Die Misshandlungen erfolgen meist versteckt, damit die Touristen nicht vergrault werden. Für viele von ihnen steht eher das »Beweisfoto« auf dem Elefanten im Vordergrund als das Tier. Ob das Tier einen Zwölfstundentag hat, Wunden vom schlecht sitzenden Tragegestell davonträgt oder schlecht ernährt wird, davon erfahren die meisten Besucher wenig.

Dass es auch anders geht, beweist der Elephant Nature Park, das erste Schutzgebiet für Elefanten, nördlich von Chiang Mai. Hier haben 36 Elefanten eine dauerhafte Zuflucht gefunden. Niemand reitet auf den Tieren und erwartet auch keine Tricks von ihnen. Das könnten einige der Tiere auch gar nicht mehr leisten: Sie sind blind, zum Teil verstümmelt, zu alt. Umso beeindruckender ist es zu beobachten, wie sich andere Elefanten um ihre benachteiligten Artgenossen kümmern. Im Elefant Nature Park haben die Tiere Platz. Und sie haben keinen Druck. Wenn sie mal keine Lust auf Touristen haben, dann eben nicht. Doch zum Füttern kommen sie natürlich gerne, um Unmengen an Kürbissen, Melonen oder Bananen zu verdrücken. Nachmittags geht es dann zum Baden im nahe liegenden Fluss – ein Riesenspaß für alle Beteiligten.

Doch der Elephant Nature Park, Teil der Save Elephant Foundation (saveelephant.org), ist mehr als nur ein Refugium für gequälte Arbeitselefanten. Er bietet vielen Einheimischen in der Umgebung eine sichere Einnahmequelle. Bauern versorgen Mensch und Tier mit frischem Obst und Gemüse, Frauen aus den Nachbardörfern betreiben einen unabhängigen Souvenirshop im Camp, und zahlreiche Menschen haben einen festen Job im Camp gefunden. Inzwischen betreibt die Save Elephant Foundation neben einem Camp in Thailand auch ein Camp im benachbarten Kambodscha.

Beobachten, essen, ausstopfen

Exotische Tiere in freier Wildbahn zu beobachten ist das Highlight vieler Reisen. Ob Krokodile auf einer Safari, Schildkröten bei der Eiablage, seltene Affenarten im Regenwald oder Wale im Meer: Tiertourismus ist gefragt, denn mit Tieren lässt sich viel Geld verdienen: tagsüber im Wald, in der Savanne oder im Meer, abends auf dem Teller oder als ausgestopftes Souvenir für zu Hause.

Nur wenige kommen ins Grübeln, wenn sie nach der aufregenden Safari abends ein Straußen- oder Krokodilsteak zu essen bekommen. Oder Walfleisch nach einer Walbeobachtungstour (s. S. 151) oder Schildkrötensuppe nach Besichtigung der Eiablage. Gerne lässt man sich zum exotischen Genuss überreden und meint, lokale Spezialitäten probiert zu haben. Die Einheimischen bedienen die Nachfrage gerne in der Hoffnung auf das schnelle Geld durch mit zum Teil illegal erlegten Tieren.

Mauritius – Urlaubsparadies mit Makel

Tolle Strände, tropisches Klima und exotische Tierwelt: Die Insel Mauritius ist ein Urlaubsparadies, das jährlich von mehr als einer Million Touristen besucht wird. Was die Besucher nicht wissen: Der kleine Inselstaat im Indischen Ozean ist der nach China zweitgrößte Exporteur von Langschwanzmakaken für Tierversuche. Zehntausende dieser Affen werden in Farmen gehalten, viele wurden in der Wildnis gefangen. Nach Angaben der Tierschutzorganisation Cruelty Free International (crueltyfreeinternational.org) exportierte Mauritius 2014 rund 8991 Affen, davon 373 nach Deutschland. Dort landeten sie unter anderem im Tübinger Max-Planck-Institut für biologische Kybernetik. Mehr als die Hälfte aller befragten 3346 Mauritius-Urlauber sagte Mitte 2015 in einer von Cruelty Free International in Auftrag gegebenen Meinungsumfrage, sie würden ein solches Land nicht unterstützen und ein Ende des Affenhandels fordern. Auf seiner Webseite fordert der Verein Ärzte gegen Tierversuche (aerzte-gegen-tierversuche.de) Mauritius auf, den Handel mit Affen zu verbieten und die Farmen zu schließen. »Primaten für den Tod im Labor zu züchten ist nicht nur ethisch falsch, sondern auch wirtschaftlich ein Eigentor, wenn die Touristen deswegen wegbleiben«, sagt Corina Gericke, Vizevorsitzende des Vereins. Mauritius solle ein Paradies für alle werden – auch für die Affen. Übrigens: Auch aus Urlaubsländern wie Kambodscha (Langschwanzmakaken) und Kenia (Paviane) kommen Affen für Tierversuche.

Natürlich sind nicht alle Tierarten, die auf der Speisekarte auftauchen, vom Aussterben bedroht, und auch die Einheimischen essen gerne einheimische Wildtiere. Viele – wie etwa Meerschweinchen in Peru – werden extra für den menschlichen Verzehr gezüchtet. Doch gerade bei seltenen Tierarten ist Zurückhaltung geboten.

Verkneifen sollte man sich auch, lebende Tiere (ebenso wie Andenken aus Tierprodukten) als Souvenir mit nach Hause zu schmuggeln – ein Trend, wie der Zoll am Frankfurter Flughafen bekannt gab. Dort stellte man 2014 genau 14835 Tiere sicher, deren Einfuhr gegen das Washingtoner Artenschutzabkommen CITES (cites.org) verstieß. Zu den beliebtesten geschmuggelten Tieren zählten dem Zoll zufolge Schildkröten, Leguane, Warane, Spinnen und Frösche. Wer bedrohte Tiere und Pflanzen oder Produkte daraus aus dem Ausland mitbringt, muss mit

Beschlagnahmung, Geldstrafe oder sogar einem Strafverfahren rechnen. Bereits vor der Reise kann man sich über Webseiten wie artenschutz-online.de, über die Smartphone-App »Zoll und Reise« des Zolls oder die Umweltorganisation WWF (wwf.de, Suchbegriff »Souvenirführer«) über die Bedingungen vor Ort schlaumachen. Auch die Webseiten des Bundesamts für Naturschutz (bfn.de, Suchbegriff »CITES«) und die Artenschutzdatenbank wisia.de sind hilfreich.

Zu den Menschenaffen reisen – ja, aber …

Nur noch rund 780 Berggorillas leben derzeit auf der Welt. Sie leben im Virunga-Nationalpark in der Demokratischen Republik Kongo, dem Mgahinga-Gorilla-Nationalpark in Uganda und dem Vulkan-Nationalpark in Ruanda. Die größten Menschenaffen sind vom Aussterben bedroht. Doch während sich der Bestand an Berggorillas in den letzten Jahrzehnten verringert hat, nahm der Menschenaffentourismus in Afrika stark zu. Ein Grund ist, dass die Lebensräume von Gorillas und Schimpansen heute leicht erreichbar sind, schreibt die Tierärztin Magdalena Braum, die in verschiedenen Schutzgebieten mit Menschenaffen gearbeitet hat, 2015 in der entwicklungspolitischen Zeitschrift E+Z. Heutzutage könne jeder, der die finanziellen Mittel hat, Schimpansen und Gorillas in Afrikas Wäldern besuchen. Dennoch befürwortet Braum den Besuch der Berggorillas. Unterm Strich profitierten die Affen vom Tourismus, so die Medizinerin. Die an Menschen gewöhnten Gruppen seien die einzigen Menschenaffenpopulationen, deren Zahl wächst. Braum führt dies auf den Schutz durch die täglichen Besuche von Rangern zurück, die ohne entsprechende Einnahmen aus dem Tourismus nicht möglich wären. Ein zu direkter Kontakt mit den Tieren solle aber vermieden werden. Je mehr Menschen die Affen besuchten, desto höher seien auch die Ansteckungsrisiken mit Atemwegskrankheiten, die Touristen weitergeben und gegen die die Affen keine Abwehrkräfte besitzen.

2.6 Müll

Die Moderne hat uns zusammen mit vielen Annehmlichkeiten wie Flugzeugen, Internet und Klimaanlagen auch neue Probleme gebracht. Immer mehr Menschen führen einen ressourcenintensiven Lebensstil, zu dem auch häufiges Reisen gehört. Und so hinterlassen Einheimische und Touristen neben Fußabdrücken am Sandstrand viele dauerhafte Spuren. Am deutlichsten sichtbar wird dies am Plastikabfall. Er hat sich vielerorts zu gewaltigen Mengen angesammelt. Plastik gibt es immer und überall. Plastik hat unser Leben verändert. Doch so praktisch und billig Tüten, Behälter und Dosen aus Polyethylen, Polypropylen, Polystyrol oder Polyester auch sein mögen, ihr Wegwerfcharakter und ihre Langlebigkeit stellen die Menschheit vor eine ernstzunehmende Herausforderung.

Besonders an Meeresufern, oftmals beliebte Urlaubsziele, sammelt sich immer mehr Müll, der über Flüsse und das Abwasser ins Meer gespült wird. Dort zersetzt er sich zu kleinen Partikeln, die von Fischen, Vögeln und anderen Meeresbewohnern aufgenommen werden. Einer im Fachmagazin Proceedings of the National Academy of Sciences veröffentlichten Studie zufolge haben die meisten Seevögel bereits Plastik im Magen. Und der Plastikmüll wird in den kommenden Jahren weiter zunehmen: Die Studie geht von einer Verdopplung der weltweiten Kunststoffproduktion alle elf Jahre aus. Forscher prognostizieren, dass bis 2050 mehr als 95 Prozent aller Seevogelarten Plastik verschluckt haben werden. In einem Bericht des Nachrichtenmagazins Der Spiegel vom August 2015 bestätigt Kim Detloff, Leiter Meeresschutz beim deutschen Naturschutzbund (NABU), den Befund der Forscher. An der Nordsee habe jeder tot aufgefundene Eissturmvogel durchschnittlich 30 Plastikpartikel im Magen. Aber nicht nur Seevögel sind von der Plastikflut in den Ozeanen bedroht. Auch Wale, Delfine, Schildkröten, Meeresschnecken und zahlreiche Fischarten schlucken Plastikreste. In einer Studie wiesen Wissenschaftler des Alfred-Wegener-Institutes vom Helmholtz-Zentrum für Polar- und Meeresforschung (AWI) nach, dass auch Nord- und Ostseefische wie Kabeljau und Makrele Plastik fressen.

Einer Schätzung des Umweltprogramms der Vereinten Nationen (UNEP) zufolge landen von den jährlich produzierten 300 Millionen Ton-

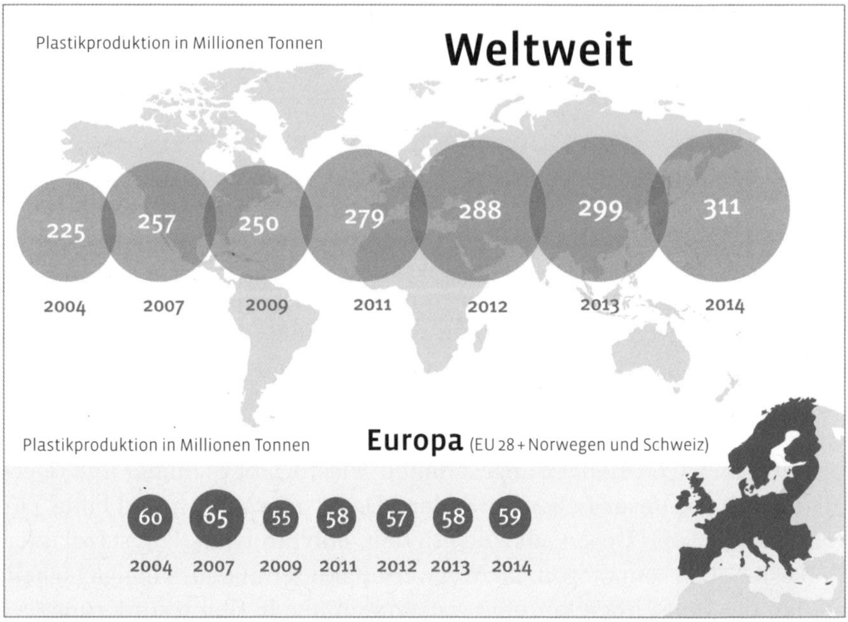

Abbildung 2.10
Plastikproduktion 2004 bis 2014, Quelle: Plastics – the Facts 2015, PlasticsEurope

nen Plastik mehr als 10 Millionen Tonnen als Müll in den Ozeanen. Das Umweltbundesamt geht in einer 2015 veröffentlichten Studie sogar von knapp 30 Millionen Tonnen Plastikmüll aus, die jährlich in die Ozeane gelangen. 60 Prozent der Abfälle stammen Greenpeace zufolge aus den fünf Ländern China, Indonesien, den Philippinen, Thailand und Vietnam. Auf jedem Quadratkilometer der Wasseroberfläche treiben inzwischen bis zu 18 000 Plastikteile unterschiedlichster Größe, sagt der NABU. Das seien aber nur die sichtbaren 15 Prozent. Der Rest sinke auf den Meeresboden, so die Umweltorganisation. Plastikmüll zerfällt nach Angaben des NABU nur über einen Zeitraum von Jahrzehnten, manchmal Jahrhunderten durch die Einwirkung von Salzwasser, Sonne und Reibung. Beispielsweise braucht eine Plastiktüte zehn bis 20 Jahre, ein Styroporbecher rund 50 Jahre und eine PET-Flasche schon 450 Jahre, bis sie vollständig zerfallen ist. Das Polyethylen im Plastik, eine der häufigsten Komponenten von Plastikmüll im Meer, richtet bei Fischen schwere Leberschäden an und gelangt über die Nahrungskette zurück zum Menschen. Das letzte Glied der Kette der Müllentsorgung auf unseren Ozeanen sind damit wir selbst, stand 2015 in der Fachzeitschrift Natur zu lesen.

oekom
www.oekom.de
Die guten Seiten der Zukunft

ca. 240 Seiten, Hardcover,
22,– Euro [D], 22,70 Euro [A]
ISBN 978-3-96238-048-9

August 2018

Auch als E-Book erhältlich

In einem paradoxen Durcheinander scheinen sich Grenzziehung und Entgrenzung derzeit zu überlagern. Die einen verstärken ihre Grenzen, die anderen halten uneingeschränkte Barrierefreiheit für zukunftsweisend. In einem Rundgang durch unsere Kultur lotet die Autorin aus, wie Grenzen zustande kommen, was sie bedeuten und welches positive wie negative Potenzial sie in sich bergen.

ca. 320 Seiten, Broschur,
16,– Euro [D], 16,50 Euro [A]
ISBN 978-3-96238-066-3

August 2018

Auch als E-Book erhältlich

Ulrich Grober hat sich auf den Weg gemacht. In der Mitte unserer Gesellschaft sucht er nach Zeichen einer »anderen Welt«, nach Menschen, für die Geld und Erfolg nicht länger erstrebenswert sind. »Raffiniert verknüpft er dabei kleine und große Zusammenhänge (...) und zeigt, wie an unerwarteten Orten Modelle erwachsen, die mit anderen Werten experimentieren« (Hanne Tuegel, Oya).

Müllquelle Tourismus

Laut NABU zählt der Tourismus zu den Hauptmüllquellen – noch vor kommunalen Abwässern, Auswaschungen von Mülldeponien und illegaler Entsorgung in der Landschaft. Aber auch Fischerei (Geisternetze) und Schifffahrt (Verklappung von Müll auf hoher See) sind Teil des Problems. Zahlreiche touristische Gebiete leiden bereits jetzt massiv unter dem Plastikmüll. Unweit von Male, der Hauptstadt der Malediven, erhebt sich beispielsweise die künstliche Müllinsel Thilafushi aus dem Meer. Sie wird inzwischen auch zur Hälfte industriell genutzt und soll in einigen Jahren sogar den Hauptflughafen der Malediven beherbergen. Täglich werden auf dieser weltgrößten Müllinsel, einst eine sieben Kilometer lange und 200 Meter breite Lagune, Tonnen von Abfällen mit Booten aus den umliegenden Inseln abgeladen – auch von Touristeninseln. Um Abhilfe zu schaffen, müssen auf den Malediven seit November 2015 die Betreiber von Hotels, Resorts und Kreuzfahrtschiffen eine Ökosteuer von sechs US-Dollar pro Tag und Urlauber an die Maldives Inland Revenue Authority abführen. Mit der Steuer, die nicht für Gästehäuser gilt, soll das empfindliche Ökosystem der Inselgruppe geschützt und zum Beispiel die Müllentsorgung in den Inselresorts finanziert werden.

Auch vor der thailändischen Insel Koh Ngai in der Provinz Krabi entsorgen und versenken unverantwortliche Hotelbetreiber ihren Müll an beliebten Tauchplätzen im Meer. Vor dem Karon Beach auf der Insel Phuket im Süden Thailands entdeckten Taucher 2015 eine illegale Müllkippe im Wasser. An einigen Stränden Chinas räumen morgens Bulldozer den Plastikmüll zur Seite, den die Besucher am Vortag hinterlassen haben, und selbst die Balearen kämpfen Jahr für Jahr mit immer größeren Müllmengen, die von den Küsten Nordafrikas herangeschwemmt werden.

Aber der Unrat findet sich nicht nur in den Ozeanen. Laut einer 2015 veröffentlichten Untersuchung im Auftrag des bayerischen Umweltministeriums fanden sich Plastikteilchen in allen geprüften Gewässern, darunter Chiemsee, Isar und Starnberger See. Im italienischen Gardasee, einer beliebten Urlaubsregion, fanden Forscher am Uferbereich die gleiche Menge Plastikpartikel wie sonst an Meeresstränden. Und selbst der Rhein, der erste große Meereszufluss, der über den gesamten Verlauf auf Plastikabfall untersucht wurde, transportiert mit seinen enormen Wassermengen durchschnittlich 900 000 Feinstpartikel pro Quadratkilometer, sagen Wissenschaftler der Universität Basel.

Selbst entlegene Gebiete bleiben nicht verschont. Bergregionen kämpfen weltweit mit Abfall. Nicht alle Bergsteiger, Kletterer oder Wanderer nehmen den Müll, den sie produzieren, wieder mit nach Hause. Die Folge: Bis vor wenigen Jahren sammelten sich beispielsweise Tonnen leerer Sauerstoffflaschen und anderer Expeditionsmüll am Basislager des Mount Everest. Erst eine groß angelegte Reinigungsaktion in der Saison 2011/12 befreite den höchsten Berg der Erde von einem Teil seines Mülls (mehr hierzu im Kapitel Berge, s. S. 179). Viele Nationalparks weltweit haben ebenfalls ein Müllproblem, besonders was die Entsorgung angeht. Zwar nutzen die meisten Besucher die in den Parks bereitgestellten Abfallbehälter. Doch den Müll abzutransportieren und zu entsorgen kostet viel Zeit und Geld.

Das Grunddilemma wird im Arbeitsbericht Nr. 59 *Entwicklungen und Folgen des Tourismus* des Büros für Technikfolgenabschätzung beim Deutschen Bundestag beschrieben: »Ein nicht gestörter Naturhaushalt, ursprüngliche Landschaften und eine artenreiche Flora und Fauna sind für viele Länder touristische Attraktionen.« Müllfreie Städte und Nationalparks, Strände ohne Abfall und sauberes Badewasser, gepflegte Wanderwege, intakte Tierwelt: Das ist das Kapital des Tourismus. Zu viel Dreck vertreibt die Touristen, die das Problem oft mitverursacht haben. Die daraus resultierenden Verluste für den Tourismus berechneten südkoreanische Wissenschaftler in einer 2014 im Marine Pollution Bulletin veröffentlichten Untersuchung. Sie kamen alleine für die Insel Geoje im Jahr 2011 auf 29 bis 37 Millionen Euro. Die Ursache: 60 Prozent weniger Touristen als im Vorjahr aufgrund starker Regenfälle, die enorme Mengen Müll aus Flüssen der Umgebung an die Strände der 54 Kilometer südwestlich der südkoreanischen Hafenstadt Busan gelegenen Inselgruppe geführt hatten.

Um keine Touristen zu vergraulen, werden Strände vielerorts kontinuierlich gesäubert. Dafür müssen Hotels, Gemeinden und Städte immer höhere Geldsummen aufwenden. Das Umweltprogramm der Vereinten Nationen (UNEP) bezifferte 2014 die weltweiten Schäden, die der Fischerei, der Schifffahrt und dem Tourismus jährlich durch Müll entstehen, auf rund 13 Milliarden US-Dollar (umgerechnet etwa 11,5 Milliarden Euro). Laut Umweltbundesamt geben Kommunen in Großbritannien jährlich umgerechnet etwa eine Million Euro für die Beseitigung von Strandabfällen aus – das verursachte in den zurückliegenden zehn Jahren eine Kostenexplosion in Höhe von 37 Prozent. Den Kreis Ostholstein kostet die Reinhaltung der Strände zwischen 750 000 und 1,2 Millionen Euro jährlich. Nach Angaben der Organisation The Ocean Clean Up (s. S. 311) werden an der US-amerikanischen Westküste jährlich 500 Millionen US-Dollar für die Reinigung der Strände ausgegeben – das macht zwischen

1 500 und 25 000 US-Dollar pro Tonne. Jährlich 1,1 Millionen Euro lässt sich die Regierung der Balearen die 33 Müllschiffe kosten, die in den Sommermonaten auf Mülljagd gehen – 15 vor Mallorca, je 8 vor Menorca und Ibiza und 2 vor Formentera). Ohne die unzähligen engagierten Freiwilligen, die Jahr für Jahr an Müllsammelaktionen teilnehmen, sähe es an Küsten, Flüssen und Seen weltweit noch um einiges schlimmer aus.

Der Tourismus auf Kuba boomt, der Müll auch

Am 28. Oktober des Jahres 1492 betrat Kolumbus kubanischen Boden. Mehr als 520 Jahre später kommen jährlich rund 3,5 Millionen Touristen auf die Karibikinsel mit ihren rund 11 Millionen Einwohnern. Seit den ersten touristischen Gehversuchen der Neunzigerjahre hat sich auf Kuba einiges getan. So ist der Tourismus nicht nur infolge der Annäherung zu den USA gewachsen und geht inzwischen weit über All-inclusive-Angebote auf der Halbinsel Varadero hinaus. Eine der unschönen Begleiterscheinungen des Massentourismus auf Kuba ist der Müll, den Touristen wie Einheimische auf der Insel hinterlassen. Begrüßungscocktails in Hotels werden oftmals in Plastikbechern mit Plastikstrohhalm serviert. Um seinen Durst zu stillen, kommt man um den Kauf von Wasser in Plastikflaschen nicht herum. Bier und Softdrinks kommen überwiegend aus Aludosen. Während einer zweiwöchigen Reise nutzte meine 14-köpfige Reisegruppe fast 300 Plastikflaschen, mehr als 100 Wegwerfplastikbecher und in etwa die doppelte Menge Plastikstrohhalme, außerdem mehr als 300 Aluminiumdosen. Rechnet man nur die Hälfte des Plastikmülls, die unsere Reisegruppe auf ihrer Tour produziert hat (nicht alle Kubatouristen bleiben zwei Wochen), auf die 3,5 Millionen Touristen hoch, die das Land jährlich besuchen, ergeben sich 37,5 Millionen Plastikflaschen, 12,5 Millionen Plastikbecher, 25 Millionen Plastikstrohhalme und 37,5 Millionen Aludosen. Nur eine geringe Menge davon wird recycelt, der überwiegende Teil landet auf Müllkippen oder im Meer. In einigen Naturschutzgebieten hat die Parkverwaltung zwar originelle Müllbehälter aus Palmblättern aufgestellt. Aber darin befindet sich fast immer Plastikmüll, der aufwendig und wenig umweltfreundlich entsorgt werden muss. Hinweise, wie Touristen mit dem Plastikmüll umgehen sollen, ihn möglicherweise minimieren oder ganz vermeiden können, gibt es weder von staatlicher Seite, den Reiseleitern vor Ort noch den ausländischen Reiseveranstaltern. Boomt Kuba weiter, verschärft sich das Müllproblem gewaltig.

Touristen mögen zwar saubere Strände, Bergwelten und Nationalparks. Im Idealfall entsorgen sie ihren Müll in den dafür vorgesehenen Behältnissen. Aber dann? Was damit passiert, kümmert kaum noch, bzw. man verlässt sich darauf, dass alles seinen ordentlichen Weg geht. Besonders wenn wir reisen, hinterlassen wir große Mengen Abfall. Müll, den wir zu Hause nicht notwendigerweise erzeugt hätten: Ob Coffee-to-go, die Wegwerfverpackung im Fast-Food-Restaurant, der Strohhalm im Cocktail, das Trinkwasser in der Plastikflasche, das Plastikgeschirr fürs Picknick am Strand, die Verpackung beim Essen im Flugzeug, die Plastikportionen beim Frühstück im Hotel – all das summiert sich zu gigantischen Mengen.

Dazu kommt, dass viele Einheimische in den Ländern des globalen Südens ein weniger ausgeprägtes Umweltbewusstsein haben. Die Folge: Abfall säumt Landstraßen und Wege. Plastiktüten dekorieren Büsche und Bäume auf bizarre Weise.

Doch die stetig wachsenden Müllberge zwingen zu einem Umdenken. Das Zauberwort heißt Müllvermeidung, besonders was Plastikmüll angeht. Bereits jetzt produziert jeder Erdbewohner nach Angaben von Greenpeace jährlich mehr als 30 Kilogramm Müll. Steigen Konsum und Plastikmüll weiter an wie bisher, könnte es 2050 mehr Kunststoff als Fische in den Weltmeeren geben, heißt es in einer Studie der Ellen MacArthur Foundation im Auftrag des Weltwirtschaftsforum (WEF). Die Wissenschaftler haben darin indirekte Folgekosten von rund 40 Milliarden US-Dollar als Folge der Umweltverschmutzung errechnet – mehr, als die Plastikindustrie an Gewinn erzielt.

Nur ein kleiner Teil dieses Mülls wird bislang recycelt. Gerade in Schwellen- und Entwicklungsländern fehlen für eine sorgfältige Entsorgung und Aufbereitung oft Know-how, Geld, Anlagen und Kapazitäten. Zwar holen in vielen ärmeren Ländern Heerscharen von Menschen die wiederverwertbaren Rohstoffe in ihrer Not aus dem Abfall heraus. Doch sie tun dies unter Gefährdung ihrer Gesundheit. Denn meist findet die Entsorgung auf offenen Deponien statt. Hier gehören Schwelbrände zum Alltag, womit das Grundwasser zusätzlich verschmutzt wird. Häufig wird der Plastikmüll gleich hinter dem Haus verbrannt. Am bequemsten scheint es aber immer noch, den Müll einfach in einen Graben oder einen Fluss zu werfen, von dem aus er früher oder später in den Weltmeeren landet – und Jahrhunderte überdauert.

Initiativen gegen Plastikmüll ... und ihre Wirkung

Mittlerweile werden alleine in der EU jährlich 100 Milliarden Einwegplastiktüten verwendet. Das sind rund 200 pro EU-Bürger. Wird nicht weltweit dagegengesteuert, wird sich das Müllproblem in den kommenden Jahrzehnten stark verschärfen. Der Mitverursacher Tourismus wird unter den Folgen ebenso leiden wie der Rest der Weltbevölkerung. Doch erste Länder haben das Problem erkannt und Maßnahmen ergriffen.

So hat Kalifornien 2015 als erster US-Bundesstaat Einwegplastiktüten verboten. In den afrikanischen Ländern Ruanda und Tansania ist dies schon länger der Fall, ebenso in Bangladesch oder in Bhutan. In China wurde der Verbrauch von dünnen Plastiktüten in den vergangenen Jahren massiv heruntergefahren, und seit EU-Mitglied Irland eine Abgabe von 44 Cent je Tüte eingeführt hat, sei der Verbrauch pro Bürger und Jahr von 328 auf 18 Plastiktüten zurückgegangen, schreibt das Umweltbundesamt in einer Studie. Damit hat Irland den niedrigsten Tütenverbrauch in Europa – weit weniger als in Deutschland, wo jährlich immer noch rund 70 Tüten pro Person benutzt werden (und wo die Bundesregierung in erster Linie auf verbessertes Recycling setzt statt auf eine Steuer oder gar ein Verbot). Die Lage verbessern soll der Runde Tisch Plastikmüll, mit dessen Hilfe Bund und Länder Maßnahmen gegen Meeresmüll koordinieren wollen. Die Koordinierungsstelle soll laut Bundesumweltministerium bis Ende 2017 konkrete Schritte zum Beispiel zur Abfallvermeidung einleiten.

Schneller als Regierungen agieren kleine Projekte und Initiativen. Sie machen aus der Not eine Tugend und Müll zu Geld, vergessen dabei aber gelegentlich den wichtigsten Schritt: Müll vermeiden. Dennoch ist die Ideenvielfalt beeindruckend. Sie reicht von schwimmenden Filtern über eine Plastikbank bis hin zu müllfressenden Mikroben (mehr Infos und Webadressen hierzu im Anhang auf S. 311).

Auch touristische Unternehmen beteiligen sich an der Beseitigung des Müllproblems. So versucht die Surfrider Foundation Europe (surfrider.eu), ein Zusammenschluss von Wellenreitern, mit Strandsäuberungsaktionen das Bewusstsein der Einheimischen und Gäste zu stärken. Auch viele Tauchstationen organisieren weltweit Müllsammelaktionen. 2013 lancierte die Schweizer Entwicklungsorganisation Swisscontact (swisscontact.org) im Rahmen des Tourismus-Entwicklungsprojekts WISATA eine Kampagne in Labuan Bajo auf der indonesischen Insel Flores. Reiseveranstalter, Touristen und Einheimische sollten damit animiert werden, den Plastikkonsum mithilfe wiederverwendbarer Einkaufstüten und wiederauffüllbarer Wasserflaschen zu reduzieren.

Für Experten sind solche Ideen wenig mehr als der berühmte Tropfen auf den heißen Stein. Noch ist das Fischen nach Plastikmüll ein Verlustgeschäft. Nur 200 bis 300 Euro erhält man in Deutschland für eine Tonne Plastikmüll – zu wenig, um davon schwimmende Müllabfuhren ohne zusätzliche finanzielle Unterstützung zu bezahlen. Zudem wird meist nur Müll von der Meeresoberfläche gefischt, doch 70 Prozent des Mülls treiben unter der Oberfläche. Und keine der innovativen Initiativen hat es bislang geschafft, Mikroplastik einzufangen (mikroskopisch kleine Kunststoffteile, die kleiner als fünf Millimeter sind). Der wichtigste Beitrag zur Müllbekämpfung in den Weltmeeren bleibt daher, auf den Gebrauch von Plastik ganz zu verzichten, dafür zu sorgen, dass so wenig Müll wie möglich ins Meer gelangt und dass so viel Plastik wie möglich recycelt wird.

Jeder von uns kann unterwegs zur Verringerung des Müllproblems aktiv beitragen. Die wichtigsten Verbündeten im Kampf gegen Plastikmüll sind wiederverwendbare Taschen für Einkäufe und Trinkflaschen (s. S. 191 f.), die man statt Plastikflaschen verwendet. Mehr Tipps für umweltfreundliches Reisen finden Sie auf Seite 296.

Datenbank zu Meeresmüll

2015 ging die erste frei zugängliche Wissensdatenbank zum Thema Meeresmüll und Wasserverschmutzung unter www.oneearth-oneocean.com/kb/online. Betrieben wird die International Marine Litter Knowledge Database vom Verein One Earth – One Ocean.

2.7 Wasser

Ohne Wasser kein Tourismus. Doch vielerorts verbrauchen touristische Einrichtungen deutlich mehr Wasser als die Einheimischen. Letztere leiden unter der Verschmutzung und dem schlechten Wassermanagement von Hotels, Vergnügungsparks und Golfplätzen. Vor allem in Ländern des globalen Südens sind die Entwicklungsmöglichkeiten lokaler Gemeinschaften gefährdet und Konflikte vorprogrammiert.

Viel Wasser für den Tourismus, der Rest für die Einheimischen

Das kleine mittelamerikanische Costa Rica präsentiert sich gerne als Reiseziel für umweltbewusste Touristen. An den schönen Stränden des trockenen Nordwestens des Landes haben sich zahlreiche große Hotelketten niedergelassen, darunter auch das 5-Sterne-Hotel Riu Guanacaste an der Playa Matapalo. Die All-inclusive-Unterkunft, die zu 49 Prozent dem TUI-Konzern gehört, verfügt über 700 Betten, drei riesige Süßwasser-Swimmingpools, Jacuzzi im Poolbereich, Kinderbecken und einen großen Garten mit weitläufigen Rasenflächen. Während die Familiensuiten »nur« mit zwei Bädern und Bidet ausgestattet sind, bieten die Jacuzzi-Suiten Badezimmer mit Hydromassage-Badewanne, Duschkabine, Bidet und einen Jacuzzi auf der Terrasse. Luxus pur, vor allem was den Wasserverbrauch angeht. Der liegt bei Hotels dieser Größenordnung täglich bei mehr als 400 000 Litern. Pro Gast fallen pro Tag rund 600 Liter Wasser an. Der Wasserbrauch im Riu Guanacaste ist damit rund fünfmal so groß wie der durchschnittliche Tagesverbrauch eines Deutschen. Der beträgt laut Umweltbundesamt rund 121 Liter.

Auch Mallorca, der Deutschen liebste Ferieninsel, hat ein Wasserproblem. Die Grundwasserpegel sind bedrohlich abgesunken. Während der Wasserverbrauch Studien zufolge bei ländlichen Gemeinden täglich weit unter 100 Litern pro Person liegt, kommen touristische Gemeinden auf täglich 250 bis 400 Liter. Schuld an den hohen Werten sind neben dem ohnehin hohen Wasserverbrauch der Touristen unter anderem die bei Zweitwohnsitzen inzwischen üblichen Poolanlagen und die ganzjährige Gartenbewässerung (die wasserintensiven Golfplätze werden inzwischen überwiegend mit Brauchwasser bewässert).

Um den Wasserbedarf in der Hauptsaison zu decken, kommt die Insel nicht um die Nutzung energieintensiver und im Betrieb teurer Meerwasserentsalzungsanlagen herum. Die größte Anlage befindet sich am Rande Palmas. Sie stellt täglich Trinkwasser für 350 000 Menschen zur Verfügung, zum stolzen Preis von mehr als 40 000 Euro pro Tag. In den 1990er-Jahren brachten in Zeiten von Wasserknappheit sogar große Tankschiffe im Rahmen der Operación Barco das vitale Nass vom Festland nach Mallorca.

Der Wasserfußabdruck

Wir verbrauchen täglich literweise Wasser. Einmal direkt im Haushalt und als Trinkwasser. Zum anderen indirekt über die Konsumgüter, die wir kaufen. Ein Großteil der Baumwolle für unsere Kleidung und unsere Lebensmittel wird im Ausland produziert und verbraucht bei der Herstellung oder im Wachstum jede Menge Wasser. Zusammen ergeben die virtuelle Wassermenge und der direkte Verbrauch unseren Wasserfußabdruck. In Deutschland entspricht er laut Bundesumweltamt einem täglichen Verbrauch von mehr als 3 900 Litern pro Einwohnerin und Einwohner, darunter nur rund 121 Liter direkter Wasserverbrauch. Länder wie Spanien oder Kalifornien verschlimmern ihre Wassernot durch den Export von Produkten mit großem Wasserfußabdruck.

In vielen touristischen Gegenden importieren Ferienanlagen große Mengen an Konsumgütern für ihre ausländischen Gäste. Alleine auf Nahrungsmittel entfallen laut Tourism Watch (s. S. 227) durchschnittlich täglich 6 000 Liter pro Tourist. Im Urlaub sollte man daher auf den Verzehr regional erzeugter Produkte achten und importierte Lebensmittel und Getränke meiden.

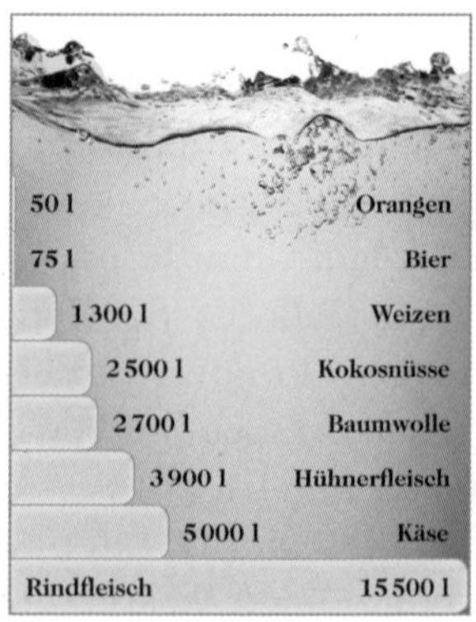

Abbildung 2.11
Für die Herstellung von jeweils einem Kilogramm dieser Waren wird so viel Wasser benötigt
Quelle: Water Footprint Network

Ungleichgewichte

Von der Türkei über Tunesien bis Tansania haben immer höhere Ansprüche der Touristen im Laufe der Jahre zu einem immer höheren Wasserverbrauch geführt. Genaue Zahlen seien nicht verfügbar, bedauert Eurostat, das Statistikbüro der Europäischen Kommission. Aber die Behörde geht davon aus, dass der Wasserverbrauch rapide zunehmen wird, da der Tourismus immer höhere Komfortansprüche stellt. Gartenanlagen, Süßwasserpools und parkähnliche Außenanlagen seien zum Symbol für einen entspannten Urlaub geworden – und zum Statussymbol, schreibt die Journalistin Anja Ruf im entwicklungspolitischen Magazin welt-sichten. Der Informationsdienst Tourism Watch (s. S. 227) geht in seiner Ausgabe vom September 2015 von einem direkten Wasserverbrauch in Unterkünften zwischen 84 und 2425 Litern pro Tourist und Tag aus. Durch Freizeitaktivitäten kommen noch einmal 10 bis 875 Liter pro Übernachtung hinzu, für Nahrungsmittel durchschnittlich weitere 6000 Liter Wasser pro Tourist pro Tag (s. Kasten »Der Wasserfußabdruck«, S. 168). Wächst die Branche wie prognostiziert, könnte sich der Wasserverbrauch im Tourismus von 2010 bis 2050 fast verdoppeln, befürchtet Tourism Watch.

Der hohe Wasserkonsum hat seinen Preis. Leidtragende knapper Wasserressourcen sind die Einheimischen, die Wasser zum Kochen, für den Anbau von Lebensmitteln für den Eigenbedarf oder ihre Viehherden benötigen. Ihre Lebensgrundlagen sind vielerorts bedroht. Wehren können sie sich gegen die ungerechte Verteilung der Wasservorräte kaum. Politik und Wirtschaft machen gemeinsame Sache und leiten das Wasser zunächst in die Hotels, Vergnügungsparks oder Golfplätze der Devisenbringer, aber auch in eine wasserintensive, exportorientierte Landwirtschaft. Mit dem, was übrig bleibt, muss sich die lokale Bevölkerung arrangieren. Sie werde oftmals teilweise oder vollständig von wichtigen Entscheidungsprozessen rund um die Ressource Wasser ausgeschlossen, schreibt die Reiseverkehrskauffrau Ruf bei Tourism Watch.

Und das, obwohl Wasser ein Menschenrecht ist. Bereits 2010 hat die Generalversammlung der Vereinten Nationen das Recht auf sicheres Trinkwasser und auf sanitäre Versorgung zu einem universellen Menschenrecht erklärt. Wer also anderen Menschen das Wasser abgräbt – sei es ein Lebensmittelkonzern wie Coca-Cola oder das Luxushotel nebenan –, verletzt diese Norm. Doch der Anspruch auf Zugang zu sauberem Wasser ist rechtlich nicht bindend und somit auch nicht einklagbar. Es gibt keine internationale Instanz, an die sich beispielsweise Dorfgemeinschaften wenden können, wenn ihnen ihr Wasser entzogen wird.

Daran kann auch die katholische Kirche nichts ändern. Immerhin hat ihr Oberhaupt, Papst Franziskus, in seiner 2015 veröffentlichten Enzyklika *Laudato Si'* den verschwenderischen Umgang mit den weltweiten Süßwasservorräten angeprangert. Sauberes Trinkwasser sei eine Frage von vorrangiger Bedeutung. Es sei unentbehrlich für das menschliche Leben und zum Erhalt der Ökosysteme von Erde und Wasser, so der Papst. Weiter heißt es in dem Manifest: »Der Zugang zu sicherem Trinkwasser ist ein grundlegendes, fundamentales und allgemeines Menschenrecht, weil es für das Überleben der Menschen ausschlaggebend und daher die Bedingung für die Ausübung der anderen Menschenrechte ist.«

Luxusgut Wasser

Doch die Realität manifestiert sich in traurigen Zahlen: Nach Angaben des Auswärtigen Amts haben weltweit 768 Millionen Menschen keinen Zugang zu Trinkwasser, 2,5 Milliarden Menschen keine angemessene Sanitärversorgung. An den daraus resultierenden Krankheiten sterben mehr Kinder als an Malaria, Masern und Aids zusammen. Jedes Jahr gehen Kindern und Jugendlichen aufgrund von Durchfallerkrankungen über 400 Millionen Schultage verloren. Millionen Teenager verpassen so die Chance auf Bildung und auf einen Weg aus der Armut. Doch besonders Regierungen armer Länder setzen das völkerrechtlich verankerte Recht auf Wasser nicht um. Sie scheuen die hohen Investitionskosten. Zu Unrecht, findet das Auswärtige Amt. Denn der wirtschaftliche Nutzen sei enorm: Mit jedem in die Wasserversorgung investierten US-Dollar werde ein volkswirtschaftlicher Schaden von acht US-Dollar vermieden.

Das Ungleichgewicht zwischen Einheimischen und Touristen bei der Verteilung von Wasser beschreibt die tourismuskritische Organisation Tourism Concern (s. S. 318) in ihrem Bericht *Water Equity in Tourism*. Darin wird im Zusammenhang mit dem Begriff »Water Inequity« (Wasserungleichheit) angeprangert, wie »die Aneignung, Verschwendung und Verschmutzung von Wasser durch einen kaum oder schlecht regulierten Tourismus die Umwelt gefährdet und die Lebensgrundlagen und Entwicklungsmöglichkeiten lokaler Gemeinschaften unterminiert«, so die Journalistin Ruf.

Die Zahlen der Fallstudien des Berichts sprechen für sich: Während Gäste von Luxushotels im indischen Goa pro Tag etwa 1 785 Liter Wasser verbrauchen, müssen sich die Anwohner mit täglich etwa 14 Liter Wasser begnügen. Auf der Insel Sansibar im Indischen Ozean werden von Luxushotels bis zu 3 195 Liter Wasser verbraucht, während ein durchschnittlicher lokaler Haushalt 93,2 Liter konsumiert. Der hohe Wasserverbrauch der Hotels hat in Goa wie auch auf Sansibar den Grundwasserspiegel sinken lassen. Während die Hotels das Wasser teilweise aus selbst gebohrten Brunnen beziehen, müssen die Bewohner von Nungwi auf Sansibar nach Angaben von Tourism Concern ihr Wasser mittlerweile aus einer 20 Kilometer entfernten Stadt bringen lassen. Da der Unmut der Bewohner über die Wasserverteilung wächst, lassen einige Hotels auf Sansibar inzwischen ihre Wasserleitungen bewachen.

Auch auf Bali und in Gambia gibt es Probleme aufgrund der ungerechten Wasserverteilung zwischen Hotels und lokaler Bevölkerung. Oder es kommt zu Beeinträchtigungen der Wasserqualität, wie etwa im südindischen Bundesstaat Kerala. Dort bereisen Touristen im Hinterland der Küste auf Hausbooten das weitgefächerte Netz von Süßwasserkanälen, Seen, Lagunen und Flüssen. Die »schwimmenden Hotels« der Touristen – üppig ausgestattet mit mehreren Schlafzimmern, Duschen, Klimaanlagen und manchmal sogar Swimmingpools – belasten das Wasser mit Motoröl, Abwässern und Abfällen. Die Verschmutzung bedroht Fisch- und Garnelenbestände. Trinkwasserqualität hat das Wasser nur noch selten, so der Bericht von Tourism Concern.

Ausufernder, unkontrolliert wachsender Tourismus bedroht vor allem in Entwicklungsländern zunehmend die Wasserqualität. Abwässer von Hotels und Restaurants fließen vielerorts ungeklärt ins Meer, in Seen und Flüsse. Auf Bootstouren verunreinigen Ölreste der Verbrennungsmotoren das Wasser, fließen Toilettenabwässer direkt ins Meer oder werden Abfälle über Bord geworfen. Und selbst Kreuzfahrtschiffe ziehen – in zum Glück immer selteneren Fällen – die kostengünstige Entsorgung auf dem offenen Meer der teuren Landentsorgung vor.

Einsicht aufgrund wirtschaftlicher Zwänge

Die Reisebranche ist sich zunehmend ihrer Verantwortung bewusst, wenn es um den Verbrauch und die Verunreinigung von Wasser geht. Dies nicht immer aus innerer Einsicht, sondern vornehmlich aus zwei praktischen Gründen: Zum einen sind saubere Gewässer Teil einer intakten Naturkulisse – bedeutende Geschäftsgrundlage des Tourismus. Wasser sei eine der wertvollsten Ressourcen des Tourismus, sagte Taleb Rifai, Generalsekretär der Welttourismusorganisation UNWTO (s. S. 216), bereits 2013 in seinem Grußwort zum Welttourismustag. Zum anderen wird Wasser vielerorts knapp und dadurch teurer. Wasser sparen bedeutet für die Reiseanbieter also auch, Geld zu sparen. Das ist besonders für große Hotels und Kreuzfahrtschiffe interessant. So ist das

Wasser- und Ressourcenmanagement zu einem bedeutenden Einsparfaktor geworden, der weit über das mehrmalige Benutzen der Handtücher hinausgeht.

Beratungsfirmen helfen großen Reiseveranstaltern, den Wasserverbrauch in ihren Hotels zu senken. Neben geruchsfreien Trockenurinalen, intelligenten Duschköpfen und effizienteren Toilettenspülungen werden in Gartenanlagen Pflanzen verwendet, die trockenes Klima gewohnt sind und die mit sparsamen unterirdischen Bewässerungssystemen bewässert werden. Golfplätze werden inzwischen vielerorts mit Brauchwasser bewässert. Auch Kreuzfahrtschiffe haben sich eine Menge einfallen lassen, um das kostbare Nass sparsamer zu verwenden und Brauchwasser wiederaufzubereite. Doch selbst auf den sparsamen AIDA-Kreuzfahrtschiffen, nach eigenen Angaben Branchenprimus hinsichtlich der Umweltstandards, wurden pro Person und Tag rund 172 Liter Frischwasser verbraucht. Das ist fast 50 Prozent mehr, als der Bundesbürger im Durchschnitt an Land verbraucht. Dies trotz spezieller Duschbrauseköpfe, Durchflussbegrenzern bei Waschbecken und Duschen, Zeitschaltungen, Infrarotsteuerung im Sanitärbereich und einer WC-Spülung mit wassersparendem Vakuumsystem, das pro Spülgang nach Unternehmensangaben nur einen Liter Wasser verbraucht.

Obwohl es seitens der Reiseveranstalter und Reedereien ernsthafte Bemühungen gibt, Wasser zu sparen: Effiziente Technologie stößt an ihre Grenzen: Große Hotelanlagen werden auch in Zukunft – besonders im Luxussegment – große Mengen Wasser für Gärten, Pools und Duschen verbrauchen. Wasser, das möglicherweise an anderer Stelle fehlt. Doch Reisende haben die Wahl und können sich – besonders in süßwasserarmen Urlaubsregionen – für bescheidenere Unterkünfte entscheiden. Sie können auch auf Wasserparks und Swimmingpools verzichten. Golfer sollten nur solche Anlagen nutzen, die das Grün mit Brauchwasser nutzen und den Rasen nachweislich ohne Chemie frei von Unkraut halten.

Ein Golfplatz, der Trinkwasser raubt

Mit zehn Euro am Tag kommt man selbst in Honduras nicht sehr weit. Das ist der Lohn, den die 23-jährige Maribel Buster erhält. Dafür jätet sie täglich rund acht Stunden Unkraut in sengender Hitze auf dem 18-Loch-Golfplatz des Los Micos Golf&Beach Resort, einer Luxus-anlage in der Bucht von Tela an der Karibikküste von Honduras.

Los Micos gehört zu 49 Prozent dem honduranischen Staat und zu 51 Prozent privaten honduranischen Investoren. Das Resort liegt in der Pufferzone des Nationalparks Jeanette Kawas. Zehn Jahre später ergab eine technische Studie von Prolansate – der Organisation, die den Nationalpark verwaltet –, dass der Bau des Golfplatzes inkompatibel mit der Ramsar-Konvention der UNESCO ist. Diese weist das Gebiet als Feuchtbiotop von internationaler Bedeutung aus. Dennoch wurde der Golfplatz gebaut.

Doch mit dem Bau begann der Wassermangel im benachbarten Dorf Tornabé, in dem fast ausschließlich Garifuna (Karibikschwarze) leben. Und dies, obwohl das Los-Micos-Projekt der Gemeinde neben einer Kläranlage eine neue Wasserleitung spendiert hatte. Das Wasser von Tornabé stammt aus dem gleichen Stausee, mit dem auch Los Micos versorgt wird. Doch der Golfplatz schluckt Unmengen an Wasser. Das geht zulasten der Versorgung von Tornabé, dessen Bewohner nur stundenweise Wasser zur Verfügung haben. Später einmal soll das Wasser für den Golfplatz zwar aus dem Brackwasser der hoteleigenen Lagunen entnommen werden, die aus dem ehemaligen Feuchtgebiet entstanden sind. Doch auch die Hotels, Privatbungalows, Pools und Gartenlandschaften von Los Micos sind wasserintensiv.

Maribel Buster lebt in Tornabé. Sie erlebt täglich, wie das Trinkwasser ihrer Gemeinde per Rasensprenger verschwendet wird, damit wohlhabende Amerikaner einen perfekten Golfplatz von internationalem Rang vorfinden. Doch das ist nicht ihre einzige Sorge. Denn für eine Festanstellung beim Resort reicht es ebenfalls nicht. Alle 15 Tage wird sie mit ihren Arbeitskolleginnen in »Urlaub« geschickt. Damit umgeht die Arbeitsfirma, die sie angestellt hat, geschickt die Zahlung von 14 Monatsgehältern und Sozialleistungen, wie das Gesetz sie vorsieht. Viele Jobs hat Los Micos der Gemeinde Tornabé ohnehin nicht gebracht. Nur wenige Dutzend der rund 800 Arbeiter stammen von hier. Die Chancen auf eine Festanstellung sind mehr als gering: Dazu müssen die Kandidaten eine entsprechende touristische Ausbildung und gute Englischkenntnisse vorweisen. Beides hat so gut wie niemand in der ärmlichen Gemeinde Tornabé zu bieten.

2.8 Berge

Berge sind seit jeher Sehnsuchtsorte, religiöse Heiligtümer und mystische Rückzugsgebiete. Wir lieben, fürchten und respektieren sie gleichermaßen. Doch die Bergwelt gerät vielerorts aus den Fugen. Weltweit schmelzen Gletscher infolge des Klimawandels. Verschwinden sie, droht vielen Regionen massive Trockenheit. In den Alpen führt der Klimawandel zu immer milderen Wintern. Schnee ist vielerorts Mangelware. Gegen diese Realität stemmen sich Investoren, Seilbahnbetreiber und Gemeinden vor Ort mit immer aufwendigeren Beschneiungsanlagen. Aber auch die Massen von Menschen, die sommers wie winters in die Berge einfallen, gefährden das sensible Ökosystem zusehends. Denn nicht alle Besucher verhalten sich umweltbewusst.

Alpen – das Ende der Beschaulichkeit

»Touristische Aufrüstung« nennt Autor Karl Stankiewitz in seinem Buch *Wie der Zirkus in die Berge kam – Die Alpen zwischen Idylle und Rummelplatz*, was derzeit in den Alpen passiert. Er zeigt, wie der Massentourismus Europas wichtigsten Gebirgszug verändert hat: vom Ausbau des transalpinen Verkehrsnetzes über die Ausbreitung des Wintersports bis hin zur Entstehung von Erlebnisparks. Stankiewitz erzählt, wie sich einstmals idyllische Orte und Regionen wie Ischgl, Zermatt oder das Werdenfelser Land zu Spielplätzen der Eventmanager entwickelt haben. Das Buch gewährt Einblicke in die Machenschaften von Spekulanten und Investoren. Der Massentourismus hat seine Spuren hinterlassen.

Denn immer mehr Bergsportler und Freizeiturlauber stürmen in die Alpen. Der Schweizer Sektion der Umweltorganisation WWF zufolge werden im Alpenraum Jahr für Jahr mehr als 120 Millionen Besucher und laut Wirtschaftmagazin enorm rund 464 Millionen Übernachtungen gezählt. Wandern und Klettern sind in, die Mitgliederzahlen des Deutschen Alpenvereins (DAV, alpenverein.de) belegen den Trend hin zum Berg: Anfang 2016 hatte Deutschlands größter Bergsportverein rund 1,1 Millionen Mitglieder – Tendenz steigend. Zum Vergleich: 2005 waren es erst 733 000.

Das Vereinsmotto lautet: »Wir sind Bergsportler, wir sind Naturschützer, wir sind viele!« Viele ja, aber dem Schutz der Umwelt sehen sich leider nicht alle Mitglieder gleichermaßen verpflichtet. Und selbst wenn sie es täten: Es sind einfach zu viele, die einen zunehmenden Druck auf einen empfindlichen Lebensraum für einzigartige Tiere und Pflanzen ausüben – einen Lebensraum, der zugleich Wasserspeicher und Ort kulturellen Erbes ist.

Beispiel Klimawandel: Er ist bereits in den Alpen angekommen. Dem Bericht *Klimawandel in den Alpen* des Bundesumweltministeriums zufolge stieg die Jahresmitteltemperatur seit 1901 in Deutschland um 0,9 °C, in den Alpen sogar um 1,5 °C. Eine Folge: Den Gletschern (s. S. 177) kann man beim Schmelzen geradezu zusehen. Sie haben nach Angaben des Gletscherarchivs (gletscherarchiv.de) seit Mitte der 1970er-Jahre 20 bis 30 Prozent ihres Volumens eingebüßt. Im heißen Jahr 2015 verlor der Silvrettagletscher in der Schweiz nach Angaben des Schweizerischen Gletschermessnetzes eine Masse von 1,8 Metern, etwas mehr als das Doppelte im Vergleich zum Vorjahr. Dreimal so viel Eismasse wie 2014 büßten die ebenfalls in der Schweiz gelegenen Rhone- und Griesgletscher ein. Noch höhere Schmelzwerte gab es bislang nur im sehr heißen Sommer 2003.

Berge erleben – fair, grün und klimafreundlich

Wie und wo man Bergnatur nachhaltig genießen kann, zeigen die Projekte Natura Trails, Peaks of the Balkan Trail und Respect the Mountains. Mehr hierzu im Anhang auf Seite 303.

Wissenschaftler rechnen mit dem kompletten Verschwinden aller Alpengletscher noch in diesem Jahrhundert. Das trifft Tourismus und Energiewirtschaft gleichermaßen. Aber die Folgen des Klimawandels reichen weiter. Die Winter werden immer kürzer, die Vegetationsperioden länger. Immer häufiger kommt es zu gefährlichen Erdrutschen. Hochalpine Arten werden zunehmend von wärmeliebenden verdrängt, ihr Lebensraum wird immer kleiner und droht zu verschwinden. Aufgrund veränderter Niederschlagsmuster erhöht sich das Risiko von Extremwetterlagen.

Gleichzeitig befördern immer gewaltigere Liftanlagen jährlich Menschenmassen in die Berge – sommers Wanderer und Kletterer und winters Skifahrer. Ist nicht genug Schnee vorhanden, wird mit energie- und wasserhungrigen Schneekanonen nachgeholfen (s. S. 182 ff.). Doch einfach nur mit zwei Brettern einen Hang herunterwedeln, das finden viele zu langweilig. Sie wollen Après-Ski. Dazu gehören laute Megapartys, sportliche Großevents und abgefahrene Spektakel – wie z. B. das Gletscherschauspiel Hannibal in Sölden: Dort findet die nach eigenen Angaben größte zeitgenössische Live-Performance der Welt mit Tänzern, Lawinen, Pistenbullys, Base-Jumpern, Flugzeugen, Helikoptern, Skidoos, Paraglidern und Skifahrern in 3 000 Metern Höhe statt. Nicht nur an Wochenenden schieben sich deswegen endlose Autokarawanen durch die Alpen.

Wo geht die Reise für Europas größtes Gebirge hin? Wird aus den Alpen ein Freizeitpark mit immer mehr inszenierten Erlebniswelten? Oder findet eine Rückbesinnung auf das statt, wofür der gewaltige Gebirgszug eigentlich steht: für saubere Natur, geschützte Tierwelt, für Harmonie, Ruhe, Respekt … und ein wenig Einsamkeit. Wie es aussieht, passiert beides.

»Berge schützen, Berge nützen«, heißt es beim DAV. Erklärtes Ziel des Vereins ist es, Bergsport und Naturschutz in Einklang zu bringen. Darüber herrscht unter den Mitgliedern Einigkeit. Auch unter vielen Berggemeinden. Über das Wie wird allerdings heftig gestritten. Denn oft hat der Kommerz Vorrang vor dem Naturschutz, das schnelle Geld Vorrang vor nachhaltigem Tourismus. Von Oberstdorf bis zum Gardasee, von Grenoble bis Salzburg: Die Alpen sind vielerorts eine Goldgrube, mit der kräftig Geld verdient wird. Jede zehnte Alpengemeinde lebt fast ausschließlich vom Tourismus. Rund 15 Prozent aller Jobs im Alpenraum hängen direkt oder indirekt vom Tourismus ab.

Outdoorprodukte – Mensch und Natur Gutes tun

Sie halten warm und trocken – werden häufig jedoch unter unmenschlichen und mitunter auch tierquälerischen Bedingungen produziert: daunengefüllte Schlafsäcke, winddichte Anoraks oder Wasserflaschen. Worauf man beim Kauf achten kann, wenn man faire und ökologische Arbeits- und Produktionsbedingungen unterstützen möchte, erfahren Sie auf Seite 287 ff.

Das ist erst einmal positiv, denn niemand möchte die Zeiten zurück, als Bergbauern ums Überleben kämpften, Menschen aus den Alpen abwanderten und die Berge eher als bedrohlicher denn eindrucksvoller Lebensraum empfunden wurden. Doch wollen sich auch künftige Generationen an klaren Bergbächen, schneebedeckten Gipfeln, gewaltigen Gletschern, saftigen Wiesen und der Tierwelt erfreuen, müssen die Anstrengungen für nachhaltigen Bergtourismus vervielfacht werden, das haben viele Alpenanrainer begriffen. Das Angebot an nachhaltigen Urlaubsangeboten ist gewachsen. Es liegt an uns, es auch zu nutzen.

Gletschersterben – die weltweite Agonie der Eisriesen

Ob Alpen, Anden, Himalaja oder Kilimandscharo: Als Folge der Erderwärmung schmelzen Gletscher mit nur wenigen Ausnahmen weltweit. In der Summe sind seit 1850 mehr als die Hälfte aller Alpengletscher verschwunden, schreibt Wissenschaftler Michael Zemp in seiner Dissertation zu den Auswirkungen des Klimawandels auf Gletscher. Im Himalaja schmelzen rund zwei Drittel aller Gletscher ab, so die Umweltorganisation WWF. Nur noch Gletscherreste sind am 5 890 Meter hohen Kilimandscharo übrig geblieben. Alleine zwischen 1912 und 2000 verlor Afrikas höchster Berg nach Angaben der Forscher aufgrund der Erderwärmung und mangelnder Niederschläge rund 82 Prozent seiner Eismasse.

Chacaltaya – das Ende eines Skigebiets

Auch in den Anden taut das Gletschereis. Chacaltaya war das weltweit höchstgelegene Skigebiet – heute existiert es nicht mehr. Der gleichnamige Gletscher befand sich in den Anden auf 5 350 Meter Höhe, rund 35 Kilometer nördlich der bolivianischen Metropole La Paz – er ist seit 2009 komplett verschwunden. An die alten Zeiten erinnern nur noch die Reste eines Schlepplifts und eine Schutzhütte. Während Skifahrer den Verlust des Gletschergebiets am Chacaltaya verkraften können, droht der gesamten Andenregion größeres Unheil. In einer Fallstudie beschreibt der Gletscherforscher Edson Ramirez, wie Andengletscher, die ähnliche Bedingungen wie der Chacaltaya aufweisen, in den nächsten Jahrzehnten um 80 Prozent zurückgehen könnten – mit gravierenden Folgen für die Landwirtschaft, die Energiegewinnung durch Wasserkraft und die privaten Haushalte, mahnt der Forscher.

Denn Gletscherwasser ist in der Hochlandregion nicht nur während der Trockenzeit oftmals die einzige Wasserquelle. Die schnell wachsende

Metropolregion La Paz/El Alto mit ihren mehr als zwei Millionen Einwohnern ist bis zu 15 Prozent vom Gletscherwasser abhängig, schreibt die Wirtschaftswoche. Noch ist die Situation relativ entspannt. Da immer mehr Gletscher abschmelzen, steht sogar mehr Wasser als üblich zur Verfügung. Irgendwann ist damit aber Schluss. Verantwortlich für das Abschmelzen sind auch die Abwärme nahe gelegener Großstädte, Klimaphänomene wie El Niño – sowie die Abholzung im Amazonasgebiet: Obwohl sich das weltweit größte Waldgebiet Hunderte von Kilometern östlich der Andenkette erstreckt, konnten mithilfe der 2011 auf dem Chacaltaya errichteten Forschungsstation Rußpartikel auf dem Berg nachgewiesen werden. Sie stammen von Brandrodungen im bolivianischen Amazonasgebiet. Solche Partikel verändern die Wärmereflexion und lassen Gletscher noch schneller schmelzen.

Bauer gegen Konzern

Rund 1 300 Kilometer weiter nördlich, im höchsten Tropengebirge der Welt, schmelzen ebenfalls die Gletscher. In der Nähe der peruanischen Stadt Huaraz erheben sich in der Cordillera Blanca, der »Weißen Kordillere«, mächtige und bis über 6 700 Meter hohe Berggipfel. Von Huaraz aus fuhren Touristen einst zum leicht zugänglichen Pastorurigletscher. Die einst mächtige Eismasse ist inzwischen fast komplett verschwunden. Und mit ihr die Touristen.

Weil ihre Wasser- und Einkommensquellen versiegen, wehren sich daher immer mehr Menschen gegen die Zerstörung der Berge. Etwa Saúl Luciano Lliuya, Bergführer und Kleinbauer aus dem peruanischen Huaraz. Er verklagte Ende 2015 den Stromgiganten RWE beim Landgericht Essen. Der Kraftwerksbetreiber, größter CO_2-Einzelemittent in Europa, sei mitverantwortlich für die Gletscherschmelze in seinem Land, so Lliuya. RWE solle sich daher an der Finanzierung von Schutzmaßnahmen beteiligen. Von der Klage gegen RWE gehe ein wichtiges Signal aus, die Emissionen zu senken, sagt Klaus Milke, Vorsitzender der Organisation Germanwatch, die Bauer Lliuya unterstützt. Die Verursacher von Risiken müssten auch die Kosten für den Schutz der davon betroffenen Menschen übernehmen. Bislang läuft es gut für den Andenbauer: Das Landgericht Essen wird seine Klage als »Rechtssache von grundsätzlicher Bedeutung« verhandeln.

Dass man mit dem Präzedenzfall juristisches Neuland betritt, ist allen Beteiligten klar. Während sich Roda Verheyen, Lliuyas Anwältin, optimistisch gibt, was den Ausgang des Verfahrens betrifft, lässt RWE wenig Zweifel daran, dass die Klage scheitern wird. Man sehe »keine rechtliche

Mount Everest – Irrsinn am höchsten Berg der Erde

Es schien, als hätte der 8 848 Meter hohe Mount Everest genug gehabt von Bergsteigern, denen der Gipfelerfolg alles bedeutete – koste es, was es wolle. Genug von den Heerscharen von Freizeitsportlern, die es ohne fremde Hilfe gerade mal ins Basislager geschafft hätten, aber nicht viel weiter. Genug von Menschen, die – von blindem Ehrgeiz getrieben – starben und einheimische Träger mit in den Tod rissen, weil sie Vorsichtsmaßnahmen ignorierten. Genug auch von den Tonnen Zivilisationsmüll, den die Kletterer an seinen Flanken zurückließen.

So empfanden denn wohl auch zahlreiche Einheimische das starke Erdbeben am 25. April 2015 in Nepal als eine Strafe höherer Mächte. Rund 8 000 Menschen starben, darunter auch 19 am Everest durch eine vom Erdbeben ausgelöste Lawine. Es hätte deutlich mehr Opfer geben können. Denn zum Zeitpunkt des Unglücks hielten sich Medienberichten zufolge etwa tausend Bergsteiger und Träger am 8 848 Meter hohen Mount Everest auf. Das Beben hatte die Aufstiegsrouten und den Rückweg ins Tal verschüttet. Bergsteiger und Sherpas mussten mit Helikoptern evakuiert werden. Die Saison 2015 fand ein jähes Ende.

Bereits 2014 waren bei einem Lawinenunglück am Everest 16 einheimische Bergführer und Hochträger ums Leben gekommen. Rund 200 Menschen sind am Everest seit seiner Erstbesteigung im Jahr 1953 schon gestorben.

Nach dem Beben herrschte ein Jahr lang Ruhe am Everest. Doch 2016 stürmten erneut hunderte Bergsteiger auf den Gipfel. Mit dem Berg lässt sich viel Geld verdienen – Geld, das im bitterarmen Nepal dringend gebraucht wird. Wenn auch nur ein Bruchteil der jährlich etwa 100 000 Trekkingtouristen und Bergsteiger auf das Dach der Erde möchte, so hängen doch zahlreiche Jobs von den Expeditionen zum Everest ab. Muli- oder Yaktreiber, Sherpas, Köche und Bergführer – sie alle leben davon.

Die vergangenen Jahre am Everest waren geprägt von stark wachsenden Bersteigerzahlen, vielen Unfällen und immer mehr Müll. Allein die zurückgelassenen Sauerstoffflaschen sollen den Berg – aufeinandergetürmt – bereits an Höhe überragen. Hinzu kommen Speisereste, Proviantverpackungen, Zelte, Medikamente, Gaskocher, Seile, Brillen, Bierdosen und Plastikgegenstände. 2011 schleppten nepalesische Bergsteiger nach Medienberichten rund acht Tonnen Müll ins Tal – doch 50 weitere Tonnen liegen weiterhin am Berg. Seit 2014 müssen Bergsteiger mindestens acht Kilo Müll beim Abstieg vom Basislager des Everest mitnehmen – zusätzlich zur eigenen Ausrüstung. Eine gute Idee, die das Problem des Massenandrangs am Everest aber nicht löst.

Grundlage« für Luciano Lliuyas Ansprüche, sagte ein Sprecher im Dezember 2015 im Wochenmagazin Die Zeit. Schon in den 1990er-Jahren hätten Bundesgerichtshof und Bundesverfassungsgericht die »Rechtsgrundlage für die Haftung einzelner Anlagenbetreiber in Bezug auf allgemein verursachte Luftverunreinigungen« abgelehnt.

Träger – wenig Lust an der Last

Könnten Sie über viele Stunden und in dünner Luft 20 bis 30 Kilogramm Gewicht über steinige Pfade und hohe Gebirgspässe schleppen? Wohl kaum. Die meisten von uns schaffen das allenfalls mit einem leichten Tagesrucksack. Doch die Träger, die das Gepäck und die Ausrüstung von Touristen in vier Tagen auf dem Inkatrail zur peruanischen Kultstätte Machu Picchu befördern, machen genau dies und noch mehr für einen mickrigen Tageslohn von rund zwölf Euro.

Ob auf der Umrundung der Annapurnas in Nepal, dem Aufstieg zum Kilimandscharo in Tansania oder ins Basislager des Mount Everest (s. Kasten S. 179): Um die Trekkingrouten oder Berge dieser Welt bezwingen zu können, brauchen viele von uns Hilfe. Träger schleppen das Essen, die Ausrüstung und oftmals auch einen Teil des Gepäcks der Touristen. Sie bereiten das Frühstück vor, bauen die Zelte ab, überholen uns dann auf dem Passanstieg mit schwer beladenen Rucksäcken, erwarten uns unterwegs mit einem heißen Tee und einem Mittagssnack, bauen die Zelte noch vor unserer Ankunft auf und zaubern abends mit ihrer mehr als improvisierten Küche ein Dreigängemenü auf den Tisch. Es bleibt ihnen oftmals auch nicht viel anderes übrig. Jobs sind rar in den kargen Bergregionen Südamerikas und Asiens sowie den Steppen Afrikas. Die Träger, meist einfache Bauern, haben nur eine rudimentäre Schulbildung vorzuweisen und daher kaum eine Chance auf einen anderen Job.

Doch während Reiseveranstalter gut an Bergtouren verdienen, müssen die Träger mit wenigen Euro pro Tag auskommen und auf ein gutes Trinkgeld am Ende der Trekkingtour hoffen. Ein Beispiel: Die viertägige Trekkingtour zur Inkastätte Machu Picchu in Peru kostet, vor Ort gebucht, durchschnittlich an die 600 US-Dollar, umgerechnet rund 560 Euro, alles inklusive. Wer weniger zahlt (Dumpingpreise bis 400 Euro sind möglich), muss auf Qualitätseinbußen gefasst sein. Gespart wird bei Billiganbietern am Essen, an der Ausrüstung und gerne auch am Lohn für die Träger. Sie erhalten umgerechnet weniger als zehn Prozent des Gesamtpreises der Trekkingtour, obwohl sie den härtesten und längsten Teil der Arbeit erledigen.

Bis vor wenigen Jahren bekamen die Träger sogar noch weniger. Doch inzwischen garantiert ein Gesetz, das Ley del Porteador, den Trägern des Inkatrails einen Mindestlohn. Er lag 2015 bei umgerechnet rund 50 Euro für die viertägige Trekkingtour, beschränkt die tägliche Arbeitszeit auf acht Stunden und die maximale Traglast auf 20 Kilogramm.

Porters Policy – bessere Arbeitsbedingungen für Träger

Immer wieder berichteten Nepal-Gäste dem Münchner Reiseveranstalter Hauser Exkursionen (s. S. 235) von schlechten Arbeitsbedingungen der Träger – vor allem in Nepal. Um die Situation zu verbessern, gilt bei Deutschlands ältestem Anbieter von Reisen nach Nepal seit Mai 2014 die Porters Policy für alle Reiseziele. Sie beinhaltet verbindliche Vorschriften für den Einsatz von Trägern auf Bergtouren und muss von den Geschäftspartnern verpflichtend eingehalten werden. »Unsere deutschen und lokalen Reiseleiter sind angewiesen, die Umsetzung der Vereinbarung zu prüfen und gegebenenfalls Verstöße an uns zu melden«, sagt Elke Schnaus, bei Hauser zuständig für CSR und Qualitätsmanagement. Mehr zur Porters Policy unter hauser-exkursionen.de/go-green/menschenrechte.

Zu viel Gepäck, schlechte Ausrüstung und Essen, überfüllte Zelte, Unregelmäßigkeiten bei der Verteilung des Trinkgelds, späte Bezahlung, weder formale Verträge noch Unfallversicherung oder andere soziale Absicherungen: Ähnlich wie den peruanischen Trägern ergeht es auch ihren Kollegen in Nepal, Bolivien oder Kenia. Doch es gibt auch Fortschritte. Beispiel Tansania: Um bessere Arbeitsbedingungen durchzusetzen, können sich Träger in diesem afrikanischen Land seit 2013 der Tanzania Porters Union (tanzaniaporters.org) anschließen. Die Gewerkschaft vereinigt rund 16 000 Träger, die am Kilimandscharo und am Mount Meru arbeiten.

Dem 2015 veröffentlichten Bericht *Data Summary Report 2009 – 2014 Porter Working Conditions Mount Kilimanjaro* des Kilimanjaro Porters Assistance Project (KPAP, kiliporters.org) zufolge sind die Arbeitsbedingungen von Trägern, die dem Projekt angehören, besser als die von nichtorganisierten Kollegen. Letztere erhielten 2014 durchschnittlich einen Tageslohn von umgerechnet 8,30 Euro, während es bei KPAP-

Mitgliedern im Schnitt knapp elf Euro waren. Und während 96 Prozent der KPAP-Mitglieder zwei oder mehr Mahlzeiten pro Tag bekamen, traf dies nur auf 71 Prozent der nichtorganisierten Mitglieder zu. Einigkeit macht stark. Das gilt auch für Träger.

Unterwegs mit Trägern – hierauf sollten Sie achten

* Erkundigen Sie sich schon in Deutschland beim Reiseveranstalter nach den Arbeitsbedingungen der Träger. Bevorzugen Sie Veranstalter, die sich nachweislich für bessere Arbeitsbedingungen einsetzen (s. Kasten Porters Policy).
* Wer seine Trekkingtour vor Ort bucht, sollte sich schriftlich bestätigen lassen, dass Mindeststandards für die Träger eingehalten werden. Die Tatsache, dass man eine teurere Trekkingtour kauft, bedeutet nicht automatisch, dass Träger bzw. Guides entsprechend den Vorschriften bezahlt werden.
* Erkundigen Sie sich nach dem Umgang mit Trinkgeld. Um Missbrauch vorzubeugen, sollte das Trinkgeld am Ende der Tour im Beisein aller Beteiligten individuell ausgehändigt werden.
* Melden Sie nach der Trekkingtour Unregelmäßigkeiten bei den Arbeitsbedingungen der Touristenbehörde, dem lokalen Veranstalter und dem Veranstalter in Europa.

Skitourismus – aufrüsten zur letzten Schlacht

Skifahren macht so manchen geradezu süchtig. Entsprechend schwierig ist es, mit Skifahrern über die negativen Auswirkungen ihres Sports auf Natur, Umwelt und auch Beschäftigte zu reden. Sie wollen ja einfach nur »Schifoan«, weil »Schifoan is des Leiwandste, wos ma sich nur vurstelln kann!« (Weil Skifahren ist das Großartigste, das man sich vorstellen kann!), wie der Liedermacher Wolfgang Ambros singt.

Millionen von Skitouristen, die Jahr für Jahr in die Berge ziehen, teilen diese Meinung. Skifahren gehört zu den beliebtesten Winterfreizeitaktivitäten der Deutschen. Laut Bundesinstitut für Sportwissenschaft (BISp) fährt etwa jeder siebte Deutsche Ski. Zusammen geben sie jährlich fast 11 Milliarden Euro für ihr Hobby aus. Die Einnahmen Österreichs aus dem Skitourismus beliefen sich 2014 auf rund

6,3 Milliarden Euro. Von der Skibegeisterung ganzer Nationen lebt im Winter der gesamte Alpenraum. Wenn auch im Sommer mehr Gäste dorthin fahren, lassen die Besucher dort im Winter pro Kopf mehr Geld.

Wie beispielsweise die Besucher von Ischgl. Vor über fünfzig Jahren wurden im österreichischen Wintersportort, einst ein kleines Tiroler Bergdorf, die ersten Seilbahnen und Liftanlagen gebaut. Heute kommen auf rund 1 600 Dorfbewohner mehr als 10 000 Hotelbetten. Ischgl besitzt die höchste Dichte an Viersternehotels in Österreich. 45 Liftanlagen bringen stündlich mehr als 90 000 Skifahrer auf die 238 Pistenkilometer. Doch die Gäste sind nicht nur zum Skifahren hier. Denn Ischgl steht auch für Après-Ski, für Bars, Shops, Events und Nightlife. Internationale Popmusikgrößen geben sich vor allem zur Saisoneröffnung, dem Saisonausklang und an Ostern die Klinke in die Hand. Aus dem kleinen Bergdorf ist der Ballermann der Alpen geworden. Motto des Tourismusverbands Paznaun-Ischgl: »Relax, if you can«.

Aber auch Ischgl ist in den Wintermonaten abhängig von kleinen sechseckigen Kristallen, dem – wie es das Wirtschaftmagazin enorm ausdrückt – »ersten Glied der Nahrungskette«. Ohne Schnee kein Tourismus, ohne Tourismus keine Skilifte, Hotels, Restaurants, Nachtleben oder Infrastruktur. Aber Schnee fehlt immer öfter. Selbst in schneesicheren Skigebieten (Schnee in der Zeit vom 1. Dezember bis 15. April an mindestens 100 Tagen und in einer Stärke von etwa 30 bis 50 Zentimetern) wie Ischgl wird daher verstärkt künstlich beschneit.

»Seit Beginn der Wetteraufzeichnungen im Jahr 1881 ist es noch nie so mild gewesen wie im Dezember 2015. An vielen Orten gab es keine einzige Nacht mit Frost, Schnee war selbst in den Hochlagen ein Fremdwort«, konnte man zum Jahreswechsel 2015/16 auf der Webseite wetter-online.de lesen. Anfang 2016 war Skisport weder auf dem Feldberg noch im Harz oder in den Berchtesgadener Alpen möglich. Höher gelegene Skigebiete funktionierten nur eingeschränkt – dank Kunstschnee. Zahlreiche alpine Sportwettbewerbe wurden abgesagt, an den Loipen von Biathleten und Langläufern und um die Sprungstätten der Vierschanzentournee dominierte frühlingshaftes Grün. Die Schanzen werden ohnehin schon seit Jahren ausschließlich mit Kunstschnee präpariert.

Mitte Januar 2016 fing es dann doch noch an zu schneien. Doch das Ausbleiben der weißen Flocken wird für immer mehr Skigebiete in den Alpen zum Albtraum. Laut dem Bericht *Klimawandel in den Alpen* des Bundesumweltministeriums wird die Schneefallgrenze pro Grad Erderwärmung um etwa 150 Meter höher liegen, die Schneedecke wird bei jedem Grad Erwärmung dünner und die Schneesaison immer kürzer. Hinzu kommt, dass im Alpenraum der Anstieg der Temperaturen durch die überdurchschnittliche Zunahme von Hochdrucklagen noch höher ausfalle als im übrigen Europa, schrieb das Handelsblatt im Dezember 2015. Das bedeutet: Steigen überall die Temperaturen um durchschnittlich zwei Grad, bedeutet das für die Alpen eine Erhöhung um drei bis vier Grad. Die Konsequenz: Nur eines von zehn deutschen Skigebieten in Alpen und Mittelgebirgen sei künftig schneesicher, lautete die Antwort der Regierung auf eine Anfrage der Bundestagsfraktion der Grünen, die im Februar 2016 auf Spiegel Online veröffentlicht wurde. Ein Drittel der Skigebiete in den Alpen und den Mittelgebirgen könnten gegebenenfalls mit Kunstschnee in Betrieb gehalten werden.

In einer 2015 veröffentlichten Studie der Universität Innsbruck heißt es, dass »bis zu einer Erwärmung von einem Grad Celsius die überwiegende Mehrheit der (bayerischen, Anm. des Autors) Skigebiete (74 Prozent) noch als schneesicher zu bezeichnen ist – ausreichende Beschneiung vorausgesetzt.« Weiter heißt es in der Studie: »Langfristig gesehen kann die heutige Beschneiungstechnologie die Skisaison nicht absichern und stellt somit auch keine langfristige und nachhaltige Anpassung an den Klimawandel dar.«

Eine 2015 veröffentlichte Studie der Universität Innsbruck kommt zu dem Schluss, dass bei einem Temperaturanstieg um zwei Grad die Zahl der schneesicher und wirtschaftlich zu betreibenden (ohne Kunstschnee) Skigebiete in den Ostalpen von 310 auf 85 abnähme. Bei einem Anstieg um vier Grad blieben gerade einmal 26 Gebiete übrig. Adieu, alpines Skifahren?

Wettrüsten in den Bergen

Noch ist es nicht so weit – obwohl die Gletscher schmelzen und die harten, kalten und langen Winter seltener werden. Damit das Skifahren durchgehend und vor allem in den Ferienzeiten garantiert ist, hilft man immer öfter mit Kunstschnee nach. Die Branche klammert sich an wissenschaftliche Untersuchungen wie die 2015 veröffentlichte und über 1 000 Seiten starke Studie *Beschneiungsklimatologie* des Instituts für Interdisziplinäre Gebirgsforschung (IGF) der Österreichischen Akademie der Wissenschaften. Darin heißt es unter anderem, dass seit 1990 kein einheitlicher Trend zu höheren Durchschnittstemperaturen im Winter feststellbar sei und bei einer angenommenen Temperaturerhöhung von 1,8 Grad die Grundbeschneiung in fast allen Stationen vor

Weihnachten bis 2050 möglich bleiben werde. Übersetzt: weitermachen wie bisher. Auftraggeber der Studie: die Wirtschaftskammer Österreich, Fachverband Seilbahnen. Doch lohnen sich millionenschwere Investitionen in Skigebiete überhaupt noch?

Während kleinere, tiefer gelegenen Skigebiete in den Alpen ans Schließen denken, investierte eine Liftgesellschaft in Bayrischzell, einem kleinen Ort mit knapp 1 600 Einwohnern am nördlichen Alpenrand, laut Handelsblatt am Sudelfeld rund 15 Millionen Euro in mehrere neue Liftanlagen, eine Talstation, einen Speichersee und viele Schneekanonen. Rund 3,1 Millionen Euro habe der Freistaat Bayern beigesteuert. Für die Beschneiungsanlagen wurde bereits ein tiefes Wasserbecken in den Fels gesprengt. Die Füllmenge von 150 Millionen Litern – genug, um 60 Schwimmbäder zu füllen – macht es zu Deutschlands größtem Speicherbecken dieser Art, schrieb enorm 2015.

Die Fronten zwischen Befürwortern und Gegnern des Projekts sind längst verhärtet: »Als ›größte Umweltsünde‹ in den Bayerischen Alpen« bezeichnen Umweltorganisationen den Ausbau des Berges am Sudelfeld. »Überlebensnotwendig«, sagen die Menschen vor Ort, so der enorm-Artikel. Die Investoren glauben, es sei besser, die 8 000 Wochenendbesucher auf zwei Quadratkilometern im Skigebiet zu konzentrieren, als sie als Schneetourengeher über den ganzen Berg verteilt stapfen zu lassen. Massen- oder familientauglich sei Letzteres ohnehin nicht. Das sah der Verwaltungsgerichtshof ähnlich. Er lehnte die Klage des Deutschen Alpenvereins gegen den Ausbau des Skigebiets Sudelfeld im August 2014 ab. Begründung: Arbeitsplätze und das öffentliche Wohl gingen vor. Noch würden sich Investitionen rechnen, so Jürgen Schmude, Professor für Wirtschaftsgeografie und Tourismusforschung der Uni München gegenüber dem Handelsblatt. Die Lifte seien in 15, Speichersee und Schneekanonen in 20 Jahren abgeschrieben.

Das Wettrüsten am Berg und der Kampf um die zahlungskräftigen Wintergäste haben Deutschland erreicht. Denn auch in der Schweiz und Österreich wird kräftig in neue Liftanlagen und Beschneiungsanlagen investiert. Große Skigebiete werden zu noch größeren Skischaukeln zusammengelegt. Werner Fees, langjähriger Leiter der Kreisgruppe des Bunds Naturschutz, hat das Problem erkannt: »Wir heilen den Mangel an Schnee mit Kunstschnee. Das bedeutet, wir heilen die Folgen des Klimawandels mit zusätzlichem Energieverbrauch«, so der 80-Jährige.

Der Irrsinn hat Methode, denn mit Kunstschnee lässt sich viel Geld verdienen. 1,3 Milliarden Euro haben alleine Österreichs Skigebiete in den vergangenen 15 Jahren in Kunstschneeanlagen investiert, heißt es 2015 in einem Zeit-online-Artikel. Doch nun trifft der Klimawandel auch die Hersteller von Beschneiungsanlagen. Sie müssten immer neue Produkte auf den Markt bringen. Denn der Markt sei gesättigt, weil herkömmliche Schneekanonen nur bei Minusgraden arbeiten. Doch Schneemaschinen wie der in Israel entwickelte All Weather Snowmaker der Firma IDE Technologies produzieren Schnee inzwischen unabhängig von der Außentemperatur – pro Tag bis zu 1720 Kubikmeter.

Dabei lehnt mehr als die Hälfte der Deutschen (56 Prozent) die Erzeugung von Kunstschnee in Skigebieten ab. Das ergab eine Anfang 2015 veröffentlichte Umfrage von Zeit online. Vier von fünf Befragten (78 Prozent) waren der Meinung, dass die lokale Tourismuswirtschaft in Skigebieten keinen Vorrang vor den Interessen von Umwelt- und Naturschützern haben solle. Nur zehn Prozent bewerteten die Interessen der Tourismusbranche höher.

Der gekaufte Winter

Doch das Geschäft mit den weißen Flocken scheint Vorrang vor allen anderen Interessen zu haben. »6270 Fußballplätze, aneinandergereiht zu einem 70 Meter breiten und 660 Kilometer langen weißen Band von Wien bis Bregenz, durchgehend mit einem Meter Schnee bedeckt – das ist die Dimension der im Wasserbuch des Landes Tirol zur Beschneiung ausgewiesenen Flächen. Das zur Pistenbeschneiung genehmigte Wasser (in Trinkwasserqualität) könnte den Tagesbedarf von Innsbruck für nicht weniger als 455 Tage decken und reicht zur Erzeugung von 38 Millionen Kubikmeter Schnee«, heißt es im *Tirolatlas* des Instituts für Geografie der Universität Innsbruck. Das war 2012.

Allein in Bayern hat sich die beschneite Fläche seit 2005 (382 Hektar) auf 888 Hektar (davon 723 Hektar in den Bayerischen Alpen) mehr als verdoppelt: 2014 ist die beschneite Fläche um 117 Hektar angestiegen – das entspricht 164 Fußballfeldern, so die Studie *Der gekaufte Winter – Eine Bilanz der künstlichen Beschneiung in den Alpen von 2015*, ein Gemeinschaftsprojekt des Bundes Naturschutz in Bayern und der Gesellschaft für ökologische Forschung. »Schneekanonen vermitteln das Gefühl, man könne den Winter zurückkaufen und weitermachen wie bisher«, kritisiert Autor Axel Doering, Sprecher des Bund-Naturschutz-Arbeitskreises Alpen und Vorsitzender der BN-Kreisgruppe Garmisch-Partenkirchen, die Aufrüstungswelle in den Alpen. Dabei seien Schneekanonen ein Symbol menschlicher Unbelehrbarkeit in Zeiten des Klimawandels, heißt es in der Studie. »Sie verzögern den notwendigen Strukturwandel, weg vom schneegebundenen Wintersport.«

Land	Pistenfläche	beschneibar	in Prozent
Schweiz	22439 ha	9200 ha	41
Österreich	25400 ha	ca. 17780 ha	70
D - Bayern - Alpen	3700 ha	723 ha	20
Italien	22500 ha	15750 ha	70
Frankreich, davon Savoyen 2012	*26500 ha **7407 ha	ca. 7000 ha **2000 ha	26
Liechtenstein	138 ha	82,8 ha	60
Slowenien	1200 ha	900 ha	75
Zusammen	**101877 ha**	**53436 ha**	**52**

Tabelle 2.4
Beschneibare Pisten in den Alpen, Quelle: Der gekaufte Winter – Eine Bilanz der künstlichen Beschneiung in den Alpen von 2015, Bund Naturschutz in Bayern, Gesellschaft für ökologische Forschung, *2009, **2012

Das sieht die österreichische Klimaforscherin Helga Kromp-Kolb ähnlich: »Das Beschneien von Pisten ist bestenfalls eine Übergangslösung, damit die Gemeinden und Regionen Zeit haben, sich anders zu positionieren, zum Beispiel den Sommertourismus zu forcieren oder ganz etwas anderes zu entwickeln«, sagt die Meteorologin in der Infobroschüre *Alpiner Tourismus und Klimawandel* der Naturfreunde Österreich.

Der österreichische Journalist Günter Fritz bringt die Situation im Wirtschaftsblatt mit der Überschrift »Der Tourismus muss sich neu erfinden« auf den Punkt. Es sei höchste Zeit für die Betriebe, sich angebotsmäßig neu aufzustellen – weg vom reinen Skiurlaub hin zum Wintererlebnis für die gesamte Familie. Und dazu gehörten auch entsprechende Aufwendungen für Infrastruktur, Qualität oder Marketing. Schon jetzt kaufe kaum eine Familie noch Liftpässe für sechs Tage, sagt Uwe Penker, Chef des Nationalparks Hohe Tauern, in einem Spiegel-Artikel. »Die Gäste wollen auch gerne mal zwei Tage ohne Ski an den Füßen verbringen. Wer dann neben der Piste nichts anbietet, fällt hinten runter«, so Penker. Alternativen zum Pistenwedeln gibt es in einigen Skiorten bereits: Sie reichen von Sternenbeobachtungen und Eisklettertouren an gefrorenen Wasserfällen über Rodeln und Eisstockschießen bis hin zu Kabinenbahnfahrten bei Nacht, um den Sternenhimmel ohne Lichtverschmutzung zu erleben. Doch Alternativen sind auch jenseits des Tourismus gefragt. »Bei den Arbeitsplätzen im Alpenraum wird heute zu sehr auf Tourismus und Landwirtschaft fokussiert«, glaubt Katharina Conradin, Präsidentin der Internationalen Alpenschutzkommission CIPRA. Es gäbe andere Möglichkeiten: So habe sich das Appenzell zur Elektrotechnik-Region entwickelt, das Alpenrheintal zu einem Cluster für Medizinaltechnik, sagt die oberste Alpenschützerin in einem Interview von fair unterwegs.

Skifahren ist kein billiges Vergnügen, und die künstliche Beschneiung macht es nicht gerade billiger. Dem Merkblatt *Information zur Technischen Beschneiung* der Seilbahnen Schweiz (SBS) zufolge »verlangt ein Kilometer Beschneiungsanlage Investitionen von umgerechnet etwa einer Million Schweizer Franken« (etwa 920 000 Euro, Anm. d. Autors). Die Unterhaltskosten betragen 20 000 bis 30 000 Schweizer Franken pro Pistenkilometer und pro Wintersaison. Ein Kubikmeter Kunstschnee kostet bis zu fünf Euro, heißt es in der Studie *Der gekaufte Winter*. Demnach schlägt der Betrieb eines Skigebietes mit 200 bis 250 Pistenkilometern in der Schweiz pro Tag mit 250 000 bis 300 000 Franken zu Buche. Fazit der Studie: »Die Einnahmen reichen nicht für einen Gewinn.«

Daher soll es wieder einmal die öffentliche Hand richten. Bereits 2002 hatte der Studie zufolge »mehr als die Hälfte der Seilbahnunternehmungen Probleme mit der Finanzierung oder Ertragserwirtschaftung«. Subventioniert wird beispielsweise mit niedrigen Strom-, Wasser- und Mineralöltarifen, zinslosen Darlehen oder mit einer Defizitgarantie. Konkrete Beispiele für die Verquickung von Staat und privat liefert die Studie zuhauf.

»Die Bergbahnen sitzen in der Energiefalle, denn Beschneiungsanlagen, leistungsfähigere Aufstiegshilfen, Sitzheizungen, intensive Pistenpflege etc. verschlingen stetig mehr an immer teurer werdender Energie«, heißt es in einem Artikel des Mountain Manager. Der Ausbau der technischen Beschneiung sei dabei der größte Energietreiber. In der Tat ist der Wasser- und Strombedarf von Beschneiungsanlagen enorm. Für die Vollbeschneiung (Grundbeschneiung und Nachbeschneiungen) einer Piste werden laut DAV-Studie – gemittelt über alle Skigebiete im bayerischen Alpenraum – 2,7 Millionen Liter Wasser (2 700 Kubikmeter) pro Hektar beschneite Fläche benötigt. Das entspricht dem Tagesverbrauch von 225 000 Bundesbürgern. Stiege die Temperatur um durchschnittlich zwei Grad – kein unrealistisches Zukunftsszenario –, betrüge der mittlere Wasserbedarf 4,6 Millionen Liter Wasser pro Hektar beschneiter Fläche, heißt es in der DAV-Studie. Auf noch höhere Werte kommen die Verfasser der Studie *Der gekaufte Winter*: Ihren Berechnungen zufolge entsprechen die Beschneiungen von rund 70 000 Hektar Pistenflächen im Alpenraum dem dreifachen Jahreswasserverbrauch von München.

Auch der Strombedarf für Kunstschnee ist laut DAV-Studie gewaltig: Er liegt für einen Hektar beschneiter Pistenfläche (Grundbeschneiung: 30 Zentimeter Schneehöhe) bei rund 20 000 Kilowattstunden. Das entspricht dem Jahresverbrauch von fünf Vier-Personen-Haushalten. Als Gesamtenergieverbrauch pro Wintersaison errechnen die Verfasser der Studie *Der gekaufte Winter* etwa 2 100 Gigawattstunden, den jährlichen Strombedarf von über einer halben Million Haushalten. Bei einem Temperaturanstieg um zwei Grad könnten sich die Energiemengen damit verdreifachen. Zu viel für einige Stromnetze. Die zahllosen Schneekanonen hätten die Stromnetz Tirol AG im schneearmen Dezember 2014 an ihre Belastungsgrenze gebracht, monierte die Tiroler Tageszeitung.

Klimagase auch durch An-/Abreise und Unterkunft

Zwei weitere Faktoren machen den Skiurlaub zum Klimaproblem. Zum einen die An- und Abreise zum Urlaubsort. Sie ist für 57 Prozent der Klimagase verantwortlich, so die französische Non-Profit-Organisation Eco Riders (mountain-riders.org), Herausgeber des *Eco Guide to mountain resorts*. Für die Organisation ist der Übergang in eine klimafreundliche Welt ohne Verzicht auf Privatfahrzeuge nicht machbar. Die Umweltorganisation WWF ermittelte für einen Skiurlaub im österreichischen Lech bei Anreise mit dem PKW ab Dresden einen Klimafußabdruck von insgesamt 422 Kilogramm CO_2. Davon entfielen 296 Kilogramm (rund 70 Prozent) auf An- und Abreise (der Energieaufwand für Kunstschnee wurde in der WWF-Berechnung nicht berücksichtigt). Natürlich sinkt der CO_2-Anteil am Klimafußabdruck der Skireise, je näher man am Skigebiet wohnt. Aber auch Bewohner von München reisen mit dem Reisebus oder der Bahn wesentlich umweltfreundlicher ins Skigebiet als mit dem eigenen PKW.

Der – nach Kunstschnee und An-/Abreise – dritte bedeutende Klimafaktor eines Skiurlaubs ist die Unterkunft. Der Energieverbrauch von Hotels ist im Winter um einiges höher als im Sommer. Grund sind Heizung und Warmwasserverbrauch. Während französische Haushalte laut Eco Riders im Durchschnitt jährlich pro Quadratmeter Wohnfläche 200 Kilowattstunden Energie verbrauchen, sind es in Ski-Resorts 300 bis 500 Kilowattstunden. Ein Niedrigenergiehaus kommt hingegen mit 50 Kilowattstunden aus. Mit rund einem Fünftel der insgesamt erzeugten Klimagase der Winterreise von Dresden nach Lech schlug die Unterkunft bei der WWF-Berechnung des Klimafußabdrucks zu Buche.

Skiurlaub kompensieren – ja oder nein?

Immer mehr Wintersportorte bieten ihren Gästen die Möglichkeit der freiwilligen Kompensation (s. S. 83 ff.) der von ihnen durch ihre Reise verursachten Klimagase. Prinzipiell eine begrüßenswerte Maßnahme, die freilich erst dann rundum positiv zu bewerten ist, wenn die Kompensationszahlung mit einem Bewusstseinswandel einhergeht – bei den Zielorten, aber auch bei den Gästen.

Klima- und Naturschutz – darauf können Sie im Skiurlaub achten

* Wichtig ist die möglichst klimaschonende An- und Abreise zum Skiort. Ideal sind Reisebus und Bahn. Vor Ort gibt es Skibusse und öffentliche Verkehrsmittel. Der Preis ist oftmals im Skipass enthalten.
* Nach umweltfreundlichen Skigebieten suchen. Dabei hilft der *Eco Guide to mountain resorts* der französischen Non-Profit-Organisation Eco Riders (mountain-riders.org). Man kann die Untersuchung wahlweise auf Französisch oder Englisch kostenlos auf der Webseite herunterladen.
* Schneesichere – also höher gelegene – Skigebiete, die nicht auf künstliche Beschneiung angewiesen sind, sollten bevorzugt werden. Ist aber keine Dauerlösung, denn zum einen wird auch in schneesicheren Skigebieten immer häufiger Kunstschnee eingesetzt, zum anderen wird sich der ökologische Druck auf diese Gebiete in den kommenden Jahren erhöhen, wenn sie von immer mehr Menschen besucht werden.
* Nicht jedes Jahr Ski fahren – und dafür länger vor Ort bleiben.
* Heliskiing und Vergnügungsfahrten mit dem Motorschlitten sind tabu!
* Nicht ständig neues Equipment kaufen! Die teure Skiausrüstung kann vielerorts geliehen werden. Das spart Geld, Ressourcen und Sprit. Bereits ein unbeladener Skiträger kann nach Angaben des ADAC zu einem Mehrverbrauch von einem Liter Benzin pro 100 Kilometern führen.
* Klamotten: Auf Skibasaren kann man sich kostengünstig mit Secondhand-Skibekleidung eindecken.
* Neben umweltbewusstem Verhalten an die CO_2-Kompensation (s. S. 83 ff.) des Skiurlaubs denken.
* Die ganz Konsequenten hängen den alpinen Skisport ganz an den Nagel und ersetzen ihn – bei natürlichen Schneeverhältnissen – durch sanftere Wintersportarten wie Langlauf oder Schneeschuhgehen.

2.9 Städte

Peter Schelling ist enttäuscht: »Sein« Barcelona ist nicht mehr wie früher. »Es gibt die gleichen veganen Restaurants wie in Berlin, den Frozen-Yoghurt-Shop wie in Hamburg, Biomärkte wie in Frankfurt«, schreibt der Journalist 2015 in einem Artikel der Tageszeitung Die Welt. Aus der katalanischen Metropole sei ein gesichtsloser, auswechselbarer, ausgelaugter und von Touristen überschwemmter Ort geworden. Das alles habe der Tourismus geschaffen, dessen Gier größer sei als die Tradition, so Schelling. Sicher nicht ganz unberechtigt, fragt der Journalist, was eigentlich so toll an einer Stadt sei, die in weiten Teilen aus einem Inferno aus alkoholschwangeren Sauftouristen, drogendichten Hipstern und Legionen von Kirchenbesichtigern in Klettsandalen bestehe, die sich durch die vollen Gassen in Kolonnen vom Hafen ins Zentrum wälzen, vor Kirchen und Museen Schlange stehen und in überfüllten Restaurants überteuerte Touristenpreise zahlen.

Städte ändern sich, und ohnehin ist nichts mehr so wie früher. Auch wenn Schellings Nachruf auf Barcelona stellenweise ein wenig sentimental und verbittert daherkommt, so macht sein Artikel doch deutlich, dass der boomende Tourismus der Hafenstadt am Mittelmeer nicht nur Gewinner, sondern auch eine Menge Probleme gebracht hat. Ein paar Zahlen deuten dies bereits an: Laut Schelling habe sich die Zahl der internationalen Fluggäste seit 1990 mehr als verzehnfacht. 2014 verzeichnete die Stadt 7,8 Millionen offizielle Übernachtungen, 1990 waren es erst 1,7 Millionen. Viele Gäste würden gar nicht erfasst, weil sie nicht registriert sind. Ein Ende des Booms ist nicht in Sicht. 2015 konnte die Haupstadt Kataloniens mit 8,3 Millionen Übernachtungen einen neuen Höchststand vermelden.

Auch viele am Tourismus unbeteiligte Bewohner Barcelonas haben die Schnauze inzwischen gestrichen voll vom Massentourismus. »Das Ende der Gastfreundschaft« betitelte der Deutschlandfunk einen Artikel über die Probleme der Millionenstadt. Das Fass zum Überlaufen brachte im Sommer 2014 eine Gruppe italienischer Urlauber, die nackt durch die Hauptstraße des Stadtteils Barceloneta spazierte und in einem Supermarkt einkaufte, schreibt Der Spiegel. Schon seit einiger Zeit beklagten sich indignierte Anwohner des dicht besiedelten Viertels über betrunkene Touristen, die in die Hauseingänge pinkeln, über illegale Ferienwohnungen, in denen bis tief in die Nacht lautstark gefeiert werde – und sie ärgern sich über steigende Mieten.

Denn inzwischen ist es viel lukrativer, Wohnungen an Touristen zu vermieten, als selbst dort zu wohnen. Das treibt Mieten und Immobilienpreise in die Höhe. Viele Bewohner von Barceloneta können sich die hohen Mieten nicht mehr leisten und ziehen weg. In dem Viertel, in dem etwa 16 000 Menschen leben, seien nur 72 Ferienwohnungen legal zugelassen – bei mehr als tausend illegalen Quartieren, so Der Spiegel. »Geschätzte 9 000 Wohnungen werden in der Altstadt an Touristen vermietet, lizenziert sind lediglich 800«, schreibt der Deutschlandfunk. Kontrollen finden nur selten statt. Nirgends werde so viel Geld über Immobilientransaktionen bewegt wie in der Altstadt. Es bestehe der Verdacht auf Geldwäsche und kriminelle Machenschaften.

Gegen die »Touristifizierung« der Stadt geht Ada Colau vor. Barcelonas Bürgermeisterin hat erkannt, dass die Lage in den Stadtteilen mit dem größten Besucherandrang außer Kontrolle geraten ist, schrieb das Manager Magazin im Juni 2015. Man müsse ein Moratorium für den Bau neuer Hotels und die Zulassung von Ferienwohnungen verhängen, so die linke, parteilose Politikerin. Es brauche einen Tourismusplan, der die Belange der Anwohner berücksichtige.

Die Geister, die ich rief ...

Barcelona ist kein Einzelfall. Auch in anderen europäischen Großstädten bereitet der ungebremste Touristenstrom nicht nur Freude. Als »vermüllt, verstaut und überteuert« beschreibt das Manager Magazin beispielsweise das Image, das Rom bei Touristen hat. Über Platznot im Zentrum klagt die portugiesische Hauptstadt Lissabon, die in den letzten Jahren einen Touristenansturm ohnegleichen erlebt hat. Wie auch in Barcelona protestieren Anwohner gegen lärmende Sauftouristen und steigende Mieten. Am Canal Saint-Martin in Paris beschweren sich Anwohner über gewaltige Müllmengen, die Besucher hinterlassen. Der Palast von Versailles bittet auf seiner Webseite potenzielle Besucher, die Monate mit dem höchsten Andrang (Juni bis August) gänzlich zu meiden. Und Venedig – mehr Freiluftmuseum als selbstbestimmte Stadt – muss jährlich rund 650 Kreuzfahrtschiffe und deren Folgen ertragen (s. S. 78). 2014 hielten sich täglich durchschnittlich 74 000 Touristen in der Lagunenstadt auf. Zu viele, sagen die Einwohner. Eine Art Eintrittsgeld – vor allem für Tagestouristen und Kreuzfahrtschiffe – soll die angespannte Lage entschärfen.

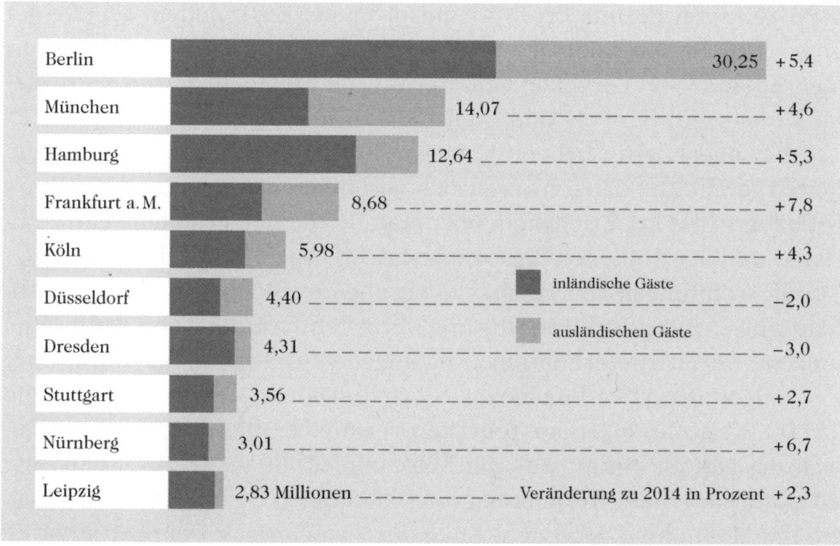

Abbildung 2.12
Die TOP 10 der deutschen Großstädte nach Anzahl der Übernachtungen (in Beherbergungsbetreiben ab 10 Betten bzw. Stellplätzen), Quelle: Statistische Landesämter 2016

Ganz so extrem wie in Venedig, Barcelona oder Lissabon ist die Lage in deutschen Städten noch nicht. Doch auch hier brummt der Städtetourismus: Er hat laut Reiseanalyse im Zeitraum 2005 bis 2015 um 49 Prozent zugelegt. 25,1 Millionen Kurzurlaubsreisen (weniger als fünf Tage Dauer) innerhalb Deutschlands hatten 2014 dem Deutschen Reiseverband zufolge Städte als Ziel – das sind rund 35 Prozent aller inländischen Kurztrips. Alleine nach Berlin – weiterhin beliebtestes deutsches Städtereiseziel vor München, Hamburg und Frankfurt – kamen nach Angaben des Amts für Statistik Berlin-Brandenburg 2015 knapp 12,4 Millionen Besucher, ein Plus von 4,2 Prozent zum Vorjahr. Fast die Hälfte der Touristen kamen aus dem Ausland, vornehmlich aus Großbritannien, den USA, den Niederlanden und Italien. Die größten Zuwachsraten hatten Besucher aus Asien und den Golfstaaten zu verzeichnen. Die Zahl der ausländischen Besucher hat sich seit den 1990er-Jahren versechsfacht. Bereits 2010 feierte man in Berlin das Knacken der 20-Millionen-Marke bei Übernachtungen als historischen Rekord. 2015 waren es dann sogar etwas mehr als 30 Millionen Übernachtungen – ein Plus von 5,4 Prozent gegenüber dem Vorjahreszeitraum. Einem Bericht des Wirtschaftsmagazins Capital Ende 2014 zufolge erwirtschaftet der Berlin-Tourismus jährlich rund vier Milliarden Euro und somit rund

7 Prozent von Berlins Bruttoinlandsprodukt (BIP). Zudem schaffe der Tourismus in der Stadt, die über vergleichsweise wenig Industrie verfügt, etwa 275 000 Arbeitsplätze im (oft niedrigqualifizierten und/oder prekarisierten) Service- und Dienstleistungsbereich.

Aber auch Berlin haben die vielen Touristen einige Unannehmlichkeiten gebracht. So beschweren sich besonders die Anwohner der Kieze Kreuzberg und Friedrichshain über laute Rollkoffer, besoffene Partytouristen und den Müll, den diese hinterlassen. Auch in Berlin existiert der Trend, Wohnungen an Urlauber zu vermieten. Die Folgen der »Touristifizierung«: nächtliche Ruhestörung, Zweckentfremdung von Wohnraum und die durch Mieterhöhungen bedingte Verdrängung der Einwohner in weniger attraktive Randlagen. Schätzungen zufolge werden in Berlin 15 000 Mietwohnungen an Touristen vermietet. Allerdings hat das Verwaltungsgericht Berlin nach der Klage einer Hausbesitzerin im Februar 2014 die dauerhafte Vermietung von Wohnungen an Touristen untersagt. Ob die Maßnahme nach dem Ende der zweijährigen Übergangsfrist im Jahr 2016 die gewünschte Wirkung zeigt, bleibt unklar: Es herrsche eine unklare Datenlage über das Ausmaß der tatsächlich vorhandenen Ferienwohnungen, es gäbe nicht genug städtisches Personal für flächendeckende Kontrollen und die verschiedenen Bezirke seien unterschiedlich stark betroffen, schreibt die Professorin für Planungs- und Bauökonomie Kristin Wellner zusammen mit ihrer Mitarbeiterin Friederike Landau im Wirtschaftsmagazin Capital.

Gegen Lärmtouristen ging man in Berlin erstmals 2015 auf ungewöhnliche Weise vor. Statt mit Ordnungsamt oder Polizei anzurücken, versuchte man, mit den Partyfolgen »positiv, kreativ und besucherfreundlich« umzugehen, so der Berliner Kurier. Pantomime-Künstler, begleitet von Mediatoren, zogen an 15 Wochenendnächten zwischen Mai und Juli durch die Straßen am Kreuzberger Spreeufer und dem gegenüberliegenden Friedrichshain und baten das Feiervolk um mehr Rücksichtnahme. Die Behörden bewerteten die nette, 52 000 Euro teure Idee als einen ersten Ansatz, der die Probleme aber nicht lösen werde. Man sei jedoch zufrieden, weil die Probleme der Stadtbezirke überhaupt von offiziellen Stellen wie dem Senat und dem Stadtmarketing wahrgenommen würden.

Viele Stadtbewohner sind genervt von den Touristenhorden. Kopf in den Sand stecken und weitermachen wie bisher geht daher nicht mehr. Aber eine schnelle, einfache Lösung gibt es auch nicht. Keine einfache Situation für Citymanager und Bürgermeister. Viele Großstädte leben gut vom immer weiter anschwellenden Touristenstrom. Chronische fi-

Was den Städtetourismus begünstigt

Den Besuch von Städten haben sich nicht erst Tourismusmanager ausgedacht. Schon die alten Römer reisten zu Gladiatorenwettkämpfen nach Rom, die Griechen fuhren zu den Spielen in Olympia. Später waren es Handelsreisende, Wallfahrer, Pilger, Entdecker oder Handwerksgesellen, die vorübergehend in die Städte kamen. Ihre Reisemotive waren wirtschaftlicher, politischer oder religiöser Natur. In den 1960er-Jahren begann der Massentourismus, durch den auch eine Zunahme beim Städtetourismus zu verzeichnen war. Dieser Wachstumstrend hat sich – mit kleineren Unterbrechungen – bis heute fortgesetzt. Begünstigt wurde die Entwicklung von Städtereisen durch immer mehr verfügbare Freizeit, wachsende Einkommen und den Trend zu mehr, dafür aber kürzeren Reisen.

Einen entscheidenden Anteil am Boom vergangener Jahre hatten sicher auch der Preisverfall bei Flugtickets und das Entstehen von Billigfluglinien. Bereits 2008 schrieb die Freizeitwissenschaftlerin Nicole Krumrey in ihrer Diplomarbeit *Der Effekt von Low Cost Airlines auf den Städtetourismus*: »Das Auftreten der Low Cost Airlines im Flugverkehr ist für die Städtetourismus-Destinationen von beachtlicher Bedeutung.«

nanzklamme Städte wie Berlin sind sogar auf ihn angewiesen.

Für die Wissenschaftlerinnen Wellner und Landau ist klar: Wer nur den Touristen zum alleinigen Sündenbock für Stadtentwicklungsprozesse macht, übersieht allzu leicht, dass die viel tiefer sitzende Wurzel des Problems die Berliner Tourismuspolitik ist. Diese sehe den Tourismus primär als Wirtschaftsfaktor. Fazit der Beiden: Stadtverträglicher Tourismus muss nachhaltig sein. Die zentrale Frage laute, wie Anwohnerbedürfnisse und -interessen mit jenen der Tourismuswirtschaft langfristig in Einklang gebracht werden können.

Der Städtetourismus ist eine Erfolgsstory und zu einem wichtigen Wirtschaftsmotor der europäischen Volkswirtschaften geworden. Besonders die Hauptstädte, die Tourismuskonzepte erarbeitet haben, profitieren von einer stetig wachsenden Besucherschar. Die möchte niemand durch strenge Kontrollen abschrecken. Aber wer lenkt die Besucherströme, und wer kommt eigentlich für die Schäden auf, die von den Touristenmassen angerichtet werden? Wer zahlt die Müllentsorgung, die Beschädigung von Kulturdenkmälern oder die Maßnahmen, die für eine sichere Lenkung und Kontrolle der Touristenströme erforderlich sind? »Wenn du im Disneyland bist, zahlt Disney«, sagt Harold Goodwin, Direktor des International Centre for Responsible Tourism. In den meisten Städten hingegen ist dies weder klar noch zentral geregelt. Das Lenken von Besucherströmen ist vielmehr eine Aufgabe, die unterschiedliche Institutionen mit einem Flickenteppich von Vorschlägen und Strategien angehen. Auch Goodwin fühlt sich mittlerweile als Opfer der Touristenmassen in seinem Wohnort London. »Es gibt Gegenden, die ich als Londoner inzwischen als No-go-Area bezeichnen würde, weil dort einfach zu viele Touristen sind«, sagte Goodwin 2015 auf der englischsprachigen Nachrichtenplattform Travel Weekly.

Kapitel 3

Tourismus mit Verantwortung

3.1 Ein sozial gerechter, nachhaltiger und umweltverträglicher Tourismus – was ist das?

Es klingt entspannend wie die Reise selbst: »sanftes Reisen«, »Ökotourismus«, »fair travel« – doch all diese Begriffe sind nicht eindeutig definiert und werden von Veranstaltern, Verbänden, Regionen und Regierungen nach Laune und Gutdünken verwendet. Mit den entsprechenden Inhalten sind sie nur selten gefüllt. Auch die Reisenden wissen mit dem Begriff »nachhaltig reisen« wenig anzufangen und tun sich damit schwer. Eine 2016 veröffentlichte Umfrage im Auftrag des Online-Buchungsportals booking.com zeigte, dass die 10 000 Befragten aus zehn Ländern keine einheitliche Vorstellung von nachhaltigem Tourismus besaßen. Während etwas mehr als die Hälfte der Befragten mit dem Begriff „nachhaltiger Tourismus“ in erster Linie die Wahl einer umweltfreundlichen Unterkunft verband, wusste jeder siebte nicht einmal, dass es überhaupt nachhaltig geführte Unterkünfte gibt. 16 Prozent der Befragten assoziierten damit Camping. Für mehr als jeden Dritten war das Kompensieren von CO_2-Emissionen bei Flugreisen ebenso von Bedeutung wie der Kauf von lokal hergestellte Souvenirs und Produkten. Der Aufenthalt in einem Naturschutzgebiet spielte für 22 Prozent eine wichtige Rolle, während je 14 Prozent der Befragten unter nachhaltigem Tourismus den Schutz der einheimischen Tierwelt oder Freiwilligenarbeit verstanden. Für 12 Prozent war dies die Begegnung mit der indigenen Bevölkerung.

Wissen, worum es beim Thema verantwortungsvolles Reisen überhaupt geht, ist das eine. Eine entsprechende Reise auch zu buchen oder zu unternehmen etwas ganz anderes. Häufig ist der Preis das ausschlaggebende Kriterium. Für gerade einmal zwei Prozent war in einer FUR-Befragung aus dem Jahr 2014 »Nachhaltigkeit das zentrale Entscheidungskriterium bei der Auswahl der Reise«, jeder Fünfte (22 Prozent) achtet bei seinen Urlaubsreisen »immer sehr« auf Nachhaltigkeit. Hingegen konnten sich 55 Prozent der Befragten für eine fair & grün gestaltete Reise erwärmen, wenn dies mit keinen Zusatzkosten verbunden sei. Jeder Zweite (49 Prozent) gab in der Befragung an, keine nachhaltigen

Angebote für die eigenen Urlaubswünsche gefunden zu haben. Interesse an einer nachhaltigen Reise hätten 43 Prozent der Befragten, bekämen sie mehr Informationen, und 42 Prozent, gäbe es ein klares Siegel/Gütezeichen.

Wer ist Tourist ... und wer nicht?

Die Welttourismusorganisation UNWTO (s. S. 216) definiert einen Touristen als »Reisenden, der eine Reise zu einem Hauptziel außerhalb seiner gewohnten Umgebung für weniger als ein Jahr unternimmt und sich dort zu Freizeit-, Geschäfts- oder bestimmten anderen persönlichen Zwecken aufhält, aber nicht in diesem Land dafür entlohnt wird«.

Touristen sind also nur eine Teilmenge aller Reisenden, zu denen beispielsweise auch Pendler, Einwanderer, Flüchtlinge, Langzeitstudierende oder auch Flugzeugcrews gehören.

Rückblick: Erst sanft, dann integrativ, später öko & nachhaltig, heute fair & verantwortungsvoll

Betonburgen an Mittelmeerstränden, Staus in den Alpen, kommerzialisierte Indianerdörfer: Ende der 1970er-Jahre kam zunehmend Kritik am Massentourismus und an seinen negativen Begleiterscheinungen auf. Bereits 1979 befand der Dichter und Schriftsteller Hans-Magnus Enzensberger: »Der Tourismus zerstört das, was er sucht, indem er es findet.« In tourismuskritischen Kreisen wurde die Forderung nach einem Paradigmenwechsel laut: Die Branche solle qualitativ statt quantitativ wachsen und die Lebensqualität bei den Touristen Vorrang haben vor Konsumqualität. Somit war das Konzept des »Sanften Tourismus« geboren, als Gegenpol zum »Harten Reisen« des Massentourismus. Die neue Reisekultur sollte die Umwelt- und Sozialverträglichkeit sowie eine optimale Wertschöpfung vereinen. In der Theorie gut, in der Praxis nur begrenzt durchführbar, denn: Sanftes Reisen wie etwa Wandern oder Radfahren stellt für ältere oder gebrechliche Menschen keine Alternative dar. Zudem werden auch beim Sanften Reisen irgendwann Sättigungsgrenzen erreicht, wie sich bald schon zeigte. Eine Sanfte Reise ist oftmals teurer als ein konventioneller Trip, was wieder größere Zielgruppen ausschließt. Und: Ein Sanfter Tourismus kann nicht ohne wirtschaftliche

Wertschöpfung existieren. Die aber ist für die Beseitigung von entstandenen Schäden notwendig. »Die Rede vom ›Sanften Tourismus‹ ist daher vergleichbar mit dem Topos (= stereotype Redewendung, Anm. des Autors) vom ›Sanften Tod‹, da sie eine Utopie beschwört, die dann doch eher selten eintritt«, sagte der Südtiroler Politiker und Historiker Hans Heiss in einer Rede im Rahmen der Toblacher Gespräche 2015. Tourismus sei keine »Soft Power«, sondern untrennbar ins Machtgeflecht kapitalistischer Aufrüstung verwoben.

Im Laufe der 1990er-Jahre wurde das Konzept des Sanften Tourismus daher zunehmend durch die Diskussion um einen »Nachhaltigen Tourismus« ersetzt. Nicht durchsetzen konnte sich der Begriff »Integrativer Tourismus«, eine weitere Vorstufe des nachhaltigen Reisens, der verstärkt die im Sanften Reisen wenig beachtete ökonomische Komponente berücksichtigt. Ein Auslaufmodell ist auch der Begriff »Ökotourismus«: Er hat sich in den 1990er-Jahren verbreitet, wurde aber überall auf der Welt von vielen Tourismusunternehmen missbraucht und entwertet. Bestenfalls handelt es sich bei Ökotourismus laut dem Bundesamt für Naturschutz »um eine auf naturnahe Gebiete ausgerichtete, ökologisch verträgliche, Naturerlebnis bietende und Naturverständnis fördernde Reiseform, die zur Erhaltung von Natur und Kultur beiträgt und dabei noch wirtschaftlich sinnvoll und vorteilhaft für die lokale Bevölkerung ist«.

Um Missbrauch beziehungsweise Missverständnisse beim Gebrauch des Begriffs Ökotourismus/Ecotourism zu verhindern, entwickelte sich der Begriff »Naturtourismus«. Diese Tourismusform sieht die Natur meist aber nur als Plattform für touristische oder meist auch sportliche Aktivitäten wie etwa Tauchen, Klettern, Expeditions- und Abenteuertourismus. Das heißt aber nicht, dass die Natur auch geschützt oder erhalten werden soll.

Der Begriff »Nachhaltigkeit« kam Ende der 1980er-Jahre im Zusammenhang mit der im Brundtland-Bericht (1987) der UN-Kommission für Umwelt und Entwicklung (UNEP) festgelegten Definition von »sustainable development« auf. Darin hieß es: »Nachhaltige Entwicklung ist eine Entwicklung, die die Bedürfnisse der Gegenwart befriedigt, ohne zu riskieren, dass zukünftige Generationen ihre eigenen Bedürfnisse nicht befriedigen können.«

Prägend für das hinter dieser Definition stehende Leitbild war 1992 die Konferenz der Vereinten Nationen über Umwelt und Entwicklung (UNCED) in Rio de Janeiro, die mit der Agenda 21 eine verbindliche Richtlinie für eine allgemeine ökologische, soziale und wirtschaftliche

Entwicklung der beteiligten 179 Länder schuf. »Dieses Leitkonzept wurde in den Folgejahren von vielen tourismuspolitischen Organisationen aufgegriffen und für eine konkrete Anwendung im weltweiten Tourismus angepasst«, heißt es in der Broschüre *Was ist Nachhaltiger Tourismus* der Naturfreunde Internationale.

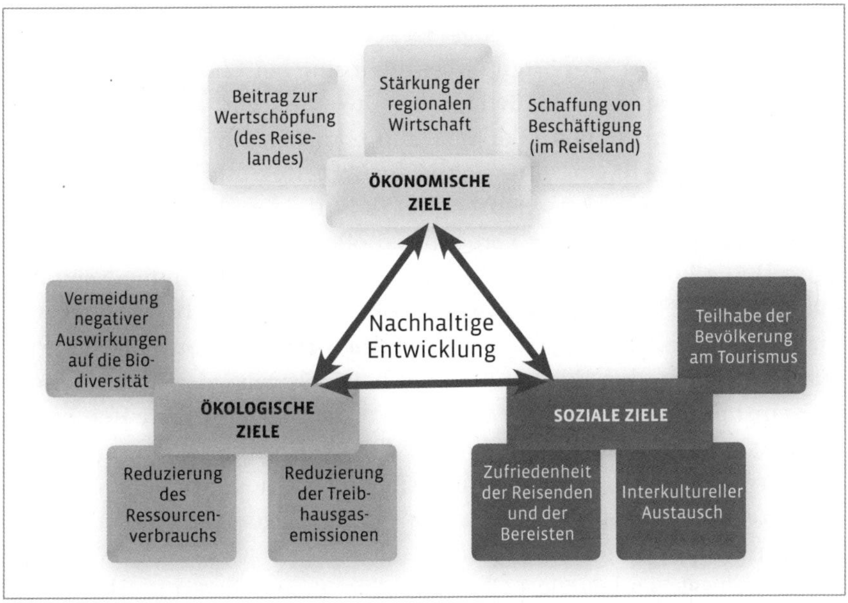

Abbildung 3.1
Zentrale Ziele für Nachhaltigen Tourismus im Massenmarkt, Quelle: Nachhaltiger Tourismus: Hartmut Rein, Wolfgang Strasdas

Schließlich präsentierte 1999 das deutsche Forum Umwelt und Entwicklung bei einer UN-Konferenz in New York folgende Definition: »Nachhaltiger Tourismus muss soziale, kulturelle, ökologische und wirtschaftliche Verträglichkeitskriterien erfüllen. Nachhaltiger Tourismus ist langfristig, in Bezug auf heutige wie zukünftige Generationen, ethisch und sozial gerecht und kulturell angepasst, ökologisch tragfähig sowie wirtschaftlich sinnvoll und ergiebig.« Und auch die Welttourismusorganisation UNWTO hält eine Definition parat: »Nachhaltige Tourismusentwicklung befriedigt die heutigen Bedürfnisse der Touristen und Gastregionen, während sie die Zukunftschancen wahrt und erhöht. Sie soll zu einem Management aller Ressourcen führen, das wirtschaftliche, soziale und ästhetische Erfordernisse erfüllen kann und gleichzeitig kulturelle Integrität, grundlegende ökologische Prozesse, die biologische Vielfalt und die Lebensgrundlagen erhält.«

Doch wie nachhaltig sind die heutigen Ansätze? Das wird sich erst in 25 bis 30 Jahren zeigen. Daher darf Nachhaltigkeit – auch im Tourismus – nicht als starrer Plan verstanden werden, sondern muss ständig an die sich ändernden Gegebenheiten angepasst werden. Idealerweise spricht man dann von einer »nachhaltigen Tourismusentwicklung«. Doch Vorsicht: Der Begriff »Nachhaltigkeit« ist rechtlich nicht geschützt.

Ebenso wie das Wort »fair«, das nicht nur bei Lebensmitteln, Kleidung und Geldanlagen an Bedeutung gewonnen hat, sondern auch im Tourismus. Denn neben Ökologie und Ökonomie stehen heute auch soziale Fragen wie gerechte Löhne für Arbeiter und Angestellte und die Einhaltung von Menschenrechten (s. S. 107) auf der Agenda. Diese Entwicklung hin zu einem gerechteren oder sozialeren Tourismus begrüßt Heinz Fuchs vom Informationsdienst Tourism Watch: »Nachdem Nachhaltigkeit lange Zeit sehr stark auf Umweltfragen beschränkt war, rücken jetzt endlich auch die sozialen Auswirkungen touristischer Produkte stärker in den Blick.« 2011 hat beispielsweise der deutsche Reiseveranstalter SKR (s. S. 235) die erste Fairtrade-zertifizierte Reise nach Südafrika durchgeführt. Fair klingt in diesem Zusammenhang allerdings noch etwas großspurig, beschränkte sich die Fairness der Reise doch auf die Unterbringung von Reiseteilnehmern in Lodges, die von Fair Trade Tourism (s. S. 208) zertifiziert sind.

Auch deswegen kritisiert Christine Plüss vom Schweizer arbeitskreis tourismus & entwicklung (akte.ch) mit Sitz in Basel, dass mit dem Slogan fair heute »auch ganz schnell mal eine Reise beworben wird, die lediglich ein Projektbesuch bei Einheimischen oder ein paar Tage Freiwilligenarbeit mit im Programm hat – ohne dass die gesamte Reise nachhaltig ausgelegt ist«. Unternehmensverantwortung in Form eines Feigenblatts kritisiert auch Heinz Fuchs: Häufig würden lediglich Spenden- und Sozialprojekte außerhalb des touristischen Kerngeschäfts aufgelistet. Besonders die großen Touristikkonzerne versuchten mit sozialem Engagement zu überdecken, dass lokale Arbeitsbedingungen nicht oben auf der Agenda stehen. Nur wer mehr als nur Sozialprojekte unterstützt und auch bei Transport, Unterbringung, Verpflegung und Ausflügen fair agiert, arbeitet ethisch korrekt. »Fairness im Tourismus ist eine Lebenseinstellung«, findet Clare Wilkie-Girardin, Managerin der Fair-Trade-Tourismzertifizierten Shiluvari Lakeside Lodge in Südafrika. »Es geht nicht nur ums gute Geschäft, sondern um die Vision der gesamten Branche, bei der möglichst viele Beteiligten ihre Lebensbedingungen verbessern können.«

Sozialer Tourismus – Reisen für alle?

In den tourismuspolitischen Leitlinien der Bundesregierung vom Dezember 2008 steht: »Ziel der Bundesregierung ist die Teilhabe aller Bevölkerungskreise am Tourismus. Auch Menschen mit gesundheitlichen, sozialen oder finanziellen Einschränkungen sollen reisen können.« Unbestritten ist, dass die Bundesregierung sich im sogenannten Sozialtourismus engagiert: Die Maßnahmen reichen von der Förderung von Familienferienstätten, Jugendbildungs- und Begegnungsstätten, Jugendherbergen sowie der internationalen Jugendarbeit bis hin zur Unterstützung von Projekten zum barrierefreien Reisen (s. S. 261 ff.). Doch das Engagement darf über eines nicht hinwegtäuschen: Während die Tourismusindustrie von Umsatzrekord zu Umsatzrekord eilt, können sich immer weniger einkommensschwache Familien einen Urlaub leisten. Denn laut Ilja Seifert, tourismuspolitischer Sprecher der Fraktion Die Linke, haben immer mehr Bundesländer die Mittel zur Förderung der Familienerholung völlig gestrichen. Bereits 2013 wies Seifert in einer Rede vor dem Bundestag darauf hin, dass sich seit einigen Jahren die Vertiefung der sozialen Spaltung unserer Gesellschaft verstärkt auch im Tourismus widerspiegele. Nach Seiferts Auffassung wäre »die Schaffung von mehr Reisemöglichkeiten für Menschen mit geringerem Einkommen, für Menschen mit Behinderungen sowie Menschen mit Migrationshintergrund nicht nur ein bedeutender sozialer Fortschritt, sondern könnte dazu beitragen, Arbeitsplätze zu schaffen und die ökonomischen Effekte des Tourismus weiter zu vergrößern«.

Auch die EU geht in diese Richtung. Bereits 2010 beschloss die Europäische Tourismuskonferenz in Madrid: »Die Kommission sollte Bevölkerungsgruppen mit eingeschränkter Mobilität und gesellschaftlich und/oder wirtschaftlich Benachteiligten den Zugang zu Urlaubsmöglichkeiten erleichtern, gleichzeitig eine bessere und langfristigere Nutzung der touristischen Infrastruktur, die Durchführung touristischer Aktivitäten in den jeweiligen Regionen über einen längeren Zeitraum und die Stärkung des Gefühls einer Unionsbürgerschaft fördern.« Wie ein fairer und nachhaltiger Tourismus für alle aussehen soll, damit beschäftigt sich die International Social Tourism Organisation (ISTO, oits-isto.org), der rund 150 Organisationen und Unternehmen aus 35 Ländern angehören. So standen denn auch auf ihrem European Tourism for All Forum 2015 in Portugal Themen wie Soziale Innovation, Unternehmensverantwortung, kreativer und nachhaltiger Tourismus sowie digitale Vernetzung für »Tourismus für alle«-Produkte auf der Agenda.

Ob fair, öko oder nachhaltig: Das alles entscheidende Stichwort lautet Verantwortung. Wer Tourismus mit Verantwortung betreibt, hat das Wohl von Mensch, Tier und Natur gleichermaßen im Blick und sieht eben nicht nur vorrangig den eigenen materiellen Vorteil. Das gilt für Tourismusakteure auf allen Ebenen. Diese Verantwortung gilt es zu erkennen, zu verinnerlichen, zu kultivieren, zu entwickeln und zu verbreiten. Nur dann hat ein sozial verantwortlicher und umweltverträglicher Tourismus eine echte Chance.

Langsam reisen

Mit Slow Food hat es begonnen. Nämlich die Erkenntnis, dass langsamer mehr ist: mehr Qualität, mehr Genuss und mehr Erlebnis. Was für unser Essen gilt, kann man auch auf Reisen ausprobieren, meint Dan Kieran, Autor von *Slow Travel: Die Kunst des Reisens*. Seine Reisephilosophie, die sich abseits von Massentourismus und Top-Ten-Attraktionen abspielt, setzt auf Langsamkeit und Zufall. Für einen echten Slow Traveller gilt: Mach keine Fotos, kauf keinen Reiseführer, lass alle Sehenswürdigkeiten weg, vermeide gute Hotels, heiße Katastrophen willkommen. Das Abenteuer kommt dann ganz von allein.

3.2 Alles über Siegel, Label, Markenzeichen

Biologisch erzeugte und fair gehandelte Produkte werden immer beliebter. Konsumenten haben sich bei Kaffee, Kakao und Kosmetik an eine vielfältige Siegellandschaft gewöhnt. Wenngleich der Überblick nicht immer leichtfällt und nicht jeder Käufer mit jedem Siegel etwas verbindet: Die Label helfen bei der Kaufentscheidung und ermöglichen es – seriöse Anbieter vorausgesetzt –, fairer und/oder ökologischer zu konsumieren.

Auch der Tourismusmarkt wird zunehmend von Gütezeichen überschwemmt, die dem Verbraucher Orientierung bei der sozial und ökologisch verantwortlichen Urlaubsplanung geben sollen. Inzwischen sind es weltweit mehr als 140. »Von denen kennen die Verbraucher aber wahrscheinlich kein einziges«, sagt Matthias Beyer, Geschäftsführer der auf nachhaltigen Tourismus spezialisierten Unternehmensberatung mascontour. Anders als bei Siegeln für Nahrungsmittel orientieren sich nur wenige Verbraucher an Tourismussiegeln. »Siegel für Lebensmittel haben einen größeren Wiedererkennungswert, denn man geht öfter in den Supermarkt als ins Reisebüro«, so Beyer.

Obwohl sich Hotels, Reiseveranstalter, Strände, Campingplätze, Reisebüros, Naturschutzgebiete und sogar ganze Regionen zertifizieren lassen, hat keines dieser Zeichen auch nur annähernd den Bekanntheitsgrad von Fairtrade erreicht, dem geläufigsten Sozialsiegel bei Lebensmitteln. Oder kennen Sie das Green Key Eco-Rating Program, Biosphere Responsible Tourism oder Ibex fairstay? Den niedrigen Bekanntheitsgrad touristischer Label wie etwa des TourCert-Siegels beklagt auch Angela Giraldo, Geschäftsführerin bei KATE, der Kontaktstelle für Umwelt & Entwicklung in Stuttgart, Gesellschafter der Zertifizierungsgesellschaft TourCert, die das gleichnamige Siegel vergibt (s. S. 210): »Die Veranstalter hätten sich schon eine bessere Resonanz gewünscht, denn externe Stellen wie label-online.de oder Stiftung Warentest haben TourCert als empfehlenswert eingestuft.«

Doch die Siegelflut verwirrt die Verbraucher zunehmend. Die Branche hat sich mit ihren gut gemeinten Gütezeichen geradezu »versiegelt«. Was der Markt braucht, sind nicht viele unbekannte Siegel, sondern weniger, aber umfassendere Siegel, mit denen der Verbraucher etwas anfangen kann. Was fehlt, sind zudem klare Definitionen, beispielsweise für die Begriffe »nachhaltig« und »fair«. Beide sind – anders als »bio« – gesetzlich nicht geschützt und dürfen frei verwendet und ausgelegt werden. Das verunsichert die Konsumenten. Kaum ein Verbraucher nimmt sich die Zeit, die Spreu vom Weizen zu trennen und in die komplexe Welt von Kriterienkatalogen, Kodizes und Kontrollen einzutauchen.

Und, so kritisierte Mobilitätsforscher Thomas Sauter-Servaes vom Verkehrsclub Deutschland bereits 2013 in der Zeitschrift Verträglich Reisen: »Siegel beschränken sich häufig auf die Zertifizierung von Einzelbausteinen der Urlaubsreise, besonders die Unterkunft. Damit springen die Konzepte zu kurz, weil 75 Prozent der tourismusbedingten Emissionen aus dem Verkehr stammen.« Es gebe, so Sauter-Servaes, ein großes Transparenzdefizit im Tourismus, was die Emissionen der Reisebausteine wie Fahren, Fliegen, Wohnen, Essen und Erleben betrifft. Daraus resultiere eine mangelhafte Sensibilität beim Urlauber.

Die Branche befindet sich – besonders bei Flugreisen – in einer Zwickmühle. Denn je weiter der Flug geht, desto mehr dominiert der CO_2-Ausstoß die ökologische Gesamtbilanz der Reise. Ob ich dann in einem Biohotel übernachte oder nur wandere oder radfahre, ändert an den Gesamtemissionen vergleichsweise wenig. Konsequente Siegel wie beispielsweise das TourCert-Siegel (s. S. 210) berücksichtigen dies – und werden nur vergeben, wenn nach einer langen Anreise auch die Aufenthaltsdauer entsprechend länger ausfällt, Inlandsflüge im Zielland vermieden werden oder die Kompensation im Reisepreis enthalten ist. So untersagt der Kriterienkatalog des forum anders reisen (s. S. 219), dessen Mitglieder obligatorisch über das TourCert-Label verfügen müssen, Kurzflugreisen und Flüge »in Zielgebiete unter einer Entfernung von 800 Kilometer, deren CO_2-Emissionen nicht vollständig kompensiert werden, ebenso wie Flüge zwischen 800 Kilometer bis 3 800 Kilometer mit einer Reisedauer unter 1 Woche und Flüge über 3 800 Kilometer mit einer Reisedauer unter 2 Wochen«. Solch eine Einschränkung ist für große Veranstalter noch Zukunftsmusik. Sie gehen daher lieber mit eigenen Siegeln an den Start, suchen sich Siegel mit weichen Kriterien oder versuchen mit kleineren grünen und sozialen Projekten von ihrem meist nicht allzu sauberen Kerngeschäft abzulenken.

Bei aller Kritik: Label können bei der Suche nach einer nachhaltigeren Reise helfen. Und sie lassen sich zudem recht schnell einordnen. Besonders Transparenz und Glaubwürdigkeit helfen – neben dem Bekanntheitsgrad – in einem ersten Schritt, gute von schlechten Siegeln zu unterscheiden. Dies geht allerdings aus den Reiseangeboten der Veranstalter nur selten hervor. Sie bilden in ihren Katalogen oftmals nur das Logo der Zertifizierung ab, gehen aber nur oberflächlich darauf ein, wer hinter dem Siegel steht und nach welchen Kriterien zertifiziert wird. Gute Siegel legen diese Kriterien offen, lassen deren Einhaltung von unabhängiger Seite überprüfen und geben auch Auskunft darüber, wer prüft. Zudem berücksichtigen sie alle Aspekte von Nachhaltigkeit, also nicht nur etwa Umweltaspekte, sondern auch soziale, kulturelle, menschenrechtliche und ökonomische Kriterien. Auch die Dauer der Zertifizierung spielt eine Rolle: Bei seriösen Siegeln werden die Vergabekriterien regelmäßig überprüft. Im Tourismus-Siegelführer *Wegweiser durch den Label-Dschungel* (s. S. 314) heißt es: »Je umfassender ein Label ökologische, soziale, wirtschaftliche und kulturelle Anliegen der gastgebenden Bevölkerung berücksichtigt, desto mehr kann es zur nachhaltigen Entwicklung beitragen.« Denn richtig gut ist ein Siegel erst, wenn es dem Verbraucher hilft, »Urlaubsangebote zu wählen, welche die Menschenrechte respektieren, die Umwelt schonen und den Einheimischen in den besuchten Regionen einen effektiven Nutzen bringen«, so der Labelführer.

Nachfolgend werden einige der seriösesten Tourismussiegel vorgestellt. Sie zeichnen sich durch hohe Transparenz, unabhängige Prüfung vor Ort und in den meisten Fällen auch durch globale Anerkennung durch den Global Sustainable Tourism Council (s. S. 215) aus. Der Kasten auf Seite 212 zeigt die wichtigsten touristischen Label, die in einem Land, Kontinent oder weltweit angeboten werden.

Siegelüberblick (alphabetisch)

EarthCheck (earthcheck.org)

EarthCheck wurde mithilfe der australischen Regierung im Jahre 1987 als wissenschaftliche Forschungsstelle speziell für den Tourismus gegründet. Das in über 70 Ländern vergebene Label überprüft mit seinem ganzheitlichen Ansatz die Leistungen eines Hotels in acht verschiedenen Bereichen – unter anderem vom Papier-, Wasser- und Energieverbrauch über das Abfallmanagement bis hin zur Einbeziehung der örtlichen Bevölkerung. Alle zwei Jahre überprüfen Inspektoren von EarthCheck die nachhaltige Entwicklung und die Einhaltung der Ziele durch externe Audits. Weltweit mehr als 1200 Betriebe haben sich bislang zertifizieren lassen. Nachbessern muss das Zertifizierungsprogramm beim Thema Transparenz: Die genauen Bewertungskriterien sind auf der Webseite nicht einsehbar, ebenso wenig wie eine Liste aller zertifizierten Betriebe.

Europäische Charta für nachhaltigen Tourismus in Schutzgebieten
(european-charter.org)
Die European Charter for Sustainable Tourism in Protected Areas ist eine Auszeichnung der EUROPARC Federation für europäische Naturschutzgebiete, die sich für einen nachhaltigen Tourismus engagieren. Im Unterschied zu anderen Tourismusgütesiegeln ist das Ziel der »Europäischen Charta« (einer Verpflichtung auf freiwilliger Basis), zusammen mit allen Akteuren Strategien für eine zukünftige touristische Entwicklung des jeweiligen Schutzgebietes zu erarbeiten. Bis Ende 2015 erhielten 144 Schutzgebiete in 17 europäischen Ländern das Siegel der Charta, darunter in Deutschland die Nationalparks Frankenwald, Müritz und Harz sowie das Biosphärenreservat Südost-Rügen.

Fair Trade Tourism (fairtrade.travel)
Mehr als 120 Tourismusunternehmen sind inzwischen Lizenznehmer der südafrikanischen Non-Profit-Organisation Fair Trade Tourism (FTT), die seit 2003 existiert und weltweit als Pionier des sozial verantwortlichen und ökologisch verträglichen Tourismus gilt. Nicht nur Luxuslodges haben sich der Bewegung angeschlossen, sondern auch erste Backpackerunterkünfte ebenso wie lokale Veranstalter, Organisationen und Naturschutzgebiete. Inzwischen nehmen auch Anbieter aus Madagaskar und Mosambik am Programm teil, das plant, nach Botswana, Lesotho, Namibia, Swasiland und Tansania zu expandieren. Kernpunkte des Gütesiegels, das sich an den Prinzipien des fairen Handels orientiert, sind – neben fairen Löhnen und Arbeitsbedingungen, gerechten Einkaufspraktiken und sozialer Absicherung der Mitarbeiter – der Respekt gegenüber Kultur, Umwelt und Menschenrechten. Zusätzlich zur Onlineprüfung der Unterlagen findet alle drei Jahre eine unabhängige Überprüfung der Lizenznehmer vor Ort statt. Dieses Audit führt seit 2013 die FLO-CERT GmbH (flocert.net) durch, eine hundertprozentige Tochter von Fairtrade International. Einige deutsche und Schweizer Veranstalter bieten Reisen nach Südafrika an und nutzen FTT-zertifizierte Unterkünfte.

Green Globe (greenglobe.com)
Green Globe entwickelte sich zwei Jahre nach dem UN-Gipfel in Rio de Janeiro 1992, auf dem sich die Weltgemeinschaft auf die 21 Prinzipien nachhaltiger Entwicklung geeinigt hatte. Inzwischen lassen sich weltweit mehr als 1 000 Hotels, Urlaubsresorts, Reiseunternehmen, Autovermietungen, Kongresszentren und andere Betriebe im Tourismus von Green Globe zertifizieren. 44 obligatorische Zertifizierungskriterien geben den Rahmen für eine Auswahl von über 380 anzuwendenden Einhaltungsindikatoren – davon 65 Prozent im Umweltbereich und 35 Prozent für soziokulturelle Aspekte. Analysiert wird der Leistungsstand unter anderem hinsichtlich des Umgangs mit Energie, Abfall und Wasser, aber auch der Interaktion bzw. Kommunikation mit dem sozialen und gesellschaftlichen Umfeld. Zur Zertifizierung muss ein Unternehmen jedes Kriterium erfüllen und zusammen mit den jeweils zugeordneten Indikatoren mindestens 51 Prozent erreichen. Die Bewertung erfolgt durch einen akkreditierten, unabhängigen Auditor vor Ort. Lizenznehmer des Siegels müssen eine jährliche Leistungsverbesserung der erzielten Kriterien/Indikatoren erreichen. Diese sind auf der Webseite zu finden, ebenso wie eine Liste der Mitglieder, eine Preisübersicht und eine Liste akkreditierter Prüfer, jeweils gegliedert nach Kontinenten und Ländern.

ibex fairstay (ibexfairstay.ch)
Mit dem Slogan »Ferien mit Mehrwert« bewirbt das Schweizer Tourismussiegel ibex fairstay seine Aktivitäten auf seiner Homepage. Neben Hotels und Jugendherbergen tragen inzwischen auch Ferien- und Tagungseinrichtungen sowie Wellness- und Gesundheitseinrichtungen das Steinbock-Label. Die insgesamt mehr als 50 zertifizierten Betriebe lassen sich alle drei Jahre von unabhängigen Auditoren in den Bereichen Regionalität, Soziales Engagement, Wirtschaftlichkeit, Ökologie und Servicequalität überprüfen. So werden beispielsweise bei der Auswahl der Lieferanten soziale Kriterien angelegt, ebenso wird auf gleiche Löhne für Männer und Frauen und auf ein Angebot von Produkten mit dem Fairtrade-Label geachtet. Je nach Ergebnis werden die Auszeichnungsstufen Bronze, Silber, Gold oder Platinum vergeben. Die Kosten der Zertifizierung sind auf der Homepage zu finden, Angaben über den Zertifizierungsbetrieb hingegen nicht. Kostensparende Kombizertifizierungen mit dem Schweizer Qualitätsprogramm Quality Our Passion und dem EU-Ecolabel sind möglich.

Österreichisches Umweltzeichen für Tourismus
(umweltzeichen-reisen.at)
Das weltweit erste staatliche Ökolabel im Tourismus wird vom Österreichischen Bundesministerium für Land und Forstwirtschaft, Umwelt und Wasserwirtschaft (BMLFUW) an Hotels, Campingplätze, Restaurants und Reiseveranstalter vergeben. Zertifiziert werden inzwischen auch Veranstaltungen sowie Tagungs- und Eventlokalitäten. Schwerpunkt des Zeichens ist ökologisch korrektes Verhalten. Ausgeschlossen sind bspw. Reisen mit einem zu hohen CO_2-Ausstoß pro Aufenthaltstag, Flugreisen für Kurzstrecken unter 700 Kilometern und mit einer Aufenthaltsdauer von weniger als sieben Tagen sowie Kreuzfahrten. Ebenfalls ausgeschlossen sind Aktivitäten, die durch Lärm und Schadstoffemissionen aus Verbrennungsmotoren Natur und Umwelt belasten – etwa Jeeptouren oder Heliskiing. Soziale Komponenten spielen beim Umweltzeichen hingegen keine Rolle. Hier ist nur das »Bekenntnis des Reiseveranstalters bzw. seiner Partner zur Einhaltung landesüblicher arbeits- und sozialrechtlicher Standards« erforderlich. Im Klartext heißt dies, dass nicht überprüft wird, ob die Angestellten der zertifizierten Betriebe gerecht entlohnt werden. Inzwischen tragen mehr als 240 österreichische Hotels, aber auch Unterkünfte in der Schweiz, Montenegro und Italien (Südtirol) das Zeichen. Angaben zu den Kosten der Zertifizierung sind auf der Homepage zu finden, Informationen über den unabhängigen Zertifizierungsbetrieb hingegen nicht.

TourCert (tourcert.org)
Das Siegel TourCert zeichnet seit 2009 Unternehmensverantwortung und Nachhaltigkeit von Reiseveranstaltern, Unterkünften, Destinationen und Reisebüros aus. Vergeben wird es von der gleichnamigen gemeinnützigen Organisation, deren Gesellschafter Brot für die Welt – Evangelischer Entwicklungsdienst, Naturfreunde Internationale, KATE sowie die Hochschule für nachhaltige Entwicklung Eberswalde sind. Ein umfangreicher Kriterienkatalog bewertet die gesamte Dienstleistungskette einer Reise. Dies beginnt bereits im Büro des Reiseveranstalters, der mit jeder Zertifizierung und Re-Zertifizierung einen Nachhaltigkeitsbericht erstellen und einen CSR-Beauftragten bestimmen muss. Zudem verpflichtet sich jeder Lizenznehmer unter anderem dazu, Mitarbeiterschulungen zum Thema Nachhaltigkeit durchzuführen, ausschließlich Ökostrom zu beziehen und die eigenen Flugdienstreisen zu mindestens 50 Prozent zu kompensieren. Gefordert werden auch eine möglichst klimaschonende An- und

Abreise zum und vom Urlaubsort sowie die Verpflichtung zum Schutz der Menschenrechte (s. S. 107 ff.), die Unterzeichnung des Kinderschutzkodex (s. S. 124) und die Ermittlung des Anteils des Reisepreises, der ins Reiseland fließt (s. hierzu auch Tabelle 3.1, S. 233). Die Stiftung Warentest empfiehlt das TourCert-System als »Vorreiter bei der Bewertung von nachhaltigen Tourismusangeboten«. Die Überprüfungen finden alle zwei bis drei Jahre statt. Eine Preisliste ist auf der Webseite vorhanden. Angaben zu den externen Zertifizierern werden nicht gemacht. Das Siegel ist international verfügbar, wird aber bisher nur in Europa nachgefragt. Im Juli 2015 startete das Projekt TourCert Andina in Peru, um auch nichtdeutschsprachigen Ländern die Zertifizierung zu ermöglichen. Inzwischen tragen rund 70 Reiseveranstalter, zwei Reisebüros, zwei Reisebürokooperationen (Geschäftsstelle) und fünf Hotels das Siegel. Zu den bekanntesten Mitgliedern zählen Gebeco, Wikinger Reisen, DAV Summit-Club und Hauser Exkursionen. Relativ neu ist der TourCert Check, ein Selbstbewertungssystem, mit dem ein Unternehmen herausfinden kann, wie es um seine Nachhaltigkeit steht.

Travelife (travelife.de)
Der Travelife-Standard soll es Hotels, Reiseveranstaltern und Reisebüros ermöglichen, ihren Einfluss auf sozialer Ebene und auf die Umwelt zu verbessern. Das Travelife-Zertifikat können weltweit Hunderte Beherbergungsbetriebe vorweisen – alleine in Deutschland sind es mehr als 250 von Veranstaltern wie der TUI, Thomas Cook, DER Touristik oder Neckermann (zu finden unter travelifecollection.com). Doch das Siegel hält nicht immer, was es verspricht: 2015 konnte das schwedische Netzwerk für faires Reisen Schyst resande in der Studie *Travelife's broken promise* nachweisen, dass in den zehn untersuchten Hotels im türkischen Alanya – darunter auch Hotels mit Travelife-Zertifizierung – niedrige Löhne, rechtswidrige Lohnverweigerung bei Überstunden und verbreitete Angst des Personals, sich gewerkschaftlich zu organisieren, an der Tagesordnung waren.

Viabono (viabono.de)
18 Spitzenverbände aus allen wichtigen gesellschaftlichen Interessengruppen sind Mitglied des 2002 auf Initiative des deutschen Bundesumweltministeriums gegründeten Viabono Trägervereins, darunter der Allgemeine Deutsche Automobil-Club (ADAC), das Deutsche Jugendherbergswerk e.V. (DJH) und der Naturschutzbund Deutschland (NABU). Ziel des Vereins ist es

nach eigenen Angaben, »einen wirksamen Beitrag zur Förderung eines nachhaltigen Tourismus in Deutschland zu leisten«. Das nur in Deutschland gültige Label wird an rund 250 Hotels, Ferienwohnungen, Tagungshäuser, Campingplätze, Jugendunterkünfte, Restaurants, Pauschal- und Kanuanbieter sowie Naturparks und Tourismuskommunen vergeben. Für das umweltlastige Viabono-Zertifikat müssen die Mitglieder mit ihren Verbräuchen in den Bereichen Abwasser, Abfall und Energie 30 Prozent unter von Experten errechneten Mittelwerten liegen. Zusätzlich ist die Verwendung von regionalen, ökologisch erzeugten und fair gehandelten Lebensmitteln erforderlich. Die sozialen Bedingungen erschöpfen sich in der Forderung nach ortsüblichem Tariflohn und der Möglichkeit zu regelmäßiger Fortbildung. Die für zwei Jahre gültige Überprüfung beruht lediglich auf einer Selbsterklärung der Anbieter und einer Überprüfung am Schreibtisch durch Viabono. Ein Audit vor Ort findet bis auf Stichprobenkontrollen nicht statt. Ablauf der Zertifizierung, Kriterien und Kosten sind transparent im Internet dargestellt. Dort finden sich auch Informationen zu weiteren Viabono-Zertifizierungsprodukten, wie beispielsweise den Klima-Hotels (siehe Seite 247).

Wo gilt welches Tourismussiegel?

(Die fett hervorgehobenen Siegel sind näher beschrieben)

LAND	SIEGEL
Ägypten	Green Star Hotel
Alaska (USA)	Adventure Green Alaska (AGA)
Australien	ECO Certification Program
Costa Rica	Certification for Sustainable Tourism (CST)
Deutschland	**Viabono** (s. S. 211)
Europa (9 Länder)	**Blaue Schwalbe** (s. S. 243)
Europa	ECEAT Quality Label
Europa	**ECOCAMPING** (s. S. 250, nur Deutschland, Österreich, Schweiz, Italien, Kroatien)
Europa	**European Charter EUROPARC**
Europa	European Ecolabel
Europa	European Ecotourism Labelling Standard (EETLS)
Europa	PAN Parks
Europa	Q certification tourism
Großbritannien	Green Tourism Business Scheme (GTBS)
Guatemala	GREAT Green Deal

Hawaii (USA)	Hawaii – Green Business Program
Irland	Ecotourism Label
Irland	Green Tourism Business Scheme (GTBS)
Italien	Legambiente Turismo
Japan	Japan Ecolodge Association
Kanada	LEAF
Kenia	Ecotourism Kenya's Eco-Rating scheme
Kolumbien	Sello Ambiental Colombiano
Lateinamerika	Q certification tourism
Lateinamerika (5 Länder)	Smart Voyager
Lettland	Green Certificate
Luxemburg	EcoLabel Luxembourg
Malta	ECO Certification
Marokko	Q certification tourism
Namibia	eco awards Namibia
Neuseeland	Qualmark
Österreich	**Österreichisches Umweltzeichen für Tourismus**
Polen	Clean Tourism Certification
Rumänien	Eco-Romania
Schweden	Nature's Best
Skandinavien	Nordic Swan
Südafrika	**Fair Trade Tourism** (s. S. 208, plus weitere afrikanische Länder)
Süd- und Ostafrika	Green Leaf Environment Standard
Schweiz	**ibex fairstay** (s. S. 209)
Thailand	Green Leaf Foundation
Weltweit	Blaue Flagge/Blue Flag
Weltweit (9 Länder)	Biosphere Responsible Tourism
Weltweit	**EarthCheck** (s. S. 207)
Weltweit	ECOPROFIT
Weltweit	**Green Globe** (s. S. 209)
Weltweit	Green Key
Weltweit (27 Länder)	Green Key Eco-Rating Program
Weltweit	QualityCoast
Weltweit	Rainforest Alliance
Weltweit	Sustainable Tourism Eco-Certification Program STEP (s. S. 216)
Weltweit	**TourCert** (s. S. 210)
Weltweit	**Travelife** (s. S. 211)

3.3 Die wichtigsten Akteure – wer macht was?

Ob Reiseunternehmen, Verbände, Politik, oder Nichtregierungsorganisationen: Sie alle beeinflussen den Tourismus von heute und das Reisen von morgen. Ohne sie bleiben Verhaltensänderungen beim Konsumenten hin zu einem fairen und grünen Tourismus Stückwerk. Nachfolgend ein Überblick über die wichtigsten Akteure und ihre Vorstellungen von einem verantwortungsvollen Tourismus.

Der internationale Rahmen

Der internationale Tourismus zählt zu den am geringsten regulierten Wirtschaftssektoren. Dennoch existieren eine Vielzahl von Normen, Abkommen, Kodizes und Gesetzen. Diese Regelwerke leiden allerdings meist an derselben Krankheit: Sie basieren auf Freiwilligkeit, sind also weder einklagbar, sanktionierbar noch gesetzlich bindend. Das gilt auch für die Tourism Bill of Rights der Welttourismusorganisation (UNWTO), den ersten Verhaltenskodex seiner Art aus dem Jahr 1985. Hinzu kommt, dass die Regelwerke oftmals nur von wenigen Ländern ratifiziert wurden, wie beispielsweise das Übereinkommen Nr. 172 der Internationalen Arbeitsorganisation ILO von 1994. Das Übereinkommen über die Arbeitsbedingungen in Hotels, Gaststätten und ähnlichen Betrieben regelt unter anderem die angemessene Bezahlung von Überstunden, den Anspruch auf tägliche und wöchentliche Ruhezeiten und auf bezahlten Urlaub. Doch bislang haben es erst 15 Staaten ratifiziert, darunter auf europäischer Seite Deutschland, Österreich, Schweiz, Luxemburg, Spanien und Irland.

1999 verabschiedete die Weltgemeinschaft den Global Code of Ethics for Tourism (GCET) auf einem Treffen der UNWTO in Chile. Der »Globale Ethikkodex für Tourismus« behandelt in zehn Artikeln ethische Grundsätze im Umgang mit Reisenden und Bereisten. Wenngleich die Verabschiedung des Abkommens einen Erfolg darstellt, so handelt es sich doch um kein international rechtsverbindliches Dokument. Daran ändert auch das 2003 von der Generalversammlung der UNWTO eingerichtete World Committee on Tourism Ethics wenig. Der »Weltausschuss für Tourismusethik« wurde eingerichtet, um die Umsetzung des Kodex zu überwachen und eventuelle Streitfälle zu schlichten. Doch der Tiger bleibt zahnlos – die Zusammenarbeit in diesem Forum basiert auf Freiwilligkeit. Tourismuskritische Organisationen (s. S. 225) fordern deswegen zumindest eine Verbesserung des Beschwerdemechanismus unter Einbindung der Zivilgesellschaft sowie eine regelmäßige Berichterstattung der UNWTO vor dem UN-Menschenrechtsrat. Auch Reformen des nicht mehr ganz zeitgemäßen Kodex werden angemahnt. So fehlt beispielsweise ein Hinweis auf das Phänomen Klimawandel, an dem der Tourismus zunehmend beteiligt ist. Das Regelwerk schien jahrelang an der deutschen Tourismuswirtschaft vorbei zu existieren. Erst Ende 2012 haben es der Deutsche ReiseVerband (DRV), führende Reiseveranstalter und Fluggesellschaften unterzeichnet.

Ebenfalls 1999 verabschiedete die Kommission der Vereinten Nationen für Nachhaltige Entwicklung (Commission on Sustainable Development, CSD) ein Arbeitsprogramm zum nachhaltigen Tourismus. Es diente – unterstützt vom Sekretariat der Konvention über biologische Vielfalt (Secretariat of the Convention on Biological Diversity, CBD) – als Grundlage für die Erarbeitung der Richtlinien über die biologische Vielfalt und Tourismusentwicklung (Guidelines on Biodiversity and Tourism Development), die 2004 von der 7. Vertragsstaatenkonferenz in Kuala Lumpur angenommen wurde. Die Richtlinien definieren insbesondere die Rolle von Naturschutz und Tourismuswirtschaft.

Noch recht jung ist die Global Partnership for Sustainable Tourism Criteria. Sie wurde 2008 auf dem Weltnaturschutzkongress in Barcelona von der Welttourismusorganisation (UNWTO), dem Umweltprogramm der Vereinten Nationen (UNEP), der UN-Stiftung und der Umweltorganisation Rainforest Alliance vorgestellt. Die Partnerschaft für globale Kriterien eines nachhaltigen Tourismus baut auf den dreijährigen Erfahrungen der International Commission for Sustainable Tourism Development der Vereinten Nationen auf, die einen Kriterienkatalog für den weltweiten Tourismus erarbeitet hatte. Die mehr als 80 Mitglieder des Global Sustainable Tourism Council (GSTC, gstcouncil.org), zu denen auf deutscher Seite neben der TUI (s. S. 230) und der Unternehmensberatung MasContour auch die Siegel-Initiative TourCert (s. S. 210) gehören, möchten mit der Partnerschaft nach eigenen Angaben gemeinsam zu einem besseren Verständnis von nachhaltigem Tourismus in der Praxis und zu einer Anwendung weltweiter Prinzipien beitragen.

Globale Tourismusbehörde – die UNWTO

Die Welttourismusorganisation (UNWTO) mit Sitz in Madrid entstand 1925 als Sonderorganisation der Vereinten Nationen. Ihren heutigen Namen trägt sie seit 1975. 156 Staaten sind Mitglied der UNWTO, außerdem hat sie sechs assoziierte Mitglieder und zwei ständige Beobachter. Den Privatsektor vertreten mehr als 400 Mitglieder. Deutschland ist seit 1976 Vollmitglied der UNWTO. Eine Unteragentur, das Ethics & Social Responsibility Programme, koordiniert die Aktivitäten des World Committee on Tourism Ethics und des World Tourism Network on Child Protection. Die Arbeitsfelder umfassen im Rahmen des Global Code of Ethics for Tourism unter anderem den Schutz von Kindern im Tourismus, Genderfragen, barrierefreies Reisen und Menschenrechte. Mit der 2004 gegründeten STEP Foundation (Sustainable Tourism for Eliminating Poverty, unwtostep.org), beabsichtigt die UNWTO, einen Beitrag zur Armutsreduzierung im Rahmen der UN-Nachhaltigkeitsziele (bis 2030) zu leisten. Rund 5 000 Tourismusprojekte sollen in den ärmsten Ländern der Welt Arbeitsplätze und Einkommen schaffen und so zu Entwicklung und Verringerung der bestehenden Ungleichheit beitragen. Doch bereits 2006 kritisierte Tourism Watch, dass es sich bei den STEP-Projekten oftmals nur um den Bau touristischer Betriebe mit ausländischem Kapital handele, laut UNWTO ein probates Mittel zur Armutsbekämpfung. Wie sehr die einheimische Bevölkerung in Entscheidungsprozesse eingezogen wird und wirklich von solchen Investitionen profitiert, ist umstritten. So beklagten sich denn auch Mitglieder der Afrikanischen Union über die Tourismusprogramme der UNWTO: Es gebe »wichtigere Probleme wie z. B. Aids, Malaria, mangelnde Gleichstellung von Frauen, Terrorismus und chronische Armut zu lösen, als fragwürdige Einnahmen durch undurchsichtige Tourismusprojekte zu erzielen«.

Während des Weltsozialforums 2009 in Brasilien prangerten Globalisierungsgegner die Machenschaften der UNWTO, nationaler Regierungen und internationaler Tourismuskonzerne an. Diese würden die Umwelt durch Tourismusprojekte zerstören, die Angestellten ausbeuten – außerdem trage der konventionelle Tourismus zu Erderwärmung und Klimawandel bei. Hingegen fordern Nichtregierungsgruppen aus aller Welt in der Declaration of Belém, dem Abschlusspapier, unter anderem Netzwerke, »die auf den gemeindeorientierten und solidarischen Tourismus im vollen Respekt der lokalen Kultur und der Umwelt setzen«.

Der internationalen Staatengemeinschaft gelang es bis 2015 nur teilweise, die im Jahr 2000 beschlossenen Millenniums-Entwicklungsziele (Millenium Development Goals, MDGs) – darunter die drastische Reduzierung der weltweiten Armut – erfolgreich umzusetzen. Als Nachfolger traten am 1. Januar 2016 im Rahmen der Agenda 2030 die Ziele nachhaltiger Entwicklung (Sustainable Development Goals, SDGs) in Kraft. Die 17 Ziele und 169 Zielvorgaben beziehen – anders als die MDGs zuvor – alle Staaten in den Entwicklungsprozess mit ein. Die Rolle des Tourismus in der Agenda 2030 erläutert »Standpunkt Tourismuswende«, eine 2016 veröffentlichte Pubklikation von Brot für die Welt – Evangelischer Entwicklungsdienst, dem arbeitskreis tourismus & entwicklung (akte) und der TourCert GmbH. Darin heißt es unter anderem: »In der Agenda 2030 ist wiederholt vom ›nachhaltigen Tourismus‹ die Rede. Seine Förderung wird in Paragraf 33 sogar explizit angeregt. Dabei bleibt unerwähnt, dass die Förderung allein nicht ausreicht, wenn nicht gleichzeitig eine Abkehr der bisherigen ›nicht nachhaltigen‹ Tourismusmuster konsequent angegangen wird.«

Die deutsche Regierung

Mehr Verantwortung im Tourismus will auch die Bundesregierung übernehmen. Federführend nimmt sich der Tourismusbeirat mit der Tourismusbeauftragten Iris Gleicke des Bundesministeriums für Wirtschaft und Energie (BMWi, bmwi.de) der Sache an. Denn die Tourismuspolitik überschneidet sich in Einzelfragen mit den Zuständigkeitsbereichen anderer Ressorts, beispielsweise des Ministeriums für Arbeit und Soziales (Stichworte: CSR und barrierefreies Reisen), des Ministeriums für Ernährung und Landwirtschaft (Stichwort: Entwicklung des ländlichen Raumes) oder des Ministeriums für Wirtschaftliche Zusammenarbeit (Stichwort: Tourismus als Instrument gegen Armut). Auch das Bundesministerium für Umwelt, Naturschutz, Bau und Reaktorsicherheit (BMUB) zeigt Problembewusstsein: »Unser Ziel muss sein, die Themen Naturverträglichkeit, Klimaschutz und Ressourcenschonung stärker im Tourismus zu verankern und zu fördern«, sagt Staatssekretär Jochen Flasbarth.

Für die konkrete Planung, Entwicklung und unmittelbare Förderung des Tourismus sind hingegen die Bundesländer zuständig. Einer von acht Schwerpunkten des BMWi ist »Nachhaltigkeit und Verantwortung«. Viel hat die Regierung hier noch nicht vorzuweisen: Hinweise auf der Webseite beschränken sich auf einen Verweis auf den Global Code of Ethics for Tourism (s. u.) sowie einen Aktionsplan und Kampagnen zum Schutz von Kindern und Jugendlichen vor sexueller Ausbeutung im Tourismus.

Alle Webseiten der deutschen Regierung zu nachhaltigem Tourismus finden sich im Infoteil auf Seite 303 f.

Deutsche Verbände und Vereine

Deutsche Wirtschaftsverbände engagieren sich zunehmend für einen sozial verantwortlichen und umweltverträglichen Tourismus. Pionierarbeit leistet hier nach eigenen Angaben der **Deutsche Tourismusverband** (DTV, deutschertourismusverband.de), der Dachverband Deutscher Tourismusregionen, mit seinem neuen Projekt »Kriterienentwicklung für nachhaltige Tourismusdestinationen«. Ziel ist es, erstmals ein bundesweit anwendbares Kriterien- und Indikatorenset für nachhaltige Tourismusregionen auf den Weg zu bringen. Dies soll es touristischen Regionen, Orten und Betrieben ermöglichen, sich im nachhaltigen Tourismus erfolgreich zu positionieren und somit Verbrauchern ein besseres Angebot zu bieten. Die Ergebnisse des Projekts sollen 2016 vorliegen – sie werden als Leitfaden mit Handlungsempfehlungen erscheinen. Zudem hat der Verband die Positionspapiere »Tourismus und nachhaltige Entwicklung in Deutschland« und »Regenerative Energien – Auswirkungen der Energiewende auf Natur- und Kulturlandschaften und Tourismus« veröffentlicht und unterstützt nachhaltige Initiativen wie Viabono (s. S. 211) oder ECOCAMPING (s. S. 250).

Dem möchte der **Deutsche Reiseverband** (DRV, drv.de), der nach eigenen Angaben führende Interessenvertreter deutscher Reiseveranstalter und Reisevermittler, nicht nachstehen. Mit dem E-Learning-Programm »DRV-Green Counter« sollen Mitarbeiter im Reisevertrieb befähigt werden, das Wissen über nachhaltiges Reisen auszubauen und das Thema im Reisevertrieb stärker zu platzieren. Der DRV gehört zu den Unterzeichnern des Global Code of Ethics for Tourism (s. S. 214), vergibt jährlich den Preis EcoTrophea, (s. S. 300) und ist Schirmherr von Futouris. An der Nachhaltigkeitsinitiative deutscher Reiseveranstalter (futouris.org) beteiligen sich unter anderen die TUI Deutschland, Thomas Cook, Neckermann Reisen, Gebeco und Aida Cruises.

Die Wörter »soziale Verantwortung« oder »Nachhaltigkeit« tauchen auf der Webseite des **Verbands deutsches Reisemanagement** (VDR, vdr-service.de) zwar nur sparsam auf. Doch bereits 2006 hat die Interessenvereinigung der Geschäftsreisebranche den Fachausschuss Nachhaltigkeit/CSR ins Leben gerufen. Dieser setzt sich nach eigenen Angaben für die »Erhaltung und Förderung der nationalen und internationalen Reisemobilität unter Berücksichtigung einer intakten Umwelt sowie von sozial-gesellschaftlichen Rahmenbedingungen« ein. Darüber hinaus hat der Verband die »Empfehlungen für grüne Elemente in der Reiserichtlinie« exklusiv für seine Mitglieder veröffentlicht. Ein wichtiges Dokument, denn bislang haben trotz steigenden Interesses nur wenige Unternehmen ihre Reiserichtlinien fairer und grüner ausgerichtet. Zusätzlich vergibt der Verband das Siegel Certified Green Hotel®, das umweltfreundliche Geschäftshotels auszeichnet (s. S. 245).

Der **Verkehrsclub Deutschland** (VCD, vcd.org) sieht sich als »Interessenvertretung aller umweltbewussten mobilen Menschen« und »ökologische Alternative zum ADAC«. Er setzt sich für eine nachhaltige Verkehrspolitik ein, die langfristig eine ökologische und sozial verträgliche Mobilität aller Verkehrsteilnehmer sichert. Das Gründungsmitglied der touristischen Umweltdachmarke Viabono (s. S. 211) möchte zuverlässige Standards für eine Tourismusmobilität etablieren, die alle Fortbewegungsmittel optimal vernetzt und schonend mit der Natur umgeht. In der Mitgliederzeitschrift fairkehr, die von der gleichnamigen Verlagsgesellschaft (fairkehr.de) betreut wird, werden regelmäßig ökologisch nachhaltige Reisen thematisiert. Der Verlag gibt auch einmal jährlich das Magazin Verträglich reisen heraus. Auf vertraeglich-reisen.de finden sich unter Ökologie & Nachhaltiger Tourismus zahlreiche Tipps und Infos.

Neue Wege, was Reisen mit Verantwortung betrifft, geht der Wirtschaftsverband **forum anders reisen**, ein Zusammenschluss von mehr als 140 kleinen und mittleren Reiseveranstaltern mit Sitz in Hamburg. Sie erwirtschafteten 2015 zusammen einen Umsatz von 221,3 Millionen Euro. Ziel des 1998 gegründeten Vereins ist eine nachhaltige Tourismusform, die nach eigenen Angaben langfristig ökologisch tragbar, wirtschaftlich machbar sowie ethisch und sozial gerecht für ortsansässige Gemeinschaften sein soll. Dies weisen die Mitglieder mit der Erfüllung eines auf der Webseite einzusehenden Kriterienkatalogs und darauf aufbauend mit dem TourCert-Siegel (s. S. 210) nach. Nur wer das TourCert-Siegel besitzt, darf dauerhaft Mitglied bleiben. 57 Reiseveranstalter erfüllten Anfang 2016 diese Vorausetzung. Einige von ihnen schließen die CO_2-Kompensation (s. S. 90) der Flüge und in einigen Fällen auch des Landprogramms ausgewählter Reisen in den Preis mit ein (s. S. 83). Diese Reisen dürfen mit dem Siegel atmosfair 100% Klimaschutz inklusive beworben werden.

Gewerkschaften

Wer einen sozial verantwortlichen Tourismus fordert, der muss sich mit dem Thema Löhne, Gehälter und Arbeitsbedingungen auseinandersetzen. Besonders die Dienstleistungsbranchen Hotellerie und Gastgewerbe charakterisieren sich – nicht nur im Ausland – durch lange Arbeitszeiten, Arbeiten an Wochenenden und Feiertagen, saisonal abhängige Beschäftigung, einen niedrigen gewerkschaftlichen Organisationsgrad und niedrige Löhne. Wenig attraktiv für Auszubildende, die Branche sucht händeringend Nachwuchs. In den Berichten des Deutschen Gewerkschaftsbunds (DGB) landet die gastgewerbliche Ausbildung regelmäßig auf den hinteren Plätzen.

Nach Angaben des Deutschen Hotel- und Gaststättenverbands (DEHOGA Bundesverband) entfallen 60 Prozent der touristischen Umsätze in Deutschland auf Hotellerie und Gastronomie. Rund 1,8 Millionen Menschen arbeiten in beiden Branchen in mehr als 220 000 Betrieben – davon etwa die Hälfte als geringfügig Beschäftigte (Minijobber, 450-Euro-Jobber). Wie viele von ihnen der für sie zuständigen Gewerkschaft Nahrung Genuss Gaststätten (NGG) angehören, sagt die Arbeitnehmervertretung nicht. Die nach eigenen Angaben älteste Gewerkschaft Deutschlands vertritt die beruflichen Interessen von Köchen, Bedienungspersonal und Hotelangestellten. Sie hatte sich seit 2005 zusammen mit der Schwestergewerkschaft ver.di (s. Kasten S. 223) in der »Initiative Mindestlohn« engagiert und sich für den am 1. Januar 2015 bundesweit eingeführten Mindestlohn von 8,50 Euro pro Stunde starkgemacht.

Ein Jahr nach dessen Einführung lautete die Bilanz von Bundesarbeitsministerin Andrea Nahles: »Der Mindestlohn ist ein Erfolgsmodell«, und auch das Nachrichtenmagazin Der Spiegel kommt in einem Faktencheck im Heft 40/2015 zu dem Fazit: »Der von den Kritikern befürchtete Arbeitsplatzabbau hat (bisher) nicht stattgefunden.« Allenfalls habe ein politisch gewollter Umwandlungseffekt stattgefunden – weg von Minijobs hin zu sozialversicherungspflichtiger Beschäftigung. Allein im Gastgewerbe seien in Deutschland seit März 2014 rund 50 000 neue sozialversicherungspflichtige Jobs entstanden.

Eher als »Bürokratiemonster« denn als Erfolgsmodell sieht hingegen der DEHOGA den Mindestlohn. Besonders die damit einhergehende Arbeitszeitdokumentation und die mangelnde Flexibilisierung des Arbeitszeitgesetzes sind dem Lobbyverband ein Dorn im Auge. Der Mindestlohn gilt zudem als Haupttreiber dafür, dass die Personalkosten steigen – und dies in einer arbeitsintensiven Branche, in der der Personalkostenanteil nach DEHOGA-Angaben mit 25 bis 40 Prozent besonders hoch liegt. Eine Mitgliederumfrage der DEHOGA Baden-Württemberg zusammen mit dem Institut für Management und Tourismus ergab, dass neun von zehn Unternehmern durch das Mindestlohngesetz unter der Bürokratiemehrbelastung litten. Fast jeder Dritte sah seinen Betrieb mittelfristig in seiner Existenz bedroht.

Zahlen, die Wirkung zeigten: Aufgrund des Drucks von CDU/CSU und einigen Arbeitgeberverbänden trat am 1. August 2015 eine neue Verordnung in Kraft: Darin wurde die Entgeltgrenze von 2958 Euro im Monat, bis zu der zuvor in den schwarzarbeitsgefährdeten Branchen die Arbeitszeiten dokumentiert werden mussten, für viele Fälle auf 2000 Euro abgesenkt. Zudem wurden enge Familienangehörige des Arbeitgebers aus der Aufzeichnungspflicht ausgenommen.

Unregelmäßigkeiten bei der Erfassung der gearbeiteten Stunden waren (und sind) im Hotel- und Gaststättengewerbe durchaus üblich und nur schwer nachweisbar. Immer wieder kommt es zu Fällen von Schwarzarbeit. Um die Situation übersichtlicher zu gestalten, hat die Bundesregierung mit dem Mindestlohn auch eine Aufzeichnungspflicht unter anderem für Gaststätten und Herbergen eingeführt. Diese müssen nun den Beginn und das Ende der Arbeitszeit für jeden Arbeitstag sowie die Dauer der täglichen Arbeitszeit, also die geleisteten Stunden abzüglich Pausenzeiten, handschriftlich oder maschinell erfassen und die Dokumente bis zu zwei Jahre aufbewahren.

Hinter der massiven Kritik des DEHOGA an der Aufzeichnungspflicht vermutet Karin Vladimirov, Pressesprecherin der Gewerkschaft Nahrung Genuss Gaststätten (NGG, ngg.net), andere Gründe: »Wichtiger als die Entbürokratisierung bei der Arbeitszeitdokumentation ist es den Arbeitgebern, das Arbeitszeitgesetz zu ihren Gunsten zu verändern.« Dieses regelt unter anderem neben der täglichen Höchstarbeitszeit und den Mindestruhepausen auch die Rahmenbedingungen für die Vereinbarung flexibler Arbeitszeiten. So darf beispielsweise die Wochenarbeitszeit von 40 Stunden nur in Ausnahmefällen (etwa saisonaler Bedarf, Auftragslage) bis zu maximal ein halbes Jahr überschritten werden (maximal 60 Std./Woche). Auch die Anzahl der Sonn- und Feiertage, an denen gearbeitet werden darf, ist gesetzlich geregelt. »Dagegen wird im Gastgewerbe schon immer verstoßen«, sagt Vladimirov. »Durch die Aufzeichnungspflicht wird es aber nun offensichtlich.« Gerade in der Kneipe an der Ecke oder im kleinen Biergarten werden Mitarbeiter oft als Minijobber angestellt. Sie müssen aber voll arbeiten, den Rest ihres Lohns erhalten sie unregistriert bar auf die Hand. Abgaben werden für diese

Beträge keine entrichtet. Kontrollen wegen Sozialversicherungsbetrugs brauchen diese Kleinunternehmer kaum zu fürchten: Die Abteilung »Finanzkontrolle Schwarzarbeit«, deren Beamte zum Zoll gehören, ist derzeit chronisch unterbesetzt. Ob die für 2016 angekündigten 1 600 neuen Stellen auch eingerichtet werden, bleibt abzuwarten.

Und so feiern die einen die Einführung des Mindestlohns, während andere ihn ablehnen. Fakt ist: Es bleiben viele Lücken. Man kann ihn leicht umgehen. Das ist ein Armutszeugnis für Arbeitgeber, denn auch 8,50 Euro pro Stunde sind noch kein üppiger Lohn. Im Dossier *Die Lohnlüge* prangerte die Wochenzeitung Die Zeit im März 2015 die langen Arbeitszeiten und schlechte Bezahlung von Zimmermädchen, Putzkräften und sogar Köchen im Berliner Luxushotel Adlon an. In dem Artikel heißt es, die wöchentliche Arbeitszeit der Köche im Adlon betrage offiziell 38 Stunden. Nach Aussagen eines Kochs würden aber 50, 60 und bei Einsätzen an Wochenenden mindestens 70 Stunden gearbeitet. Legt man diese Zahlen als Berechnung für den Stundenlohn zugrunde, landet man bei etwa sechs bis sieben Euro pro Stunde. Nicht viel besser ergehe es den Zimmermädchen im Adlon. Die ihnen zugeteilte Arbeit sei in der vorgesehenen Zeit nicht zu schaffen. Die Mehrarbeit wird nicht vergütet, der Stundenlohn sinkt – laut Artikel der Zeit von vereinbarten 9,55 Euro auf 6,50 Euro. Viele Hotels lagern Dienstleistungen wie die Zimmerreinigung inzwischen an Subunternehmen aus. Die Folge: Arbeitnehmer, oft Menschen mit Migrationshintergrund, werden pro gereinigtem Zimmer bezahlt. Müssen die Zimmer mehrere Tage lang mangels Gästen nicht geputzt werden, erhalten sie keinen Lohn. Ihre Rechte kennen diese Mitarbeiter in der Regel nicht. Sprachbarrieren und mangelnde Alternativen erschweren die Situation. Aufgrund ihres geringen Lohns können sie es sich meist nicht leisten, Gewerkschaftsbeiträge zu zahlen.

Einigen Arbeitnehmern wurden nach Einführung des Mindestlohns neue Arbeitsverträge vorgelegt. »Mit unzulässigen Klauseln wie ›Mehrarbeit wird nicht vergütet‹ versuchen manche Arbeitgeber den Mindestlohn zu umgehen«, sagt Karin Vladimirov von der NGG. »Es wird versucht, das Urlaubsgeld auf die einzelnen Monate umzulegen, was gesetzlich verboten ist, oder man sagt den Leuten ganz dreist, bei uns gelten die neuen Bestimmungen nicht«, so die Pressesprecherin. Und so laufen bei der Mindestlohn-Hotline des DGB die Telefone heiß. »Im Gastgewerbe ist ein Umdenken notwendig hin zu fairen Arbeitsbedingungen«, glaubt Vladimirov.

»Der Arbeitsdruck wächst«

Ein Gespräch mit Volker Nüsse, Bundesfachbereichssekretär bei ver.di – Vereinte Dienstleistungsgewerkschaft, Fachbereich 13, Besondere Dienstleistungen, Bundesvorstand (**verdi.de**), über variable Vergütungsmodelle, gewerkschaftliche Organisation und Arbeitsbelastung im Tourismus. Nach Berechnungen der Gewerkschaft ver.di aus dem Jahr 2014 sind deutschlandweit rund 90 000 Menschen bei Reiseveranstaltern oder im Reisevertrieb tätig. Nur etwa 62 000 davon sind sozialversicherungspflichtig. Beim Rest handelt es sich um geringfügig Beschäftigte. Gewerkschaftlich organisiert ist in größeren Unternehmen wie TUI, Thomas Cook oder DER Touristik in etwa jeder siebte Angestellte. Der Organisationsgrad schwankt dabei von Unternehmen zu Unternehmen zwischen 5 bis 30 Prozent.

Herr Nüsse, der Tourismus brummt, die Unternehmen machen ordentliche Gewinne. Warum kommt relativ wenig davon bei den Beschäftigten in Reisebüros und bei Reiseveranstaltern an?
Der Konkurrenzdruck in der Branche ist enorm. Was zählt, ist kurzfristiger, zahlenorientierter Erfolg, der oftmals mit Personalabbau und mageren Lohnzuwächsen einhergeht. Lohnerhöhungen sind überwiegend nicht tariflich garantiert, sondern werden von den Unternehmen freiwillig geleistet – oder aber auch nicht.

Immer mehr Reisebüros arbeiten mit variablen Vergütungsmodellen. Wie funktioniert das?
Der Veranstalter Thomas Cook hat beispielsweise 2013/14 solch ein Modell eingeführt. Es basiert auf einem Grundgehalt, das übrigens nur knapp unter dem Mindestlohn liegt, einer Ausgleichszulage, die individuell verhandelt werden muss, und einem variablen Anteil von etwa 20 Prozent.

Was für Vorteile bietet solch ein variables Vergütungsmodell den Unternehmen?
Mit variablen Vergütungsanteilen wird ein Teil des unternehmerischen Risikos auf die Angestellten abgewälzt. Wie es aussieht, haben sich die großen Unternehmen entschieden, die Konkurrenz in der Branche auf den Gehältern der Angestellten auszutragen.

Was sind die Folgen für die Mitarbeiter?
Der Arbeitsdruck steigt, und die Konkurrenz untereinander wächst. Wer sitzt an dem Tisch, den die Kunden bevorzugen, und wer kümmert sich um das

Schaufenster, wenn die Kollegen gleichzeitig Provisionen erwirtschaften? In einigen Fällen kommt es zur Selbstausbeutung. Dann etwa, wenn Stellen, die nachbesetzt werden sollen, auf Wunsch der Kollegen nicht besetzt werden. Je mehr Mitarbeiter, desto niedriger die Provision des Einzelnen.

Wie reagieren die Mitarbeiter auf diese Situation?
Wenig begeistert. In einer Online-Befragung durch ver.di unter 300 Reisebüros, von denen 150 antworteten, beklagten sich die Angestellten über die zunehmende Arbeitsverdichtung und Burn-out.

Verspielen die Unternehmen damit kein über Jahre aufgebautes Vertrauenspotenzial bei ihren Angestellten?
Mit Sicherheit. Die betriebswirtschaftlich ausgerichtete Sichtweise des Managements kollidiert mit der sehr hohen Job- und Unternehmensidentifikation der Mitarbeiter und der großen Leidenschaft im Vertrieb. Aber wem macht es schon Spaß, Produkte zu verkaufen, die man gar nicht verkaufen möchte? Das geht auch zulasten der Kunden, wenn es irgendwann einmal nur noch um die Höhe der Provision und weniger um fachliche Beratung geht.

Bei den großen Reiseveranstaltern hat es in den vergangenen Jahren einen stetigen Arbeitsplatzabbau aufgrund von Umstrukturierungen, Rationalisierungsmaßnahmen und Automatisierungsprozessen gegeben. Was sind die Folgen?
Grundsätzlich ist es nichts Schlechtes, wenn Maschinen uns Arbeit abnehmen. Die Folge der Automatisierung der Arbeitsabläufe müsste aber eigentlich die Absenkung der Arbeitszeit sein. Doch das Gegenteil ist der Fall: Die Wochenarbeitszeit hat sich erhöht. Der Druck auf die Mitarbeiter ebenfalls, genauso wie die Unsicherheit. Niemand weiß, ob seine Abteilung verlagert oder gar geschlossen wird, weil eine andere konzerninterne Abteilung in Indien oder Rumänien kostengünstiger arbeitet.

Die Arbeitgeber haben unter dem Dach der DRV-Tarifgemeinschaft erstmals eine Teilung der Gehälter bei Veranstaltern einerseits und Reisebüros andererseits durchgesetzt. Wie sehen Sie diese Entwicklung?
Natürlich bevorzugen wir als Gewerkschaft einen Flächentarifvertrag, der für alle Beteiligten gilt. Dazu fehlt uns nach vierjährigem erfolglosen Verhandeln momentan aber die Durchschlagskraft. Wir setzen daher zunehmend auf Haustarifverträge, wie den mit der TUI Deutschland und ihren rund 4700 Mitarbeitern. Darin sind die Gehälter bei Veranstaltern und Reisebüros gleichgestellt.

Was ist so besonders am Haustarifvertrag der TUI?
Er ist ein starkes Signal an die Belegschaft, und er ist ein Novum in der Branche. Die TUI ist bislang der erste und einzige Veranstalter mit einem Haustarifvertrag. Besonders ist auch, dass es für Auszubildende eine tarifliche Vereinbarung gibt.

Tourismuskritische Organisationen

Die Missstände und Schattenseiten des Tourismus (s. S. 25 ff.) kommen oftmals erst durch die akribische Arbeit von Nichtregierungsorganisationen (NGOs) ans Licht. Ohne ihren unverzichtbaren Einsatz blieben uns die Machenschaften von Politik und Wirtschaft oftmals verborgen. Doch das Engagement der NGOs beschränkt sich nicht nur auf Kritik. Sie sind auch treibende Kräfte, die Veränderungen im Tourismus anstoßen, und zeigen, wie ein zukunftsträchtiger, generationengerechter, sozial und ökologisch ausgewogener Tourismus aussehen könnte. Hier eine Auswahl bekannter deutschsprachiger Organisationen:

Akte (akte.ch)
Der arbeitskreis tourismus & entwicklung ist eine Schweizer Informationsstelle, die nach eigenen Angaben »den Tourismus aus entwicklungspolitischer Sicht hinterfragt, Öffentlichkeit und Reisende informiert und sich im kritischen Dialog mit Tourismusunternehmen für gerechte, faire Beziehungen im Tourismus engagiert«. Der Verein wurde 1977 von der Organisation Erklärung von Bern, Hilfswerken und kleinen engagierten Reiseveranstaltern gegründet und betreibt das umfangreiche und kompetente Reiseportal fairunterwegs.org.

ECPAT (ecpat.de)
Die Arbeitsgemeinschaft zum Schutz der Kinder vor sexueller Ausbeutung (ECPAT, End Child Prostitution, Pornography and Trafficking of Children for Sexual Purposes) ist ein globales Netzwerk von zivilgesellschaftlichen Organisationen mit Mitgliedsorganisationen in 77 Ländern mit Sitz in der thailändischen Hauptstadt Bangkok. ECPAT Deutschland umfasst 29 Institutionen und Gruppen, darunter terres des hommes, Misereor und die Kindernothilfe. Mehr zu ECPAT und seiner Arbeit im Kapitel Menschen auf S. 123.

GATE – Netzwerk, Tourismus, Kultur e. V. (gate-tourismus.de)
Der Berliner Verein GATE entstand vor zehn Jahren (1995) aus einer studentischen Initiative und versteht sich als Schnittstelle von »Ethnologie und touristische Praxis« und »Tourismusforschung in der Ethnologie«. Nach Auffassung des Vereins sollten bei der Planung, Durchführung und Verbesserung von Tourismusprojekten alle Bereiche der Kultur der Bereisten berücksichtigt werden. Die Beteiligung der betroffenen Bevölkerung in den Reiseländern und die Wahrung ihrer Interessen sieht man daher als wichtige Voraussetzung für einen fairen Tourismus an.

kate – Umwelt & Entwicklung (kate-stuttgart.org)
Der Verein kate mit Sitz in Stuttgart engagiert sich seit 1997 in entwicklungspolitischen Projekten und setzt Konzepte im Energie- und Umweltmanagement, im Nachhaltigkeitsmanagement sowie bei der Unternehmensverantwortung (CSR) um. Gemeinsam mit Partnerorganisationen hat der Verein die Zertifizierungsgesellschaft TourCert gegründet und das gleichnamige Siegel entwickelt (s. S. 210). An der CSR-Akademie bildet kate CSR-Manager, CSR-Trainer und CSR-Gutachter aus. Auf der Webseite findet sich zudem ein Rechner, mit dessen Hilfe man seinen Anteil am CO_2-Ausstoß berechnen kann.

Naturfreunde Internationale / respect (nfi.at)
Die 1895 gegründete Bewegung Naturfreunde Internationale zählt mit 500 000 Mitgliedern in rund 45 Mitgliedsorganisationen weltweit zu den größten Nichtregierungsorganisationen (NGOs). Sie setzt sich für umwelt- und sozial gerechte Gestaltung von Tourismus- und Freizeitaktivitäten, Schutz des Natur- und Kulturerbes sowie Klimaschutz und Klimagerechtigkeit ein. Unter dem Namen respect, der umwelt- und entwicklungspolitischen Stimme der NFI im Tourismus, möchte die NFI einen Tourismus fördern, der gleichermaßen ökologisch, soziokulturell und wirtschaftlich langfristig tragbar ist. NFI ist unter anderem Mitglied des Roundtable Human Rights in Tourism (s. S. 110), der Tourism Sustainability Group, des Verbands Ökologischer Tourismus in Europa (siehe nachfolgend) und der Europäischen Allianz für verantwortungsvollen Tourismus und Gastfreundschaft (Earth).

Ökologischer Tourismus in Europa e. V. (oete.de)
Der Bonner Verein Ökologischer Tourismus in Europa (Ö.T.E.) wurde 1991 als gemeinnützige Interessenvereinigung von Natur-, Umweltschutz- und Freizeitverbänden gegründet. Er engagiert sich für die

Umsetzung eines nachhaltigen Tourismus. Der Ö.T.E. arbeitet mit der Organisation CEEweb for Biodiversity zusammen. In Deutschland ist er Koordinator des Arbeitskreises »Tourismus«, in dem bundesweit agierende Verbände aus Natur- und Umweltschutz, Freizeit, Sport und Tourismus für die Förderung des Nachhaltigen Tourismus und den Erhalt der biologischen Vielfalt zusammenarbeiten. Mitgliedsverbände des Ö.T.E. sind der Deutsche Naturschutzring (DNR) e.V., NaturFreunde Deutschland (NFD) und Naturfreunde Internationale (NFI, s. S. 226).

Studienkreis für Tourismus und Entwicklung (studienkreis.org)
Entwicklungsbezogene Informations- und Bildungsarbeit im Tourismus ist der Arbeitsschwerpunkt des Studienkreises für Tourismus und Entwicklung. Der gemeinnützige Verein veröffentlicht die als Urlaubsvorbereitung bestens geeigneten »Sympathiemagazine« (sympathiemagazin.de). Sie erlauben einen Blick hinter die touristischen Kulissen der Länder und werben für Respekt vor dem Fremden, vor anderen Kulturen und Religionen. Zudem ist der Studienkreis Veranstalter des TO-DO!-Wettbewerbs (s. S. 300), veranstaltet Aus- und Fortbildungsseminare für im Tourismus Beschäftigte, ist in den Bereichen Tourismusforschung und -beratung tätig und beteiligt sich am Dialog über Fragen touristischer Entwicklung.

Tourism Watch – Informationsdienst Dritte-Welt-Tourismus
(tourism-watch.de)
Brot für die Welt – Evangelischer Entwicklungsdienst engagiert sich gemeinsam mit ökumenischen Partnern für einen nachhaltigen, sozial verantwortlichen und umweltverträglichen Tourismus. Der von der Hilfsorganisation der evangelischen Kirche veröffentlichte Informationsdienst Tourism Watch liefert vierteljährlich Berichte und Hintergründe über den Ferntourismus und weist auf Tagungen und neue Literatur zum Thema hin. Konkrete Tipps für faires Reisen mit Herz und Verstand gibt Brot für die Welt – Evangelischer Entwicklungsdienst unter fair-reisen.brot-fuer-die-welt.de.

Reiseveranstalter

Deutsche Reiseveranstalter geben sich gerne grün. Viele unter ihnen haben inzwischen Nachhaltigkeitsbeauftragte und veröffentlichen CSR-Berichte. Doch noch immer verstehen viele Konzerne unter dem Begriff »Unternehmensverantwortung« wenig mehr als die Auflistung von Spenden- und Sozialprojekten. Gerade die Großen der Branche lenken gerne mit sozialem Engagement vom Kerngeschäft ab. So wird die Kompensation der CO_2-Emissionen immer noch weitestgehend den Kunden überlassen, stehen lokale Arbeitsbedingungen nicht oben auf der Agenda und erschöpfen sich die Bemühungen der Firmendarstellungen oftmals in lokalen Umweltschutzprojekten. Hier wird viel Potenzial verschenkt. Denn selbst kleine Verbesserungen im Reiseangebot konventioneller Anbieter im Massenmarkt könnten bereits einen spürbaren Beitrag zur nachhaltigen Gestaltung des gesamten Reisemarktes liefern, schreibt Martin Schmied vom Öko-Institut in seinem Buch *Traumziel Nachhaltigkeit. Innovative Vermarktungskonzepte nachhaltiger Tourismusangebote für den Massenmarkt*. Ohne die großen Touristikkonzerne bleibt faires und grünes Reisen ein Nischenmarkt, auch wenn sich kleinere Veranstalter innovativer und experimentierfreudiger als die Großen bei nachhaltigen Reiseangeboten zeigen.

Touristikkonzerne

Die Landschaft im deutschen Veranstaltermarkt wird weiterhin von den Unternehmen TUI, DER Touristik, Thomas Cook, FTI, Alltours, AIDA Cruises und Schauinsland Reisen beherrscht. Sie besaßen 2015 nach Angaben des Deutschen Reiseverbands (DRV) zusammen einen Marktanteil von 66,8 Prozent. Die drei größten und nachfolgend in alphabetischer Reihenfolge näher dargestellten Touristikkonzerne TUI, DER Touristik und Thomas Cook teilten sich 43,6 Prozent des Markts.

DER Touristik (dertouristik.com)
DER TOURISTIK ist der nach eigenen Angaben drittgrößte deutsche Reiseveranstalter. Er gehört zur REWE Group und setzte 2014 rund sieben Milliarden um. Das entspricht einem Plus von drei Prozent gegenüber dem Vorjahr. Das Reiseveranstaltersegment von DER Touristik bilden die Marken ITS, Jahn Reisen und Tjaereborg sowie Dertour, Meier's Weltreisen und ADAC Reisen. 2015 übernahm die DER Touristik das komplette europäische Reiseveranstaltergeschäft des Schweizer Reisekonzerns Kuoni Travel Holding Ltd. Auf der Webseite des Konzerns heißt es, man trage »eine besondere Verantwortung gegenüber Natur und Menschen in den Reiseländern«. Doch diese Verantwortung wird – wenn überhaupt – meist erst an zweiter Stelle wahrgenommen, denn König ist der Kunde. »Die größtmögliche Zufriedenheit unserer Gäste steht für uns im Mittelpunkt unseres Handelns«, heißt es denn auch in

einer Broschüre des DER. Die Webseite »Nachhaltigkeit« der DER Touristik empfängt den Leser zwar großspurig mit dem Slogan »DER Welt verpflichtet«. Doch viel mehr als einige Hotels mit Nachhaltigkeitszertifikaten, Projekte zum Schutz der Artenvielfalt, der Ressourcen, Schulprojekten in zehn Ländern und dem Schutz von Kindern vor sexueller Ausbeutung in den Reisedestinationen hat man nicht zu bieten. Da sind viele kleinere Veranstalter inzwischen bedeutend weiter. Kein Wort findet sich auf der Internetseite der DER Touristik zum Klimaschutz, zur CO_2-Kompensation (s. S. 83 ff.) oder den Arbeitsbedingungen in den Partnerhotels oder auf den Kreuzfahrtschiffen. Beliebtes Standardargument: Man halte alle gesetzlichen Bestimmungen ein. Obwohl man sich bei DER in der Broschüre *Nachhaltigkeit: Unsere Vision 2020* »naturgemäß als Verursacher von Umweltauswirkungen, durch die Flugemissionen genauso wie die Ressourcennutzung unserer Clubs«, identifiziert, lautet die Handlungsempfehlung hierfür lediglich, dass man verstärkt auf regenerative Energien setze und die Ressourcennutzung auch im Sinne der Kosteneffizienz minimiere. Konkreter wird es leider nicht.

Thomas Cook Group (thomascook.de)
1845 organisierte der Baptistenprediger Thomas Cook erste Erholungsreisen nach Liverpool und 1855 die erste Europa-Rundreise für britische Touristen. Das Novum dieser Reisen war, dass Transport, Unterkunft und Verpflegung inklusive waren. Mit diesem Konzept begann die Ära des Pauschaltourismus. Aus dem Pionier vergangener Tage ist inzwischen ein weltumspannender Konzern geworden, der mehr als 22 600 Mitarbeiter beschäftigt und im Geschäftsjahr 2014/15 einen Umsatz von knapp neun Milliarden Euro erwirtschaftete. Zur deutschen Thomas Cook AG, mit der 6,1 Millionen Touristen im Jahr 2014 verreisten, gehören unter anderem die Charterfluglinie Condor, Neckermann Reisen und der Türkeireisespezialist Öger Tours.

Auch Thomas Cook legt die Latte hoch, was soziale und ökologische Verantwortung angeht. Auf der Webseite des Unternehmens heißt es: »Thomas Cook hat den Anspruch, seinen Kunden heute und auch in Zukunft unbeschwerte Urlaubserlebnisse zu ermöglichen – dies ist nur in intakter Umwelt und mit lebendiger Kultur denkbar. Daher ist das Unternehmen bestrebt, mögliche Belastungen zu reduzieren – sowohl an den Standorten in Deutschland, Österreich und der Schweiz als auch in den Urlaubsländern. Auch möchte Thomas Cook die Einwohner der Destinationen unterstützen, sodass sie vom Tourismus profitieren und ihre Lebensverhältnisse verbessern können.«

Schwerpunkt der Bemühungen ist der Umwelt- und Ressourcenschutz in Thomas Cook Hotels & Resorts. So hat der Veranstalter beispielsweise mit der Nachhaltigkeitsinitiative Futouris (s. S. 218) das Projekt »Wertvolles Wasser« initiiert, das den konzerneigenen Hotels helfen soll, Wasser zu sparen. Einige dieser Hotels sind Travelife-zertifiziert (s. S. 211).

Das soziale Engagement von Thomas Cook geht über die Unterstützung einiger Hilfsprojekte nicht hinaus. Das Thema faire Arbeitsbedingungen vor Ort spielt hingegen keine Rolle. Für die Kunden hat man immerhin einige Tipps und Tricks für mehr Nachhaltigkeit auf Reisen zusammengestellt. Und bei Condor, der konzerneigenen Fluglinie, finden sich im Rahmen der Initiative ConTribute ebenfalls soziale Projekte und Aktivitäten zum Artenschutz. Die Wahrnehmung der Verantwortung für die CO_2-Emissionen durch die Flugflotte beschränkt sich allerdings auf technische Neuerungen wie aerodynamische Winglets, moderne Flugplanungssoftware und leichtere Service-Trolleys – Maßnahmen, die den Spritverbrauch senken. Konkrete Informationen, wie das Unternehmen beabsichtigt, die verursachten Klimagase auszugleichen, gibt es keine.

»Nachhaltigkeit erlebbar« macht Thomas Cook nach eigenen Angaben auf über 70 Rundreisen und Ausflügen in über 40 Zielgebieten. Die mit dem »Local-Label« gekennzeichneten Angebote fördern einheimische Traditionen und unterstützen Betriebe und Einrichtungen, die regionale Produkte herstellen oder nutzen. So sind beispielsweise auf der Rundreise »Höhepunkte Nicaraguas« aus den Thomas-Cook/Neckermann-Karibik-&-Südamerika-Katalogen ein Mittagessen mit einer einheimischen Bauernfamilie, der Besuch einer lokalen Töpferwerkstatt und der nachhaltigen landwirtschaftlichen Produktion vor Ort geplant. Thomas Cook möchte zukünftig mindestens einen solchen Ausflug in jedem Reiseziel anbieten.

TUI Group (tui.com)
Nach der Übernahme der britischen Tochter TUI Travel PLC im Dezember 2014 ist die TUI Group zum globalen Marktführer im Tourismusgeschäft geworden. Der Konzern, der nach eigenen Angaben 76 000 Mitarbeiter beschäftigt, jährlich etwa 20 Millionen Menschen in 180 Ländern in den Urlaub begleitet, der über 300 Hotels, mehr als 140 Flugzeuge und 13 Kreuzfahrtschiffe besitzt, erzielte im Geschäftsjahr 2014/15 einen Umsatz von 20 Milliarden Euro – 8 Prozent mehr als ein Jahr zuvor. Der Gewinn legte im Vergleich zum Vorjahr um 56,7 Prozent von 286,2 Millionen auf 448,4 Millionen Euro zu.

Wirtschaftlich erfolgreich, möchte man bei der TUI auch in Sachen sozial und ökologisch verträglicher Tourismus ganz vorne mitmischen. »Wir müssen nachhaltig wirtschaften, denn ohne eine intakte Umwelt oder zufriedene Mitarbeiter vor Ort sägen wir an dem Ast, auf dem wir sitzen«, sagte Prof. Dr. Harald Zeiss, Leiter des Nachhaltigkeitsbereichs der TUI Deutschland GmbH. Man hat also die Zeichen der Zeit erkannt und zeigt sich bemüht. Der Nachhaltigkeitsbericht 2014 wimmelt von Zahlen und Aktivitäten, die dieses Engagement unterstreichen sollen: Mit TUIfly kann man den Testsieger im atmosfair-Airlineindex (s. S. 57) und somit die europäische Charterairline mit den niedrigsten CO_2-Emissionen vorweisen. Immer mehr TUI-Hotels besitzen Umweltzertifizierungen, und das brandneue Kreuzfahrtschiff *Mein Schiff 4* verfügt über moderne Abgaseinrichtungen (s. S. 72). Laut Geschäftsbericht 2014/15 möchte man bei der TUI die eigenen CO_2-Emissionen bis 2020 um zehn Prozent senken. Die Mitarbeiter engagieren sich über Patenschaften, Benefizaktionen und ehrenamtliches Engagement in zahlreichen Projekten, die TUI-Stiftung unterstützt Dutzende von Projekten, und last, but not least ist TUI Travel der weltweit erste Tourismusveranstalter, der der Antikorruptionsorganisation Transparency International beigetreten ist.

Zudem ist die TUI ein vorsorglicher Arbeitgeber und zahlt – zumindest was das oberste Management angeht – bestens: Kassierte Peter Long, Chef der britischen TUI Travel Plc, im Jahr 2014 noch 19 Millionen Euro, muss er sich nach dem Zusammenschluss mit der TUI-Gruppe mit maximal 7,5 Millionen jährlich begnügen. Aber auch die Mitarbeiter dürfen sich unter anderem über Programme zur Altersteilzeit, Kinderbetreuung, Arbeitssicherheit und Gesundheitsvorsorge freuen. Die hohen Arbeitsstandards gelten in den Partnerhotels der TUI hingegen oft nicht. In einer ZDF-Dokumentation im August 2015 beschwerten sich Zimmermädchen mit Teilzeitverträgen auf Mallorca über die Arbeitsbedingungen in der RIU-Hotelkette, an der die TUI 49 Prozent der Anteile hält. Die Frauen klagten über extremen Arbeitsdruck und unbezahlte Überstunden. Aus Angst, ihren Job zu verlieren, verzichteten viele von ihnen auf Essenspausen und arbeiteten deutlich länger als vertraglich vereinbart ohne finanziellen Ausgleich. Die Folge: Angstzustände, Schlafstörungen, Depressionen. Und das für rund 640 Euro brutto bei einer täglichen Arbeitszeit von vier Stunden. In der offiziellen Stellungnahme der TUI hieß es, dass es sich bei den Vier-Stunden-Verträgen um zusätzliche Beschäftigungsverhältnisse in der Saison handele. Bezüglich der Überstunden lägen keine Beschwerden vor. Von psychischen Erkrankungen wisse man nichts.

Natürlich zahlt die TUI vor Ort Mindestlöhne, die – je nach Land – oft erschreckend niedrig sind; von langen Arbeitszeiten ganz zu schweigen. Zwar stehen »Faire Arbeitsbedingungen« bei der TUI auf der Nachhaltigkeitsagenda. Doch klare Bekenntnisse zu existenzsichernden Löhnen, reglementierten Arbeitszeiten der Angestellten in den Partnerhotels, gewerkschaftliche Organisation oder konkrete Ideen, wie man zeitlich befristete Angestellte außerhalb der Touristensaison unterstützen kann, fehlen. Stattdessen jongliert man bei der TUI, die den Globalen Ethikkodex für den Tourismus (s. S. 214) unterzeichnet hat, mit schwammigen Formulierungen zur Nichtduldung von unwürdigen Arbeitsbedingungen.

Auch was die Klimaschutzmaßnahmen der TUI betrifft, besteht noch viel Luft nach oben. Wie fast alle Reiseveranstalter wälzt das Unternehmen die Verantwortung für die Kompensation der durch die Reisen verursachten CO_2-Emissionen auf seine Kunden ab. Dies widerspricht allerdings dem Credo des Konzerns: »Wir nehmen den Klimawandel ernst. Klimaschutz ist daher in der TUI-Unternehmenspolitik verankert.« Viel mehr als ein paar Prozent CO_2-Ersparnis durch technische Veränderungen an den Flugzeugen, die CO_2-Kompensation der eigenen Dienstflüge, einige wenige klimaneutrale Hotels, ein etwas saubereres Kreuzfahrtschiff und die Kompensation des CO_2-Ausstoßes aller Mietwagen von TUI Cars hat der weltgrößte Tourismuskonzern nicht zu bieten. Im Gegenteil: Noch immer kann man bei der TUI Kreuzflugreisen (s. S. 60) mit mehreren Flügen buchen – etwa die 15-tägige Flugreise durch Südamerika . Sie enthält neben dem Hinflug von Deutschland nach Lima (Peru) und dem Rückflug ab Rio de Janeiro (Brasilien) fünf weitere Flüge, die sich zu insgesamt mehr als 27 000 Flugkilometern und über acht Tonnen CO_2 addieren. Das entspricht in etwa den Jahres-Emissionen von sechs Indern. Würde man die gesamte Flugreise über den TUI-Partner Myclimate (s. S. 92) kompensieren, wären 185 Euro fällig.

Auch die Kreuzfahrten der TUI könnten weit weniger umweltschädlich durchgeführt werden, wenn statt des schädlichen Schweröls vermehrt der weniger schwefelhaltige Marinediesel oder Flüssiggas eingesetzt würden. Doch Schiffsdiesel und schwefelreduziertes Schweröl machten laut TUI-Umweltbericht 2013 nur rund 23 Prozent der 50 706 Tonnen Treibstoffe der TUI-Flotte aus.

Insgesamt bewerten Nachhaltigkeitsanalysten die Aktivitäten der TUI gemischt. »Besonders fortschrittlich sind die Anstrengungen zum Schutz der biologischen Vielfalt an den Urlaubsorten. Auch in menschenrechtlicher Hinsicht ist TUI weiter als andere«, sagte Tommy Piemonte, Leiter Nachhaltiges Investment der Hannoveraner Researchagentur Imug 2015 im Handelsblatt Business Briefing *Nachhaltige Investments*. Dagegen bewegten sich die Bemühungen gegen Korruption und für den Klimaschutz im Branchendurchschnitt, ebenso das rudimentäre Wassermanagement. Die quantitativen Klimaziele reichten nicht, beim Klimaschutz komme der Konzern kaum voran. Zudem lasse die Berichterstattung zur Leistungsverbesserung zu wünschen übrig: Es gebe Daten für Energie und Emissionen, aber keine Leistungsangaben zu Wasseremissionen, Abfall, Wassernutzung und Verbesserungen bei der Biodiversität, so Piemonte.

Kleine und mittlere Reiseveranstalter

Corporate Social Responsibility in Zahlen*

Durch das Erstellen von Nachhaltigkeitsberichten im Rahmen von Zertifizierungen sind die Indikatoren von Reiseveranstaltern transparenter und vergleichbarer geworden, wenn auch in puncto Gleichförmigkeit der Angaben Verbesserungen wünschenswert wären. Positiv zu bewerten sind Veranstalter, deren durchschittliche Reisedauer hoch ist, die möglichst viel Geld im Zielland lassen, deren prozentualer Anteil der freiwilligen CO_2-Kompensation der Reisen hoch ist und deren CO_2-Werte pro Gast und Übernachtung sowie die Flugkilometer pro Gast möglichst niedrig sind.

Veranstalter	Reisedauer ø in Tagen	Wertschöpfung im Zielland in %	freiwillige CO_2-Kompensation in %	CO_2/Gast und Übernachtung in kg	Flugkilometer pro Gast in km
Gebeco (NB 2013)	12	40,7	0	420	**4 905
Hauser Exkursionen (NB 2014)	14	47,9	0	353	k. A.
SKR (NB 2013)	11	54,1	2,51	275	5 396
Studiosus Reisen (NB 2014)	11	k. A.	6,00	153	7 614
Wikinger Reisen (NB 2015)	12	49,3	0,16	200	4 607

Tabelle 3.1
CSR-Indikatoren kleinerer und mittlerer Reiseveranstalter, Quelle: Nachhaltigkeitsberichte der Unternehmen (NB = Datum des zuletzt verfügbaren Nachhaltigkeitsberichts; Erfassungszeitraum der Daten im Vorjahr der Veröffentlichung des NBs)

* Bis auf Studiosus sind alle Veranstalter TourCert-zertifiziert, s. S. 219
** Eigene Berechnung beruhend auf Einzelangaben des Unternehmens

Gebeco (gebeco.de)
Die Gebeco (Gesellschaft für internationale Begegnung und Cooperation mbH & Co. KG) mit Sitz in Kiel vertreibt Studien- und Erlebnisreisen über die drei Marken Dr. Tigges, Gebeco Länder erleben und goXplore. Mit seinen 58 500 Gästen konnte der Reiseveranstalter 2014/15 einen Umsatz von rund 116 Millionen Euro erwirtschaften. Für 2016 hat man 32 nachhaltigere Erlebnis- und Studienreisen im Angebot. Das sind zwar doppelt so viele wie 2015, aber nur zehn Prozent der insgesamt für 2016 angebotenen Reisen. Darunter versteht man bei Gebeco beispielsweise Bahnfahrten statt Inlandsflüge, Verzicht auf Plastik beim Lunchpaket oder die Übernachtung in zertifizierten Ökohotels und -lodges.

Das Unternehmen präsentiert sich auf seiner Webseite nachhaltig. Gebeco ist unter anderem TourCert-zertifiziert (s. S. 210), Mitglied des Roundtable Human Rights in Tourism (s. S. 110) und hat den Kinderschutzkodex (s. S. 124) unterzeichnet. 2015 kam der Veranstalter beim Wettbewerb EcoTrophea mit dem Projekt »Spurenleser« unter die drei ersten Plätze. Mehr zu dieser Nachhaltigkeitsinitiative unter gebeco.de/nachhaltigkeit/hilfsprojekte/.

Allerdings bleiben bei Gebecos Nachhaltigkeitsversprechen Zweifel, zumindest, was die CO_2-Emissionen betrifft. Bereits folgende Aussage im Nachhaltigkeitsbericht 2013 macht stutzig: »Wichtige Serien der Gebeco liegen in sehr weitläufigen Destinationen wie China, Indien und Südamerika. Wenn der Reisegast sich ein umfassendes Bild des Landes machen will, sind Inlandsflüge obligatorisch.« Hinzu kommt oft eine kurze Reisedauer, sie liegt durchschnittlich bei nur zwölf Tagen. So sind denn auch bei als »nachhaltig« angepriesenen Reisen nach Usbekistan und China je ein Inlandsflug inklusive, auf einer Perureise sind es sogar zwei.

Versteckt bietet die Gebeco auf der eigenen Webseite zwar die freiwillige Möglichkeit der CO_2-Kompensation der An- und Abreise über myclimate (s. S. 92) an. Angaben über das gesamte durch die Reise entstandene CO_2 sucht der Kunde allerdings vergebens. Wenig überzeugend ist auch die Aussage, dass laut Webseite die Gebeco für »Dienstreisen einen freiwilligen Beitrag leistet, der in ein Gebeco/myclimate-Klimaschutzprojekt einfließt«. Verschwiegen wird, dass dies nur Inlandsflüge betrifft – ein verschwindend kleiner Teil bei einem global operierenden Unternehmen. Auch der Anteil der lokalen Wertschöpfung, also der im Reiseland verbleibende Betrag, lag bei der Gebeco im Vergleich zur Konkurrenz mit 40,7 Prozent relativ niedrig (Vergleich s. S. 233), obwohl er laut Nachhaltigkeitsbericht im Vergleich zu 2011 bereits um 15 Prozent gestiegen war.

Hauser Exkursionen (hauser-exkursionen.de)
Sein Motto »Umweltbewusst, sozialverträglich, wirtschaftlich fair« lebt der Münchner Veranstalter nach eigenen Angaben seit 40 Jahren. Ende 2014 wurde Hauser erneut mit dem TourCert-Siegel ausgezeichnet und 2015 für sein Engagement für Träger (s. S. 181) in Nepal mit dem zweiten Platz beim Travel-One-Nachhaltigkeitspreis belohnt. Mit dem auf Trekking- und Wandertouren spezialisierten Veranstalter verreisen jährlich etwa 9000 Kunden. Der Umsatz im Geschäftsjahr 2015 betrug 21 Millionen Euro. Für den Transport seiner Gäste ins jeweilige Zielgebiet ist das international operierende Unternehmen zu 98 Prozent auf das Flugzeug angewiesen, ein ungewöhnlich hoher Wert (bei den Dienstreisen sind es 95 Prozent). Auch beim Transport im Zielgebiet zeigte sich laut Nachhaltigkeitsbericht 2014 eine ungünstige Entwicklung, weg vom Kleinbus hin zu Geländewagen und Inlandsflügen. Obwohl das Thema Nachhaltigkeit auf der Webseite ausführlich dargestellt wird, überzeugen die Bemühungen des Veranstalters zur Flugkompensation nicht. Die Kompensation von CO_2-Emissionen ist zwar mittels eines Links zu atmosfair (s. S. 92) im Buchungsvorgang möglich, aber einen eigenen Beitrag für die durch die Kunden erzeugten Emissionen leistet auch Hauser nicht. Positiv hingegen ist zu bewerten, dass Hauser ab 2016 aufgrund der Erdbebenkatastrophe in Nepal im Rahmen der Initiative »Neue Energie für Nepal« 50 Euro pro Nepalbuchung spendet. Zusätzlich fließen alle Kompensationszahlungen an atmosfair in dieses Projekt. Übernachtungen auf Alpenhütten und Naturcampingplätzen, die immerhin einen Großteil aller Übernachtungen bei Hauser-Reisen ausmachen, werden als »Unterkünfte ohne Emissionen« gewertet und fließen nicht in die CO_2-Bilanz ein. Die Begründung von Hauser: Da viele der besuchten Alpenhütten bereits mit umweltfreundlichen Technologien ausgestattet seien und Naturcampingplätze so gut wie keine Emissionen verursachten – von Warmwasser und der Heizung von Gemeinschaftsräumen abgesehen –, würde eine Erhebung bei Weitem Aufwand und Nutzen infrage stellen.

SKR Reisen (skr.de)
Der Kölner Veranstalter (Umsatz 2015: 21,6 Millionen Euro, Reiseteilnehmer 2015: 12000) ist Mitglied des forum anders reisen (s. S. 219) und hat 2011 die erste Fair-Trade-zertifizierte Gruppenreise veranstaltet. Das Pilotprojekt – die Garden Route in Südafrika – mit dem Schwerpunkt »faire« Geschäftsbeziehungen und gute Arbeitsbedingungen wurde in Zusammenarbeit mit TransFair, dem deutschen Ableger von Fairtrade International, Brot für die Welt – Evangelischer Entwicklungsdienst und

Fair Trade Tourism (s. S. 208) entwickelt. SKR besitzt das TourCert-Siegel (s. S. 210), nutzt für Bahnfahrten ausschließlich Ökostrom und setzt mit seinem gemeinnützigen Verein »SKR Reisen hilft e.V.« weltweit Projekte für soziale und ökologische Entwicklung um (skr-reisen-hilft.org). Mitte 2014 unterzeichnete das Unternehmen den Verhaltenskodex zum Schutz von Kindern vor sexueller Ausbeutung im Tourismus. Mit der CO_2-Kompensation von Reisen seiner Kunden und Dienstreisen tut sich der Veranstalter schwer. Laut Nachhaltigkeitsbericht 2013 wurden 2012 keine der touristischen Flugreisen und lediglich 4,2 Prozent der Dienstreisen kompensiert. Einige SKR-Reisen erfüllen nach eigenen Angaben die Vorgabe des forum anders reisen bezüglich der Relation zwischen Fluglänge und Aufenthalt vor Ort (s. S. 206) nicht. Die wenigen Reisen, die die Kriterien nicht erfüllen, seien aufgrund der großen Kundennachfrage für das Unternehmen wichtig, um wettbewerbsfähig zu bleiben, lautet die Begründung von SKR. Man gleiche dies mit positiven sozialen Effekten aus, etwa durch Anstellung von Personal.

Studiosus (studiosus.com)
Die Unternehmensgruppe Studiosus (mit den Marken Studiosus und Marco Polo) aus München konnte ihren Umsatz im Geschäftsjahr 2015 um 3,1 Prozent im Vergleich zum Vorjahr auf 258 Millionen Euro steigern. Auch die Kundenzahlen entwickelten sich mit einem Plus von 4,6 Prozent auf 103 509 positiv. Sein Qualitätsmanagement belegt der Veranstalter mit einer Vielzahl von ISO-Normen. Für sein Engagement im Bereich Nachhaltigkeit hat die Bundesregierung Studiosus 2013 mit dem CSR-Preis in der Kategorie »Mittlere Unternehmen (50 bis 499 Mitarbeiter)« ausgezeichnet. Dies ist in einigen Bereichen durchaus vorbildlich.

Unter dem Motto »Nicht nur nehmen, sondern auch geben« fördert das Unternehmen über die Studiosus Foundation einige Dutzend Sozial-, Kultur- und Umweltprojekte. Seit einigen Jahren setzt sich der Veranstalter verstärkt für den Schutz von Menschenrechten im Tourismus ein, ist Gründungsmitglied des Roundtable for Human Rights in Tourism (s. S. 110) und hat zudem eine Meldestelle für Menschenrechtsfragen eingerichtet (menschenrechte@studiosus.com). Studiosus hat den Verhaltenskodex zum Schutz von Kindern vor kommerzieller sexueller Ausbeutung im Tourismus (Kinderschutzkodex) unterzeichnet und ist im Umweltschutz engagiert. Bei den durch Studiosus Reisen entstandenen CO_2-Emissionen fährt der Veranstalter allerdings eine Doppelstrategie: Während die Dienstreisen der Mitarbeiter sowie die Land- und Wasseremissionen der Reisenden (2015: rund 110 000 Euro) komplett über myclimate (s. S. 92) kompensiert werden, überlässt man die Kompensation der Flugemissionen weiter den Kunden auf freiwilliger Basis. Laut Studiosus liegt die Quote weiterhin im unteren einstelligen Prozentbereich. Eine genaue Zahl liegt nur für das Jahr 2013 vor, in dem Kunden sechs Prozent ihrer Studiosus-Reisen kompensierten. Somit wurden nur knapp 6 000 der insgesamt 95 146 Tonnen CO_2 kompensiert, die 2013 während Studiosus-Reisen entstanden.

Wikinger Reisen (wikingerreisen.de)
Der auf Wander-, Rad- und Erlebnisreisen weltweit spezialisierte Veranstalter mit Sitz in Hagen ist eines der wenigen Reiseunternehmen außerhalb des forum anders reisen (s. S. 219) mit TourCert-Siegel (s. S. 210). Dies verpflichtet ihn zur Veröffentlichung eines Nachhaltigkeitsberichts, den man auf der Homepage einsehen kann. Wikinger Reisen präsentiert sich dort als engagierter Veranstalter, bei dem der Gedanke der Umwelt- und Sozialverträglichkeit nach eigenen Angaben seit über 30 Jahren fest in der Unternehmensphilosophie verankert ist. Wikinger konnte in den letzten Jahren beim Umsatz (2014/15: 91,3 Millionen Euro; plus 11,1 Prozent) und bei den Gästezahlen (2014/15: 55 742; plus 10,1 Prozent) stark zulegen.

Das Unternehmen hat den Kinderschutzcode von ECPAT (s. S. 225) unterzeichnet, kooperiert bei einigen Reisen mit dem WWF und unterstützt die Georg-Kraus-Stiftung, die sich in zahlreichen Entwicklungsländern in kleinen, lokalen Projekten engagiert. Zudem ist der Veranstalter in Aufforstungsprojekte in Chile und Kanada involviert. Letzteres darf nicht darüber hinwegtäuschen, dass beim Thema Flugkompensation große Defizite bestehen, auch wenn der Anteil der Flugreisen am Wikinger-Portfolio rückläufig ist. Der Anteil CO_2, der über den Kooperationspartner atmosfair (s. S. 92) kompensiert wurde, betrug laut Nachhaltigkeitsbericht 2015 gerade einmal 0,16 Prozent (70 von insgesamt 42 800 Tonnen CO_2). Obwohl Wikinger dies offen in seinem Nachhaltigkeitsbericht kommuniziert und bis 2018 erreichen möchte, dass sich zehn Prozent der Gäste an der CO_2-Kompensation beteiligen, fehlen Vorschläge, die Kosten der CO_2-Kompensation nicht zu 100 Prozent auf freiwilliger Basis auf die Kunden abzuwälzen, sondern in den Reisepreis zu integrieren.

Reisebüros

Reisebüros sind zum einen die klassischen Vermittler zwischen Verbrauchern und Veranstaltern, manche Reisebüros fungieren aber gleichzeitig auch als Veranstalter. Im digitalen Zeitalter haben sie es nicht leicht. Deutschlandweit geht ihre Zahl seit Jahren zurück. Nach Angaben des Deutschen Reiseverbands (DRV) waren von den 13 753 Reisebüros im Jahr 2004 im Jahr 2015 noch 9 880 übrig. In der Schweiz hat sich nach Medienangaben die Anzahl der Reisebüros seit 2002 auf aktuell 1 800 in etwa halbiert. Immer mehr Kunden buchen ihren Urlaub im Internet. Dies lässt sich bequem von zu Hause aus erledigen, rund um die Uhr und für einen vermeintlich besseren Preis. Doch Reisebüros erleben gerade eine kleine Renaissance und haben besonders bei hochwertigen Reisen, Studienreisen oder Gruppenreisen gegenüber dem Internet die Nase vorn. Dort werden vor allem Flugtickets und Hotelübernachtungen gebucht (s. hierzu Reiseportale S. 255). Noch einen Vorteil schätzen die Kunden am Reisebüro: Hier sitzt man Experten gegenüber, die einen professionell beraten und damit Zeit und gelegentlich sogar Geld sparen können. Wie aber sieht die Beratung in deutschen Reisebüros in puncto soziales und ökologisches Reisen aus? Glaubt man einer Online-Befragung des Deutschen Reiseverbands (DRV), besteht hier noch großer Nachholbedarf: Nur wenige Reisebüros beschäftigen sich überhaupt mit dem Thema Nachhaltigkeit. Die deutliche Mehrzahl sieht aktuell kein oder nur ein geringes Kundeninteresse. Nur jedes fünfte Reisebüro wird von seinen Kunden auf Nachhaltigkeit angesprochen. Vier von fünf Reisebüros fühlen sich schlecht aufgestellt hinsichtlich Nachhaltigkeitsthemen und beklagen gleichzeitig, dass sich die Kunden nur für den Preis interessierten. Gewünscht werden bessere Produktinformationen seitens der Veranstalter und mehr allgemeine Informationen. Auch das Thema CO_2-Kompensation (s. S. 83) bleibt eine Randnotiz. Nur etwa sechs Prozent der befragten Reisebüros gibt an, dass Kunden gelegentlich hierzu nachfragen. Das Ergebnis der Befragung überrascht wenig, stimmt aber nachdenklich, wenn man das verschenkte Potenzial bedenkt. Zu ähnlichen Ergebnissen kam eine Studie im Auftrag des Österreichischen ReiseVerbands (ÖRV) aus dem Jahr 2014. Zwar messen 61 Prozent der befragten Reisebüros dem Themenbereich Nachhaltigkeit einen hohen Stellenwert bei. Doch ebenso viele Reisebürounternehmer »sind davon überzeugt, dass die österreichische Tourismusbranche nur wenig oder überhaupt nicht ihrer sozialen und ökologischen Verantwortung gerecht wird«, heißt es in der Studie. Nur eine Minderheit der Kunden frage nach nachhaltigen Reiseangeboten, die Diskrepanz zwischen der Handlungsbereitschaft einerseits und dem tatsächlichen Handeln andererseits sei groß.

Ähnlich wie beim Reiseleiter (s. S. 294) handelt es sich beim Reisebüro um einen Multiplikator mit hohem Vertrauensvorschuss. Doch der Reiseberater kann dem Kunden nur dann eine nachhaltige Reise vorschlagen, wenn er das Produkt kennt und auch zu gezielteren Nachfragen, sei es nach Tourismussiegeln, Kompensationsprogrammen oder Bioverpflegung, eine passende Antwort parat hat. Um den Kunden bei der Suche nach nachhaltigen Urlaubsangeboten Orientierungshilfe zu bieten, müssen Mitarbeiter von Reisebüros entsprechend geschult werden. Hier setzt das mehrstufige Schulungsprogramm »DRV-Green Counter« des Deutschen Reiseverbands an. »Das Training soll Mitarbeiter im Reisevertrieb unterstützen, notwendiges Wissen über nachhaltiges Reisen weiter zu vertiefen und auszubauen, sowie das Thema im Reisevertrieb stärker platzieren«, heißt es hierzu auf der DRV-Webseite. Mehr unter drv.de/fachthemen/nachhaltigkeit/drv-green-counter.html.

Unterkunft

Ob Hotel, Pension, Lodge, Gasthaus, Bed & Breakfast, Jugendherberge oder Campingplatz: Obwohl es eine bunte Vielfalt von Übernachtungsmöglichkeiten im In- und Ausland gibt, wirtschaften nur wenige von ihnen sozial und ökologisch verantwortlich. Wäre es nicht toll, in einem Hotel zu übernachten, das die Betten mit Laken aus fair gehandelter Baumwolle bezieht, seinen Strom selbst produziert, Wasser- und Abfallverbrauch minimiert, den Garten mit Regen- und Brauchwasser wässert, regionale und fair gehandelte Mahlzeiten serviert, den Gästen gratis Fahrräder anbietet, seine Angestellten fair entlohnt und behandelt, soziale Projekte unterstützt, seine CO_2-Emissionen minimiert und kompensiert und Nachhaltigkeit als dauerhafte Komponente in die strategische Entwicklung einbezieht – und diese auch von den Lieferanten fordert? Solch ein Hotel gibt es noch nicht. Aber es gibt weltweit bereits viele Häuser, die dieser Idealvorstellung sehr nahekommen. Und es werden ständig mehr. Ökologie und soziale Verantwortung sind für viele Unterkünfte nicht nur wichtiger geworden, weil es gerade Mode ist, sich damit nachweislich Geld sparen lässt oder weil man damit konkurrenzfähig bleiben möchte. Sondern auch, weil die Besitzer erkannt haben, dass ihr Geschäftszweig ebenso einen Beitrag zur Erhaltung der natürlichen Lebensgrundlagen leisten muss wie jeder andere auch. Das zieht sich durch alle Ebenen, vom ökologisch ausgerichteten Campingplatz in Deutschland über die Fair-Trade-Tourism-zertifizierte Backpacker-Lodge in Südafrika bis hin zum TUI-Luxushotel.

Das ist wichtiger denn je. Denn die Unterkunft ist nach dem Transport der größte Verursacher von CO_2-Emissionen einer Urlaubsreise. Ständig brennt Licht, laufen Klimaanlagen, Duschen und Wasserhähne. Gartenanlagen wollen bewässert und Pools gefüllt werden. Die Sauna und der Whirlpool brauchen Wärmeenergie, und das Essen und Trinken kommt oftmals von weither. Das lässt sich ändern, aber nicht von heute auf morgen. Die Umstellung ist ein kräftezehrender Prozess, der oftmals von einer Zertifizierung begleitet wird. Doch Zertifizierungen, unumgänglich, um positive Veränderungen zu dokumentieren und zu kommunizieren, kosten Zeit und Geld. Dass also eher Hotels im oberen Preissegment die Herausforderung Nachhaltigkeit annehmen, liegt auf der Hand. Das entbindet alle anderen nicht von ihrer Pflicht, ebenfalls ihren Beitrag zu leisten. Das betrifft auch die Touristen, ohne die es viele Hotels gar nicht gäbe. Nicht immer sind sie bereit, für Nachhaltigkeit mehr Geld auszugeben. Nicht allen Hotelgästen ist bewusst, dass der Preis für eine Übernachtung in einem kleinen nachhaltig bewirtschafteten Hotel so hoch sein kann wie in einer großen Hotelanlage mit Pool und Restaurant. Doch während sich Urlauber teures Essen leisten und auch bei den Vergnügungen viel Geld ausgeben, soll die Unterkunft möglichst günstig sein.

Einem »fair und grün« geführten Hotel sieht man nicht auf den ersten Blick an, dass es gerechte Löhne zahlt, Müll vermeidet und Energie spart. Daher bedarf es einer entsprechenden Kommunikation, die dem Gast den Mehrwert des Hotels vermittelt. Soziales und ökologisches Hotelmanagement geht über den Einsatz von Technik bloßer technischer Geräte hinaus und beinhaltet ebenso ethische Konzepte und fortschrittliches, kreatives Denken. Wichtig ist, den Gästen klarzumachen, dass ein nachhaltig bewirtschaftetes Hotel keine Einbuße an Komfort bedeutet und dass Umwelt und Soziales auch in der Großstadt eine Rolle spielen.

Nachfolgend einige Empfehlungen, wo man Übernachtungsmöglichkeiten findet, die auf Umweltverträglichkeit achten und für die soziale Verantwortung keine Worthülse ist. Konkrete Tipps zu einzelnen Ländern finden sich in den Gratis-Online-Reisetipps (s. S. 320).

Hotels

Abbildung 3.2
CO_2-Emissionen pro Übernachtung, Quelle: fairkehr

Biohotels Biohotels dürfen sich mehr als 90 Hotels aus den Ländern Deutschland (mehr als die Hälfte), Österreich, Schweiz, Italien, Slowenien, Griechenland und Spanien nennen. Sie haben sich zum Verein Bio Hotels (biohotels.info) vereint, dem nach eigenen Angaben größten Zusammenschluss ökologisch arbeitender Hotels. Das Umweltbewusstsein, das sich unter anderem im Bezug regionaler und ökologischer Lebensmittel und in einem möglichst schlanken CO_2-Fußabbdruck niederschlägt, wird mit dem Gütesiegel eco hotels certified (ehc, wehc-hotels.com) nachgewiesen, über das alle Vereinsmitglieder verfügen müssen. Das ehc-Siegel, das auch für Hotelgruppen, Restaurants, Tagungsstätten und Reisedestinationen verfügbar ist, arbeitet mit einem internen Ampelsystem für die CO_2-Emissionen des Hotels: Rot gilt für Betriebe, für die ein Wert von mehr als 40 Kilogramm CO_2-Ausstoß pro Bett/Nacht errechnet wird, orange darunter. Danach gilt es, den CO_2-Ausstoß um 2,5 Prozent pro Jahr oder um zehn Prozent in vier Jahren zu verringern, um das Endziel grün zu erreichen – CO_2-Emission unter 10 Kilogramm pro Bett/Nacht. »Wenn man es auf CO_2 reduziert, dann erzeugen einige BIO-Hotels nur drei bis sechs Kilogramm pro Übernachtung. Die meisten liegen bei knapp unter zehn Kilo«, sagt Ludwig Gruber, Initiator der Biohotels in einem Interview des Magazins Verträglich Reisen. »Die konventionellen Hotels liegen beim Doppelten, Kreuzfahrten sogar bis zum 100-Fachen.« Um das Konzept Biohotels in die Breite zu tragen, soll künftig im Rahmen des Konzepts »Vermarktungspartner« bereits eine 50-Prozent-Bio-Zertifizierung möglich sein. Sonderlich transparent ist das Siegel nicht – zumindest nicht auf der Webseite. Die Details der Kriterien werden dort ebenso wenig veröffentlicht wie die Zertifizierungskosten oder genaue Angaben, wer die Kontrollen durchführt. 2015 wurden die Biohotels beim Meeting Experts Green Award (s. S. 300) in der Kategorie »Unternehmen« für ihr nachhaltiges Engagement ausgezeichnet.

Vegetarier (und Veganer) unterwegs

Während Veganer zu Hause auf Bewährtes zurückgreifen können, haben sie es auf Reisen bedeutend schwerer: Ist das Shampoo im Hotel tierversuchsfrei, das Kopfkissen mit Daunenfedern gefüllt – und woher weiß ich, ob das Essen wirklich vegan ist? Zum Glück gibt es jede Menge hilfreiche Webseiten. Eine Auswahl:

Unterkunft

* arcotelhotels.com (Veganes in den Arcotel-Hotels in Deutschland, Österreich, Kroatien)
* animalfair.at (Hotels für Vegetarier und Veganer in Österreich)
* robinson.com (Veganes am Büfett in den weltweit 24 Robinson-Clubs)
* thomascook.de/sentido-hotels (Hotels der Thomas-Cook-Marke Sentido)
* tui.com/spezielle-kueche/vegane-kueche (TUI-Hotels mit veganer Kost)
* veggie-hotels.de (weltweite Liste vegetarischer und veganer Hotels)
* vegan-welcome.com (Portal mit entsprechender Suchfunktion)
* vertraeglich-reisen.de (Liste mit Hotels für Vegetarier und Veganer)

Essen/Trinken

* deutschlandistvegan.de (veganes Online-Magazin)
* vebu.de (Suchfunktion auf der Seite des Vegetarierbunds Deutschland [Vebu])
* happycow.net (weltweites Verzeichnis veganer und vegetarischer Restaurants)
* lovinghut.com (veganes Fast-Food, nur USA)
* peta.de (Linkliste vegetarischer und veganer Restaurants)
* petastore.de (Vegan Passport: Text, der in 74 Sprachen erklärt, was Veganer essen)
* berlin-vegan.de (Diese Auswahl gibt es nur in Berlin!)

Reiseveranstalter

* hibiskus-reisen.de (vegane Reisen in die türkische Ägäis)
* renatour.de (auf Wunsch vegane Kost in den Unterkünften)

* veganes-reisen.de (Webseite, die vegane Reisen nach Berlin und Spanien vermittelt)
* vinje-rennradreisen.de (Rennradreisen in Europa, Verpflegung 100 Prozent vegan)

Kreuzfahrten

* amazing-adventures.ch (Veggie-Kreuzfahrten in Kroatien, auch für Veganer geeignet)
* atasteofhealth.org (vegane Kreuzfahrten in der Karibik)
* vegane-flusskreuzfahrten.de (Kreuzfahrten auf großen europäischen Flüssen und der Ostsee)

Airlines

Nicht alle Airlines bieten bei Langstreckenflügen ein veganes Menü an. Für kürzere Distanzen empfiehlt sich die Mitnahme eigener Verpflegung.

Reiseführer

Einige Bände der Stefan-Loose-Reiseführer (s. S. 253) geben gezielt Empfehlungen für vegane und vegetarische Restaurants.

Veganfreundliche Großstädte

berlin-vegan.de (Deutschlands Hauptstadt ist die Nr. 1 weltweit für Veganer. Gute Städte für Veganer sind außerdem New York, Portland, San Francisco, London)

Blaue Schwalbe (vertraeglichreisen.de/biourlaub) Nur mit Einschränkung empfiehlt das Siegelportal label-online.de die Blaue Schwalbe. Das nach eigenen Angaben erste Ökolabel für Unterkünfte wird seit 1989 an mehr als 130 ökologisch ausgerichtete Hotels, Pensionen, Gasthöfe und Campingplätze in Deutschland, England, Frankreich, Griechenland, Irland, Italien, Österreich, Polen und der Schweiz vergeben. Hinter dem Siegel steht der Verlag Fairkehr, Herausgeber der jährlich erscheinenden Zeitschrift Verträglich Reisen. Unterkünfte, die mit der Blauen Schwalbe zertifiziert sind, müssen beispielsweise regionale Lebensmittel und ökologische Reinigungsmittel verwenden, auf Ressourcenfreundlichkeit (Wasser, Energie, Abfall) achten, ihre Gärten frei von Pestiziden und synthetischen Düngemitteln halten und sollten mit öffentlichen Verkehrsmitteln leicht erreichbar sein. Positiv: Zertifizierte Unterkünfte finden sich vor allem in Reiseregionen, die auch ohne Flugzeug oder Privatauto gut erreichbar sind. Negativ: Das Kontrollsystem beruht weitestgehend auf Selbstauskünften der Betriebe und den Feedbacks der Gäste, ist nicht umfassend und unabhängig, da die Institution, die das Label vergibt, auch die Prüfer stellt. Urteil von label-online.de: »Die Blaue Schwalbe ist eher ein Einsteigerlabel für Betriebe, die eine kostengünstige Zertifizierung eines nachhaltigeren Urlaubsangebots anstreben.«

SleepGreen (sleepgreenhotels.com) »Umweltfreundlich übernachten und dabei nicht auf Komfort verzichten« lautet der Ansatz der Hotelkooperation **SleepGreen**. Obwohl jedes der 14 Mitglieder Umweltschutz auf seine eigene Weise umsetzt, haben alle den sensiblen und schonenden Umgang mit wertvollen und natürlichen Ressourcen gemein. Als Mindeststandard (drei Kissen) für die Aufnahme in das Netzwerk wird die Verwendung regenerativer Energiequellen, Ökostrom (mindestens 90 Prozent), Einsatz von regionalen und zertifizierten Öko-Lebensmitteln, eine aktuelle CSR-Dokumentation, vorbildliche Mitarbeiterführung und der Nachweis von mindestens zwei offiziellen Zertifizierungen als nachhaltiges Unternehmen gefordert. Zur Qualitätssicherung muss jeder Mitgliedsbetrieb positive Bewertungen oder eine hohe Weiterempfehlungsrate bei entsprechenden Buchungs- und Bewertungsportalen im Internet nachweisen.

Green Hotels (greenhotels.com) Mehr als 120 Hotels haben sich zur Initiative Green Hotels zusammengeschlossen. Die meisten von ihnen befinden sich in den USA, einige wenige in Kanada, der Karibik, Brasilien und jeweils ein Hotel liegt in Griechenland, Italien, der Schweiz, Namibia, Papua-Neuguinea und Indien. Der Fokus liegt auf einer ressourcensparenden Hotelausstattung. Hingegen sind faire Arbeitsbedingungen oder CO_2-Kompensation kein Thema. Es gibt keine Zertifizierung.

Business-Hotels Geschäftsreisen sind ein Wachstumsmarkt (s. S. 258). Davon profitieren auch die Business-Hotels. Der Geschäftsreiseanalyse 2016 des Verbands Deutsches Reisemanagement e. V. (VDR) zufolge, gab es 2015 in Deutschland 49,5 Millionen Übernachtungen deutscher Betriebe im Rahmen einer Geschäftsreise – ein Rekordwert. Dabei werden Häuser der Drei- oder Vier-Sterne-Kategorie bevorzugt, in denen neun von zehn Geschäftsreisenden übernachten. Nachhaltigkeit hat einen zunehmend wichtigeren Stellenwert.

Auf Tagungen und Kongresse spezialisierte Hotels, die sich für Umwelt und Soziales einsetzen wollen, können den Nachhaltigkeitskodex der deutschsprachigen Veranstaltungsbranche unterzeichnen (fairpflichtet.de). Der Kodex wurde vom German Convention Bureau e.V. (GCB) und vom Europäischen Verband der Veranstaltungs-Centren e.V. (EVVC) initiiert und beruht auf Freiwilligkeit. Der Unterzeichner bekennt sich als »nachhaltig handelnder Unternehmer«, von dem erwartet wird, dass er die Maßnahmen zur Umsetzung darstellt und in seiner Kommunikation auf den Kodex hinweist. Eine Vielzahl von Hotelketten, Messen, Tagungsstätten und Verbänden hat ihn unterzeichnet.

Deutlich aussagekräftiger als die bloße Unterzeichnung des Nachhaltigkeitskodex der deutschsprachigen Veranstaltungsbranche ist das Siegel Certified Green Hotel®, das der VDR in Deutschland als Zusatzmodul für bereits zertifizierte Hotels an über 110 Hotels vergeben hat. Die operative Betreuung der Hotelzertifizierung (vdr-service.de/hotelzertifizierung/zertifizierungen/certified-green-hotel) obliegt der in Bad-Kreuznach ansässigen Certified GmbH & Co. KG – Das Kundenzertifikat. Ein Prüfungskatalog mit über 70 Kriterien in den Kategorien Energie, Wasser, Müll, Essen & Trinken, Mobilität, gesellschaftliche Verantwortung (CSR) und Information & verantwortungsvolles Handeln wird abgefragt, bevor das Zertifikat verliehen wird.

Ein Beispiel für nachhaltiges Engagement ist die Maritim Hotelgesellschaft, die auf Tagungen und Kongresse spezialisiert ist. Sie hat nach eigenen Angaben als einziges deutsches Hotelunternehmen in allen deutschen Hotels (Maritim unterhält auch Hotels in sieben weiteren Ländern) Mitarbeiter zu Nachhaltigkeitsberatern ausgebildet. Unter dem Namen »ProUmwelt« hat Maritim eine Initiative ins Leben gerufen, die sich Umweltschutz und nachhaltiges Wirtschaften zum Ziel gemacht hat. So ist für alle 36 Hotels in Deutschland eine Bestandsaufnahme in den Bereichen Energie, Abfall, Wasser, Einkauf, Mobilität und Mitarbeiter gemacht worden.

Vorreiter in Sachen »nachhaltige Veranstaltungen« ist das Steigenberger Hotel Am Kanzleramt in Berlin (de.steigenberger.com) mit seinem Green-Meetings-Konzept. Das Pilotprojekt für den Bereich nachhaltige Tagungspauschalen bietet als einziges deutsches Hotel ausschließlich Tagungsangebote inklusive einer vollständigen CO_2-Kompensation (über den Kooperationspartner atmosfair, s. S. 92) an. Dafür wurde es 2015 mit dem Meeting Experts Green Award in der Kategorie »Nachhaltige Veranstaltung« ausgezeichnet. Zum Konzept gehören unter anderem Bio- und Fairtrade-Produkte, überwiegend aus regionalem Anbau, die

Verwendung von Recyclingprodukten (z. B. Schreibutensilien aus recycelbaren Stoffen), ein zertifiziertes Abfallmanagement und Gebäudemanagement nach DGNB Silber (Deutsche Gesellschaft für Nachhaltiges Bauen).

Feng-Shui-Hotels Geschäftsreisen sind ein Wachstumsmarkt. Im Einklang mit der Natur wohnen – darum geht es bei Feng Shui. Die traditionelle Harmonielehre, die in China seit Jahrtausenden praktiziert wird, hat auch in Deutschland ihre Anhänger. Doch nur einige wenige Hotels setzen diese Prinzipien um. Da werden besonders große Eingangstüren gebaut, um mehr positive Energie hereinzulassen, Kabel isoliert, um die elektromagnetische Strahlung abzuschirmen, die Zimmer farblich nach den fünf Elementen Holz, Feuer, Erde, Metall und Wasser gestaltet und Silberfolie aufs Fundament gelegt, um Störfaktoren aus der Erde zu beseitigen. Darüber geredet wird nicht oder nur selten. Man möchte keine potenziellen Gäste vergraulen, die Lust auf Wellness haben, nicht jedoch auf Esoterik. So werben denn auch nur drei Hotels in Deutschland aktiv mit Feng Shui (TAOme Feng Shui Stadthotel Breisgau in Emmendingen, taome.com; Melarose-Feng-Shui-Hotel in Berlin, melarose-fengshuihotel.de und das Hotel Corbin – Feng Shui Business-Hotel Freising, corbinhotel.de). Dennoch gibt es weitere Hotels (z. B. das Vital&Wellnesshotel Zum Kurfürsten in Bernkastel-Kues, zum-kurfuersten.de), die Feng Shui praktizieren, das aber ihren Gästen nur auf Nachfrage mitteilen.

Die Reise nach innen – spiritueller Tourismus

Mal gar nichts tun, tief entspannen und wieder zu sich finden. Aus diesem Wunsch wird für viele Menschen erst im Urlaub Realität. Jenseits von den Wellness- und Wohlfühlpaketen vieler Hotels haben sich spirituelle Reiseangebote etabliert, die Erholung anders als gewohnt definieren. Das Angebot ist vielfältig und reicht von Fastenwandern an der Ostsee über Zen-Meditation im Kloster bis hin zu Yoga-Retreats in landschaftlich reizvoller Natur. Noch intensiver wird die Erfahrung, wenn die Anbieter das spirituelle Angebot mit einem nachhaltigen Beherbergungs- und Verpflegungskonzept kombinieren. Drei der nachfolgenden Tipps sind zudem mit Bus und Bahn erreichbar:

Fastenwandern an der Ostsee: Im Strandhaus Wiek auf Rügen (ruegen-yoga.de) kann man sich fit wandern und erholen. Viel Bewegung an der Meeresluft und Entschlackung durchs Fasten helfen dabei. Unterbringung in ökolo-

gisch gebauten Holzhäusern und veganes Essen inklusive. Alternativ werden auch Ayurveda und Qigong angeboten.
Entspannen am Schliersee: Das Yogahaus Samvit (yogahaus.org) bietet abseits von Hektik, Lärm und Luftverschmutzung ein umfassendes Yogaprogramm, um sich mit neuer Energie und Kraft im Garten aufzutanken. Dabei helfen die große Asana-Plattform im Garten, die naturbelassene Umgebung und das 100 Prozent biologisch-vegetarische/vegane Essen.
Zen-Meditation im Altmühltal: Eine Woche meditieren und schweigen. Das kann man in schöner Umgebung im Franziskanerkloster von Dietfurt. Neben den Zenkursen bietet das Meditationshaus St. Franziskus (meditationshaus-dietfurt.de) unter anderem auch Tai Chi Chuan, Qigong und Musikmeditation an. Ein Teil des sehr guten Essens stammt aus dem eigenen Biogarten.
Yoga & Surfen in Europa: Die ungewöhnlichen Reisen von driftwood travelling (driftwood-travelling.de) nach Irland, Spanien, Costa Rica und in die Schweiz kombinieren »Aktivität im natürlichen Raum (Surfen), Entschleunigung durch Innehalten (Yoga), bewusste Ernährung aus regionalen Zutaten sowie kreativen Einfluss durch Kunst und Kultur der lokalen Szene – und all dies mit Gleichgesinnten.«

Klima-Hotels (klima-hotels.com) Ein Hotel, das ökologischer agiert und wirtschaftet, verringert dadurch in der Regel auch seinen CO_2-Fußabdruck (s. S. 48). Doch es gibt einige wenige Hotels, die Klimaschutz ernster nehmen als der Rest. Sie dürfen sich so nennen, wenn sie – von Viabono (s. S. 211) zertifiziert – belegen können, dass sie in den Bereichen (Ab-)Wasser, Abfall sowie Energie & Klima mindestens 30 Prozent besser als der jeweilig errechnete Durchschnittsbetrieb sind, wenn sie 100 Prozent echten Öko-Strom beziehen sowie individuelle Energiesparmaßnahmen wie Photovoltaik, Wärmerückgewinnung oder Wasseraufbereitung durchführen. Sie verpflichten sich, regionale und mindestens ein fair gehandeltes Lebensmittel zu beziehen und auf Einweg-/Portionsverpackungen und Einweggeschirr zu verzichten. Zudem können sie bezüglich des Essens zusätzliche Zertifizierungen wie Bio oder Slow Food nachweisen. Sie vertreiben klimafreundliche Bahntickets, bieten ihren Gästen einen CO_2-Mobilitätsrechner und beispielsweise E-Bikes, Carsharing oder eine Ökostromladestation für E-Bikes/Elektrofahrzeuge an. Da sich CO_2-Emissionen im Hotelbetrieb nicht gänzlich vermeiden lassen, wird die Restmenge über Aufforstungsprojekte kompensiert (s. klima-hotels.de/Klimaschutz/KlimaHotelsWald.aspx).

Das faire Hotelzimmer

Mit Bettwäsche aus fair gehandelter Biobaumwolle und Hygieneartikeln aus fairem Handel sollten 2014 einige deutsche Hotels, Träger des Siegels Certified Green Hotel® (s. S. 245), ausgestattet werden. Doch die Nachfrage war zu gering, die gute Idee floppte und die Zusammenarbeit mit der Siegelorganisation TransFair wurde eingestellt. Dennoch kann man in einigen Hotels in biofairer Bettwäsche schlafen, sich mit fairen Hygieneartikeln erfrischen und mit Handtüchern aus fairer Biobaumwolle beispielsweise der Marke Dibella abtrocknen. Dazu zählen unter anderem das Saarbrücker Hotel Am Triller (zunächst bis 2017, hotel-am-triller.de), das Almodóvar Hotel in Berlin (almodovarhotel.de), Hotel Lindenwirt in Drachselsried (hotel-lindenwirt.de), der Ulrichshof Baby & Kinder Bio-Resort in Rimbach (ulrichshof.com), das Stiftsgut Keysermühle in Klingenmünster (hotel-restaurant-stiftsgut-keysermuehle.de), das Best Western Hotel Viktoria in Freiburg, (bestwestern.de/Freiburg), Villa Orange in Frankfurt (villa-orange.de), das Hostel Veritas in Oberhausen (in-hostel-veritas.de) oder das Landgut A. Borsig in Nauen (landgut-aborsig.de).

Hotels großer Reiseveranstalter Jährlich zeichnet die **TUI**, Deutschlands größter Reiseveranstalter, umweltfreundliche Hotels als TUI Umwelt Champions aus (tui.com/umweltschutz-im-urlaub). Die Auslobung erhalten Hotels, die Maßnahmen zur Einsparung von Energie und Wasser umsetzen, ökologische und regionale Speisen servieren und Gärten mit einheimischen Pflanzen anbieten. Nach eigenen Angaben werden die Gewinner durch ein Bewertungsverfahren ermittelt, das »sowohl die Umwelt- und Sozialperformance des Hotels als auch die Meinung der Gäste widerspiegelt«. Das Label EcoResort (ecoresort-tui.com) verleiht die TUI an firmeneigene Hotels, die zusätzliche Nachhaltigkeitskriterien erfüllen. Überprüft wird dies laut TUI durch unabhängige Gutachter. Das Iberotel Boltenhagen, das Iberotel Fleesensee und die Dorfhotels Boltenhagen, Fleesensee und Sylt sind die einzigen TUI-Hotels, die seit Sommer 2012 ihren gesamten CO_2-Ausstoß kompensieren (s. S. 83). Besonders transparent seien die TUI-Hotelsiegel nicht, findet Tourismusberater Matthias Beyer, Geschäftsführer von mascontour und Spezialist. Auch schade: Eine Filtereinstellung für TUI Umwelt Champions, Eco Resorts oder klimaneutrale Hotels sucht man auf der Webseite der TUI vergebens.

Nach Firmenangaben besitzen etwa acht Prozent der rund 20 000 Partnerhotels der **DER Touristik** ein nachhaltiges Tourismussiegel. Diese Information hilft allerdings nur bedingt weiter, denn die DER Touristik verrät zwar, mit welchen Tourismuszertifikaten das Unternehmen zusammenarbeitet (der-destinationservice.de, s. nachhaltigkeit / umwelt / natur-und-artenschutz / umweltzertifikate), aber nicht, ob und welche Anlagen der Marken Club Calimera, Iti hotels oder PrimaSol Hotels über eine Zertifizierung verfügen. Wenig verbraucherfreundlich, denn auch die Filtereinstellungen auf den jeweiligen Websites der Hotelmarken helfen nicht weiter.

Beim Veranstalter **Thomas Cook** liegt der Schwerpunkt der insgesamt 243 als nachhaltig zertifizierten Hotels (darunter 51 eigene Häuser) auf dem zuletzt umstrittenen Travelife-Siegel (s. S. 255). Identifizieren lassen sich die Häuser über die Webseite von Thomas Cook allerdings nicht. Dort kann man seine Suche mit den Wahlmöglichkeiten »Strandlage«, »Wellness«, »Internetzugang« und »Sportangebot« eingrenzen. Auch bei Thomas Cook fehlt ein entsprechender Filter für nachhaltige Übernachtungsangebote bei seinen Hotelmarken Sentido, Smartline, SunConnect, Sunprime und Sunwing.

Sonstige Unterkünfte

Alpenvereinshütten (alpenverein.de) Photovoltaikanlagen und Kleinwasserkraftanlagen zur Stromerzeugung, rapsölbetriebene Blockheizkraftwerke, Scheitholzkessel oder Pelletöfen zur Wärmeerzeugung und biologische Kleinkläranlagen zur Abwasserreinigung: Die Unterkünfte des Deutschen Alpenvereins (DAV) werden immer umweltfreundlicher. Die Modernisierung und den ökologischen Betrieb zählt der Verein nach eigenen Angaben zu seinen wichtigsten Zielen. Denn ein großer Teil der 326 öffentlich zugänglichen Hütten des DAV liegt in Natur- und Nationalparks sowie in Naturschutzgebieten.

Backpackerlodges Tourismus-Siegel kosten Geld. Daher lassen sich bislang meist nur größere Hotels oder luxuriöse Lodges zertifizieren. Zum einen, weil bei ihnen ein größeres Einsparpotenzial vorhanden ist. Und zum anderen, weil sie das Geld aufbringen können. Doch auch erste Backpacker-Lodges in Südafrika haben sich mit dem strengen Siegel von Fair Trade Tourism (s. S. 208) auszeichnen lassen. Ebenso wie bei den großen Hotels achtet man in diesen preiswerteren Unterkünften für Rucksackreisende auf die Einhaltung von Umwelt- und Sozialstandards.

Campingplätze Knapp 30 Millionen Übernachtungen verzeichneten die deutschen Campingplätze 2015 laut Bundesverband der Campingwirtschaft in Deutschland (BVCD). Camping liegt in Deutschland im Trend, und Zelten ist eine der klimafreundlichsten Übernachtungsmöglichkeiten. Die Plätze liegen oft landschaftlich schön direkt am Strand, an einem See oder einem Fluss und bieten eine günstige Alternative, naturnahen Urlaub zu verbringen. Auch das Übernachten auf Campingplätzen ist mit deutlich weniger CO_2-Emissionen verbunden als eine Nacht im Hotel. Einer Untersuchung des Ökoinstituts Freiburg zufolge entstehen auf Campingplätzen pro Person und Übernachtung 4,5 Kilogramm CO_2, während es im Hotel durchschnittlich 17,2 Kilo sind.

Wer es umweltfreundlich mag, dem sei ECOCAMPING (ecocamping.net) empfohlen. Aus dem 2002 gegründeten, mehrfach preisgekrönten Verein, der sich die »Förderung von Umwelt- und Naturschutz, Sicherheit und Qualität in der Campingwirtschaft« auf die Fahnen geschrieben hat, ist ein europäisches Netzwerk und eine europaweit bekannte und anerkannte Management-Auszeichnung geworden, dem sich rund 230 Campingplätze in Deutschland, Österreich, der Schweiz, Italien, Slowenien und Kroatien angeschlossen haben. 2011 konnte die Ressourceneffizienz von Campingplätzen mit der ECOCAMPING-Auszeichnung mit Zahlen belegt werden: Demnach verbrauchten konventionelle Campingplätze durchschnittlich elf Prozent mehr Wasser, sechs Prozent mehr Strom und 3,5 Prozent mehr Heizenergie. 13 ECOCAMPING-Plätze, die sich im Klimaschutz besonders engagieren, haben die Auszeichnung »Klimafreundlicher Betrieb« erhalten. Dazu müssen sie 28 Kriterien erfüllen, von der Energieversorgung und -verwendung bis hin zur Gästeinformation. Die Überprüfung vor Ort erfolgt durch den ECOCAMPING e. V. Über allem wacht ein unabhängiger Expertenbeirat. Ihre Adressen sind auf der Webseite des Vereins gelistet. Dort finden sich auch ein CO_2-Rechner (Kompensation nicht möglich) und Umwelttipps.

Einen guten Überblick über klimafreundliches Campen, Infos zu weiteren Siegeln wie das Grüne Blatt des ADAC oder das EU-Ecolabel gibt es im Magazin natur (natur Spezial zu nachhaltigem Öko-Camping, Juni 2015), das man sich kostenlos auf der ECOCAMPING-Webseite downloaden kann. Wichtige Erkenntnis: Wer seine Ferien mit einem Wohnmobil (s. S. 80) auf einem Campingplatz verbringt, schneidet bezüglich seiner CO_2-Emissionen unter Umständen schlechter ab als ein Hotelurlauber, der für An- und Abreise den klimafreundlichen Reisebus nimmt. Die klimafreundlichste motorisierte Variante ist die An- und Abreise mit dem

Reisebus, kombiniert mit einem Zelturlaub auf dem Campingplatz. Wer mit dem Wohnmobil unterwegs ist, erzeugt mehr CO_2 als PKW-Urlauber, die auf einem Campingplatz zelten (mehr zum Thema Klimaemissionen im Kapitel Klima und Umwelt, S. 41 ff.).

Jugendherbergen Wer es ein wenig schlichter mag oder weniger Geld hat, aber auf Umweltschutz und soziales Engagement Wert legt, für den sind die mehr als 500 deutschen Jugendherbergen (jugendherberge.de) eine gute Alternative. Sie sind mit 10,2 Millionen Übernachtungen im Jahr 2015 erfolgreicher und beliebter denn je. Mehr als 2,3 Millionen Menschen besitzen inzwischen einen DJH-Mitgliedsausweis. Besondere Vorreiter im Bereich Klimaschutz sind die CO_2-neutralen Jugendherbergen in Brilon, Norderney, Lingen, Norddeich, Neuharlingersiel und Juist. Darüber hinaus haben 17 Jugendherbergen das Zertifikat »Umwelt|Jugendherberge« erworben (einige von ihnen tragen auch das Viabono-Zeichen, s. S. 211). Ihr Leitbild umfasst umweltverträgliches, sozial verantwortliches Handeln und eine nachhaltige Entwicklung auf allen Ebenen. So lernen Jugendliche praktisch, wie Solarenergie funktioniert. Sie pflücken ihren Salat selbst im Kräuterbeet. Oder untersuchen Wiesen, Wälder und Gewässer nach heimischen Tierarten. Von den Programmen profitieren jährlich über 80 000 Schülerinnen und Schüler auf Klassenfahrten und Freizeiten. Die Qualitätsstandards werden alle drei Jahre im Rahmen eines Audits überprüft, das allerdings nicht gerade als unabhängig bezeichnet werden kann. Das Anerkennungsgremium besteht aus drei DJH-Vetretern und dem Geschäftsführer der Umweltmarke Viabono. Dort ist der DJH Mitglied im Trägerverein. Bemerkenswert ist, dass seit Ende 2014/Anfang 2015 in einigen Jugendherbergen in der Nebensaison vorübergehend asylsuchende Flüchtlinge untergebracht werden. »Die Jugendherbergen haben eine gesellschaftliche Verantwortung, insofern fühlen wir uns selbstverständlich verpflichtet, in Notfällen zu helfen«, erklärte DJH-Hauptgeschäftsführer Bernd Dohn.

Naturfreundehäuser Von der einfachen Berghütte bis zum Hotel: Gemeinsam sind den von der österreichischen Organisation Naturfreunde Internationale (nfi.at) geführten mehr als 1 000 Häusern (davon mehr als 400 in Deutschland, naturfreunde-haeuser.net) der schonende Umgang mit der Natur sowie ein soziales Engagement. Laut eigenem Leitbild liegt das besondere Augenmerk des Verbands dabei auf einer »nachhaltigen Nutzung der Ressourcen und dem schonenden Umgang mit der Natur«.

In den Naturfreundehäusern wird darauf geachtet, »bei der Energieversorgung so weit wie möglich erneuerbare Energiequellen einzusetzen, Wasser und Energie gemäß dem Stand der Technik zu sparen und keine ungeklärten Abwässer in die Natur zu leiten«. Beim Bau, Ausbau und Umbau der Häuser setzt man »auf die Verwendung regionaler Baustoffe und einen regional angepassten Baustil«. Auch soziales Engagement und Solidarität mit benachteiligten Gruppen ist den Naturfreunden wichtig: Die Unterkunfts- und Freizeitangebote richten sich auch an alleinerziehende Elternteile, Behinderte, Arbeitslose oder Menschen aus Ländern mit geringerer Kaufkraft.

Gratis übernachten bei Fremden

Bei Fremden gratis übernachten und Fremde kostenlos bei sich schlafen lassen, das wird immer populärer. Alleine auf der bekanntesten Internetplattform couchsurfing.org haben sich inzwischen mehr als 1,5 Millionen Menschen angemeldet. Für Radfahrer gibt es mit warmshowers.org und dachgeber.de ähnliche Seiten. Bei beiden gilt das Gegenseitigkeitsprinzip: Wer von anderen Radfahrern aufgenommen wird, sollte selbst bereit sein, einen Platz zum Schlafen anzubieten.

Reiseführer und Reisebuchverlage

Als Tony und Maureen Wheeler 1973 den ersten Lonely-Planet-Reiseführer mit dem Titel *Across Asia on the Cheap* veröffentlichten, ahnten die beiden australisch-englischen Autoren nicht, dass sie damit den Grundstein einer Erfolgsgeschichte ohnegleichen legen würden. Denn immer mehr Menschen reisten und waren anderen Menschen dankbar, die ihnen ihre Reiseziele und Tipps dazu näherbrachten. Heute ist aus der Zehn-Mann-Firma ein weltumspannender Verlag mit Niederlassungen in Melbourne, Oakland, London und Paris geworden, der 650 Titel in seinem Programm hat, jährlich rund 55 Millionen Reiseführer in 14 verschiedenen Sprachen verkauft und 400 Angestellte sowie 150 Autoren beschäftigt. Viele – vor allem jüngere – Reisende schwören auf den Lonely Planet (LP), den es auch auf Deutsch gibt.

Doch wer mit dem Lonely Planet im Rucksack oder im Koffer reist, muss damit rechnen, unterwegs viele Gleichgesinnte zu treffen – ob er will oder nicht. Und die sogenannten Geheimtipps entpuppen sich oftmals als Touristenfallen. Am idyllisch gelegenen Wasserfall stehen dann Würstchenbuden, der einsame Strand ist müllübersät, und die familiäre Pension im Stadtzentrum ist belegt – natürlich von anderen LP-Lesern. Der LP spiegelt wie kein anderer Reiseführer die Problematik von gutgemeinten Reisetipps für ein Massenpublikum wider: Sind Reiseführer mit schuld daran, wenn etwa kleine Inseln in Thailand, die früher nur von wenigen Reisenden besucht wurden, heute von Partytouristen überrannt werden? Sind sie Wegbereiter für Naturzerstörung, Klimaveränderungen und kulturelle Eingriffe? Welche Verantwortung haben Reiseführer diesbezüglich?

Diese Fragen stellen sich zunehmend auch die Reisebuchautoren, beispielsweise die Autorinnen und Autoren der Stefan Loose Travel Handbücher, die heute zum DuMont Reiseverlag gehören – und zu denen auch der Autor dieses Buches zählt. Auch in den orangefarbenen Büchern, die es bereits seit rund 40 Jahren gibt, geben Autoren Empfehlungen und Tipps. Allerdings sind sich Loose-Autoren ihrer Verantwortung für die Zielregionen zunehmend bewusst. Bereits 2006 wurde ein Baumsymbol eingeführt. Es kennzeichnet sozial und ökologische Reiseangebote, sei es das Hotel, das seinen Gewinn an soziale Projekte abführt, sei es der Weber, der einen fairen Preis für sein Kunsthandwerk erhält, oder sei es der lokale Reiseveranstalter, der sozial und ökologisch ausgewogene Trips organisiert.

Reiseführer, ob klassisch als Buch oder zunehmend in elektronischer Form, sind Katalysatoren. Mit der Auswahl, die der Autor trifft, beeinflusst er das Verhalten seiner Leser und ein wenig auch das Verhalten der Bereisten. Denn die meisten von ihnen freuen sich, wenn sie kostenlos in einem Reiseführer erwähnt werden. Und sie freuen sich, wenn ihre Bemühungen für eine bessere Welt auf diese Weise honoriert werden. Positive Selektion heißt das Stichwort: Herausgehoben werden diejenigen, die sich für Mensch und Natur einsetzen. Mit dem Kauf eines Loose-Reiseführers belohnt der Reisende auch die Bemühungen der Autoren in diese Richtung. Auch der Lonely Planet und der Reise Know How haben einige grüne Tipps parat, während das Gros der Konkurrenten diesen wichtigen Trend schlichtweg zu verschlafen scheint. Gebraucht werden hierfür Autoren, die faire und grüne Tourismusangebote nicht nur aus einer Verpflichtung heraus aufführen, sondern die verstanden haben, dass sie mit ihrer Auswahl einen wichtigen Beitrag für einen besseren

Tourismus leisten. Allgemein sind Reisebuchautoren und auch Reisejournalisten aufgefordert, ausgewogener über die jeweilige Destination zu berichten, die Schattenseiten des Tourismus nicht zu verschweigen und nicht auch noch den letzten unberührten Strand zu erwähnen.

Schade nur, dass die Verantwortung zu großen Teilen bei den Autoren verbleibt. Denn Reisebuchverlage drücken sich nur zu gerne vor ähnlichen Schritten. Ein Beispiel ist MairDumont, der europaweit größte Reisebuchverlag (u.a. Marco Polo, Dumont, Falk, Stefan Loose). Das mittelständische Unternehmen mit Sitz in Ostfildern bei Stuttgart erwirtschaftete 2015 einen Umsatz von 100 Millionen Euro. Auf der Webseite von MairDumont heißt es: »Wir setzen uns durch unser Tun und unsere Produkte für einen kulturell, sozial und ökologisch verträglichen Tourismus ein.« Doch es ist weniger das Unternehmen, dass diese Leitlinie umsetzt, als die Autoren, die alle freiberuflich für MairDumont tätig sind, für ihr Engagement aber keinen Cent mehr bekommen. Das Unternehmen hält sich mit entsprechenden Maßnahmen vornehm zurück. Wirtschaftlichkeit hat hier so gut wie immer Vorrang vor Nachhaltigkeit. So werden denn auch Teile der Millionen von Reiseführern, die das Unternehmen Jahr für Jahr verkauft, aus Kostengründen in China gedruckt. Bis die Bücher in Deutschland ankommen, ist eine mehrwöchige Schiffsreise notwendig, die das Klima entsprechend belastet. Zwar werden die Bücher auf Papier aus nachhaltiger Forstwirtschaft gedruckt, was über das FSC-Siegel des Forest Stewardship Council nachgewiesen wird. Das seriöse Siegel kann aber Tricksereien in den langen Liefer- und Produktionsketten der Herstellerländer nicht immer verhindern: »Dass zum Beispiel die Zertifikate chinesischer Produzenten oft das Papier nicht wert sind, auf dem sie gedruckt sind, ist hierzulande ein offenes Geheimnis«, heißt es in einem Bericht der Wirtschaftswoche Green Economy aus dem Jahr 2015. China sei zum größten Zellstoffimporteur der Welt und zweitwichtigsten ausländischen Buchproduzenten für Deutschland aufgestiegen, so der Bericht. Und weiter: »Einer der wichtigsten Zellstofflieferanten Chinas wiederum ist Indonesien, dessen Papierindustrie seit Jahren wegen der Abholzung von Urwäldern in der Kritik steht.«

Die Geschäftsleitung von MairDumont beschwichtigt: Man arbeite mit international agierenden Firmen, die einen großen Teil ihres Geschäfts mit Europa machen und deshalb die Brisanz des Themas kennen. Man könne daher davon ausgehen, dass die Zertifizierungen nicht »unter dem Tisch» gestempelt werden, so Geschäftsführerin Dr. Stephanie Mair-Huydts. Das Risiko einer gefälschten Zertifizierung, das durch den langen Transportweg entstandene CO_2, der Aktualitätsverlust der

Reiseführer und weitere ökologische Probleme beim Drucken könnte man mit Recyclingpapier und einer Umweltdruckerei in Deutschland deutlich verringern. Das aber ist um einiges teurer. Schwierig für den Verlag, denn auch die Konsumenten sind nicht bereit, für einen Reiseführer – sei er noch so dick – viel mehr als 30 Euro zu zahlen. Dass Wirtschaftlichkeit und Klimaschutz dennoch vereinbar sind, zeigt der Michael Müller Verlag. Er kompensiert seit 2015 die Treibhausgasemissionen, die bei der Produktion der Bücher entstehen, über ein kommunales Wiederaufforstungsprojekt in Nicaragua.

Ein weiteres Problemfeld sind die CO_2-Emissionen, die durch die Recherchereisen der Autoren entstehen. Die summieren sich bei Hunderten von Reisetiteln und Autoren allein bei Reisebuchverlagen zu beträchtlichen Mengen. Obwohl der Verlag MairDumont eine Partnerschaft mit der Kompensationsagentur atmosfair (s. S. 92) eingegangen ist, auf die in den Buchtiteln hingewiesen wird, werden nur die Flugreisen von MairDumont-Angestellten kompensiert. Um die Reisen der freiberuflichen Autoren kümmert sich der Verlag hingegen nicht. Zuschuss Fehlanzeige. Es bleibt also der Eigenverantwortlichkeit der Autoren überlassen, ob sie ihre Recherchereisen kompensieren. Die meisten Autoren tun dies nicht. Die mageren Honorare geben es nicht her.

Reiseportale

Für immer mehr Reisende, ob als Tourist oder geschäftlich unterwegs, sind soziale und ökologische Kriterien bei der Wahl der Reise wichtig. Doch fehlende Informationen und das eher begrenzte Angebot stellen die Verbraucher vor ernsthafte Hürden bei der Buchung. Gleichzeitig boomen Reiseportale im Internet – also Plattformen, über die man Hotels, Flüge, Mietwagen und weitere touristische Dienstleistungen buchen kann. Über die drei größten Portale Booking.com, Expedia und HRS hat bereits mehr als ein Viertel aller Deutschen ein Hotelzimmer gebucht, Tendenz stark steigend. Die Umsätze – inklusive der Verkäufe, die stationäre Reisebüros über das Internet realisieren – liegen inzwischen bei jährlich rund acht Milliarden Euro. Eigentlich läge es da nahe, den Konsumenten über diese Portale auch die Möglichkeit anzubieten, sozial und ökologisch verträglich zu buchen. Doch das bleibt bislang weitestgehend Wunschdenken. Weder Booking.com noch Expedia oder Hotel.de verfügen bislang über eine »grüne« Filterfunktion. Trivago bietet die Filterfunktion »umweltfreundliches Hotel« und umfassende Einstellungen bezüglich der Barrierefreiheit. HRS bietet nur in seinem Bereich für Geschäftskunden die Filterfunktion »Green Hotels«. TripAdvisor, eines der beliebtesten Bewertungsportale, offeriert seinen Kunden die Filterfunktion »Öko-Spitzenreiter«. Die Einstufung im Green Leaders-Programm (tripadvisor.de/GreenLeaders) erfolgt über einen von TripAdvisor selbst erstellten Kriterienkatalog, der allerdings nicht einsehbar ist oder extern kontrolliert wird. Und auf ab-in-den-urlaub.de, dem bekanntesten Reiseportal von Unister, dem nach eigenen Angaben größten E-Commerce-Unternehmen in Deutschland, wird zumindest die Suchfunktion »barrierefrei« angeboten. Doch es gibt »grünere« Alternativen:

Airbnb Das Online-Portal für Privatunterkünfte ist 2014 richtig durchgestartet. Egal, ob Jurte, Baumhaus oder Schloss, ob auf Madagaskar, Grönland oder den Färöer-Inseln: Allein 2014 konnte Airbnb laut dem unternehmenseigenen *Summer Travel Report 2015* mehr als 30 Millionen Unterkünfte vermitteln – 2010 waren es nur 47 000 Gäste gewesen. Eine »grüne« Suchfunktion suchen Nutzer allerdings bislang vergebens. Doch eine Studie im Auftrag von Airbnb kam zu folgenden Ergebnissen: Allein in Europa haben Airbnb-Gäste einen um 78 Prozent geringeren Energieverbrauch als Hotelgäste. Etwas weniger als die Hälfte der Airbnb-Gastgeber in Nordamerika und Europa stellen ihren Gästen Einweg-Pflegemittel zur Verfügung, was zur Müllreduktion pro Aufenthalt beiträgt. Und Reisende, die in einer Airbnb-Unterkunft übernachten, nutzen zu zehn bis 15 Prozent häufiger öffentliche Verkehrsmittel und Fahrräder oder gehen zu Fuß als Hotelgäste. Mit der durch Airbnb-Übernachtungen eingesparten Energiemenge könnte man 68 000 Haushalte ein ganzes Jahr lang mit Strom versorgen. Die Wassermenge, die europäische Airbnb-Gäste jährlich sparen, erreicht ein Fassungsvermögen von 1 100 olympischen Schwimmbecken, die Menge an vermiedenen Treibhausgasen entspricht der jährlichen Emissionsrate von 200 000 Autos europaweit.

Bookdifferent.com Das Start-up verwendet die Hoteldatenbank von Booking.com, gibt seinen Nutzern aber die Möglichkeit, »grüne Hotels« herauszufiltern (bislang etwa ein Prozent des Gesamtangebots). Diese werden bei der Suche separat angezeigt und nach biofairen Tourismussiegeln gelistet. Hierfür kooperiert bookdifferent.com mit 13 verschiedenen Labeln, darunter Earth Check (s. S. 207), Fair Trade Tourism (s. S. 208) oder Travelife (s. S. 211). 50 Prozent der Buchungsgebühr spendet die Firma an Hilfsorganisationen. An welche, kann sich der Kunde aussuchen.

Ecobnb.com Junges Buchungsportal, das nachhaltige Unterkünfte in Europa anbietet. Die Palette reicht von Biohotels über Biofarmen bis hin zu emissionsfreien Berghütten. Die Auswahl ist noch überschaubar und beschränkt sich bislang weitestgehend auf Italien. Aber auch einige wenige Unterkünfte in Griechenland, Serbien, Slowenien und Österreich werden angeboten. Partner der Plattform sind unter anderem das Tourismussiegel TourCert (s. S. 210), das serbische Tourismusministerium und die Mitfahrzentrale Blablacar.

Greenhotelword.com Die Plattform bezieht ihre Hoteldaten von Expedia.de und kooperiert ebenfalls mit einer Vielzahl von nachhaltigen Tourismussiegeln. Filterfunktionen ermöglichen beispielsweise die Auswahl von Hotels, die sozial verantwortlich oder umweltfreundlich agieren oder lokale Ressourcen nutzen. Angezeigt werden überwiegend Hotels großer Ketten. Die durch den Hotelaufenthalt verursachten Co_2-Emissionen werden ohne Mehrkosten kompensiert. Kooperationspartner ist myclimate (s. S. 92). Eine deutschsprachige Version der Seite ist in Planung.

Traverdo.de Deutschsprachige Plattform, die Angebote für ökofaires Reisen bündelt. Mit der Webseite möchten die Betreiber ihren Beitrag zur Verbreitung nachhaltiger Tourismusprojekte, Unterkünfte und Reiseveranstalter leisten. Suchen kann man nach Ländern und Reiseterminen oder in den Kategorien »Strand und Meer«, »Wellness und Harmonie«, »Kunst und Kultur«, »Aktiv und Abenteuer«, »Natur und Wildnis«, »Kreativ und Lernen« sowie »Begegnen und Helfen«. Partner von Traverdo sind unter anderem TourCert (s. S. 210), das forum anders reisen (s. S. 219), Fair Trade Tourism (s. S. 208) und atmosfair (s. S. 92).

3.4. Reiseformen – und wie sie grüner & fairer werden

Geschäftsreisen – Nachhaltigkeit sinnvoll gestalten

»Geschäftsreisen stützen deutsche Wirtschaft« lautet eine Zwischenüberschrift in der Geschäftsreiseanalyse 2015 des Verbands Deutsches Reisemanagement (VDR). Das ist nicht übertrieben: So stieg die Zahl der Geschäftsreisen in Deutschland 2015 auf 182,7 Millionen, 4 Prozent mehr als im Vorjahr. Tendenz steigend, trotz moderner Technologien wie Skype, Videokonferenzen oder sozialer Netzwerke. Der direkte Austausch mit Geschäftspartnern und der persönliche Kundenkontakt haben weiter große Bedeutung. Die insgesamt rund 10 Millionen Geschäftsreisenden gaben auf ihren Trips fast 50 Milliarden Euro aus, pro Kopf und Reisetag etwa doppelt so viel wie gewöhnliche Urlauber. Und dies saisonunabhängig, was der Hotellerie, Gastronomie und dem Transportbereich Planungssicherheit gibt und Arbeitsplätze sichert.

Während sich immer mehr Unternehmen nachhaltig geben, steht das Thema fair & grün bei Geschäftsreisen nicht notwendigerweise im Vordergrund. Die Studie *Business Travel 2013* des Deutschen ReiseVerbandes (DRV) ergab, dass mehr als die Hälfte der deutschen Unternehmen das Thema Nachhaltigkeit auf Geschäftsreisen nur manchmal oder selten, mehr als jedes zehnte Unternehmen sogar nie berücksichtigt. Ähnliche Ergebnisse lieferte die Studie *Chefsache Business Travel* der Travel Management Companies im Deutschen ReiseVerband aus dem Jahr 2014: Während der überwiegende Teil der Befragten mit einem Bedeutungszuwachs der Themen Umweltschutz und Nachhaltigkeit rechnet, bildeten diese im Relevanz-Ranking das Schlusslicht. Ganz wichtig hingegen sind den Managern auf Reisen eine schnelle Verbindung, ein stressfreier Reiseablauf und Sicherheit. Bemerkenswert: Die Unternehmensleitung achtet deutlich häufiger auf die Nachhaltigkeit einer Reiseverbindung als Fach- und Führungskräfte, ergab die Untersuchung.

Eher langsam und zögerlich wendet sich die Businesswelt Angeboten der Share Economy zu. Nicht alle größeren Firmen erlauben, Übernachtungen über das umweltfreundlichere airbnb (s. S. 256) zu buchen

	2015	2014
Anzahl	182,7 Millionen	175,8 Millionen
Ø Dauer	2,0 Tage	2,1 Tage
Gesamtkosten	50,9 Milliarden Euro	49,2 Milliarden Euro

Tabelle 3.2
Die Entwicklung des deutschen Geschäftsreisemarktes 2015, Quelle: Verband Deutsches Reisemanagement (VDR) – Geschäftsreiseanalyse 2016

oder einen Ride-Sharing-Dienst wie Uber zu ordern. Hinderlich bei der Nutzung dieser Dienste seien neben persönlichen Präferenzen der Reisenden auch versicherungstechnische Aspekte. Zudem sei es oftmals schwierig, solche Angebote in bereits bestehende IT-Prozesse bei der Buchung und Abrechnung von Geschäftsreisen einzubinden.

Damit Geschäftsreisen ökologisch und sozial verträglicher werden, sollte die Reiseplanung »nach entsprechenden Standards und Regeln erfolgen, die fest im Unternehmen verankert und Teil der Firmenphilosophie sind«, empfiehlt das Dossier *Geschäftsreisen: Nachhaltig erfolgreich* der Naturfreunde Internationale (s. S. 226). Dazu brauche es ein klares Management, den Dialog mit den Mitarbeitenden und verbindliche Reiserichtlinien. Weiter heißt es im Dossier: »Neben der Reduktion von Umweltauswirkungen einer Reise gilt es ebenso, ökonomische und soziale Aspekte zu berücksichtigen. Dabei geht es um Fairness, um die Achtung der Menschenrechte – wie faire Arbeitsbedingungen und gerechte Entlohnung der Mitarbeitenden in der Hotellerie, Gastronomie oder in Transportunternehmen.«

Geschäftsreisen mit Verantwortung

Reiseplanung

Die umweltfreundlichste Geschäftsreise ist diejenige, die vermieden werden kann. Zunächst also immer prüfen, ob das Meeting oder die Besprechung alternativ in Form einer Telefon- oder Videokonferenz realisierbar sind. Um die CO_2-Auswirkungen zu mindern, sollte beispielsweise im Vorfeld geklärt werden, ob der Auswärtstermin mit anderen Terminen in der Nähe kombinierbar ist. Ob der Mitarbeiter, der mehrere Tage vor

Ort eingesetzt wird, besser am Zielort übernachtet, statt mehrfach an- und abzureisen. Und ob Fahrgemeinschaften gebildet werden können.

Wahl des Verkehrsmittels 1

Die meisten Geschäftsreisen finden mit dem Flugzeug oder dem PKW statt. Da sich Flüge, gerade bei Langstrecken, meist nicht vermeiden lassen, sollten die durch sie entstandenen Klimagase zumindest kompensiert werden (s. S. 83 ff.). Auf kürzeren Strecken sind Flüge nicht immer die bessere Wahl, vor allem wenn die Strecke auch im Nachtzug bewältigt werden kann. Die Bahn ist oftmals nur geringfügig langsamer als das Flugzeug, da Bahnhöfe oft zentraler liegen als Flughäfen, sodass sich unter Umständen lange Taxifahrten erübrigen. Zudem bietet die Bahn mit flinkster.de einen Carsharingdienst in über 200 Städten deutschlandweit an. Die Autos stehen fahrbereit an den jeweiligen Bahnhöfen. Für Bahncard-Kunden ist die Anmeldung kostenlos.

Wahl des Verkehrsmittels 2

An Alternativen zu gewohnten Transportmitteln denken: Wenn ein Mietwagen aufgrund schlechter Flug- oder Bahnverbindungen unausweichlich ist, beim Autovermieter nachfragen, ob ein emissionsarmes Modell, beispielsweise mit Hybridantrieb, verfügbar ist. Wer besonders umweltfreundlich reisen will, nimmt den Reisebus. Das deutsche Busnetz bietet inzwischen eine große Auswahl an Routen. Die meisten Busse haben WLAN an Bord. Für Termine in der unmittelbaren Umgebung sind der öffentliche Nahverkehr, E-Bikes oder Firmenfahrräder die umweltfreundlichste Alternative. Ideal sind hier Klappräder, die sogar mit in ICE-Züge hinein dürfen.

Wahl der Unterkunft

Immer mehr Businesshotels nutzen regenerative Energien und Recyclingmaterialien, sparen Wasser und Müll oder verwenden regionale Produkte und Fairtrade-Lebensmittel. Mehr zu grünen Hotels auf S. 241 ff.

CO_2-Reportings

Nachfragen, ob das Geschäftsreisebüro der Firma in der Lage ist, sogenannte CO_2-Reportings zu erstellen. Es gibt Auskunft darüber, wie klimafreundlich die Mitarbeiter reisen. Mithilfe der Resultate können Unternehmen ihre Klimaziele genauer definieren und konkrete Maßnahmen ergreifen, diese auch umzusetzen.

Barrierefreies Reisen – Urlaub ohne Hindernisse

In Europa leben nach Angaben der Agentur der Europäischen Union für Grundrechte (fra.europa.eu) rund 80 Millionen Menschen mit einer Behinderung. Für knapp 50 Millionen von ihnen – darunter fast sieben Millionen Deutsche – bedeutet Reisen eine besondere Herausforderung. Denn immer wieder treffen sie auf Barrieren: kein Duschstuhl im Bad, zu hohe Stufe zwischen Bahnsteig und Zug, fehlender Aufzug im Hotel, fehlende akustische Signale im Straßenverkehr, zu enge Durchgänge in der Ausgrabungsstätte oder einfach die Ignoranz und das fehlende Verständnis der Mitmenschen. Nicht nur im Alltagsleben, besonders in einer ungewohnten Umgebung haben Menschen mit eingeschränkter Mobilität noch immer mit vielen Schwierigkeiten zu kämpfen. Selbst wer nach einem Unfall nur vorübergehend eingeschränkt ist, einen Kinderwagen transportieren muss oder einfach nur ein wenig älter und unbeweglicher ist, kann im Urlaub auf unüberwindbare Hindernisse stoßen.

Diese wären möglicherweise noch größer, gäbe es nicht das »Übereinkommen über die Rechte von Menschen mit Behinderungen«, 2006 durch die UNO-Generalversammlung verabschiedet. Es wurde bislang von mehr als 150 Staaten ratifiziert, darunter Deutschland, Österreich und die Schweiz. Es führt spezifisch die Rechte von Menschen mit Behinderungen und die Pflichten der Vertragsstaaten auf. Die – nach Angaben des Weltbehindertenberichts 2011 der WHO – weltweit mehr als eine Milliarde Menschen mit Behinderungen (darunter zwischen 110 und 190 Millionen mit schweren Funktionseinschränkungen) werden darin als gleichwertige Mitbürger betrachtet. Im Artikel 30 der Konvention »Teilhabe am kulturellen Leben sowie an Erholung, Freizeit und Sport« heißt es in Punkt (5): »Mit dem Ziel, Menschen mit Behinderungen die gleichberechtigte Teilnahme an Erholungs-, Freizeit- und Sportaktivitäten zu ermöglichen, treffen die Vertragsstaaten geeignete Maßnahmen, um sicherzustellen, dass Menschen mit Behinderungen Zugang zu Sport-, Erholungs- und Tourismusstätten haben (c), und dass Menschen mit Behinderungen Zugang zu Dienstleistungen der Organisatoren von Erholungs-, Tourismus-, Freizeit- und Sportaktivitäten haben (e).« Barrierefreies Reisen heißt das Schlagwort, das es Menschen mit eingeschränkter Mobilität möglich machen soll, in den Urlaub zu fliegen, an den Strand, in den Hotelpool und auch in die Berge zu gelangen.

Aus Paragrafen, Definitionen und Regelungen wird allmählich Praxis. Behinderte können auf ein zunehmend größeres Reiseangebot zurückgreifen: etwa eine Gruppenreise nach Jamaika, eine Flusskreuzfahrt auf der Donau oder eine behindertenfreundliche Agentur für eine Namibiareise. Auf besondere Bedürfnisse und Sonderwünsche achten spezialisierte Reiseveranstalter: etwa bsk-reisen.org, barrierefrei-reisen.at oder procap.ch. Auch die großen Reiseveranstalter haben die Nische entdeckt, wenn auch hier noch einiges im Argen liegt. So bietet die TUI zwar inzwischen rund 1 000 behindertenfreundliche und eingeschränkt barrierefreie Hotels und Ferienanlagen in über 80 Urlaubsländern an. Auch besondere Hilfeleistungen, wie die Mitnahme des eigenen Rollstuhls, Ein- und Ausstiegshilfe im Flugzeug oder Sondertransfers mit oder ohne Rampe im Urlaubsort werden arrangiert. Doch einen Hinweis auf barrierefreie Pauschalreisen, die man nach eigenen Angaben bei der TUI buchen kann, sucht man auf der Webseite des Unternehmens vergeblich. Den Zukunftsmarkt »Reisen für Menschen mit Handicap« möchte man auch bei der DER Touristik nicht verpassen. Der Branchenriese konzentriert sich bei seiner Kooperation mit dem Spezialreiseveranstalter Runa Reisen (runa-reisen.de) zunächst auf den Verkauf mobilitätseingeschränkter Reiseangebote, bevor dann auch rollstuhlgerechte Individual- und Gruppenreisen angeboten werden sollen.

Unterstützung findet das barrierefreie Reisen auch in der Bundesregierung: Das Bundesministerium für Wirtschaft und Energie (BMWi, bmwi.de) möchte Barrierefreiheit zu einem Markenzeichen des Tourismus in Deutschland ausbauen. Das Potenzial ist groß, glaubt man einer Untersuchung des Marktforschungsinstitutes GfK zu barrierefreien Urlaubsmöglichkeiten. Danach geht etwa die Hälfte der 140 Millionen Menschen in Europa mit konkreten Anforderungen an Barrierefreiheit auf Reisen. Hinzu kommt das wachsende Segment der Gruppe der über 65-Jährigen. Denn je älter die Menschen, desto größer das Risiko, krank und behindert zu werden. Mit der Zertifizierung »Reisen für alle« (reisen-fuer-alle.de) hat das BMWi erstmals eine bundesweit gültige Kennzeichnung barrierefreier Angebote geschaffen.

Doch nicht immer halten barrierefreie Angebote, was sie versprechen. Nicht immer hängen die Haltegriffe an der richtigen Stelle, steht nicht nur ein wackeliger Hocker in der Dusche oder werden behinderte Gäste in Notfällen schnell vom hoteleigenen Bus abgeholt. Und Angebote für Blinde und Gehörlose muss man ohnehin – selbst in Deutschland – noch mit der Lupe suchen. Nachholbedarf gibt es auch noch bei der Verzahnung von nachhaltigen und behindertengerechten Reiseformen.

Wenngleich Barrierefreiheit für sich genommen bereits einen wichtigen Wert darstellt, wird eine Reise nicht automatisch zu einer ökologisch und sozial verantwortlichen Reise.

Nützliche Adressen für eine Reise ohne Hindernisse finden Sie auf S. 301.

Voluntourism – mal eben den Planeten retten

Ein freiwilliger Auslandseinsatz kann – besonders für junge Menschen – eine intensive, richtungweisende, bereichernde Erfahrung sein. Kann, muss aber nicht. Zum einen, weil Freiwillige oftmals unzureichend vorbereitet und mit einer überzogenen Erwartungshaltung und weltfremder Motivation auf die Einheimischen losgelassen werden. Zum anderen, weil immer mehr kommerzielle Anbieter diesen lukrativen Markt für sich entdecken und Freiwillige viel zu schnell für viel zu kurze Zeit und mit mangelhaftem ethischen Eigenverständnis vermitteln. Mit welchen Vorstellungen Freiwillige ins Ausland ziehen, davon konnte ich mir während meiner Jahre in Guatemala, als ich auch eine Freiwilligenorganisation leitete, ein Bild machen. Das Gros der Freiwilligen kam aus Deutschland; die jungen Leute waren zwischen 18 und 25 Jahren alt. Nur wenige von ihnen brachten Eigeninitiative, wahre Hilfsbereitschaft und die notwendige Flexibilität mit, sich auch auf Situationen einzulassen, die nicht ihren Erwartungen entsprachen. Die meisten wollten ein bisschen arbeiten – manchmal nur für wenige Tage oder Wochen – und möglichst viel Party machen. Daher waren Einsätze in entlegenen Gegenden, wo ohnehin selten Hilfe ankommt, aber die Wahrscheinlichkeit für authentische Erlebnisse deutlich höher liegt als in den Touristenzentren, unbeliebt. Die Welt drehte sich in erster Linie um sie selbst, ihre Lebensentwürfe, ihre Bedürfnisse und Ansprüche. Einige Freiwillige gaben als Motiv unverblümt an, dass man heute so etwas (gemeint war freiwilliges soziales Engagement) im Lebenslauf stehen haben müsse. Was können lokale Organisationen, die auf die Unterstützung von Freiwilligen angewiesen sind, von diesen jungen Menschen erwarten? In der Regel einen Haufen Mehrarbeit für Einarbeitung und Betreuung und wenig Dauerhaftes. Auch die betreuten Kinder – das Gros der Freiwilligen landete in Guatemalas Kindertagesstätten oder Kinderheimen – konnten mit den manchmal nur wenige Tage anwesenden Freiwilligen wenig anfangen.

Aber Freiwilligenarbeit im Ausland wird zunehmend beliebter und ist vor allem ein gutes Geschäft. Genauso wie der Megatrend Voluntourismus. Der Unterschied zur Freiwilligenarbeit: Beim Voluntourismus »arbeiten Touristen im an sich konventionellen Urlaub eine kurze Zeit in einem gemeinnützigen Projekt in der Urlaubsregion mit. Hauptmotiv für die Reise bleiben eher traditionelle Urlaubsaktivitäten wie Sonnen am Strand und Relaxen«, heißt es im Buch *Nachhaltiger Tourismus* (s. S. 316). In der Studie *Vom Freiwilligendienst zum Voluntourism*, 2015 von Brot für die Welt, KATE, Tourism Watch und Ecpat veröffentlicht, werden Voluntourismus-Reisen als »kurzzeitige Freiwilligeneinsätze mit hohem Abenteuer- und Erlebnisgehalt« definiert.

Wer helfen möchte, wird oft kräftig zur Kasse gebeten. Denn neben den Kosten für Transport, Unterbringung und Verpflegung müssen auch die Vermittlung, Beratung, Organisation und Betreuung bezahlt werden. So kostet bei freiwilligenarbeit.de die zweiwöchige Mitarbeit in einem Kinder-Sozialprojekt mit Pferden in Costa Rica ohne Flug 800 Euro, das Premiumpaket Australien bei travelworks.de inklusive Flug und zwei Übernachtungen ab 1 760 Euro, Englisch unterrichten in Ghana ab 662 Euro für vier Wochen ohne Flug bei welt-sicht.org, und ein Freiwilligenaufenthalt in Vietnam ohne Flug und variabler Aufenthaltsdauer ist bei kultur-life.de für 1 300 Euro zu haben. Wie der Reisepreis zustande kommt und wie viel Geld die Organisation erhält, bei der man arbeitet, erfahren die Freiwilligen nur in den seltensten Fällen – meist bei gemeinnützigen Anbietern wie Welt-Sicht oder KulturLife. In der Studie *Vom Freiwilligendienst zum Voluntourism* wird die Mitarbeiterin eines Waisenhauses in Kambodscha zitiert: »Sie geben uns 100 Dollar für einen Monat, darüber entscheidet die Reiseorganisation.« In diesem Fall zahlen die Freiwilligen für ihren Aufenthalt in Kambodscha 1 695 Euro, womit man das Jahresgehalt eines Lehrers vor Ort finanzieren könnte, so die Studie.

Kommerz verdrängt zunehmend entwicklungspolitisches Lernen und macht aus einer guten Absicht ein Reise- und Lifestyle-Produkt. »Zum Naturschutz-Quickie nach Madagaskar« betitelte das Nachrichtenmagazin Der Spiegel 2014 denn auch einen Artikel zum Thema Voluntourismus. Es ist eben chic, nach der Dschungeltour noch schnell ein paar Waisenkinder zu hüten oder Elefanten, Affen oder Schildkröten zu versorgen.

Waisenhaustourismus – nein danke!

Eine große Zahl kommerzieller Voluntourismus-Anbieter hat sie im Programm: Projekte und Besuche von Waisenhäusern. Sie sind besonders bei westlichen Touristen beliebt. Denn hier kann man – so zumindest die Vorstellung der »Voluntouristen« – ohne große Vorbereitung und ohne zeitliche Bindung Kindern schnell helfen. Die Realität sieht anders aus: Das große Interesse an der Mitarbeit in Waisenhäusern führt zu einem Anstieg von Waisenhäusern und Waisen in touristischen Gebieten, wo vorher keine waren.

Einem Artikel der britischen Tageszeitung *The Guardian* zufolge befinden sich in Nepal vier von fünf der rund 800 landesweiten Waisenhäuser in den drei populärsten Tourismusdestinationen – dem Kathmandu-Tal, Pokhara und Chitwan. In seinem 2015 erschienenen Buch *Das Gegenteil von Gut … ist gut gemeint* (s. S. 304) schildert Autor Daniel Rössler die absurde Situation, zu der Waisenhaustourismus in Ghana geführt hat. Dort werden 90 Prozent der vermeintlichen Waisenkinder bei armen Familien rekrutiert. Um die Kinder kümmern sich dann Besucher, die dafür bis zu 3 000 US-Dollar monatlich zahlen.

Auch im kambodschanischen Siem Reap, dem Tor zur stark frequentierten Ruinenstätte Angkor Wat, haben steigende Touristenzahlen zu einer parallel wachsenden Anzahl von Waisenhäusern geführt. Doch laut der UNICEF-Studie *With the Best Intentions – A Study of Attitudes Towards Residential Care in Cambodia* aus dem Jahr 2011 besitzen mehr als drei Viertel aller »Waisenkinder« in Kambodscha noch mindestens einen lebenden Elternteil. Zudem wachsen elternlose Kinder in Kambodscha traditionell bei Verwandten auf. Dennoch hat sich die Zahl der Waisenhäuser in den vergangenen fünf Jahren verdoppelt. Es gibt Hunderte solcher Einrichtungen im Land, die ohne staatliche Registrierung von Einzelpersonen eröffnet worden sind. Deren primäre Absicht ist weniger das Wohlergehen der Kinder als vielmehr das Ausnutzen von Freiwilligen und Touristen.

Aus der gut gemeinten Hilfe ist ein Riesengeschäft geworden, von dem die »Waisen« am wenigsten haben. Den Großteil des Geldes stecken sich dubiose Organisationen in die Tasche.

In einem Bericht zum Waisenhaustourismus in Kambodscha in der entwicklungspolitischen Zeitschrift E+Z aus dem Jahr 2015 heißt es, Kinder träten heutzutage regelmäßig mit der Bitte an Touristen heran, ihr Waisenhaus zu besuchen. Dort findet meist eine Tanzaufführung oder Ähnliches statt, verbunden mit der Bitte um eine Spende. Nach Angaben der Nichtregierungsorganisation Friends-International gestalten manche Waisenhausleiter die Lebensbedingungen für die Kinder absichtlich schlecht, um den Spendenanreiz zu vergrößern.

Experten lehnen den »Waisenhaustourismus« strikt ab. Denn allzu leicht könnten Kinder ausgebeutet werden – auch sexuell. Denn nicht nur Besucher, sondern auch Freiwillige und Angestellte bedeuten ein Misshandlungs- und Missbrauchsrisiko. »Kein Voluntourismus, sondern langfristige Unterstützung«, heißt es daher in der Studie *Vom Freiwilligendienst zum Voluntourism*. Und weiter: »Die beste Unterstützung für Waisenkinder, die keine andere Option haben, als in Heimen zu leben, ist deshalb, verantwortungsvoll geführte Einrichtungen finanziell zu unterstützen oder einen längeren Freiwilligendienst im Rahmen eines mindestens sechsmonatigen Aufenthalts zu leisten. Für diesen müssen die sorgfältige Prüfung der Freiwilligen und ihre qualifizierte Vorbereitung durch die Entsendeorganisation als Standard auf jeden Fall gewährleistet sein.«

Die Nachfrage ist groß. »Man kann heute von einem Umsatz im Bereich der internationalen Freiwilligenarbeit von mehreren Milliarden Euro jährlich ausgehen«, heißt es in der Studie *Vom Freiwilligendienst zum Voluntourism*. Immer mehr Anbieter tummeln sich auf einem immer schwerer zu durchschauenden Markt. Doch verbindliche weltweite Standards, etwa zur Vor- und Nachbereitung eines Freiwilligenaufenthaltes, zum Kindesschutz oder zur Zusammenarbeit auf Augenhöhe mit lokalen Organisationen, fehlen. Eine Untersuchung von 44 Voluntourismus-Angeboten (von insgesamt 23 verschiedenen Anbietern) im Rahmen der bereits erwähnten Studie *Vom Freiwilligendienst zum Voluntourism* brachte ernüchternde Erkenntnisse:

Freiwilligenauswahl: 79 Prozent der Anbieter verlangen keinen Lebenslauf der Freiwilligen. Fast niemand verlangt Referenzen oder führt ein persönliches Bewerbungsgespräch vor der Abreise durch. Nur 16 Prozent der Veranstalter erkundigen sich nach vorhandenen Arbeitserfahrungen, und fast ebenso wenige verlangen zumindest ein Motivationsschreiben.
Vorbereitung: Nur einer der 23 Anbieter bietet einen verbindlichen Vorbereitungskurs vor der Abreise in Deutschland an.
Aufenthaltsdauer: Die Anbieter bieten sehr flexible Projekte mit oft kurzer Aufenthaltsdauer und variablen Einstiegszeiten an. Die kürzeste Aufenthaltsdauer beträgt eine Woche, meist werden zwei Wochen verlangt.
Projektstart: Bei einem Drittel der Projekte können die Freiwilligen jede

Freiwilligenarbeit mit Sinn

* Werden Sie sich bereits im Vorfeld über die eigene Motivation klar. Im Vordergrund steht die Hilfe. Und nicht der Helfende.
* Ans Klima denken! Muss es ein weit entfernter Einsatzort sein, der nur mit dem Flugzeug erreichbar ist? Oder kommt auch ein Umwelt- oder Sozialprojekt in der näheren Umgebung infrage?
* Rechtzeitig über Einreise- und Impfbestimmungen im Zielland informieren, beispielsweise auf den Seiten des Auswärtigen Amts (auswaertiges-amt.de). Auch an Versicherungsschutz, besonders eine Auslandskrankenversicherung, denken.
* Ratsam ist es, einen Zeitraum von mehreren Monaten für die Freiwilligenarbeit einzuplanen. Wer nur eine Woche guatemaltekische Waisenkinder betreuen möchte, verursacht den lokalen Organisationen unnötige Kosten und Zeitaufwand und bekommt nur oberflächliche Einblicke in das Alltagsleben. Und mal eben für zwei Wochen ins Ausland fliegen, um in einem Naturschutzpark zu helfen, hinterlässt negative ökologische Spuren.
* Ein guter Anbieter von Freiwilligenarbeit hat sich einer unabhängigen Überprüfung unterzogen, engagiert sich beim Thema Nachhaltigkeit und geht auf Fragen ein, die sich etwa auf die Partnerorganisation, die Preisaufgliederung, den richtigen Umgang mit Kindern oder die Betreuung vor Ort beziehen.
* Genauer hinschauen sollte man bei überteuerten Reiseprogrammen. Oftmals ist es billiger, die An- und Abreise selbst zu organisieren und die jeweilige Partnerorganisation vorher über das Internet zu kontaktieren. Allerdings ist es durchaus üblich, dass der Freiwillige die Kosten für Unterkunft und Verpflegung selbst trägt. Wer nur billig reisen möchte und die Freiwilligenarbeit lediglich als Mittel zum Zweck sieht, ist dort falsch aufgehoben.
* Machen Sie sich Gedanken über die Zeit nach dem Freiwilligeneinsatz. Wie kann ich »meine« Organisation dauerhaft unterstützen?

Woche beginnen, weitere neun Prozent ermöglichen ihren Kunden sogar einen vollkommen flexiblen Projektstart.

Kinderschutz: Kindesschutzmaßnahmen sind kein Standard in der Branche, obwohl von 44 untersuchten Projekten 41 die Zusammenarbeit mit Kindern vorsehen.

Preistransparenz: Die Mehrheit der untersuchten Angebote ist sehr teuer. Doch fast die Hälfte der Anbieter veröffentlicht keinerlei Information über die Verteilung des Reisepreises.
Unterbringung: In mehr als einem Drittel der Angebote werden keine Angaben über die Unterbringungsart gemacht.
Nachbereitung: Keiner der untersuchten Veranstalter bietet eine entwicklungspolitisch orientierte Nachbereitung der Freiwilligeneinsätze an.

Auf der Seite 304 im Infoteil finden sich zahlreiche Webadressen rund um das Thema Freiwilligenarbeit und Voluntourismus. Mehr zum Thema Kinderschutz auf Seite 122 ff. und Infos zu Menschenrechten im Tourismus auf Seite 107.

Projekttourismus – gut für wen?

Mal schauen, wie eine Fairtrade-Bananenkooperative funktioniert, das langjährig unterstützte Patenkind vor Ort besuchen oder den Wissenschaftlern beim Zählen von Walen über die Schulter schauen: Immer mehr Menschen möchten sinnvoll reisen. Wie auch bei der Freiwilligenarbeit (s. S. 263 ff.) können sie dadurch die Realität der besuchten Länder besser kennenlernen und mit ihrem Trip Positives bewirken. Diesen Trend haben kommerzielle Reiseveranstalter, Naturschutzorganisationen und soziale Einrichtungen erkannt. Auch die großen Touristikkonzerne bieten inzwischen auf einigen ihrer Reisen den Besuch von sozialen und/oder ökologischen Projekten an (s. S. 228 ff.).

Wenngleich Besucher meist willkommen sind, kann der hohe Andrang in einigen Projekten zu Frust auf beiden Seiten führen. Bei den Besuchern, weil das authentische Erlebnis einer kommerziellen Abfertigung gewichen ist. Und bei den Gastgebern, weil sie ihren gewohnten Tätigkeiten kaum noch ungestört nachgehen können und wenig Zeit haben, sich um die Gäste zu kümmern. Aus dem einfachen Projektbesuch kann sich schnell eine dauerhafte touristische Einnahmequelle entwickeln, mit deren Hilfe Einkünfte erzielt werden können. Doch um eine adäquate touristische Infrastruktur aufzubauen, braucht es Zeit, Geld und Knowhow. Das bringen die Mitarbeiter der jeweiligen Hilfsorganisation, Kooperative oder Forschungsstation aber oft nicht mit. Nicht zu vergessen: Der Besuch einiger Projekte macht aus einer Reise keine sozial und ökologisch verantwortliche Reise. Bei einem Trip dieser Art gelten die gleichen Nachhaltigkeitsregeln wie auf jeder anderen Reise auch.

Weitere Tipps zum Projekttourismus gibt es bei fairunterwegs.org, Stichwort »Was beim Besuch von Entwicklungs- und Umweltschutzprojekten beachten?«.

Slumtourismus – Armut aus nächster Nähe

Der Begriff »Slum« stammt aus dem Englischen und meint ursprünglich eine kleine, schmutzige Gasse. Heutzutage versteht man unter einem Slum einen mehr oder weniger »verwahrlosten Stadtbezirk (vor allem in einer Großstadt), der von armen Menschen bewohnt wird und durch heruntergekommene Bausubstanz und schlecht ausgestattete Infrastruktur gekennzeichnet ist« (wortbedeutung.de). Diese Elendsviertel finden sich in so gut wie allen Großstädten des globalen Südens, sei es in Rio de Janeiro, Johannesburg oder Jakarta. Sie haben nicht gerade den besten Ruf, denn sie werden mit Dreck, Gewalt, Bandenkriminalität, Prostitution und Drogenhandel assoziiert.

Keine Orte also, an die sich Touristen freiwillig begeben. Doch seit den frühen 1990er-Jahren zieht es immer mehr Besucher genau dorthin. Slumming, der städtische Armutstourismus im globalen Süden, boomt. So sehr, dass es inzwischen Forschungsprojekte wie das der Universität Osnabrück (slumming.de) und Webseiten gibt, die sich – wie beispielsweise slumtourism.net – ausschließlich um das Phänomen Slumtourismus und sein Für und Wider drehen. Städte wie Rio de Janeiro vermarkten ihre Armenviertel nicht erst seit der Fußball-WM 2014 als Touristenattraktion. »Marginalisierung wird schick und zum Konsumgut«, erklärt die Ethnologin Dürr diese Entwicklung in einem Gespräch mit Zeit online. Galten Slums einst als Zeichen für Unterentwicklung, wird mit ihnen heute Geld verdient.

Auch die ITB, die weltgrößte Tourismusmesse in Berlin, widmete im März 2015 dem Thema eine eigene Veranstaltung. Auf der Bühne saß neben zahlreichen Experten auch Asim Shaikh, Tourguide und Manager von Reality Tours & Travel. Dem Anbieter aus Mumbai, der Slumtouren in Dharavis, dem größten Armenviertel Indiens, anbietet, war zuvor auf der ITB der Preis »TO DO! 2014« (s. S. 300) für sozialverträglichen Tourismus verliehen worden. In Dharavis leben rund eine Million Menschen auf einer Fläche von rund zwei Quadratkilometern. Zum Vergleich: In Berlin sind es 3,5 Millionen Menschen auf rund 890 Quadratkilometern.

Kern der Podiumsdiskussion war die Frage: Ist der Slumtourismus ein Geschäft mit der Armut oder Hilfe zur Selbsthilfe? Die Standpunkte bei diesem kontroversen Thema sind extrem. Kritiker sehen in Township-Touren und Favela-Besuchen nichts anderes als die Befriedigung eines Voyeurismus wohlhabender Touristen und vergleichen das Slumming mit dem Besuch eines Zoos. Die Gegenseite betont die positiven wirtschaftlichen Effekte, den Abbau von Vorurteilen auf beiden Seiten und die Sensibilisierung von Touristen für den Alltag der Einheimischen. Schaffen es Anbieter von Slumtouren aber, Touristen authentische Einblicke in die Lebenswirklichkeit der Besuchten zu ermöglichen und die Interessen der Einwohner konsequent miteinzubeziehen?

Die Wahrheit liegt wie so oft irgendwo dazwischen und hängt stark von der Weise ab, wie die jeweilige Tour vermarktet und durchgeführt wird – und mit welcher Motivation die Besucher kommen. Da unterscheidet sich die Slumtour nicht notwendigerweise von dem Besuch eines Sozialprojekts. Gründe, nicht einfach bequem im Liegestuhl am Strand zu liegen und einen Cocktail zu schlürfen, sondern einen Slum zu besuchen, gibt es viele: Laut Sozialgeograf Malte Steinbrink suchen Touristen eine Kontrasterfahrung, die sie bei der Besichtigung von Armut bekommen. Als Motiv geben sie oft an, die »echte«, die »andere« Seite einer Stadt erleben zu wollen. Das Fremde fasziniere sie, und die Armut stehe für das authentische Andere, so der Wissenschaftler in einem Interview der Wochenzeitung Die Zeit.

Warum Touristen Müllsammler auf einer Deponie in Mexiko besuchen, hat die Ethnologin Eveline Dürr untersucht: In einem Gespräch mit Zeit online sagte sie, dass die einen aus Neugier in eine exotische Lebenswelt eintauchen, während die anderen etwas Außergewöhnliches erleben wollten. Wieder andere wollten sich vom Massentourismus abgrenzen und zeigen, dass sie über den Tellerrand ihres Luxusressorts hinausblickten. Es habe aber auch Eltern gegeben, die ihren Kindern zeigen wollten, wie gut sie es daheim haben, und manche möchten in ihrem Urlaub auch mit einer Spende etwas Gutes tun.

Das erklärte Ziel vieler Führungen durch Slums, Favelas und Townships ist es, bei den Touristen Denkanstöße anzuregen. Zu erwarten, dass Teilnehmer eines Slumbesuchs nach der Tour beginnen, »die Welt zu retten«, ist realitätsfremd. Dennoch: Die Erfahrung wirkt nach. Wie dauerhaft und wie intensiv, ist von Fall zu Fall verschieden.

Besucher, vor der Tour noch skeptisch, berichteten nach dem Besuch der Armenviertel, sie seien regelrecht begeistert von der Kultur, der Vielfalt, der Lebendigkeit in diesen Stadtgebieten. Problematisch ist in diesem Zusammenhang aber laut Wissenschaftler Steinbrink, dass

Armut möglicherweise nicht mehr als strukturelle Ungleichheit gedeutet werde, sondern als Ausdruck einer Lebensweise. Auf diese Weise könnten die Touren koloniale Stereotype und die Idee von »arm, aber glücklich» fördern.

In der Begründung der Preisverleihung des »TO DO! 2014« an den Slumtour-Veranstalter Reality Tours & Travel (RTT) auf der ITB in Berlin heißt es: »Die meisten Gäste gehen, trotz der auch ›harten‹ Eindrücke, persönlich bereichert aus dem Besuch hervor. Der Erlebnis- und Erkenntniswert wird von allen Besuchern unterstrichen.« Und weiter: »Die Slumtouren von RTT in Dharavi sind ein Angebot zum Erfahren einer Welt, mit der Reisende ansonsten kaum in Berührung kommen. RTT leistet damit einen wichtigen Beitrag zum interkulturellen Austausch und zum nachhaltigen Erleben und Verstehen verschiedener Aspekte der indischen Gesellschaft.«

Spielzeug, Schreibmaterialien, Sportartikel

Wer noch etwas Platz im Gepäck hat, kann auf stuffyourrucksack.com prüfen, ob er den dort aufgelisteten Organisationen dringend gebrauchte Dinge mitbringen kann. Wichtig: Vorher mit der Organisation abklären, was genau gebraucht wird, und nur Artikel in gutem Zustand überbringen.

Sicher ist der Besuch in einem Armenviertel eine spannende, bewusstseinserweiternde Erfahrung – aber sehen dies die Bewohner der Slums ähnlich? Profitieren sie wirklich von den ausländischen Besuchern? Die wirtschaftlichen Auswirkungen auf Slums werden sicherlich überschätzt. Der Tourismus ist eher ein Tropfen auf den heißen Stein. Er bringt zwar punktuell Positives – in erster Linie den Veranstaltern –, löst aber die strukturellen Probleme des Slums nicht. Steigende Besucherzahlen und damit einhergehender wirtschaftlicher Erfolg können auch Neid innerhalb des Armenviertels schüren. Aber die große Mehrheit der Slumbewohner sieht den Tourismus neutral. Einige freuen sich über das angebliche Interesse der Fremden an ihrem Leben, andere fühlen sich in ihrer Privatsphäre gestört.

Wie gelingt ein Besuch in einem Armenviertel?

Wahl des Veranstalters

Verantwortungsvolle Veranstalter preisen ihre Slumtouren nicht in einem Atemzug mit Abenteuerreisen an. Eine Slumtour sollte etwas Besonderes und kein Konsumprodukt wie Bungeejumping sein. Gute Veranstalter unterstützen mit einem Teil ihrer Einnahmen soziale Projekte im besuchten Armenviertel und sind transparent, was die Gewinnaufteilung angeht.

Gruppengröße, Fortbewegungsmittel und Route

Je kleiner die Gruppe, desto höher die Wahrscheinlichkeit für eine authentische Tour. Die Besichtigung zu Fuß ist dem Besuch im Bus vorzuziehen. Einen Slum sollte man sich immer erlaufen. Fragen Sie nach, ob immer die gleichen Routen abgelaufen werden oder ob es Varianten gibt.

Fotografieren

Auch wenn es schwerfällt, auf das Beweisfoto von der Favela-Tour in Brasilien zu verzichten: Beim Slumbesuch sollte die Kamera aus Rücksicht und Respekt im Hotel bleiben. So kommt man gar nicht erst in Versuchung und begegnet aktiv dem Vorwurf, bloß als Voyeur unterwegs zu sein.

Nach dem Besuch

Fragen Sie, wie man die besuchten Menschen dauerhaft unterstützen kann. Für eine gelungene Tour Werbung im Freundes-/Bekanntenkreis machen.

Alternativen im Norden

Auch in Großstädten des Nordens sollte man nach besonderen Stadtführungen Ausschau halten, die den Besuch sozialer Projekte und ärmerer Viertel beinhalten.

Slumtouren sind seit Jahren erfolgreich und bedienen mehr als nur den Zeitgeist. Doch wie authentisch bleibt der Besuch des Armenviertels, wenn – wie beispielsweise im Fall von Johannesburg – im Laufe der Jahre Dutzende Veranstalter Touren anbieten und immer mehr Besucher mehr oder weniger unkontrolliert in die Townships strömen? Trittbrettfahrer – zunehmend auch konventionelle Reiseveranstalter – nutzen ihre Vermarktungserfahrung, um Geld mit der guten Idee anderer zu verdienen. Einige Veranstalter reagieren bereits auf diese Entwicklung und bieten inzwischen Touren an, die sich auf Grafitti, Musik oder Essen spezialisieren. Das Segment hat ohnehin noch viel Luft nach oben. Ständig kommen neue Destinationen hinzu. Die Slums gehen der Branche nicht so schnell aus.

Aber nicht nur in Nairobi, Kairo oder Lima ist der Besuch von Armenvierteln möglich. Auch Städte des globalen Nordens locken vermehrt mit alternativen Stadtrundgängen in sozialen Brennpunkten. So etwa in der Bronx in New York, den Pariser Banlieus oder dem Bezirk Neukölln in Berlin. Die Stadtführung ist hier allerdings Mittel zum Zweck, ist die Sozialgeografin Julia Burgold in einem Beitrag für die Zeitschrift für Tourismuswissenschaft überzeugt. Denn der Schwerpunkt liegt nicht im Erfüllen touristischer Erwartungshaltungen, sondern in einer sozialpädagogisch ausgerichteten Aufklärungsarbeit mit dem Ziel, die Einstellung der Besucher gegenüber Neukölln zu verändern und den Bewohnern neue Jobmöglichkeiten zu erschließen. Im Fall Neuköllns werden beispielsweise Frauen mit Migrationshintergrund zu Stadtführerinnen ausgebildet.

Alles inklusive – Urlaub mit Nebenwirkungen

Seit der ersten von Thomas Cook organisierten Pauschalreise im Jahr 1861 hat sich einiges getan. Jeder vierte Urlauber entscheidet sich inzwischen bei seinem Urlaub für All inclusive (alles inklusive, nachfolgend AI), eine Verpflegungsart, die Essen und Trinken miteinschließt – sei es in der Ferienanlage, auf dem Kreuzfahrtschiff oder auf einer Rundreise. AI habe Luxusferien in exotischen Reisezielen bezahlbar gemacht, schrieb bereits im Jahr 2000 Norbert Suchanek in seinem Buch *Ausgebucht – Zivilisationsfluch Tourismus* (s. S. 300). Inzwischen gibt es AI in zahlreichen Varianten: Neben dem normalen AI, das neben den Mahlzeiten – oft in Büfettform – auch alle ortsüblichen alkoholischen und alkoholfreien Getränke einschließt, werden auch AI Soft (ohne alkoholische Getränke), AI Plus und Ultra AI angeboten. Die beiden Letzteren beinhalten Leistungen, die über den normalen AI-Rahmen hinausgehen. Dazu zählen beispielsweise Wellness-, Beauty- und Sportangebote, Shuttleservices, A-la-carte-Mahlzeiten, die Auffüllung der Minibar im Zimmer oder Bedienservice am Strand. Was genau sich hinter dem jeweiligen AI-Versprechen verbirgt, weicht von Anbieter zu Anbieter ab.

Die Rundum-sorglos-Verpflegungspakete geben Urlauber und Hotelbesitzern gleichermaßen Planungs- und Budgetkontrolle. Besonders Familien profitieren von einem stressfreieren Urlaub, wenn Eis und Softdrinks der Kinder nicht ständig extra verhandelt und bezahlt werden müssen und Sport- und Spielangebote sowie Rundumbetreuung der Kinder im Preis inbegriffen sind. Viele Urlauber fühlen sich besonders in fernen Ländern und in Ländern mit erhöhter Kriminalität in den gut bewachten AI-Anlagen sicherer. Und Touristikkonzerne verdienen prächtig Geld mit AI-Anlagen – gute Bettenbelegung vorausgesetzt.

Im größeren Stil sind moderne AI-Anlagen in den 1970er-Jahren in der Karibik, zunächst auf Jamaika, dann in der Dominikanischen Republik, aufgekommen. Rund um die isoliert liegenden Hotels gab es kaum oder keine touristische Infrastruktur. Daher ging man dazu über, die Gäste komplett zu versorgen und zu unterhalten. Das Konzept ging auf und fand Nachahmer. Ein Großteil der Besucher der türkischen Riviera, des Sinai oder der Kapverden bucht alles inklusive. Aus dem Trend von einst ist ein Dauerzustand mit Wachstumspotenzial geworden. Auch in Spanien, Österreich oder Deutschland findet man zahlreiche AI-Anlagen, bei Kreuzfahrten ist AI ohnehin alternativlos vorgegeben.

Wer profitiert vom AI-Tourismus und wer nicht?

Einer Studie der Deutschen Gesellschaft für Internationale Zusammenarbeit (GIZ) zufolge wirken sich AI-Anlagen wirtschaftlich positiv auf ihre Umgebung aus. So generiere ein durchschnittliches All-inclusive-Resort mit 400 bis 500 Zimmern in der Dominikanischen Republik eine armutsrelevante Wertschöpfung von jährlich mehr als zwei Millionen US-Dollar, darunter mindestens 1,35 Millionen US-Dollar Lohnzahlungen und bis zu 650 000 US-Dollar durch den Zukauf von lokalen Agrarprodukten. Noch nicht berücksichtigt seien in dieser Berechnung die zusätzlichen Ausgaben der Gäste für Exkursionen, Souvenirs und freiwillige Trinkgelder, heißt es in der Studie. Zudem arbeiteten in AI-Anlagen aufgrund der 24-Stunden-Rundumbetreuung 30 bis 50 Prozent mehr Angestellte als in vergleichbaren Hotels ohne AI-Konzept. Die Arbeitsplätze seien zwar verbesserungswürdig, schreibt GIZ-Mitarbeiter Klaus Lengefeld in *Aus Politik und Zeitgeschichte*, aber gerade den Angestellten höherwertiger Anlagen (Hotels ab vier Sterne) gehe es im Vergleich zu alternativen Arbeitsmöglichkeiten bei ihrem (niedrigen) Bildungsstand besser, und das erzielte Einkommen ermögliche die Deckung der Grundbedürfnisse. Die Arbeit in einem All-inclusive-Resort bedeute in der Regel einen entscheidenden Schritt aus der Armut, so Lengefeld. Auch die Aufstiegsmöglichkeiten seien in der Hotellerie im Vergleich zu vielen anderen Jobs (zum Beispiel in der Textilindustrie oder in der Landwirtschaft) besser.

Was Lengefeld in seinen Berechnungen neben Landvertreibungen, möglichen Umweltschäden durch illegal gebaute AI-Anlagen, dem Verlust traditioneller Arbeitsplätze und den Gesundheitsschäden gestresster AI-Mitarbeiter unterschlägt, sind die Gewinne der Reisekonzerne und ausländischer Hotelbesitzer. Da viele der AI-Hotels oder der Kreuzfahrtschiffe von internationalen Touristikkonzernen betrieben werden, wandert ein Großteil dieser Gewinne zurück in die westlichen Industrienationen. Darunter leiden Menschen im indischen Goa genauso wie in Tunesien oder in Kenia.

Nach Angaben der englischen tourismuskritischen Organisation Tourism Concern (s. S. 300), fanden nur rund 10 Prozent der Ausgaben eines AI-Urlaubers in der Türkei den Weg in die lokale Wirtschaft. Nach Angaben der Weltbank haben AI-Strandurlaube den geringsten ökonomischen Nutzen für die einheimische Bevölkerung. Verärgerte Geschäftsleute protestierten bereits 2011 auf Mallorca gegen AI-Anlagen. Dass der Ärger nicht erfunden ist, bestätigte eine zwischen 2012 und 2014 durchgeführte Umfrage von Tourism Concern, an der sich 1 750 Urlauber beteiligten. Das Ergebnis: Rund ein Drittel der Befragten verließ die AI-Anlage nie und nahm auch nie an einem Ausflug außerhalb des Hotels teil. Bei regelmäßigen AI-Urlaubern sank der Prozentsatz sogar auf unter 20 Prozent.

Die Besitzer lokaler Geschäfte, Restaurants, aber auch Taxifahrer beklagen Einnahmeverluste. Denn statt des Spezialitätenrestaurants, des Kunsthandwerkshops, der Bar oder Disco und des Ausflugs per Taxi nutzen Urlauber die bereits bezahlten oder von der AI-Anlage vermittelten Angebote. Auch für die Hotelangestellten hat das AI-Konzept wenig Positives zu bieten. Die Hotelangestellten arbeiteten immer mehr für immer weniger Lohn, äußerte sich Antonio Mas Romaguera, Verbandssprecher Mittelstand Mallorca, in der ZDF-Dokumentation *Außen hui und innen …?* vom August 2015. Das wirke sich auf ihre Kaufkraft und ihren Konsum auf den lokalen Märkten aus, so Romaguera. Um ihre niedrigen Löhne mit einer Kommission aufzubessern, drängen Angestellte von AI-Anlagen in der Dominikanischen Republik die Gäste hartnäckig, zusätzliche Sport- und Ausflugsangebote zu überhöhten Preisen zu buchen, berichten genervte Urlauber.

Einer Untersuchung von Tourism Concern auf der Karibikinsel Barbados, dem kenianischen Mombasa und der Kanareninsel Teneriffa aus dem Jahr 2013 zufolge waren die Arbeitsbedingungen von Angestellten in AI-Anlagen im Durchschnitt schlechter als in anderen Hotels: AI-Angestellte hatten kürzere Arbeitsverträge mit weniger Sozialleistungen und höhere Stresslevels durch die Rund-um-die-Uhr-Versorgung der Hotelgäste, leisteten mehr Überstunden und bekamen deutlich weniger Trinkgeld – ein wichtiger Zusatzverdienst bei ohnehin meist niedrigen Grundlöhnen. Während auf Teneriffa und in Kenia weniger AI-Angestellte Gewerkschaften angehörten als bei anderen Hotels, lag ihre Zahl auf Barbados in AI-Anlagen etwas darüber. Für alle der untersuchten Hotelanlagen gleichermaßen gilt laut Tourism Concern: Frauen bekommen die schlechteren Jobs, erhalten bis zu 25 Prozent weniger Lohn als Männer in vergleichbaren Positionen und haben ein deutlich höheres Risiko, sexuell belästigt zu werden.

Der harte internationale Preiskampf hat vielerorts dazu geführt, dass große Reiseveranstalter die schmaler werdenden Gewinnmargen bis ans Ende der Wertschöpfungskette weiterreichen. AI-Hotelanlagen bekommen immer weniger Geld pro Zimmer. Tourism Concern erreichten Klagen von Hotelbetreibern aus der Türkei, die von Reiseveranstaltern mit 20 Euro pro Gast und Nacht für das ganze AI-Paket abgespeist wurden. Damit kann niemand nachhaltig wirtschaften und faire Löhne zahlen.

Unnötige Lebensmittelverschwendung

Noch etwas fällt bei der positiven Darstellung des AI-Konzepts der bereits erwähnten GIZ-Studie auf: die Inkaufnahme, ja Befürwortung einer enormen, obszön anmutenden Lebensmittelverschwendung durch AI-Nutzer. Nirgends sonst zeigt die dekadente Überflussgesellschaft des Westens ihr hässliches Gesicht so deutlich wie vor den überladenen Büfetts der AI-Anlagen und der Kreuzfahrtschiffe. »Die üppigen Büfetts und die 24 Stunden lange Verfügbarkeit von Essen und Getränken führen zu einem deutlich höheren Pro-Kopf-Konsum der Gäste, der sich auch in den enormen Einkaufsmengen niederschlägt«, schreibt GIZ-Experte Lengefeld hierzu. Fressen und prassen, um Menschen aus der Armut zu befreien: ein makabres, ethisch bedenkliches Tourismuskonzept – ganz besonders in Ländern, in denen Menschen hungern.

Da Touristen im Urlaub pro Tag mindestens 0,5 Kilo mehr als zu Hause essen, wurden 2010 durch den globalen Tourismus bereits ca. 10,9 Megatonnen mehr Nahrungsmittel verbraucht, als wenn die Menschen zu Hause geblieben wären, haben der Wirtschaftsprofessor Stefan Gössling und der Tourismusgelehrte Paul Peeters errechnet. In ihrem 2015 veröffentlichten wissenschaftlichen Beitrag *Assessing tourism's global environmental impact* gehen sie davon aus, dass sich der Nahrungsmittelverbrauch im Tourismus von 39,4 Megatonnen im Jahr 2010 auf 82 Megatonnen im Jahr 2050 verdoppeln wird. Auch beim Konsum »problematischer« Nahrungsmittel spiele der Tourismus eine Rolle, so die Wissenschaftler. So würden beispielweise für die Produktion von Riesengarnelen Mangroven abgeholzt.

Im Urlaub zu essen, bis der Arzt kommt, scheint viele Menschen immer noch anzusprechen. Dabei gaben 78 Prozent der Befragten 2013 im Rahmen einer Untersuchung des türkischen Wissenschaftlers Erdogan Koc zu, während ihres AI-Urlaubs zugenommen zu haben. Des Weiteren erklärte etwa jeder Dritte, auch nach der Rückkehr in seine Heimat mehr als gewohnt zu essen. Da AI-Urlauber auch deutlich mehr Wasser, Energie und Müll als die Einheimischen produzieren, kann das Konzept in der jetzigen Form – selbst bei besten Arbeitsbedingungen – nicht als nachhaltig bezeichnet werden. Zudem trennt AI die Besucher von den Einheimischen. Austausch auf Augenhöhe wird verhindert, der Kontakt beschränkt sich auf die Angestellten des Hotels und – bei Ausflügen – den einheimischen Reiseleiter. Bei den Einheimischen außerhalb der AI-Anlage kann Feindseligkeit entstehen, da sie von den Al-Touristen nur wenig bis gar nicht profitieren. Die Belästigung außerhalb der AI-Anlage kann dadurch zunehmen, was dazu führt, dass die AI-Touristen noch mehr Zeit im Resort verbringen.

All inclusive kann aber funktionieren, wenn die Anlagen über modernste Umwelttechnik und Abfall-, Wasser- und Ressourcenmanagement verfügen, Arbeitsrechte respektieren, existenzsichernde Löhne zahlen, Umweltschutz in vorbildlicher Form leben (unter anderem Verzicht auf motorbetriebene Freizeitvergnügen wie Parasailing oder Sandbuggyfahrten) und auch lokale Geschäfte in die Aktivitäten des Hotels einbeziehen. Eine Grundversorgung in Form von Halb- oder Vollpension ohne riesige Büfetts ist angemessener als Essen und Trinken ohne Limit. Ein Großteil der Nahrung sollte aus regionalen Quellen stammen, biofaire Produkte enthalten und gefährdete Tierarten ausschließen. »Tourismus und Landwirtschaft können sich ergänzen, wenn es nicht zu Landnutzungskonflikten kommt, … und wenn Hotels und Restaurants beim Einkauf einheimischen Agrarprodukten den Vorzug geben vor importierten«, schreiben die Autoren der Untersuchung *Tourismus in Entwicklungs- und Schwellenländer* des Studienkreises für Entwicklung und Tourismus (s. S. 227).

All das kostet Geld, und somit ist ein nachhaltiger AI-Aufenthalt auch nicht zum Schnäppchenpreis zu haben. Das Onlineportal *fair unterwegs*

(s. S. 225) rät: »Sie wissen zwar, dass auch fünf Sterne keine Garantie für die Einhaltung minimalster Arbeitsrechte bieten. Aber wo der Preis für die Leistung konkurrenzlos tief ist, halten Sie sich zurück, weil Sie wissen, dass das Discountergeschäft immer zu Lasten der Angestellten und der Ökologie gemacht wird.«

Die Faire Biketour

Mit der Absicht, Deutschland besser kennenzulernen, brach ich am 5. Juni 2012 in der Nähe von Stuttgart zu einer knapp viermonatigen Radtour auf. Obwohl passionierter Rennrad- und Mountainbikeradler, war ich nie zuvor mit größerem Gepäck auf dem Rad unterwegs gewesen. Da mir nur Radfahren auf die Dauer zu langweilig gewesen wäre, kam mir die Idee, unterwegs Vorträge zu Themen wie Fairer Handel, Fairer Tourismus oder Faire Mode zu halten. Darüber hatte ich ja das Buch *Fair einkaufen – aber wie?* (s. S. 313) geschrieben und kannte mich ganz gut aus. Nach unzähligen E-Mails stand das Vortragsprogramm zum Beginn der Tour zumindest zur Hälfte. Die restlichen Termine kamen dann im Laufe der Tour zustande, die mich von Stuttgart bis zur Nordsee, von dort bis Rügen, südlich über Berlin bis zu den Alpen und über Bodensee und Schwarzwald bis zum offiziellen Tourende in Offenburg 113 Tage nach dem Start führte. Da hatte ich rund 4 600 Kilometer und mehr als 30 000 Höhenmeter zurückgelegt, mehr als 30 Vorträge gehalten sowie rund 2 300 Euro für eine Kindertagesstätte in Guatemala gesammelt. Bis zur zweiten – nur sechswöchigen – Fairen Biketour vergingen drei Jahre, bevor es 2015 wieder hieß: Radeln und Vorträge halten. 1 750 Kilometer kamen dieses Mal zusammen. Mehr zur Fairen Biketour 2012 und 2016 unter faire-biketour.blogspot.de und zur Fairen Biketour 2015 unter faireinkaufenaberwie.blogspot.de

Kapitel 4

Was wir tun können

Ob Völkerverständigung oder Müllberge, ob BIP-Wachstum oder Klimawandel – unser Reisen hat Auswirkungen, positive wie negative. Letztere zu reduzieren ist dringend geboten, und es ist oftmals gar nicht so schwer. Das fängt bereits vor dem Urlaub mit einer Überlegung an, die der 2003 verstorbene Schweizer Tourismusforscher Jost Krippendorf in seinem Klassiker *Die Ferienmenschen* aus dem Jahr 1984 (s. S. 316) knapp und prägnant zusammenfasste: »Weniger weit – weniger wechseln – weniger oft – hin und wieder zu Hause bleiben.« Als nächster Schritt folgt eine sorgfältige Reiseplanung, die sich am Urlaubsort mit einer umweltfreundlichen und fairen Verhaltensweise fortsetzt und nach der Rückkehr mit einer entsprechenden Nachbereitung endet.

Was kann man nach der Reise nach- und vorbereiten?

Der Urlaub, die Reise ist vorüber. Der Alltag hat uns wieder. Schnell verblassen die Eindrücke, verschwinden die Erinnerungen und vergessen wir Details. Doch wir sollten uns ein wenig Zeit für die Nachbereitung nehmen. Haben wir den Bereisten Fotos versprochen, sollten wir sie ihnen auch schicken. Vor Ort freuen sich die Menschen riesig über ein paar Erinnerungsbilder. Hat man eine organisierte Reise unternommen, kann man die Bilder dem Reiseleiter schicken, verbunden mit der Bitte, sie den Besuchten bei seiner nächsten Tour mitzubringen.

Die (Nachhaltigkeits-)Erfahrungen unserer Reise sind wichtige Informationen für Veranstalter, Reisebuchverlage, aber möglicherweise auch für Freunde, Bekannte und Arbeitskollegen. Den Strombedarf in unserem Häuschen in der Toskana konnten wir weitestgehend mit Solarenergie decken, der Reiseleiter auf unserer Kubareise hat uns wichtige Ökotipps gegeben, und unser Kreuzfahrtschiff fährt mit Flüssiggas statt Schweröl: Über all das sollten wir reden und die Infos über die sozialen Netzwerke verbreiten. Der Veranstalter unserer Pauschalreise freut sich, wenn wir ihm Missstände oder Positives melden, der Reisebuchverlag ist dankbar für jeden Fair & Öko-Tipp, denn die Autoren können nicht überall sein. Mit dem Engagement für ein auf der Reise besuchtes Hilfsprojekt können wir dauerhaft Interesse an der Urlaubsregion zeigen und Menschen helfen. Bei einem Bilderabend lassen sich Freunde, Bekannte oder Verwandte mit konkreten Beispielen für faires und ökologisches Reisen gewinnen. Und natürlich kann man den CO_2-Ausstoß seiner Reise auch nachträglich kompensieren.

4.1. Vor der Reise: mit Köpfchen in den Urlaub

November in Deutschland: Eine geschlossene graue Wolkendecke hängt so tief, dass man Platzangst bekommt, der letzte Sonnenschein ist Wochen her, morgendlicher Nebel macht das Autofahren zur Qual, und der erste Schneefall sorgt auch nicht überall für Heiterkeit. Bloß weg hier, denken jetzt viele, Richtung Wärme und Sonne. Man geht ins Reisebüro um die Ecke oder bucht im Internet, denn der nächste Flug, die nächste Pauschalreise oder die nächste Kreuzfahrt sind ja nur wenige Mausklicks entfernt. Nicht von ungefähr kommen auch im Herbst die druckfrischen Kataloge der Veranstalter ins Haus geflattert.

Doch Hand aufs Herz: Spielt bei unserer Reiseauswahl das Thema verantwortungsvoller Tourismus eine Rolle? Falls ja, gehören Sie zu einem kleinen, aber immer größer werdenden Kreis von Reisenden, denen es wichtig ist, dass mit dem Urlaubstrip das Klima nicht unnötig belastet wird, dass die Menschenrechte im Zielland eingehalten werden, die Beschäftigen des Hotels fair entlohnt und die Natur vor Ort geschützt wird.

Dieses veränderte Reiseverhalten ist auch an der Reisebranche nicht unbemerkt vorübergegangen. Zwar ist das Angebot ökologisch und sozial verantwortungsvoller Reisen noch überschaubar, dennoch wächst die Zahl zertifizierter Hotels, Veranstalter und Reisebüros. Erste Kreuzfahrtreedereien bieten die Möglichkeit der CO_2-Kompensation an, und der Besuch sozialer Projekte ist heute Bestandteil vieler Reisen. Aber der Trend wird von den Reisekonzernen auch gerne für Marketingzwecke missbraucht. Mit Begriffen wie »nachhaltig«, »fair«, »öko«, »sozial« wird allerorten geworben, ohne dass immer klar wird, was sich dahinter verbirgt – von der Flut von Tourismussiegeln (s. S. 205 ff.) ganz zu schweigen. Klar ist: Tourismusbranche und Reisende – alle sind aufgerufen, wenn es darum geht, dem Ideal einer sozial verantwortlichen und umweltfreundlichen Reise näherzukommen.

Doch wer sich für einen sozial-ökologisch verträglichen Urlaub interessiert, handelt noch lange nicht danach. Nachhaltigkeit ja, aber ohne Preiserhöhung! Nachhaltigkeit wird zwar erwartet, doch die damit verbundenen Kosten sollen die Kreuzfahrtreederei, das Hotel oder die Charter-Airline absorbieren. In einer Umfrage unter Mitgliedern des Tourismusportals Travelzoo aus dem Jahr 2015 waren nur etwas weniger als ein Drittel der Befragten bereit, »für die Umwelt- und Sozialverträglichkeit von Urlaubsreisen einen spürbaren Preisaufschlag zu zahlen«.

Reisekataloge und Papierverbrauch – geht es auch anders?

Im Reisekatalog blättern – das ist für viele eine lieb gewordene Beschäftigung. Auch drei Viertel der Reisebüromitarbeiter setzen sie im Alltag weiterhin »sehr oft« bis »ständig« ein, ergab eine Umfrage des Fachmagazins Travel One im Mai 2016. Um ihre Reisen zu verkaufen, drucken die Veranstalter Jahr für Jahr dutzende Millionen Kataloge und schicken sie per Post oder via Reisebüro an die Kunden. Gedruckte Reisekataloge sind weiterhin eines der wichtigsten Mittel der Veranstalter zur Information des Kunden. Das Katalogsortiment nimmt immer mehr zu, denn die Auswahl an Reisezielen und Hotels hat sich in den letzten Jahren enorm ausgeweitet. Laut Travel One-Umfrage lieferte die TUI 2015 67 Kataloge mit insgesamt 13 000 Katalogseiten aus, bei Thomas Cook waren es 70 Kataloge mit insgesamt 10 000 Seiten und die DER Touristik erreichte den Spitzenwert von 153 Katalogen mit rund 30 500 Seiten, mit einer Gesamtauflage von rund 30 Millionen Exemplaren. Genügte einst ein Katalog, um über die Reiseangebote zu informieren, so gibt es heute Kataloge für einzelne Kontinente, Länder oder Aktivitäten wie etwa Radfahren, Tauchen oder Trekking. Ist die Saison vorbei, wandern die Kataloge tonnenweise in den Papiermüll.

Zwar wird das Gros der Kataloge auf Recyclingpapier gedruckt. Doch frische Zellulose – sprich Holz – wird immer benötigt, und gedruckt wird, wo und wie es am billigsten ist.

Die Kosten für Druck und Versand sind Teil der Reisekalkulation. Wer eine Reise bucht, zahlt also für den Katalog mit. Doch brauchen wir diese Flut an Reisekatalogen wirklich? Fast alle Kataloge sind auch online verfügbar. Allerdings werden sie im Internet häufig wenig benutzerfreundlich präsentiert und dementsprechend seltener von den Kunden genutzt. Das könnten die Reiseveranstalter ändern, indem sie ihre Kunden in einer E-Mail fragen würden, ob sie überhaupt einen neuen Katalog haben möchten. Bei dieser Gelegenheit könnte man auf die Umweltbelastung aufmerksam machen, einen kleinen Rabatt auf die nächste Buchung bei Verzicht auf den Katalog einräumen und auf die Alternative im Internet verweisen.

Doch verantwortungsvollen Tourismus gibt es nicht zum Schnäppchenpreis – und schon gar nicht zum Nulltarif. Wer nur auf den Preis schaut, nimmt in Kauf, dass möglicherweise Umweltstandards missachtet und Menschen ausgebeutet werden. Wer Schnäppchenreisen kritisch hinterfragt und sich vorab informiert, kann unabhängig vom Reisepreis einen Beitrag zur Schonung der Umwelt und für faire Arbeitsbedingungen leisten. So findet man etwa mit dem atmosfair Airline Index (s. S. 57) diejenige Fluggesellschaft, die weniger CO_2 als die Konkurrenz produziert. Für Kreuzfahrtschiffe hat der NABU ein Umweltranking (s. S. 71) aufgestellt. Wer einen verantwortungsvollen Reiseveranstalter sucht, kann sich unter anderem am TourCert-Siegel (s. S. 210) orientieren.

Fünf Faustregeln für faires Reisen

Das Reiseportal fairunterwegs.org hat unter fairunterwegs.org/fair-unterwegs/5-faustregeln Basistipps zusammen-gestellt.

Mit der Wahl meines Reiseziels, meiner Reiseform, meines Transportmittels und meinem Verhalten vor Ort kann ich Zeichen setzen. Indem ich mich für eine umweltbewusste Airline oder einen Veranstalter entscheide, denen faire Arbeitsbedingungen wichtig sind, entscheide ich mich auch gegen Anbieter, die nichts oder nur wenig tun. Die »Guten« belohnen, die »Schlechten« vermeiden – das spornt beide an: die »Guten«, weil ihre Bemühungen anerkannt werden. Und die »Schlechten«, weil ihnen dann mittelfristig aus rein unternehmerischen Gründen wenig anderes übrig bleibt, als den »Guten« zu folgen.

Wer die Dienste eines Reiseveranstalters (s. S. 227) in Anspruch nimmt, kann bereits vor der Reise nachfragen, ob und wie Sozial- und Umweltverträglichkeit umgesetzt wird und welche Möglichkeiten der klimafreundlichen An- und Abreise es gibt. Wichtig ist es, die Aussagen während der Reise auch einmal zu prüfen. Besonders beim Thema freiwillige Kompensation von CO_2-Emissionen (s. S. 83), die durch die Reise entstehen, tun sich Veranstalter, aber auch wir Reisenden noch immer schwer. So gut wie alle Reiseveranstalter – auch diejenigen, die für einen nachhaltigen Tourismus stehen – wälzen die Verantwortung hierfür überwiegend auf ihre Kunden ab. Die Kompensation ist allerdings bislang die einzige Form, die An- und Abreise klimafreundlich zu gestalten – außer man wandert oder radelt direkt von der eigenen Haustür aus los. Wer kompensieren will, kann dies jedoch leicht tun; mehr dazu finden Sie auf Seite 83 ff.

Da sich die Frage nach den CO_2-Emissionen besonders bei Fernreisen stellt, schadet eine Analyse unserer Reisegewohnheiten vor der Planung einer Urlaubsreise nicht: vier Fernreisen in den letzten drei Jahren, eine Kreuzfahrt, null kompensiert, immer in großen Hotelketten mit allen Annehmlichkeiten übernachtet und nur auf Sonderangebote geachtet? Wir gehören zu einem kleinen, privilegierten Teil der Menschheit, für den das Reisen zum Konsum dazugehört wie das tägliche Duschen. Doch vielleicht ginge es auch eine Spur bescheidener, ökologischer und sozial verträglicher – und dabei sogar stilvoller, landestypischer und freudvoller!? Unser Lebensstil ist einfach wenig nachhaltig und kein Vorbild für kommende Generationen und andere Nationen, die bereits beginnen, uns kräftig nachzuahmen. Wer will es ihnen verdenken? Doch ein Gleichgewicht erreichen wir nicht, wenn andere aufholen und wir weitermachen wie bisher. Im Rahmen einer globalen Gerechtigkeit bedarf es einer Neubewertung und Änderung unseres Reiseverhaltens.

Reisevorbereitung

Was für eine Reise möchte ich?

* Möchte ich individuell, teilorganisiert (z. B. Transport, Hotel oder Mietwagen) oder organisiert in einer Gruppe reisen?
* Brauche ich eher Ruhe und Erholung, oder möchte ich mich mit den Menschen vor Ort austauschen und in ihre Kultur eintauchen?
* Muss ich unbedingt möglichst viel in kurzer Zeit erleben und Sehenswürdigkeiten abklappern?
* Möchte ich eine Kombination aus all dem?
* Muss es das Billigangebot sein, oder bin ich bereit, einen fairen und damit höheren Preis zu zahlen, wenn ich weiß, dass Menschen an meinem Reiseziel gerechte Löhne erhalten und die Umwelt durch meine Reise nicht belastet wird?

Wer mehr über Land und Leute weiß, hat die schönere Reise:

* Die nur wenige Euro teuren Sympathiemagazine (sympathiemagazin.de) des Studienkreises für Tourismus und Entwicklung (s. S. 227) erlauben einen

Blick hinter die Kulissen der Länder und werben für Toleranz, Respekt vor dem Fremden, vor anderen Kulturen und Religionen. Es gibt sie inzwischen für mehr als 50 Länder und Themen.

* Ein ähnliches Konzept haben die Bücher der Reihe Kultur-Schock des Verlags Reise Know How (reise-know-how.de).
* Eine Fülle an optisch ansprechend aufbereiteten Verhaltenstipps für Reisende bietet das Büchlein im Taschenformat *Fair Reisen mit Herz und Verstand*, das man beim Herausgeber Brot für die Welt – Evangelischer Entwicklungsdienst (fair-reisen.brot-fuer-die-welt.de) bestellen oder gratis downloaden kann.
* Die Länderinfos des Reiseportals fair unterwegs (fairunterwegs.org) enthalten Literatur-, Musik- und Filmtipps.
* Informationen zur Menschenrechtslage in Tourismuszielen s. S. 113 ff.

Fair und grün reisen – moderne Reiseführer sagen, wie:

* Die Stefan Loose Travel Handbücher (s. a. S. 354) haben umweltfreundliche und sozial verantwortliche Tourismuseinrichtungen mit einem Symbol gekennzeichnet. Auf der Webseite stefan-loose.de gibt es unter »fair&grün reisen« Anregungen für nachhaltiges Reisen oder aktuelle Tipps im Forum rund um das Thema.
* Auch die Reiseführer von Lonely Planet (lonelyplanet.de) und Reise Know-how (reise-know-how.de) enthalten einige Tipps zu nachhaltigen Reiseangeboten.

Veranstalter, die sich für grünen und fairen Tourismus engagieren ...

... unterhalten langfristige Geschäftsbeziehungen mit ihren Partnern vor Ort und achten darauf, faire Löhne zu zahlen.

... halten Sozial- und Umweltstandards bei ihren Partnern vor Ort ein.

... bieten faire und grüne Hotels an (s. u.).

... setzen sich für den Erhalt der natürlichen Bedingungen am Zielort ein (z. B. für Artenvielfalt).

... verzichten auf die Zusammenarbeit mit Anbietern energieintensiver Freizeitangebote (z. B. Heliskiing, Motorschlitten, Squadbikes etc.).

... machen ihr Engagement für Mensch und Umwelt transparent und geben ihren Kunden Tipps und Empfehlungen zum verantwortungsvollen Reisen.

So finden Sie einen verantwortungsvollen Veranstalter:

* Minimalkriterien eines verantwortlichen Veranstalters sind die Unterzeichnung des Kinderschutzkodex (s. S. 124), das Anbieten einer Klimakompensation und ein Nachhaltigkeitsbericht.

* Fortschrittliche Veranstalter engagieren sich darüber hinaus im Roundtable Human Rights in Tourism, (s. S. 210) und integrieren die Klimakompensation in den Reisepreis.
* Das Engagement eines Veranstalters in sozialen Projekten ist lobens- und unterstützenswert – aber nur, wenn der Veranstalter auch im Kerngeschäft (Unterkunft, Transport, Ausflüge) fair und grün handelt.
* Empfehlenswert sind Veranstalter mit dem TourCert-Siegel (s. S. 110).
* Veranstalter des forum anders reisen (s. S. 219) haben sich einem alternativen Tourismus verschrieben.

Bitte das Klima nicht vergessen!

* Flüge und Kreuzfahrten vermeiden ist der beste Klimaschutz!
* Hilfreich ist es, die CO_2-Emissionen der Fluggesellschaft mithilfe des atmosfair Airline Index (s. S. 57) zu vergleichen.
* Kreuzfahrten nur mit Schiffen buchen, die über moderne Abgastechnik verfügen – und nur, wenn Start- und Zielhafen über Land erreicht werden können.
* CO_2-Emissionen für die Reise berechnen und kompensieren.
* Das Auto so oft wie möglich stehen lassen und auf umweltfreundlichere Transportmittel wie Busse und Bahnen ausweichen – auch für Reisen ins europäische Ausland.
* Auch mal eine Tour mit dem Fahrrad von Haustür zu Haustür machen.

Wählen Sie ein Hotel, das sich um Umwelt und Angestellte kümmert:

* das regenerative Energien nutzt (Sonne, Wind, Wasser etc.).
* das sparsam mit Ressourcen umgeht (Strom, Wasser).
* das ein umweltfreundliches Abwasser- und Abfallmanagement hat.
* das Gäste auf ein umweltfreundliches Verhalten hinweist.
* das seinen CO_2-Fußabdruck berechnet (s. S. 241 ff.).
* das lokale Dienstleister bevorzugt (z. B. Wäscheservice), die ebenfalls für Nachhaltigkeit stehen.
* das Lebensmittel, Souvenirs, Baumaterialien regional, aus fairem Handel und ökologischem Landbau bezieht.
* das als Unterkunft ein anerkanntes grünes oder faires Siegel nutzen darf (s. S. 205).

Achten Sie beim Gepäck darauf, dass Sie nur das Nötigste mitnehmen. Weniger Gepäck bedeutet weniger CO_2-Emissionen.

...unnötige Verpackungen vor der Reise entfernen.
...biologisch abbaubare Seifen, Shampoos und Sonnencreme mitnehmen.

...eine wiederverwendbare Trinkflasche einpacken (s. S. 291 f.).
...aufladbare Batterien verwenden.
...an Einkaufsbeutel und Lunchbox (mit Deckel) für Einkäufe vor Ort denken.
...als Raucher einen tragbaren, verschließbaren Aschenbecher mitnehmen.

Last, but not least: **Schalten Sie zu Hause Ihre Stand-by-Geräte aus**. Während wir im Urlaub sind, laufen in vielen Haushalten zahlreiche Elektronikgeräte munter weiter: Sie wurden nicht komplett ausgeschaltet, sondern stehen auf Stand-by. Dies verursacht unnötige Emissionen und kostet die Verbraucher nach Schätzungen des Umweltbundesamtes deutschlandweit vier Milliarden Euro pro Jahr an Stromkosten.

Die richtige Reiseausrüstung

Wer verreist, nimmt eine Menge Dinge mit. Ein Smartphone oder eine Digitalkamera, jeweils mit Ladegerät und manchmal auch aufladbaren Batterien. Geht es in die Berge, ist neben der Trinkflasche, der Stirnlampe und dem Rucksack die wasserabweisende, winddichte und atmungsaktive Regenkleidung im Gepäck. Winterurlauber schützen sich gerne mit Daunen gegen die Kälte. Hinzu kommen persönliche Hygiene- und Kosmetikartikel wie Seifen, Shampoos oder Sonnencremes. Beim Kauf all dieser Artikel stehen für die meisten von uns ein günstiger Preis, Funktionalität/Wirksamkeit und oft auch die Marke im Vordergrund. Nur wenige machen sich Gedanken darüber, unter welchen Bedingungen diese Produkte gefertigt werden, wie gesund sie für uns sind, wie sie sich auf die Umwelt auswirken und was passiert, wenn sie entsorgt werden müssen. Doch wie bei Lebensmitteln, die wir in Bioqualität oder aus fairem Handel kaufen können, haben wir auch bei Reiseartikeln die Möglichkeit, uns für ein umweltfreundliches Produkt oder ein Produkt, bei dessen Herstellung auf faire Arbeitsbedingungen geachtet wird, zu entscheiden. Auch hier kann man nachhaltiger agierende Unternehmen mit seinem Konsumverhalten unterstützen.

Outdoorkleidung – viel Gegenwind für die Hersteller

Wanderer, Bergsteiger oder Skifahrer kommen heutzutage kaum ohne winddichte Jacken, wasserfeste Schuhe oder leichte Rucksäcke von North Face, Deuter, Patagonia & Co. aus. In der Werbung und auf ihren Homepages präsentiert sich die Branche weltoffen, grün und fair. Action-

Wear zu tragen verspricht Spaß, Freiheit, Abenteuer. Doch Image und Realität könnten nicht weiter auseinanderklaffen. Obwohl Textilien aus dem Freizeit- und Actionsportbereich boomen und die Branche Rekordeinnahmen verzeichnet, bleibt kaum etwas davon bei den Näherinnen und Nähern in Asien oder Lateinamerika hängen, die meist für Hungerlöhne schuften. Überstunden werden oft nicht ausbezahlt, Gewerkschaften sind verboten. Beispiel El Salvador: Dort lässt Patagonia fertigen. Das US-Unternehmen pflegt ein ausgesprochen grünes Image, setzt auf Recycling und kontrolliert die Herkunft seiner Daunen, zahlt aber sehr geringe Löhne. Wie auch Marktführer North Face: Während seine Winterjacken in den USA für 185 bis 195 US-Dollar verkauft werden, zahlt das Unternehmen seinen Arbeitern den staatlichen Mindestlohn von 210 US-Dollar im Monat plus einige Dollar Zuschlag, wenn sie das Soll schaffen. Das ist in etwa ein Viertel eines existenzsichernden Lohns – derjenigen Geldmenge, die benötigt wird, um ihren Grundbedarf und den ihrer Familien abdecken zu können.

Nicht nur bei den Arbeitsbedingungen stehen die Outdoor-Hersteller in der Kritik: Ihre Spielwiese sind schöne, unberührte Naturlandschaften. Doch die Outdoorkleidung ist alles andere als natürlich. Damit sie atmungsaktiv und regendicht wird, setzen die meisten Markenhersteller umwelt- und gesundheitsschädliche Schadstoffe wie per- und polyfluorierte Chemikalien (PFC) und hormonell wirksame Weichmacher ein. Auch in seinem Produkttest 2016 konnte die Umweltorganisation Greenpeace in 36 von 40 getesteten Produkten – darunter zum ersten Mal neben Kleidung auch Rucksäcke, Zelte und Schlafsäcke – PFC nachweisen.

2015 fanden Greenpeace-Mitarbeiter auch in entlegenen Bergregionen wie dem Himalaja, den Anden oder dem südsibirischen Altai-Gebirge als giftig eingestufte PFC. Einmal in die Umwelt freigesetzt, verteilen sich PFC nach und nach über den gesamten Globus, sickern ins Grundwasser und reichern sich in der Nahrungskette an. Einige PFC stehen im Verdacht, krebserregend zu sein. Mit seiner Detox-Kampagne (greenpeace.de/detox) hat Greenpeace bereits 33 Modemarken, Supermärkte, Einzelhandelsketten und Discounter (unter anderem Puma, Nike, Adidas, H&M, C&A, Lidl, Kaufland, Aldi, Rewe/Penny, Tchibo und die schweizerische Kette Coop) dazu bewegt, bis 2020 auf PFC und andere Risikochemikalien zu verzichten, Abwasserdaten zu veröffentlichen und Programme für Rücknahme und Recycling auf den Weg zu bringen. Hersteller von Outdoorkleidung beteiligen sich bislang nicht an der Aktion. Empfehlung von Kirsten Brodde, Textilexpertin bei

Greenpeace: »Bringen Sie Ihre getragenen Klamotten in die Supermärkte zurück. Umso schneller werden die Supermarktketten mit dem Recycling beginnen.«

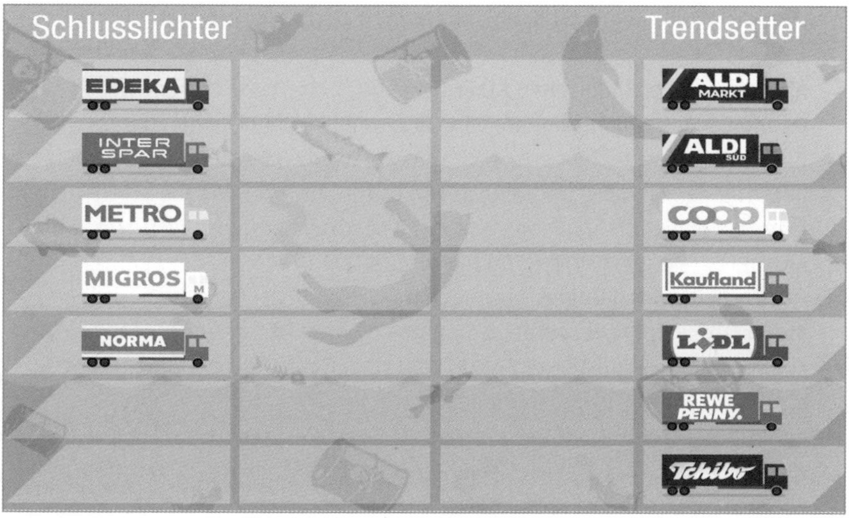

Abbildung 3.3
Giftfreie Produktion, Detox-Zwischenbilanz: Trendsetter und Schlusslichter, erste Bilanz – ein Jahr nach Start des Discounterchecks, Quelle: Detox-Zwischenbilanz: Supermärkte werden sauberer, Greenpeace (2015)

Daunenprodukte – natürlich, aber ethisch bedenklich

Wenn es draußen kalt wird, trotzen wir den niedrigen Temperaturen gerne mit einer behaglichen Daunenjacke. Nachts beim Zelten wärmt uns ein kuscheliger Daunenschlafsack am besten. Das Untergefieder von Gänsen und Enten isoliert hervorragend und reguliert die Feuchtigkeit. Doch um an die seltenen Daunenfedern zu gelangen, werden die Vögel mehrmals in ihrem Leben gerupft – ein schmerzhafter Prozess, beklagen Tierschützer. In der EU ist das Rupfen nur während der Mauser erlaubt. In dieser Zeit stoßen die Tiere die alten, lockerer sitzenden Federn ab.

Doch die Tiere werden auch immer wieder außerhalb der Mauser gerupft, kritisieren Tierschutzorganisationen wie Peta, die Soko Tierschutz oder Vier Pfoten. In Ländern wie Ungarn, Polen oder China sei es gängige Praxis, die Tiere alle sechs bis sieben Wochen zu rupfen. Dabei werden die Tiere oft verletzt. »Fleischwunden werden ohne Betäubung genäht, gebrochene Glieder notdürftig geschient«, so die Soko Tierschutz.

Wie finde ich faire und grüne Outdoorkleidung?

Funktionskleidung ganz ohne chemische Bearbeitung gibt es (noch) nicht. Daher vor dem Kauf überlegen, ob es Kleidung für extreme Bedingungen sein muss, die meist mehr Chemie enthält.

Alternativen zu chemischen Fasern: Bambus, Hanf, Kork, Leinen.
Daunen: Alle Daunenprodukte von Patagonia sind mit Daunen hergestellt, für die Gänse weder lebendig gerupft noch zwangsgefüttert wurden (mehr unter: patagonia/euro/traceable.down). Outdoormarken wie The North Face, Marmot oder Mammut planen, zukünftig nach dem Responsible Down Standard (RDS; textileexchange.org) zu produzieren.
Faire Arbeitsbedingungen: Die unabhängige Fairwear Foundation (fairwear.org) setzt sich für faire Arbeitsbedingungen und existenzsichernde Löhne in der Bekleidungsindustrie ein. Mitglieder sind unter anderem Mammut, Jack Wolfskin, Schöffel, Vaude und Deuter.
Funktionswäsche: Produkte aus natürlichen Materialien wie chlorfreie Merinowolle oder Lyocell (Tencel) wählen. Letzteres stammt aus nachhaltiger Forstwirtschaft und ist biologisch abbaubar.
Infoquellen: ecotopten.de, greenroomvoice.com, kirstenbrodde.de, outdoor-test.de, lohnzumleben.de, rankabrand.de, wegreen.de. Bücher und Webdokumente zum Thema siehe Seite 312.
Kleiderverwertung: Auch in Secondhandkleiderläden und auf Kleidertauschpartys (kleidertauschpartys.de) findet sich Outdoorkleidung. Infos zur fairen Kleiderentsorgung unter fairwertung.de.
Membranen: Das fluorfreie und recycelbare Sympatex (Polyurethane) ist Goretex (Teflonfasern) vorzuziehen.
PFC-freie Produkte: Gibt es bei Jack Wolfskin, Maier Sports, Fjällräven, Elkline und Klättermusen. Pyua produziert komplett PFC-frei und verwendet ressourcenschonendes Recyclingpolyester.
Siegel: Mit dem 2016 eingeführten Textilstandard möchte Fairtrade (fairtrade-deutschland.de) die ganze Wertschöpfungskette der Textilproduktion abdecken und schrittweise existenzsichernde Löhne einführen. Das GOTS-Siegel (global-standard.org) überprüft soziale und ökologische Aspekte der Textilproduktion. Höchste Ökostandards garantiert das Zeichen IVN Best (naturtextil.de). Das Label bluesign (bluesign.com) verbietet die gefährlichen Stoffe PFOa und PFOS.

Das Leid der Tiere ist in der Textilbranche nicht unbemerkt geblieben. Immer mehr Unternehmen achten auf Tierschutz – auch bei der Gewinnung von Daunen. 2014 einigten sich führende internationale Mode-, Betttextilien- und Outdoormarken auf den von der Organisation Textile Exchange festgelegten Responsible Down Standard (RDS). Mit dem RDS-Siegel ausgezeichnete Produkte sollen garantieren, dass die Ware mit RDS-zertifizierter Daune hergestellt worden ist. Mit ähnlichem Anspruch wie der RDS rief die Zertifizierungsgesellschaft NSF Anfang 2015 in Kooperation mit der Outdoorfirma Patagonia den Global Traceable Down Standard ins Leben.

Wasserflaschen und Wasserfilter – trinken ohne Plastikmüll!

Da Trinkwasser besonders in Entwicklungsländern keimbelastet oder stark gechlort sein kann, greifen viele Touristen aus Sicherheitsgründen auf Plastikflaschen zurück. Damit verschärfen sie das Plastikmüllproblem der Urlaubsregionen (s. Kap. Müll Seite 159 ff.). Umstritten ist zudem, ob Plastikflaschen gesundheitsschädlich sind. Wer dieses Risiko ausschließen und einen Beitrag zur Eindämmung der Plastikflut leisten möchte, reist mit einer wiederauffüllbaren Flasche aus Edelstahl oder Glas (siehe unten). Es ist zwar nicht immer einfach, sauberes, abgekochtes Wasser zu finden. Doch viele Hotels stellen ihren Gästen eine Karaffe mit sauberem Trinkwasser ins Zimmer, oder man kann sich im Hotel an einem Wasserspender bedienen. Auch in vielen Restaurants erhält man auf Nachfragen abgekochtes Wasser. In Ländern des globalen Südens findet man besonders in touristischen Orten mit etwas Herumfragen sauberes Trinkwasser, das man sich gegen eine kleine Gebühr abfüllen kann. Der Lohn sind, neben dem guten Gewissen, eine saubere Urlaubslandschaft und die Botschaft an die Einheimischen: Es geht auch ohne Plastik!

Glasflaschen sind für die Gesundheit unbedenklich, geschmacksneutral, spülmaschinenfest und recycelbar. Ein Nachteil von Glasflaschen ist das verhältnismäßig hohe Gewicht. Für Bruchsicherheit sorgen umweltfreundliche Ummantelungen. *Empfehlenswert:* amanvida.eu, siehe eco-respekt-trinkflaschen; emil-die-flasche.de; soulbottles.de.

Edelstahlflaschen sind lebensmittelecht, rostfrei und leichter als Glasflaschen. Für Menschen mit einer schweren Nickelallergie sind Edelstahlflaschen ungeeignet. Es empfiehlt sich, beim Hersteller nachzufragen, woher die Rohstoffe stammen und unter welchen Bedingungen die Flaschen hergestellt wurden. *Empfehlenswert:* kleankanteen.com, mizulife.eu, ecotanka.eu, 24bottles.com, siehe Urban Bottle.

Trinkflaschen aus Aluminium sind stabil und leicht. Doch die Beschichtung kann gesundheitsschädliche Stoffe enthalten und sich mit der Zeit ablösen. Da der Abbau des Rohstoffs Bauxit umweltschädlich und die Herstellung von Aluminium sehr energieintensiv ist, gibt es an dieser Stelle keine Kaufempfehlungen.

Wasseraufbereitung: Für Reisen in Gebiete, in denen nur keimbelastetes und/oder stark gechlortes Leitungswasser zur Verfügung steht, bieten sich kleine, tragbare Wasserentkeimer (Reisefilter) als sinnvolle oder sogar notwendige Gesundheitsvorsorge an.

Keramikfilter sind langlebig und leistungsfähig. Sie filtern Bakterien und Darmparasiten (z. B. Amöben) und entkeimen zusätzlich durch eingelagertes Silber.

Aktivkohlefilter reduzieren Giftstoffe, wie z. B. Chemikalien (Chlor, Jod, Pestizide etc.), filtern Protozoen (Einzeller) und verbessern den Geschmack, sollten aber nach sechs bis zwölf Monaten erneuert werden.

Am sichersten sind Kombifilter, die verschiedene Filterelemente (Glasfaser- oder Nylonträger in Verbindung mit Kohle, Keramik und Jod) nutzen und neben Bakterien und Protozoen auch viele Chemikalien filtern.

Zur Reinigung klaren Wassers (bei trübem Wasser Vorfilter verwenden!) eignen sich auch Wasserentkeimer, die mit UV-Licht reinigen und auch Viren unschädlich machen, was mechanische Filter nicht können. Sie sind zuverlässig, klein und handlich, benötigen aber Batterien. Zur Desinfizierung größerer Trinkwassermengen sind sie weniger geeignet. Klares Wasser kann auch chemisch mit Tabletten oder Tropfen aufbereitet werden, unter anderem mit Silberionen und/oder Chlor sowie Sauerstoff.

Mit dem LifeStraw, einem rund 30 Zentimeter langen Rohr, das in der Katastrophenhilfe eingesetzt wird, kann man direkt aus jeder Pfütze trinken. Die Filter fangen 99,9 Prozent der Partikel, Bakterien und Viren auf, benötigen keinen Strom, Chemie oder größere Wartung und reichen für 1 000 Liter. Erhältlich in Outdoorgeschäften.

Weitergehende Informationen und Produktempfehlungen unter: globetrotter.de/beratung/kaufberatung/outdoor-kueche/

4.2. Während der Reise: benehmen wie ein Gast

Touristen bleiben meist nur kurze Zeit im Gastland. Die nächste Reise führt zu einem neuen Ziel. Warum sich also mit den Auswirkungen des eigenen Besuchs auf Mensch und Natur befassen? Im Urlaub möchten wir eher das Gegenteil: mal aus dem Vollen schöpfen, ohne uns über die Konsequenzen Gedanken machen zu müssen. Trotzdem bleiben die Fragen: Woher kommt eigentlich das Wasser meines Hotels? Wohin fließt mein Abwasser? Was passiert mit den Essensresten des üppigen Büfetts? Wie viel verdient der Kellner, der mich von morgens bis abends bedient?

Trinkgeld – lieber zu viel als zu wenig!

Viele Angestellte, die im Tourismus beschäftigt sind, bekommen einen sehr niedrigen Grundlohn. Sie sind auf Trinkgelder angewiesen. Darauf weisen gerade bei Pauschalreisen in ärmere Länder in der Regel die Reiseleiter hin. Dennoch ist es befremdlich zu sehen – und ich habe es in meiner Zeit als Reiseleiter selbst mehrfach erlebt –, wie knauserig Reiseteilnehmer werden, wenn es um das Trinkgeld für lokale Dienstleister im Tourismus geht. Ohne mit der Wimper zu zucken, hat man dem Reiseveranstalter Tausende von Euro für den exklusiven Trip in einer Kleingruppe überwiesen, doch beim Trinkgeld feilscht man um jeden Euro. Bitte nicht falsch verstehen: Ein Trinkgeld will erarbeitet werden, auch in einem armen Land. Daher sollte man sich vorher stets erkundigen, ob Trinkgelder üblich sind und welche Höhe angemessen ist. Aber man darf ruhig ein wenig großzügig sein. Schließlich könnten wir uns viele Reisen gar nicht so häufig und so lange leisten, wenn das Lohnniveau der Einheimischen auf unserem Niveau läge. Auch Rucksackreisende dürfen ruhig ein paar Euro ihres schmalen Reisebudgets in Trinkgeld investieren.

Wenn wir derartige Fragen ignorieren, machen wir es uns zu einfach. Denn nach uns kommen viele weitere Touristen, und besonders die Einheimischen haben ein Recht auf Unversehrtheit ihrer natürlichen Ressourcen – auch wenn sie selbst den Touristen oftmals kein gutes Vorbild sind. Wenn auch der einzelne Tourist kaum einen Unterschied macht, so summieren sich die Auswirkungen durch Hunderte Millionen Reisende zu ganz erheblichen Mengen. Schon ein paar einfache Verhaltensweisen des Einzelnen, die niemandem wehtun oder unzumutbare Einschränkungen bedeuten, sorgen für verbesserte Lebensbedingungen der Einheimischen – und für ein schöneres Urlaubserlebnis für alle Besucher. Getreu dem Motto: Verlasse alle Plätze so, wie du sie selbst gerne vorfinden würdest.

Immer im Mittelpunkt: der Reiseleiter

Der Reiseleiter (oder die Reiseleiterin) ist ein Alleskönner, das lebende Aushängeschild des Unternehmens, der direkte Ansprechpartner der Kunden im Urlaubsland – und Bindeglied zu den Besuchten. Mit ihm steht und fällt die Reise. Er führt seine Gruppe durch ein fremdes Land, koordiniert den Reiseablauf und ist maßgeblich verantwortlich für den Erfolg der Reise. Der Reiseleiter ist aber auch Multiplikator und kann bei entsprechender Schulung und Motivation sehr dazu beitragen, die Reise sozial und ökologisch ausgewogen zu gestalten. Er entscheidet, ob es zum Produzenten des Kunsthandwerks geht. Zum Restaurant, das lokale Spezialitäten in Bioqualität auf den Teller bringt. Oder zur Dorfgemeinschaft, die das Einkommen durch den Tourismus gerecht verteilt. Der Reiseleiter kann die Reisegruppe auf umweltgerechtes Verhalten hinweisen und den Blick für soziale Ungerechtigkeiten schärfen. Indem er die Schattenseiten des Tourismus nicht ausklammert, aber auch Alternativen parat hat, zeigt er wahres Interesse am Gastland und übernimmt nicht nur Verantwortung für seine Reisegruppe, sondern auch für die Bereisten. Leistet der Reiseleiter dies alles wider Erwarten nicht, kann man ihn während der Reise darauf ansprechen.

Klimaschutz am Urlaubsort

Die meisten Touristen möchten ihre Urlaubsregionen kennenlernen und aktiv etwas unternehmen. Dabei greifen sie oftmals auf motorisierte Transportmittel zurück. Für die es allerdings oft Alternativen gibt:

* Neben den eigenen Beinen ist das Fahrrad ein ideales und umweltfreundliches Verkehrsmittel, um sich vor Ort umzuschauen. An vielen Urlaubsorten werden inzwischen Fahrräder verliehen, wenngleich die Qualität oftmals zu wünschen übrig lässt. Doch immer mehr Anbieter von Mountainbike- und Rennradtouren haben hochwertige Fahrräder. Trinkflasche, Helm und ein Schloss sollte man von zu Hause mitbringen.
* Wenn möglich, auf Mietwagen verzichten und öffentliche Verkehrsmittel nutzen. So kommt man auch besser mit Einheimischen in Kontakt. In zahlreichen europäischen Urlaubsregionen kann man inzwischen E-Bikes und/oder Elektroautos mieten (s. S. 81).
* Motorisiertes Freizeitvergnügen am Urlaubsort sollte tabu sein: Wer nur aus Spaß an der Freud mit dem Jetski übers Wasser donnert, mit Sandbuggys durch Wüsten rast, Sehenswürdigkeiten mit dem Motorflugzeug überfliegt oder mit der Crossmaschine durch einsame Landschaften brettert, pustet nicht nur Schadstoffe in die Atmosphäre und zerstört möglicherweise Natur, sondern belästigt mit dem Lärm neben anderen Touristen und den Einheimischen auch die lokale Tierwelt.
* So bequem Segways (Einpersonen-Transportmittel mit zwei auf derselben Achse liegenden Rädern) auch sein mögen: Sie benötigen Strom und sind daher keine umweltfreundliche Alternative. Stadtrundfahrten lassen sich besser mit dem Fahrrad oder zu Fuß durchführen.
* Bei Busfahrten den Fahrer höflich bitten, den Motor bei längeren Stopps auszuschalten.
* Sparsamer Einsatz der Klimaanlage. Sie muss nicht die ganze Nacht laufen. Bei Verlassen des Zimmers Klimaanlage ausschalten.
* Nicht zu viele Elektronikgeräte mit in den Urlaub nehmen. Aufladbare Batterien statt Wegwerfbatterien benutzen. Lassen sich Batterien nicht vermeiden, entsorgt man sie erst zu Hause in Deutschland.
* Besonders in holzarmen Regionen auf Lagerfeuer verzichten.

Umweltschutz am Urlaubsort

Urlauber und Einheimische müssen sich zunehmend knappere Ressourcen wie z.B. Wasser teilen. Doch oftmals werden Touristen bevorzugt bedient. Daher ist ein maßvoller Umgang mit Ressourcen eine wichtige Verhaltensweise, ebenso wie der Versuch, so wenig Müll wie möglich zu produzieren:

* Wasser ist knapp. Daher (kurz) duschen statt baden. Große Hotelanlagen mit großen Gärten, Golfplätzen und mehreren Pools meiden.
* Keine Souvenirs aus bedrohten Pflanzen oder Tieren kaufen (zum Beispiel Elfenbein, schwarze Koralle, Krokodilleder etc.)! Das Washingtoner Artenschutzabkommen verbietet deren Import nach Europa (s. a. S. 157).
* Plastikflaschen meiden. Lieber eine Trinkwasserflasche (s. S. 291 ff.) mitbringen und in Hotels/Restaurants etc. auffüllen lassen. Auch ein Reisewasserfilter oder Entkeimungstabletten sind nützlich, um Plastikmüll zu vermeiden. Softdrinks nicht in Plastiktüten umfüllen lassen!
* Auf Aluminiumdosen verzichten.
* Die kleinen Seifen, Duschgel- und Shampooproben in Hotels meiden. Besser von zu Hause Shampoos und Seifen mitbringen und die leeren Behältnisse zurück nach Deutschland nehmen. Besonders beim Zelten und Camping auf biologisch abbaubare Shampoos und Seifen achten.
* Für Einkäufe von zu Hause mitgebrachte Einkaufstaschen nutzen. Die Ware nicht in Tüten packen lassen.
* In der freien Natur den ökologischen Fußabdruck minimieren: Plastikmüll vermeiden, organischen Müll vergraben, nichtorganischen Abfall mit in die nächste Stadt nehmen sowie Flora und Fauna ungestört lassen. Die offiziellen Wege respektieren.
* Ehrgeizige Reisende sammeln den herumliegenden Müll auf einer Trekkingroute oder entlang des Flussufers auf – eine schöne Art, Mitreisende und die lokale Bevölkerung für das Thema zu sensibilisieren. An verschiedenen Orten der Erde kann man als Freiwilliger an der Säuberung von Stränden, Trekkingrouten etc. teilnehmen (s. S. 195).
* Umsicht beim Schnorcheln und Tauchen: Korallenriffe sind sehr sensible Lebensräume. Schon die leichteste Berührung kann sie zerstören. Schwimmübungen mit Schnorchel und Flossen abseits des Riffs vornehmen. Sonnencreme sparsam verwenden und beim Schnorcheln lieber ein T-Shirt anziehen.

Konsum am Urlaubsort

Es macht Spaß, im Urlaub einzukaufen. Damit auch die Einheimischen vom Konsum der Touristen profitieren, helfen diese Tipps:

* Lokalen Hotels, Restaurants, Reiseveranstaltern, Guides etc. gegenüber großen nationalen und internationalen Ketten den Vorzug geben. Das erhöht die Chance, zu lokalen Einkommen beizutragen.
* Auf lokalen Märkten einkaufen statt im Supermarkt.
* Regionale landwirtschaftliche Produkte importierten Lebensmitteln vorziehen.
* Auf fair gehandelte und biologisch erzeugte Waren zurückgreifen und konkret danach fragen.
* Auf deutsche Zeitungen und Zeitschriften verzichten, denn die müssen eingeflogen werden.
* Kunsthandwerk möglichst direkt beim Produzenten oder Kleinunternehmer kaufen und somit Zwischenhändler umgehen.
* Keine Antiquitäten kaufen. Zum einen macht man sich strafbar, zum anderen gehören sie in lokale Museen und nicht in die Koffer der Touristen.
* Glasflaschen statt Aluminiumdosen kaufen und – wo möglich – auf Pfandflaschen zurückgreifen.
* Den Fleischkonsum in Maßen halten. Keine bedrohten Tierarten verzehren.
* Keine bedrohten Fischarten wie Hai, Schwertfisch, atlantischer Lachs oder Thunfisch essen. Orientierung bietet der Greenpeace-Fischratgeber (greenpeace.de/fischratgeber, auch als App erhältlich) oder der Einkaufsratgeber des WWF (wwf.de/fisch). Fisch aus nachhaltiger Fischerei lässt sich über die Organisation Friend of the Sea (friendofthesea.org) finden. Für nachhaltige Fischerei steht auch der Marine Stewardship Council (msc.org/de).

Verhalten am Urlaubsort

In anderen Ländern gelten andere Gesetze, Sitten und Gebräuche. Diese gilt es zunächst einmal zu akzeptieren und zu respektieren, auch wenn sie uns lächerlich, überzogen, spießig oder nicht zeitgemäß erscheinen (mehr hierzu im Kapitel Kultur, s. S. 128).

* Auf respektvollen Umgang mit der Bevölkerung und den Angestellten der Tourismusbetriebe achten und ggf. auch Mitreisende darauf hinweisen.
* Beim Fotografieren (s. S. 141) rücksichtsvoll agieren und im Zweifel um Erlaubnis bitten.
* Sich mit Sitten und Gebräuchen des Gastlandes vertraut machen, um Fettnäpfchen zu vermeiden.
* Wenn der Service stimmt, an ein Trinkgeld denken (s. hierzu Kasten S.293).
* Reisen in ärmere Länder: den persönlichen Wohlstand nicht zur Schau stellen. Bettelnden Kindern kein Geld geben. Wirksamer ist es, einer anerkannten Kinderhilfsorganisation Geld zu spenden.
* Keine Medikamente verschenken, ohne vorher medizinisches Fachpersonal konsultiert zu haben.
* Beim Besuch von Dorfgemeinschaften nachfragen, ob und wie die lokale Bevölkerung vom Besuch profitiert.
* Beim Buchen einer Trekkingtour darauf achten, dass die Agentur ihren Mitarbeitern (Guides, Trägern, Köchen etc.) gesetzliche Arbeitnehmeransprüche wie Mindestlohn, ordentliche Ausrüstung, Verpflegung etc. garantiert. Mehr zu diesem Thema auf Seite 180 ff.
* Lokale Kleidernormen – vor allem beim Besuch religiöser Stätten – und ggf. Verbote respektieren. »Oben ohne« ist in vielen Ländern verboten – beispielsweise auch in den USA.
* Einige Brocken in der Landessprache lernen – das öffnet Türen und Herzen.
* Bei näherem Kennenlernen freuen sich Einheimische über kleine Mitbringsel aus Europa, sei es eine Postkarte aus der Heimat der Touristen oder eine kleine Euromünze.
* Keine Bestechungsgelder zahlen! Damit wird die Korruption, unter der viele Länder leiden, nur schlimmer.
* Fälle von Kinderprostitution oder der Kontaktanbahnung von Touristen mit Kindern der nächsten Polizeidienststelle melden (s. S. 122).
* An den Tierschutz denken: Beispielsweise sollten der Besuch von Delfinarien und das Reiten auf Elefanten tabu sein. Weitere Tipps im Kapitel »Tiere« auf Seite 144 ff.

Kapitel 5

Service: Adressen, Literatur, Webseiten

All-inclusive

(BUCH)

Die All-inclusive-Lüge. Wie Pauschalurlauber getäuscht werden. Mikka Bender, rororo, Reinbek (2013). Ein Blick hinter die Fassade des Pauschaltourismus.

Ausgebucht – Zivilisationsfluch Tourismus. Nobert Suchanek, Schmetterling Verlag, Stuttgart (2000). Der Autor geht auf Probleme unterschiedlicher Reisearten ein, u.a. auf den All-inclusive-Tourismus.

(PDF)

The impacts of all-inclusive hotels on working conditions and labour rights in Barbados, Kenya & Tenerife. Tourism Concern, London (2014). Untersuchung der Arbeitsbedingungen von Angestellten in All-inclusive-Anlagen. Mehr hierzu siehe Seite 275 f.

Awards/Preise

(WEBSEITEN)

drv.de/fachthemen/nachhaltigkeit/ecotrophea.html Auszeichnung für Umweltschutz und soziale Verantwortung des Deutschen ReiseVerbands.

fairwaerts.de Ideenwettbewerb für Nachhaltigkeit und Verantwortung im Tourismus unter der Trägerschaft von Kate – Umwelt & Entwicklung in Kooperation mit TourCert (s. S. 210).

meeting-experts-award.de Der Meeting Experts Green Award wird jährlich in fünf Kategorien durch das German Convention Bureau e.V. und den Europäischen Verband der Veranstaltungs-Centren e.V. verliehen.

nationalgeographic.com/worldlegacyawards Die National Geographic Society vergibt die World Legacy Awards in Kooperation mit der Tourismusmesse ITB an Vorreiter eines nachhaltigen Tourismus.

responsibletravel.com/awards Seit 2004 vergibt der britische Veranstalter Responsible Travel den Preis für nachhaltiges Reisen auf dem World Travel Market in London in 13 verschiedenen Kategorien.

to-do-contest.org Internationaler Wettbewerb für Sozialverantwortlichen Tourismus des Studienkreises für Tourismus und Entwicklung e.V.

tourador-contest.org Internationaler Filmwettbewerb für nachhaltigen Tourismus des Studienkreises für Tourismus und Entwicklung e.V.

travel-one.net Die Fachzeitschrift Travel One vergibt jährlich den Travel One Nachhaltigkeitspreis.

Barrierefreies Reisen

(WEBSEITEN)

aura-hotel.de Das Kur- und Begegnungszentrum in Saulgrub bei Garmisch-Partenkirchen ist eines der wenigen Häuser, das sich auf blinde und sehbehinderte Gäste spezialisiert hat.

barrierefreie-reiseziele.de Der Verbund aus Städten und Tourismusregionen hat sich der Entwicklung des barrierefreien Tourismus verschrieben.

einfach-teilhaben.de Unter »Mobilität und Freizeit«/»Barrierefrei reisen« finden sich auf dem Webportal des Bundesministeriums für Arbeit und Soziales Reiseinfos für Menschen mit Behinderungen, ihre Angehörigen, Verwaltungen und Unternehmen.

fairunterwegs.org Das Reiseportal hat zahlreiche Adressen und Infomaterial zum Thema zusammengestellt. Einfach »barrierefreies Reisen« in die Suchmaske eingeben.

myhandicap.de/barrierefrei-reisen Die Internetplattform für Menschen mit Behinderung und schwerer Krankheit gibt zahlreiche Tipps in den Rubriken Reiseart, Reiseorganisation, Reiseziele und Hotels/Unterkünfte.

landreise.de/reisethemen/barrierefreier-urlaub Die Webseite bietet ausgewählte Bauernhöfe und Landquartiere in Deutschland und Europa, darunter auch barrierefreie Ferienunterkünfte.

natko.de Der Düsseldorfer Verein Tourismus für Alle Deutschland nennt Behinderten nützliche Adressen für die Reiseplanung und berät Anbieter bei der Verwirklichung behindertengerechter Tourismuseinrichtungen.

mis-ch.ch Mobility International Schweiz (MIS) sammelt neben lokalen auch weltweite barrierefreie Reiseinformationen. Unter dem Reiter »Reiseinfos« finden sich Hilfsadressen, Reisberichte und Reiseportale für Menschen mit eingeschränkter Mobilität.

reiselinks.de/behindertenreisen.html Umfangreiche Liste der Veranstalter, die Reisen für Menschen mit eingeschränkter Mobilität anbieten.

tourdesens.de Veranstalter, der Barrieren auch zwischen blinden, sehbehinderten und sehenden Menschen abbauen möchte.

vernetzung-mainrhoen.de Urlaubsangebote für Menschen mit Demenz und ihren Angehörigen.

Berge

(FILM)

Den Gletschern auf der Spur. Der preisgekrönte US-amerikanische Dokumentarfilm **Chasing Ice** (chasingice.com) des Naturfotografen James Balog dokumentiert den weltweiten Gletscherschwund im Rahmen seines Projekts Extreme Ice Survey (extremeicesurvey.org).

(BUCH)

Naturnaher Tourismus. Qualitätsstandards für sanftes Reisen in den Alpen. Siegrist/Gessner/Ketterer Bonnelame. Bristol-Schriftenreihe 44, Haupt Verlag, Bern (2015). Die Autoren haben eine Checkliste zum naturnahen Tourismus in den Alpen erarbeitet.

Wie der Zirkus in die Berge kam. Die Alpen zwischen Idylle und Rummelplatz. Karl Stankiewitz, oekom Verlag, München (2012). Buch über die »touristische Aufrüstung« der Alpen. Mehr auf Seite 174.

Die Alpen. Geschichte und Zukunft einer europäischen Kulturlandschaft. Werner Bätzing, C. H. Beck, München, 4. Auflage (2015). Neuauflage des Klassikers, der die Veränderung der Alpen beschreibt, aber auch auf die Probleme von heute eingeht.

(WEBSEITEN)

alpconv.org Mehr Taten statt Worte wünschen sich Kritiker von der Alpenkonvention, die 2005 in Kraft trat. Mit dem Vertragswerk haben sich die acht Alpenstaaten Frankreich, Italien, Slowenien, Österreich, Schweiz, Liechtenstein, Monaco und Deutschland verpflichtet, gemeinsam für den Erhalt und den Schutz der Alpen einzutreten.

alpine-pearls.com Die Dachmarke Alpine Pearls verbindet umweltfreundliche Mobilität mit Erholung und bündelt 27 der schönsten Urlaubsziele im Alpenraum – im Sommer und auch im Winter.

freiheit.org Bericht zur Müllsituation im zentralasiatischen Gebirge Karakorum auf der Webseite der Friedrich-Naumann-Stiftung. Suchbegriff »Auf Müll-Mission am Nanga Parbat und dem K2«.

naturfreunde.de/natura-trails Natura Trails sind Rad- und Wanderwege durch geschützte Gebiete, die für eine sanfte touristische Nutzung besonders geeignet sind.

peaksofthebalkans.com Der 192 Kilometer lange Peaks of the Balkan Trail führt durch Albanien, Montenegro und das Kosovo. Er soll Einkommen für die lokale Bevölkerung schaffen, der Landflucht entgegen wirken und die Grenzregionen miteinander verbinden.

respectthemountains.com (engl.) Kampagne der International Climbing and Mountaineering Federation (UIAA) für einen nachhaltigen Tourismus in den Bergen.

Biodiversität

(FILM)

Biodiversität. /e-politik.de/ e.V. (2013). Kurzfilm aus der Reihe WissensWerte (wissenswerte.e-politik.de) zur Bedeutung der biologischen Vielfalt.

(PDF)

Integration biologischer Vielfalt in CSR-Prozesse in der Tourismusindustrie. Adelphi (2014). In der Studie wird untersucht, wie das Thema biologische Vielfalt besser in die Kriterienkataloge von Gütesiegeln und Auszeichnungen im Tourismus einbezogen werden kann.

(WEBSEITEN)

ubusiness-biodiversity.eu Mit Hilfe der European Business & Diversity Campaign können Firmen den Schutz von biologischer Vielfalt in ihre Unternehmensstrategie integrieren.
destinet.eu/topics/natural-cultural-heritage/biodiversity/germany Im Wissenspool »Tourismus und biologische Vielfalt« finden sich jede Menge Infos zum Thema Biodiversität.
ilf.hsr.ch NaTourCert, ein Projekt des Schweizer Instituts für Landschaft und Freiraum, untersucht anderem, wie naturnaher Tourismus zur Finanzierung der Biodiversität beitragen kann.

Bundesregierung

(WEBSEITEN)

umwelt-im-unterricht.de/hintergrund/was-ist-sanfter-tourismus Materialien zu sanftem Tourismus für Grundschulen und weiterführende Schulen (Bundesumweltministerium).
bmub.bund.de/P501 Informationen zu Tourismus und Sport (Bundesumweltministerium).
bfn.de/0323_tourismus.html Informationen zum naturverträglichen Tourismus (Bundesamt für Naturschutz).
http://www.bmz.de/de/themen/nachhaltige_wirtschaftsentwicklung/tourismus/index.html Informationen über den nachhaltigen Touris-

mus als Chance für Entwicklungsländer (Bundesministerium für wirtschaftliche Zusammenarbeit und Entwicklung).
giz.de/de/presse/10985.html Themenservice Tourismus: Nachhaltiges Reisen (Deutsche Gesellschaft für Internationale Zusammenarbeit).
bmwi.de/DE/Themen/Tourismus/Tourismuspolitik/Schwerpunkte/nachhaltigkeit-und-soziale-verantwortung.html Informationen zum Globalen Ethikkodex für Tourismus (Bundesministerium für Wirtschaft und Technologie).
bmwi.de, siehe Mediathek/Publikationen Tourismuspolitischer Bericht der Bundesregierung 17. Legislaturperiode (Bundesministerium für Wirtschaft und Technologie).

Freiwillige Kompensation

s. Klima und Umwelt

Freiwilligenarbeit/Voluntourismus

(FILM)

Blickwechsel – Sichtweisen auf Deutsche Freiwillige. Christian Weinert und Ferdinand Carrière, VolNet e.V. & Downsideup Filmproduktion (2014). Gastfamilien, NGO's, Kinder und Jugendliche aus Ghana, Südafrika und Gambia berichten in diesem Dokumentarfilm (blickwechsel-film.de) über ihre Erfahrungen mit deutschen Freiwilligen.

(BUCH)

Das Gegenteil von Gut ... ist gut gemeint. Daniel Rössler, Seifert Verlag (2015). DerAutor gibt Einblicke in die bizarre Welt aus inszenierten Waisenhäusern, gutherzigen Helfern und einem Geschäft mit vielen Verlierern.

(PDF's)

Vom Freiwilligendienst zum Voluntourismus. Herausforderungen für die verantwortungsvolle Gestaltung eines wachsenden Reisetrends. Brot für die Welt, KATE, Tourism Watch und Ecpat, Berlin (2015). Guter Überblick über den Trendbegriff Voluntourismus mit konkreten Handlungsempfehlungen für Freiwillige, Veranstalter, Organisationen und Politik.
Wegweiser Freiwilligenarbeit im Ausland. So wählen Sie die richtige Freiwilligen-Organisation aus. Frank Seidel (2014). Broschüre

mit ausführlicher Checkliste für potenzielle Freiwillige. Zu finden auf wegweiser-freiwilligenarbeit.com.

(WEBSEITEN)

bettercarenetwork.org Das Netzwerk stellt auf seiner englischsprachigen Webseite zahlreiche Dokumente zum Thema Kindesschutz und Voluntourismus zur Verfügung.

fairunterwegs.org Unter dem Stichwort »Voluntourism« hat das unabhängige Reiseportal Informationen aufbereitet.

grenzenlos.org Verein ehemaliger Freiwilliger, der Rückkehrern aus Freiwilligeneinsätzen eine Übersicht über Weiterbildungen, Seminare und Austausch an die Hand gibt.

internationaler-jugend-freiwilligendienst.de Informationen rund um die Freiwilligenarbeit im Ausland.

kulturweit.de Das Projekt der Deutschen UNESCO-Kommission ist der internationale kulturelle Jugendfreiwilligendienst im Bereich der Auswärtigen Kultur- und Bildungspolitik.

orphanages.no Englischsprachige Webseite, die erklärt, warum Touristen nicht in Waisenhäusern arbeiten sollten.

quifd.de Die Agentur für Qualität in Freiwilligendiensten vergibt ein Qualitätssiegel für Freiwilligendienste, listet zertifizierte Entsendeorganisationen und gibt Hinweise für Freiwillige.

tourism-watch.de Der Informationsdienst Tourismus und Entwicklung hat ein umfangreiches Dossier zusammengestellt. Hierzu den Begriff »Voluntourismus« in der Suchmaske eingeben.

wegweiser-freiwilligenarbeit.com Unabhängiges Informations-Portal zu Freiwilligenarbeit im Ausland, Freiwilligendiensten, Workcamps und Volunteering.

weltwaerts.de Der Freiwilligendienst des deutschen Bundesministeriums für wirtschaftliche Zusammenarbeit und Entwicklung (BMZ) richtet sich an junge Menschen im Alter von 18 bis 28 Jahren.

Geschäftsreisen

(PDF)

Geschäftsreisen. Nachhaltig erfolgreich. Naturfreunde Internationale (2014). Unter dem Motto »Die umweltfreundlichste Geschäftsreise ist die, die nicht angetreten wird« hat die Umweltorganisation ein Dossier veröffentlicht, abrufbar unter nfi.at/Publikationen/Downloads.

(WEBSEITEN)

airbnb.de/business-travel Privatunterkünfte weltweit für Geschäftsleute. Mehr zu airbnb auf Seite 256.

effizient-mobil.de Interessantes Tool der Deutschen Energie-Agentur GmbH (Dena) für Geschäftsreisende und Logistiker, das zeigt, wie man durch Maßnahmen zur Reiseoptimierung Fahrtstrecke und damit CO_2 einsparen kann.

my-green-meeting.de Über diese Webseite lassen sich klimafreundliche Meetings, Messen und Events veranstalten.

umverkehr.ch Schweizer Verein, der sich für eine zukunftsfähige Mobilität einsetzt, unter anderem mit der Kampagne »Rettet den Nachtzug«.

Jugendliche/Kinder/Kinderarbeit

(BUCH)

Urlaubsglück aus Kinderhänden. Kinderarbeit im Tourismus. Christine Plüss, Rotpunktverlag, Zürich (1999). Die Situation erwerbstätiger Kinder und Jugendliche im Tourismus zur Jahrtausendwende und was konkret zum Schutz der Kinder getan werden könnte.

(PDF)

The State of the World's Children 2015. Wie es weltweit um die Kinder bestellt ist, erfährt man in diesem Bericht der UNO-Organisation UNICEF (sowc2015.unicef.org).

(WEBSEITEN)

grasloewe.de Unter dem Motto »Mach dich stark für deine Umwelt!« sensibilisiert der Graslöwe seit 1999 Kinder zwischen sieben und zwölf Jahren für Themen der Nachhaltigkeit und des Naturschutzes.

co2mpass.viabono.de Das Projekt der A&O Hotels and Hostels und Viabono (s. S. 211) informiert Gruppen, insbesondere Schüler und Lehrer, rund die Themen CO_2, Klimaschutz und Klimawandel.

zero-impact-camps.de Unter dem Stichwort »Der nachhaltigste Sommer Deines Lebens« bekommen Jugendliche zahlreiche Tipps, wie sie Ferien verbringen können, ohne Natur und Umwelt zu schädigen oder zu sozialen Problemen beizutragen.

Klima und Umwelt

(FILM)

Klimawandel. /e-politik.de/ e.V. (2012). Kurzfilm aus der Reihe »WissensWerte« (wissenswerte.e-politik.de).
Klimagerechtigkeit. Naturfreunde Internationale. Auf der Seite nfi.at findet sich unter Schwerpunkthemen/Klimaschutz ein kurzes Erklärvideo (Teil I) und unter Schwerpunkthemen/Bildung der Teil II zum Thema »Klimafreundlicher reisen«.
ThuleTuvalu. Der Dokumentarfilm ThuleTuvalu zeigt an Beispielen von Familien aus dem grönländischen Thule und der Inselgruppe Tuvalu im pazifischen Ozean, wie die Erderwärmung die Lebensbedingungen dieser Menschen verändert.

(BUCH)

Postfossile Mobilität. Zukunftstauglich und vernetzt unterwegs. Politische Ökologie, Band 137, Oekom Verlag, München (2014). Zwar hat der Aufbruch in eine postfossile Verkehrswelt begonnen, doch ohne Änderungen unserer Gewohnheiten wird dies kaum möglich sein.

(PDF's)

Tourism's climate mitigation dilemma. Flying between rich and poor countries. Paul M. Peeters, Eke Eijgelaar. Tourism Management 40 (2014). Die Studie untersucht, wie sich Beschränkungen des Flugverkehrs auf entwickelte und weniger entwickelte Länder auswirken.
Klimaneutral leben. Verbraucher starten durch beim Klimaschutz. Umweltbundesamt (2014). Konkrete Tipps und Ratschläge für den Alltag.
Oben. Ihr Flugbegleiter. Heinrich-Böll-Stiftung, Airbus Group (2016). Kurioses Lobbymagazin, das aber viele Grafiken und Zahlen rund um die Themen Flugverkehr, Agrotreibstoffe, und Zukunftstechnologien zu bieten hat.

(WEBSEITEN)

autofrei.de Der Verein versteht sich als Lobby autofreier Menschen und setzt sich für eine starke Verringerung des motorisierten Individualverkehrs ein.
blablacar.de Mit Europas größter Mitfahrzentrale CO_2-bewusst in den Urlaub Reisen und Freunde besuchen.

forest-trends.org Die gemeinnützige Organisation veröffentlicht jährlich den Bericht *State of the Voluntary Carbon Markets* mit Zahlen zur Freiwilligen Kompensation von Klimagasen.
fussabdruck.de Berechnung des ökologischen Fußabdrucks mithilfe des Rechners von Brot für die Welt.
germanwatch.org/de/kri Wer am meisten unter Klimaveränderungen leidet, zeigt der jährlich veröffentlichte Klima-Risiko-Index von Germanwatch.
globalcarbonatlas.org Der Weltatlas zeigt die CO_2-Emissionen jedes Landes an.
gruenskala.de Mithilfe der über 20 000 Fahrzeuge umfassenden Grünskala-Datenbank lässt sich heraus finden, in welcher Effizienzklasse sich ein Auto befindet.
klimaretter.info Mehrfach ausgezeichnete Webseite mit vielen aktuellen News rund ums Klima.
ressourcen-rechner.de Berechnung des ökologischen Rucksacks durch das Wuppertal Institut.

(Kreuz)schifffahrt

(FILM)

Kreuzfahrt ins Glück. Spiegel-TV, Der Spiegel (2010). SPIEGEL TV begleitet Besatzung und Passagiere und blickt vor und hinter die Kulissen eines Luxusliners. Abrufbar unter spiegel.tv/filme/kreuzfahrt-glueck/embed/.
Kreuzfahrt undercover. Die Schattenseite der Luxusdampfer. Melissa Monteiro (2012). Die Dokumentarfilmerin arbeitete undercover als Bedienung auf einem Kreuzfahrtschiff und schildert ihre Erlebnisse. Kostenlos abrufbar auf You Tube.
Seeblind. Der wahre Preis der Frachtschifffahrt. Denis Delestrac (2016). Der preisgekrönte Filmemacher gibt einen aufrüttelnden Einblick in die meist unsichtbaren Machenschaften großer Reedereien, die 90 Prozent des globalen Warentransports abwickeln. Kostenlos abrufbar auf You Tube.

(BUCH)

Urlaub und Meer. Die Kreuzfahrt im Spannungsfeld von Trendreisen und nachhaltigem Tourismus. Katrin Pumpa, Diplomica Verlag, Hamburg (2012). Die Autorin untersucht unter anderem wie sehr Nachhaltigkeit im Kreuzfahrttourismus umgesetzt wird.

(WEBSEITE)

taz.de/!5099878/ Interview der Tageszeitung taz mit der Journalistin Melissa Monteiro (s. Film Kreuzfahrt undercover).

Kultur

(FILM)

Gringo Trails. Pegi Vail, Zebra Films (2014). US-amerikanischer Dokumentarfilm (gringotrails.com), der positive wie negative Auswirkungen des Tourismus in Entwicklungsländern zeigt.

(BUCH)

Tourismus und Authentizität. Zur gesellschaftlichen Organisation von Außeralltäglichkeit. Robert Schäfer, Transcript Verlag, Bielefeld (2015). Anhand von Fallbeispielen ergründet der Autor, welche Rolle der Tourismus in der heutigen Gesellschaft spielt und was in diesem Zusammenhang Authentizität bedeutet.

Kultur all inclusive. Identität, Tradition und Kulturerbe im Zeitalter des Massentourismus (Kultur und soziale Praxis). Schnepel, Girke, Knoll, Transcript Verlag, Bielefeld, (2013). Der Einfluss des modernen Massentourismus auf materielles wie immaterielles Kulturerbe, auf Ethnizität und soziokulturelle Identität.

Respektvoll reisen. Harald A. Friedl, Reise Know-How, Bielefeld (2. Aufl. 2005). Kompakte Infos, wie man ethisch korrekt, umwelt- und sozialverträglich reist.

(PDF's)

Kommt und seht! Reisen und pilgern im Heiligen Land. Brot für die Welt – Evangelischer Entwicklungsdienst (2014). Mehr hierzu siehe Seite 140.

Fotografieren auf Reisen. Anregungen für einen respektvollen Umgang mit der Kamera. Naturfreunde Internationale – Respect (2014). Unter nfi.at kann man sich die konkreten Empfehlungen für ein rücksichtsvolles Fotografieren runterladen.

(WEBSEITE)

reiseknigge.eu Guter Online-Einstieg zum Benehmen auf Reisen in mehr als zehn Ländern, darunter Thailand, Russland, China, Indien und Japan.

Menschen / Menschenrechte

(FILM)

Menschenrechte im Tourismus. Naturfreunde Internationale (2015). Das kurze Erklärvideo findet man auf nfi.at.

Menschenrechte im Fokus. /e-politik.de/ e.V. (2012). Drei Kurzfilme aus der Reihe »WissensWerte« (wissenswerte.e-politik.de) zu unterschiedlichen Aspekten von Menschenrechten.

(PDF's)

Die menschenrechtliche Sorgfaltspflicht von Unternehmen. Politische und rechtliche Gestaltungsansätze. Robert Grabosch/Christian Scheper. Friedrich-Ebert-Stiftung (2015). Der Titel gibt den Inhalt des Buchs knapp und prägnant wieder.

International Handbook on Tourism and Peace. Cordula Wohlmuther/ Werner Wintersteiner (Red.), Drava Verlag, Klagenfurt (2014). Mehr zum Buch auf Seite 130.

No Holidays for the Burmese. A follow up study of the working conditions for Burmese migrants at hotels and their suppliers in Thailand. Schyst resande/Fair Action, Schweden (2015). Bericht über die Ausbeutung burmesischer Migranten in den thailändischen Tourismus-Hotspots Khao Lak und Phuket Thailand.

Zwölf Jahre, Sklave. Kinder in Zwangsarbeit. Ricarda Stienhaus, Ann-Kathrin Voge, Friedel Hütz-Adams, Hg. Terre des hommes (2014). Die Studie, die unter tdh.de abrufbar ist, beschäftigt sich mit politischen Maßnahmen, um Zwangsarbeit wirksamer zu bekämpfen.

(WEBSEITEN)

lohnzumleben.de/living-wage Auf der Webseite wird am Beispiel asiatischer Textilfabriken erklärt, um was es sich bei einem existenzsichernden Lohn handelt.

menschenrechte-im-tourismus.net siehe Seite 107.

Müll

(BUCH)

Besser leben ohne Plastik. Anneliese Bunk, Nadine Schubert, oekom Verlag, München (2016). Ein Ratgeber für alle, die von der Plastikflut die Nase voll haben und ein gesundes Leben mit natürlichen Materialien führen wollen.

(WEBSEITEN)

bionicyarn.com Das Biotech-Startup Bionic Yarn verarbeitet in Zusammenarbeit mit dem Modelabel G-Star (rawfortheoceans.g-star.com) Müll aus dem Meer zu umweltfreundlicher Mode.

nabu.de Die Initiative Fishing for Litter des Naturschutzbunds Deutschlands (Nabu) verteilt Industrie-Müllsäcke an deutsche Küstenfischer für eine saubere Nord- und Ostsee.

oneearth-oneocean.com Auf einer Lübecker Werft lässt ein kleiner Verein den Katamaran Seekuh bauen. Das weltweit einsetzbare Schiff soll Flüsse und Küstengewässer von Plastikmüll befreien.

plasticbank.org Hilfe für die Armen: Wer seinen Müll in der Plastic Bank des Kanadiers David Katz abgibt, bekommt als Gegenleistung Nahrungsmittel, Kleidung oder Geschirr.

plasticwhale.com Die Organisation Plastic Whale des Niederländers Marius Smit hat die Amsterdamer Grachten von Müll befreit. Die bisher rund 35 000 recycelten Flaschen nutzt Sponsor Ecover als Verpackung für die eigenen Reinigungsmittel.

theoceancleanup.com Mit großen Plattformen will der junge Niederländer Boyan Slat die Meere vom Müll befreien. Designpreise konnte seine Konstruktion bereits einheimsen.

wastefreeoceans.eu Die belgische Stiftung Waste Free Oceans kauft Fischern den auf dem Meer gesammelten Plastikmüll ab. Dieser wird dann recycelt und zu Jeans, Socken und Teppichböden weiterverarbeitet.

Nachhaltige Reiseportale

(WEBSEITEN)

destinet.eu/market-place Auf dem Online-Marktplatz von DestiNet führt die Betreiberorganisation Ecotrans zertifizierte touristische Betriebe und »grüne« Destinationen auf.

detourdestinations.com Detour listet Angebote lateinamerikanischer (Argentinien, Belize, Costa Rica, Mexiko und Peru) Reiseveranstalter auf, die sich der Nachhaltigkeit verpflichtet haben.

eco-world.de Das Internetportal der ALTOP Verlags- und Vertriebsgesellschaft weist auf Reiseveranstalter und Tourismusangebote hin, die einen sanften Tourismus vertreten.

redturs.org Informationsportal, das Unterkünfte und Tourismusangebote indigener Gemeinden aus 15 Ländern Lateinamerikas vorstellt.

responsibletravel.com, responsiblevacation.com Webseiten des englischen Online-Reisebüros Reponsible Travel, das sozial verantwortliche und umweltfreundliche Touren weltweit anbietet.
sustainabletrip.org Datenbank der Umweltorganisation Rainforest Alliance mit fairen und ökologischen Tourismusangeboten in Lateinamerika und der Karibik (englisch).
traverdo.de Deutschsprachige Plattform, die Angebote für ökofaires Reisen bündelt. Mehr siehe Seite 257.

Nachhaltiger Tourismus

s. Tourismus mit Verantwortung (S. 316)

Outdoor-Kleidung

(BUCH)

Fair einkaufen – aber wie? Martina Hahn, Frank Herrmann, Brandes & Apsel (5. Auflage 2015). Im Modekapitel des Ratgebers rund um den Fairen Handel finden sich viele Hintergrundinfos, Tipps und ein Interview zu den Produktionsbedingungen der Outdoor-Branche.

(PDF's)

Outdoor Report 2016. Greenpeace. Nicht nur Outdoor-Bekleidung, sondern auch Camping- und Wanderausrüstung enthält gefährliche Chemikalien, wie diese Untersuchung der Umweltorganisation nachweist.
Chemie in unberührter Natur. Greenpeace (2015). Untersuchung zur globalen Verbreitung gefährlicher per- und polyfluorierter Chemikalien, die auch an einsamen Gebirgsseen und schneebedeckten Gebirgsmassiven ihre Spuren hinterlässt.
Detox-Zwischenbilanz. Supermärkte werden sauberer. Greenpeace (2015). Die Umweltorganisation teilt die Supermärkte in Trendsetter und Schlusslichter.
Outdoorbekleidung – Mehr als grüne Mäntelchen? Naturfreunde Internationale – respect (2013). Das Dossier beantwortet Fragen nach der Umweltfreundlichkeit und den sozialen Bedingungen bei der Herstellung von Outdoorkleidung.

Projekttourismus

(WEBSEITEN)

bund-reisen.de Der Bund für Umwelt und Naturschutz Deutschland (BUND) bietet ein umfangreiches Programm umwelt- und klimafreundlicher Reisen in ganz Europa in den Monaten Februar sowie August bis Oktober an.

eu.earthwatch.org Die internationale Umweltorganisation Earthwatch bietet Laien die Möglichkeit, an wissenschaftlichen Expeditionen teilzunehmen.

mingleafrica.com Spezialreiseveranstalter, der faire und nachhaltige Studienreisen in Länder südlich der Sahara und mehrwöchige Seminar- und Workshop Programm für Abiturienten und junge Erwachsenen anbietet.

oceancare.org Eine gute Gelegenheit, Wale und Delfine in ihrem natürlichen Lebensraum zu erleben, sind die »Ferien mit Tiefgang« von Ocean Care. Mehr zum Thema Wale und Delfine auf S. 147.

taz.de Seit 2008 bietet die TAZ in Kooperation mit spezialisierten Reiseveranstaltern »Reisen in die Zivilgesellschaft«. Nicht alle Reisen erfüllen soziale und/oder ökologische Kriterien.

wwf.de/aktiv-werden/wwf-zum-anfassen Die Reisen in die WWF-Projektgebiete bieten die Gelegenheit, der größten Naturschutzorganisation der Welt über die Schulter zu schauen und ihre Arbeit hautnah zu erleben.

wwoof.de Worldwide Opportunities On Organic Farms (WWOOF) ist ein weltweites Netzwerk für Menschen, die einen naturverbundenen Lebensstil auf dem Land aktiv kennen lernen wollen.

Sextourismus

(BUCH)

Wanna have love?! Insa Hagemann/Stefan Finger (2015). Buchprojekt zu Sextourismus auf den Philippinen, dessen Erlöse an die Organisation Tatortverein und deren Partnerorgansiation PREDA (s. S. 126) auf den Philippinen gehen (wannahavelove.de).

(PDF)

Global Study on Sexual Exploitation of children in Travel and Tourism 2016. ECPAT International. Das Ausmaß der sexuellen Ausbeutung von Kindern auf Reisen und im Tourismus hat stark zugenommen und die Erscheinungsformen haben sich drastisch geändert, ist das Ergebnis dieser zweijährigen Untersuchung. Zu finden unter globalstudysectt.org/global-report.

(WEBSEITE)

ecpat-serious-game.eu *Serious Game* ist ein interaktives Online-Tool der Kinderrechtsorganisation ECPAT, das Tourismusfachleute und Studierende auf Kinderschutzthematiken aufmerksam macht.

Siegel

(PDF's)

Bestandsaufnahme und Bewertung von Zertifizierungssystemen für nachhaltigen Tourismus in Deutschland. Zentrum für Nachhaltigen Tourismus (ZENAT) der Hochschule Eberswalde, 2016. Untersuchung von 34 tourismusbezogenen Zertifizierungssystemen in Deutschland im Auftrag des Bundesumweltministeriums.
Nachhaltigkeit im Tourismus. Wegweiser durch den Labeldschungel. Naturfreunde Internationale und andere, Wien (2. Aufl. 2014). Der Tourismus-Siegelführer kann gratis auf der Webseite der Organisation (nfi.at) herunter geladen werden.
Travelife's broken promise. A study of labour rights at hotels in Turkey. Malin Kjellqvist, Fair Trade Center, Hrsg. von Schyst resande (2015). Das schwedische Netzwerk für faires Reisen konnte Arbeitsrechtsverletzungen in den zehn untersuchten Hotels im türkischen Alanya nachweisen.

(WEBSEITEN)

label-online.de Online-Datenbank für Siegel mit einer Unterkategorie für Tourismus.
partner.nationale-naturlandschaften.de Mehr als 800 Partnerbetriebe in 22 Schutzgebieten engagieren sich in Deutschland in dieser Initiative für eine nachhaltige, regionale touristische Entwicklung.

Slow Travel

(BÜCHER)

Slow Travel. Die Kunst des Reisens. Dan Kieran, Rogner & Bernhard, Berlin (2013). Mehr zum Buch auf Seite 204.
 Only Planet. A flight-free adventure around the world. Ed Gillespie.

Wild Things Publishing, Bath (2014). Ein Jahr um die Erde reisen, dabei 31 Länder besuchen und kein Flugzeug nehmen. Der Autor verrät wie. Plädoyer für langsames Reisen.

(WEBSEITE)

healinghotelsoftheworld.de Weltweite Liste von Hotels mit spirituellen Wellnessangeboten.

Städte

(FILM)

Bewohner Barcelonas beschreiben im Dokumentarfilm **Bye Bye Barcelona** (You Tube) ihre Gefühle gegenüber dem überbordenden Tourismus. So glauben viele von ihnen, dass das Zentrum der Stadt kein Ort zum Leben mehr sei, eher ein außer Kontrolle geratener Vergnügungspark.

(WEBSEITE)

stattreisen.org Die eigene oder fremde Stadt und ihre Umgebung entdecken und verstehen: Das möchte der Verein Forum Neue Städtetouren mit seinen Stattreisen-Programmen erreichen – und dies vorzugweise zu Fuß, mit öffentlichen Verkehrsmitteln oder mit Fahrrädern.
celth.nl Der niederländische Centre of Expertise Leisure, Tourism & Hospitality (CELTH) versucht mit dem Projekt »Visitor Pressure Urban Tourism« den Städtetourismus nachhaltig zu gestalten.

Tiere

(FILM)

Blutlöwen. Der Dokumentarfilm **Blood Lions** (bloodlions.org) zeigt wie Löwen in Südafrika gezüchtet werden, nur um von wohlhabenden Jagdtouristen getötet zu werden.
Das Leiden eines Orcas. Der Dokumentarfilm **Blackfish** (blackfishmovie.com) zeigt die Geschichte von Tilikum, einem sieben Meter langen und 6000 Kilo schweren Schwertwals, der während seiner langjährigen Gefangenschaft bislang drei Menschen tötete. Mehr s. S. 148.

(WEBSEITE)

right-tourism.com Webseite der britischen Organisation Care for the Wild International, die sich ganz rund um das Thema Tierschutz im Tourismus dreht.

wildaid.org Organisation, die sich unter anderem im Kampf gegen die Vermarktung von Elfenbein und Nashorn in asiatischen Ländern einsetzt.

Tourismuskritische Organisationen

s. Überblick auf Seite 225.

Tourismus mit Verantwortung

(FILM)

Fernweh. Tourismus im Spannungsfeld von Wirtschaft, Umwelt und Gesellschaft. éducation21-Filme für eine Welt, Bern, 2015. DVD-Video mit Kurz- und Dokumentarfilmen (160 Minuten) / DVD-ROM mit Begleitmaterial und Arbeitsblättern.
Tourismus und Nachhaltigkeit. /e-politik.de/ e. V. (2015). Kurzfilm aus der Reihe WissensWerte (wissenswerte.e-politik.de) zur Bedeutung eines nachhaltigen Tourismus.

(BÜCHER)

Nachhaltiger Tourismus. Hartmut Rein, Wolfgang Strasdas (Hg.), utb GmbH (2015). Das Lehrbuch, das sich an Studierende, Lehrende der Tourismuswirtschaft und an Praktiker richtet, stellt die grundlegenden Prinzipien und praktischen Ansätze eines nachhaltigen Tourismus vor.
Internationaler Tourismus. Albrecht Steinecke, UTB, Stuttgart (2014). Lehrbuch, das auch auf Fragen wie etwa den Umgang mit Krisen, Teilhabe der Bevölkerung, Einkommensverteilung und Generationengerechtigkeit eingeht.
42 voyages extraordinaires et solidaires dans le monde. Isabelle Alexandrine Bourgeois, Favre, Lausanne (2014). Siehe Seite 138.
Tourismusethik. Theorie und Praxis des umwelt- und sozialverträglichen Reisens. Harald A. Friedl, Profil Verlag, München (2006). Nicht das »Ob« des Reisens, sondern das »Wie« ist entscheidend. Das ist der zentrale Punkt der Reisethik, die der Autor auf einfühlsame Weise vermittelt.
Die Ferienmenschen. Jost Krippendorf, Orell Füssli, Zürich (1984). Die Probleme, die der Massentourismus bereits vor mehr als 30 Jahren erzeugte, untersucht der Tourismusexperte in diesem Werk.

(PDF's)

Tourismuswende. Agenda 2030 für nachhaltige Entwicklung: Die Transformation im Tourismus gestalten. (Hg.) Brot für die Welt – Evangelischer Entwicklungsdienst und andere (2016). In der Publikation werden die Stellschrauben in Politik, bei Unternehmen und Reisenden identifiziert, die eine Wende im Tourismus im Rahmen der Agenda 2030 ermöglichen.

Bildungsunterlagen zu Nachhaltigkeit im Tourismus. Naturfreunde Internationale und Tourism Watch – Brot für die Welt, Online-Version (2014/2015). Elektronisches Lehrmittel für Lehrpersonen aus berufsbildenden (Tourismus-)schulen und allgemeinbildenden Schulen, geeignet für Schülerinnen und Schüler im Alter von 14 bis 18 Jahren (nfi.at/bildungsmappe).

Declaration of Belém. Weltsozialforum 2009: Der deutschsprachige Wortlaut der Erklärung von Belém findet sich unter tourism-watch.de/en/node/1221

(WEBSEITEN deutsch)

fair-reisen.brot-fuer-die-welt.de Die Entwicklungsorganisation Brot für die Welt gibt Tipps für faires, umweltverträgliches und sozialverantwortliches Reisen. Download oder Bestellung der Infobroschüre Fair Reisen mit Herz und Verstand.

fahrtziel-natur.de Mit der Initiative »Fahrtziel Natur« setzen sich die Umweltverbände BUND, VCD, NABU in Kooperation mit der Deutsche Bahn dafür ein, dass attraktive und sensible Naturräume möglichst umweltschonend mit Bahn und öffentlichem Nahverkehr entdeckt werden.

futouris.org Nachhaltigkeitsinitiative deutscher Reiseveranstalter, darunter die TUI Deutschland, Thomas Cook, Neckermann Reisen, Gebeco, Aida Cruises.

reisekompass-online.de Checkliste (Reisekompass) und Infos rund ums bewusste Reisen von der Verbraucherinitiative, dem WWF Deutschland und dem Verkehrsclub Deutschland (VCD).

(WEBSEITEN englisch)

ecotourism.org The International Ecotourism Society ist eine 1990 in den USA gegründete Nonprofit-Organisation und nach eigenen Angaben die weltweit älteste Ökotourismus-Vereinigung.

ethicaltraveler.org Die gemeinnützige US-amerikanische Organisation Ethical Traveler möchte mithilfe des Tourismus Menschenrechte und Umwelt schützen.

icrtourism.org Der International Centre for Responsible Tourism ist ein weltweites Netzwerk für verantwortungsvollen Tourismus mit Sitz in England.

sustainabletravel.org Die gemeinnützige US-amerikanische Organisation Sustainable Travel International glaubt, dass sich mit Reisen und Tourismus die natürlichen und kulturellen Reichtümer der Welt schützen lassen.

tourismconcern.org.uk Die britische Not-for-profit-Organisation Tourism Concern macht sich für Ethik im Tourismus stark. Mit Hilfe des Ethical Travel Guides lassen sich auf der Webseite gezielt weltweit faire Tourismusangebote finden.

Wasser

(FILM)

Privatisierte Wasserversorgung. Leslie Franke, Herdolor Lorenz, 2010. In ihrem Film **Water makes money** (watermakesmoney.org) zeigen die Autoren auf, dass durch privat-öffentliche Partnerschaften in der Wasserwirtschaft die Verbraucherpreise steigen und die Qualität der Wasserversorgung sinkt.

(BUCH)

Tourism and Water Inequity in Bali: A Social-Ecological Systems Analysis. Stroma Cole, Mia Browne. Human Ecology, Vol. 43, Issue 3, S. 439–450 (2015). Wissenschaftliche Untersuchung zur Übernutzung von Wasserressourcen durch den Tourismus auf der indonesischen Insel Bali.

(PDF)

Water equity in tourism. Tourism Concern (2012/2013). Für Mitglieder kostenloser Bericht mit Fallstudien zur ungleichen Wasserverteilung in touristischen Gebieten von Tourism Concern.

(WEBSEITE)

waterfootprint.org Viele Informationen rund um den Wasserfußabdruck und seine Bedeutung.

Über den Autor

Die Reiseleidenschaft hat FRANK HERRMANN schon während seines Studiums gepackt. Neben den USA und Kanada standen Australien und Neuseeland auf dem Programm. Nach seinem Aufbaustudium »Dritte Welt« zog es den Betriebswirt für viele Jahre nach Mittel- und Südamerika, wo er neben seiner Tätigkeit als Reiseleiter für einen deutschen Veranstalter auch selbst organisierte Reisen durchgeführt, Entwicklungsprojekte realisiert, einen PR-Ratgeber auf Spanisch geschrieben, eine Freiwilligenorganisation und Seminare geleitet hat. In Deutschland ist der Initiator der Fairen Biketour (faire-biketour.blogspot.de) am liebsten auf dem Fahrrad unterwegs und hält Vorträge zu nachhaltigen Themen. Der Tourismusexperte ist Co-Autor des erfolgreichen Ratgebers »Fair einkaufen – aber wie?« sowie Autor der Stefan-Loose-Travel-Handbücher »Peru/Westbolivien« und »Guatemala«. Frank Herrmann lebt zurzeit in Offenburg.

Mehr zur Person unter www.frank-herrmann.ws.
Blog: www.faireinkaufenaberwie.blogspot.de

Länderreisetipps
(online)

Über folgenden Shortlink / QR-Code bekommen Sie Zugang zu den Länderreisetipps:

www.oekom.de/laenderreisetipps

Register